Untertanenprozesse an Reichsgerichten

Rechtshistorische Reihe

Band 476

Zur Qualitätssicherung und Peer Review der vorliegenden Publikation

Die Qualität der in dieser Reihe erscheinenden Arbeiten wird vor der Publikation durch einen der Herausgeber der Reihe geprüft.

Notes on the quality assurance and peer review of this publication

Prior to publication, the quality of the work published in this series is reviewed by one of the editors of the series.

Stefan Xenakis

Untertanenprozesse an Reichsgerichten

Ein systematisch-bibliographischer Überblick

PETER LANG

Bibliografische Information der Deutschen Nationalbibliothek
Die Deutsche Nationalbibliothek verzeichnet diese Publikation in der Deutschen Nationalbibliografie; detaillierte bibliografische Daten sind im Internet über http://dnb.d-nb.de abrufbar.

Gedruckt mit finanzieller Unterstützung der Gesellschaft für Reichskammergerichtsforschung e. V., Wetzlar, und der Lehrstühle Prof. Cordes und Prof. Duve des Fachbereichs Rechtswissenschaft der Goethe-Universität Frankfurt a.M.

ISSN 0344-290X
ISBN 978-3-631-74489-5 (Print)
E-ISBN 978-3-631-74838-1 (E-PDF)
E-ISBN 978-3-631-74839-8 (EPUB)
E-ISBN 978-3-631-74840-4 (MOBI)
DOI 10.3726/b13452

Peter Lang – Berlin · Bern · Bruxelles · New York · Oxford · Warszawa · Wien

Diese Publikation wurde begutachtet.

www.peterlang.com

Inhalt

Einleitung

„Wo aber ist dies in unserem Deutschland der Fall, daß der Despotismus sein Haupt getrost emporheben und die Rechte der Menschheit unterdrücken dürfte? Da, wo der Regent so gut wie der Unterthan dem Richter von seinen Handlungen Rechenschaft geben muß, kann es keinen Despoten geben, der dem Volke seine Rechte zu nehmen im Stand wäre; wenigstens kann sich das Volk ohne Rebellion dagegen sichern".[1]

An diesem – freilich optimistischen – Zitat Johann Melchior Hoschers wird eine Eigenschaft der Verfassung des Alten Reiches deutlich, die es für die Untersuchung von Prozessen der Konfliktlösung sehr interessant macht: Alle seine Untertanen – unmittelbare, die ihrerseits Herrschaftsrechte ausübten, wie auch mittelbare[2], die von ersteren regiert wurden – konnten ihr Recht beim Kaiser und den Reichsinstitutionen suchen.[3]

Könnte das Alte Reich damit zu einem Modell für die internationale Rechtsprechung in einer zunehmend globalisierten Welt werden? Hier wie dort gibt es Konstellationen sich überlappender „institutioneller Arrangements" mit einem Nebeneinander von Regeln.

Diese analogen Entwicklungen lassen die frühe Neuzeit für die aktuelle Forschung relevant erscheinen.[4] Die Reichsinstitutionen mussten sich mit divergierenden Normen und Rechtsgewohnheiten auseinandersetzen. Bei Untertanenprozessen stießen zum Beispiel moderne Eigentumsvorstellungen auf die alte Idee des geteilten Eigentums, d. h. man besaß zum Beispiel keinen Wald, sondern

---

1 Johann Melchior Hoscher, Historische Entwicklung der heutigen Staatsverfassung des teutschen Reiches, Teil 2, 183–184; zitiert nach Schulze 1990, 134.

2 Von Untertanen kann korrekt nur als mittelbaren Reichsuntertanen gesprochen werden, in diesem Sinne wird dieser Begriff im Folgenden gebraucht und so wurde der Begriff Untertanenprozess auch schon von den zeitgenössischen Juristen verwendet (vgl. Sailer 1999, 13).

3 Diese Konstellation machte das Phänomen der Untertanenprozesse für den Frankfurter LOEWE-Schwerpunkt „Außergerichtliche und gerichtliche Konfliktlösung" relevant. Er widmete sich von 2012 bis 2015 der empirischen und historischen Untersuchung von Formen des Konfliktaustrags und der Konfliktlösung. Es ging vorrangig um die Rechtspraxis und den Vergleich verschiedener Formen von Vermittlung, Schiedsgerichtsbarkeit oder auch von Wegen zur definitiven richterlichen Entscheidung. Der LOEWE-Schwerpunkt bildete auch den Anlass für das Abfassen dieser Bibliographie. Siehe zum Schwerpunkt insgesamt Collin 2012 sowie www.konfliktloesung.eu (abgerufen am 17. Dezember 2015).

4 Zur aktuellen Diskussion vgl. Collin 2012, 4 und Connolly 2005/2006, 241–242.

bestimmte Güter, die dieser Wald hervorbrachte. Dies ließ sich in manchen Konfliktfällen in klar umrissene Nutzungsrechte übersetzen – in anderen aber nicht.

Relevant sind auch Fragen der Akzeptanz oder der Durchsetzungskraft von Institutionen. Was ließ eine Konfliktpartei ihr Recht am Gericht suchen, wann versuchte sie es wortwörtlich auf eigene Faust? Was hieß überhaupt „Recht" in einer Zeit, in der es noch nicht einheitlich konzeptualisiert war?[5] Die Erforschung der Reichsgerichte ermöglicht hier Einblicke in eine jahrhundertelange Praxis im Umgang mit multiplen Normen. Wie und an welchen Orten wurden Konflikte gelöst? Wer sorgte für ihre Lösung oder zumindest ihre Einhegung?

Bei dem vorliegenden Band handelt es sich um ein Handbuch, das die Literatur zu den sogenannten Untertanenprozessen an Reichsgerichten zusammenfasst und Interpretationsvorschläge gibt. Sein Ziel kann nicht die Beantwortung der hier aufgeworfenen Fragen sein – zumal es sich auf ein überaus breit erforschtes Feld begibt, in dem vieles davon schon beantwortet wurde. In der Forschung hat sich jedoch bisher kein einheitliches Bild ergeben, was zum Teil auch innere, prinzipielle Gründe hat. Im großen Ganzen hat die Einschätzung Werner Troßbachs Bestand, dass Untertanenprozesse fast immer in übergeordneten Zusammenhängen standen, in denen politische Interessen, soziale Dynamiken und ökonomische Entwicklungen ihre Wirkung entfalteten.[6]

Eigentlich wäre, wollte man die oben aufgeworfenen Fragen gründlich behandeln, eine Untersuchung der zahlreichen Quellen anhand einheitlicher Kriterien nötig.[7] Die hier vorliegende Arbeit soll dafür den Weg bereiten, und zwar auf zweierlei Weise. Erstens erschließt sie die seit dem Zweiten Weltkrieg zum Thema erschienene Literatur und eröffnet damit auch einen Zugang zu einer Vielzahl von Quellen. Es handelt sich also um eine kommentierte Bibliographie.

Zweitens soll ein methodischer Ansatz vorgeschlagen werden. Den Ausgangspunkt bildet die Akteursperspektive; von hier wird die vorliegende Literatur erschlossen und ein Modell der Konfliktlösung entwickelt.

Die Akteure standen immer wieder vor Handlungsalternativen, die, neben anderen Einflüssen, wesentlich von der rechtlichen Situation geprägt waren. Sie

---

5 Der Verweis auf die „altrechtliche" Konzeption von Untertanenklagen stimmt nur oberflächlich. Im Hintergrund konnten oft andere Rechtsvorstellungen stehen, oder aber pragmatisch-politisches Handeln (vgl. Troßbach 1987a, 52–56; Zürn 1998, 68–69).

6 Vgl. Troßbach 1985a, 465–466.

7 Der wichtigste Zugang sind, zumindest was das Reichskammergericht anbelangt, die in den letzten zwei Jahrzehnten in Verantwortung der Staats- und Landesarchive entstandenen Repertorien.

handelten (oder unterlagen den Handlungen der Gegenseite) und prägten so den Verlauf ihres jeweiligen Konflikts,[8] der – durch gerichtliche Entscheidungen fixiert – bleibende Strukturen hervorbrachte.[9] Für diese prägenden Weichenstellungen wird in diesem Band der Begriff „Schlüsselmoment" verwendet. Diese Schlüsselmomente werden in Abschnitt 2 genauer definiert, systemtheoretisch begründet und mit den jeweils eindrücklichsten Beispielen vorgestellt.

In Abschnitt 3 folgt eine Typologie dieser Momente anhand ihrer Wirkung auf den Konfliktverlauf; allerdings begrenzt auf diejenigen Aktionen, die im Rahmen des zuvor vorgeschlagenen systemtheoretischen Modells auf eine Lösung hinführten. Das Ziel ist dabei eine, zumindest der Intention nach, vollständige Erfassung der signifikanten Schilderungen von Schlüsselmomenten der Konfliktlösung in der vorliegenden Literatur.

Abschnitt 4 ist als Gegenprobe zum hier vorgeschlagenen Ansatz angelegt und referiert diejenigen Faktoren und Entscheidungen, die von den Autoren selbst als entscheidend für die Beendigung des Konflikts angesehen werden. Neben dem juristischen Austrag kam auch Gewalt zur Anwendung, und nicht selten bestand die Lösung in einer Mischung aus gerichtlicher Auseinandersetzung und Gewaltausübung. Oft waren auch kontingente Faktoren an der Lösung von Konflikten beteiligt.

Nach einer Schlussbetrachtung und Einschätzung des hier vorgeschlagenen Modells zur Konfliktlösung in Abschnitt 5 erfolgt mit Abschnitt 6 der bibliographische Ertrag dieser Arbeit. Er ist auf die vollständige Wiedergabe der gesamten seit dem Zweiten Weltkrieg erschienenen Literatur zu Untertanenprozessen vor Reichskammergericht und Reichshofrat hin angelegt. Diese wird anhand eines Verweisapparats zugänglich gemacht. Erfasst wurden dazu alle in der Literatur als rechtlich relevant bezeichneten Vorgänge – von der Verweigerung bestimmter Leistungen über Rügebräuche bis hin zu Reichshofratskommissionen – mit Angabe der im entsprechenden Band relevanten Seiten. In gesonderten Tabellen erfolgt dann eine Einordnung anhand der zuvor erarbeiteten Typologie von Schlüsselmomenten. Zunächst aber soll der Forschungsstand zu Untertanenprozessen vor Reichskammergericht und Reichshofrat zusammengefasst werden.

---

8 Dieser Mechanismus wurde schon beschrieben (vgl. Troßbach 1987a, 278–279).

9 Siehe hierzu auch Diestelkamp 2012, 340.

1. Forschungsstand

Die Literatur zu Untertanenprozessen im Alten Reich ist äußerst vielgestaltig und umfangreich. Aus Gründen der Übersichtlichkeit wurde eine möglichst knappe und auf die für diese Untersuchung relevanten Entwicklungen und Begrifflichkeiten beschränkte Form gewählt.[10] Es geht im Folgenden also nur um Reichskammergerichts- und Reichshofratsprozesse sowie die Entwicklung der zu ihrer Beschreibung verwendeten Konzepte.

1.1. Die Forschung in sozialistischen Ländern

Die gegenwärtige Widerstandsforschung hatte ihren Ausgangspunkt in den sozialistischen Ländern. Die Debatte ging dort in den 50er Jahren von der paradigmatischen Frage nach der „Rolle der Volksmassen in der Geschichte"[11] aus. Sie wurde von Boris F. Poršnew angestoßen und zu weiten Teilen geprägt. Er sah Bauernaufstände als Ursache für die Entwicklung feudaler Gesellschaften hin zu absolutistisch regierten Staaten an.[12] Die These blieb, obwohl am Ende erfolgreich, zunächst nicht unumstritten. Denn sie trat in Konkurrenz zur vorherrschenden Erklärung, nach der Produktivkräfte und Produktionsverhältnisse die Entwicklung von Staaten bestimmten.[13]

Stärkere Implikationen für die weitere Erforschung bäuerlichen Widerstands hatte ein Nebenaspekt dieser Diskussion: Poršnews Konzept der *niederen Formen des Klassenkampfs*. Er unterschied die folgenden Rubriken: *Teilwiderstand* als „individuelle oder kollektive Ablehnung einer bestimmten Forderung, Vorschrift oder eines bestimmten Gesetzes" oder die Übertretung von Verboten, *Rechtsstreit* um bestimmte Rechte und Pflichten, *Austritt* oder *Flucht* und schließlich *Aufstand* als „kollektive Gewaltanwendung zur Beseitigung der bestehenden Verhältnisse".[14] Besonders die beiden Konzepte *Teilwiderstand* und *Rechtsstreit*

---

10 Für einen umfassenden Überblick zu den Forschungen zu Untertanenwiderstand im Allgemeinen siehe bis 1992 Weber 1992a, 11–40, bis 2004 Fink 2004, 1–12.

11 Schulze 1980, 27.

12 Vgl. Poršnew 1952; Schulze 1980, 26 f.

13 Vgl. Schulze 1980, 27. Dort auch eine ausführliche Zusammenfassung der hier stark vereinfacht wiedergegebenen Diskussion in den sozialistischen Ländern.

14 Vgl. Poršnew 1952, 441–446; Schulze 1980, 28, von dort auch die beiden Zitate. Diskussion des Klassenkampfbegriffs im Zusammenhang mit frühneuzeitlichen Widerstandsbewegungen bei Vogler 1983.

bildeten, indem sie das in Ost wie West verbreitete Vorurteil von der Passivität der Bauern widerlegten,[15] den Ausgangspunkt der neueren Forschung seit den 1980er Jahren.[16]

In der DDR wurde Poršnews Ansatz vor allem von einer Arbeitsgruppe rund um Gerhard Heitz aufgegriffen – allerdings auch durch intensive agrarhistorische Forschungen relativiert, die wieder die Frage nach dem Zusammenhang von Produktion und Herrschaft in den Mittelpunkt rückten.[17] Breit diskutiert wurde nun aber auch die Bewertung von Untertanenprozessen: Handelte es sich bei ihnen um ein Mittel des Klassenkampfs oder, im Gegenteil, um die Vermeidung des Klassenkampfs, da die Auseinandersetzung auf die obrigkeitlich abgesteckten Bahnen beschränkt blieb?[18] Im Rahmen dieser Untersuchungen wurde ein seinerzeit der westdeutschen Forschung überlegener Erkenntnisstand erarbeitet.[19]

Produktiv war auch Poršnews Debatte mit Roland Mousnier über den Charakter französischer Aufstände in der Zeit vor der Fronde, zu denen Poršnew eine umfangreiche Monografie[20] vorgelegt hatte. Waren sie, gemäß Poršnew, im Kern antifeudale Bewegungen der Bauern oder nicht vielmehr, gemäß Mousnier, Widerstand von Bauern und Adel gegen Steuererhebungen und die damit verbundene intensivere Herrschaft der Zentralregierung?[21] Die Debatte ist nicht nur von daher bedeutsam, dass sie der westdeutschen um Jahrzehnte vorauseilte, sondern

---

15 Vgl. Schulze 1980, 31. Abwägend bis kritisch zur Einordnung in Poršnews Raster: Petran 1975, 462–467.

16 Winfried Schulze übernimmt sie als „besonders bedeutsam für die Analyse eines bäuerlichen Widerstands, der sich nicht mehr in gewaltsamen Formen artikulierte", Schulze 1980, 28.

17 Vgl. Wernicke 1962; Heitz 1965; Heitz 1975a; Heitz 1975b; Heitz 1986; Harnisch 1975; Vogler 1966, 1983; Schultz 1986. Weitere Titel bei Schulze 1980, 143. Es gab hier eine relativ prominente Kontroverse mit Johannes Nichtweiß, für eine ganz knappe Zusammenfassung mit weiteren Verweisen siehe Trossbach 1997, 69. Der Aufruf zur Erforschung des „Klassenkampfs auf dem Lande" erfolgte in der DDR allerdings weit früher (vgl. Palm 1953–1955, 3, es handelt sich hierbei um einen über hundert Seiten umfassenden Aufsatz mit vielen Quellenzitaten.) Eine Zusammenfassung des in der DDR erreichten Forschungsstands bei Harnisch/Heitz 1986; vgl. Weber 1992a, 28.

18 Vgl. Kuczynski 1980, 181–191; Heitz 1981, 504 f.

19 Vgl. Heitz 1975a, 513–525; Schultz 1975, 391–404; Weber 1992a, 28 f. Dieser Forschungszweig wurde auch in Westdeutschland positiv rezipiert (vgl. Schulze 1974, 16).

20 Poršnew 1954.

21 Vgl. Mousnier 1958; Schulze 1980, 35 f.; dort (sowie bei Zürn 1998, 20–22) der Hinweis auf einführende Aufsätze: Coveney 1977; Mandrou 1969; Vivanti 1964; Lublinskaya 1973. Ein weiterer Überblick bei Schulze 1983b, 281 f.

vor allem aus dem Grund, dass sie anhand des Klassenbegriffs ein grundsätzliches Problem thematisierte – nämlich inwieweit sich vormoderne Bewegungen mit Begriffen des 20. Jahrhunderts beschreiben lassen.[22]

1.2. Die westdeutsche Debatte

Für einen Zeitraum von rund 30 Jahren verhinderte die von Günther Franz vertretene These, der Gemeine Mann sei nach der Niederlage des Bauernkriegs nicht mehr politisch aktiv gewesen, eingehendere westdeutsche Forschungen zu Aufständen und Prozessen ländlicher Untertanen.[23] Plausibel erschien Franz' Meinung aufgrund der offenkundigen Tatsache, dass seither größere Erhebungen der unteren Schichten, anders als in Frankreich oder Russland, in Deutschland ausgeblieben waren[24] – so plausibel, dass sogar Otto Schiffs Publikation von 1924 zu zahlreichen Bauernaufständen vom 16. bis zum 18. Jahrhundert oder Günther Haseliers Untersuchung von 1940 zur Grafschaft Hauenstein weitgehend unbeachtet blieben.[25] Zwar war grundsätzlich bekannt, dass Untertanen die Möglichkeit zur Klage vor dem Reichskammergericht hatten.[26] Das Interesse von dörflichen Gemeinschaften wurde aber, soziologisch unterfüttert durch das Konzept der *Peasant Society*, als allein auf die Erhaltung der eigenen Subsistenz ausgerichtet und ohne Tendenz zur Veränderung der Verhältnisse angesehen.[27] Dabei hatte man vereinzelte Aufstandsbewegungen durchaus bemerkt,[28] und mit den Arbeiten von Karl Siegfried Bader und Otto Brunner war auch bekannt, dass sich Bauern aktiv politisch betätigten.[29]

---

22 Vgl. Schulze 1980, 35 f.

23 Vgl. Franz 1975, 13; Franz 1984, 296 ff.; Troßbach 1985a, 1; Fink 2004, 1; weitere Autoren, die Franz' Sicht übernahmen und fortschrieben bei Weber 1992a, 11 f. Franz folgt hier allerdings einer Linie, die sich bis in die Mitte des 19. Jh. zu Wilhelm Zimmermann nachzeichnen lässt. Ein Überblick bei Blickle 1975, 298–303.

24 Vgl. Troßbach 1985a, 1.

25 Vgl. Schiff 1924; Haselier 1940; vgl. Fink 2004, 1; Weber 1992a, 12.

26 Vgl. Bader 1984, 81, der Aufsatz erschien erstmals 1959.

27 Vgl. Sabean 1982, 191 f.; Hildermeier 1979, 22, 328 f.; Beyrau 1977; Troßbach 1985a, 15.

28 Vgl. Aubin/Zorn 1971, 479, 596 f.; Oestreich 1968, 411, Haselier 1973; Bader 1962, 408–426, bes. 411 sowie ebd. Anm. 87.; vgl. dazu Schulze 1980, 33, 142; Schramm 1958/59; Bergemann 1963; Peters 1972; Bayer 1961; Eisele/Rein 1953; Evertz 1962; Heckmann 1939; Keinemann 1968; Schlesinger 1954; Steinert 1910; Henning 1964, 230–232, 238; Prange 1965, 125–147; Bäcker von Ranke 1915; Mayenschein 1952; Kempf 1907.

29 Vgl. Bader 1950, 92, 173 ff.; Brunner 1968b, 205; vgl. Weber 1992a, 12.

Es war das Schlagwort *Kommunalismus*, mit dem Peter Blickle die Aufmerksamkeit wieder auf politische und damit auch rechtliche Aktivitäten der Bauern in der Frühen Neuzeit lenkte. Er beschrieb, wie sie sich gemeindeübergreifend zu *Landschaften* zusammenschlossen, die in kleineren südwestdeutschen Herrschaften das funktionale Äquivalent zu den Ständeversammlungen größerer Territorien bildeten.[30] Es folgte eine sehr produktive Kontroverse zwischen Blickle und Volker Press über die Art und Weise der Interaktion zwischen diesen Landschaften und den jeweiligen Obrigkeiten. Handelte es sich, wie Blickle es sah, vorrangig um einen Antagonismus zwischen beiden Instanzen bei umfangreicher politischer Mitwirkung der Bauern oder nahm, wie Press es vertrat, die einvernehmliche oder extern vermittelte Interaktion, mit der die jeweiligen Herrschaften ihren Einfluss erweiterten, nicht doch ebenso großen Raum ein, wobei die bäuerliche Mitbestimmung sich im Wesentlichen auf finanzielle Fragen und das Genehmigen von Kriegssteuern beschränkt habe?[31] Die gesamte Debatte betonte den Aspekt der Teilhabe an obrigkeitlichen Entscheidungen und stand damit in Kontrast zur Diskussion in der DDR, die ihren Ausgang am Begriff des Klassenkampfs nahm – sodass beide Großdiskussionen sich den Vorwurf gefallen lassen mussten, die Gegebenheiten zu sehr im Sinne des jeweiligen Gesellschaftsmodells zu vereinfachen.[32]

Im Zuge der weiteren politikgeschichtlichen Forschung im Anschluss an die Blickle-Press-Debatte stellte sich, vor allem dank Press, heraus, dass Konflikte zwischen beiden Seiten in aller Regel vor Gericht – bei den vorrangig erforschten reichsunmittelbaren Kleinterritorien heißt das vor den Reichsgerichten und den von ihnen eingesetzten Kommissionen – ausgetragen wurden.[33] Auf dieser Grundlage entwickelte Winfried Schulze die im Grundsatz immer noch gültige These, dass soziale Auseinandersetzungen im Alten Reich, anders als zum Beispiel

30 Vgl. Blickle 1973a, 436 ff.; Troßbach 1985a, 3.

31 Vgl. Press 1975b; zur Kontroverse siehe den Überblick bei Troßbach 1993, 80 f.

32 Vgl. Barnett-Robisheaux 1984, 393–394; dort eine gute Zusammenfassung der ost- und westdeutschen Ansätze bis zu Winfried Schulze und eine interessante Problematisierung des Begriffs der Ständegesellschaft als untauglich für die Analyse der ländlichen Verhältnisse.

33 Vgl. Troßbach 1985a, 4 f.; Fink 2004, 1 f., von dort ist folgende Übersicht entnommen: Press 1977, 76–81; Press 1975a, 176; Press 1978; Press 1980, 85–112; Blickle et al. 1980; Blickle 1980a; Schulze 1978; Schmidt 1979, 215–328; Schmidt 1984b, 91–117; Schultz 1972. Für Norddeutschland untersuchte Bernd Kappelhoff mit dem sogenannten Renitentenkrieg einen Prozess, an dem Bauern als Teil der ostfriesischen Landstände beteiligt waren (vgl. Kappelhoff 1982). Prozesse einer Landstadt untersuchte Heinz Schilling (vgl. Schilling 1981, 230–317).

in Frankreich, nach 1525 tendenziell gewaltfrei verliefen und einer zunehmenden *Verrechtlichung* unterlagen.[34] Zusammenschlüsse von Untertanen standen zwar nach dem Bauernkrieg unter verschärfter Strafandrohung, gleichzeitig entstand aber an den Reichsgerichten ein regulärer Klageweg, auf dem Konflikte zwischen Herrschaften und Untertanen moderiert und gegebenenfalls gelöst werden konnten und zunehmend auch wurden.[35]

Exkurs: Schulzes Verrechtlichungsthese in der Kritik

An Schulzes Verrechtlichungsthese wurde mittlerweile an vielen Stellen Kritik geübt, die nach Modifikationen oder Präzisierungen verlangte. Martin Dinges kritisierte den Begriff „Verrechtlichung" als zu vage: Denn er berücksichtige nur die schiere Anzahl der Vorgänge vor der Justiz, nicht aber die Art der Nutzung, den Kontext und das Ergebnis. Er lasse auch Phänomene der De-Institutionalisierung außer Acht.[36] André Holenstein verlangte, das Konzept müsse stärker in der dörflichen Lebenswelt und in seinem Zusammenhang mit dem infrajustiziellen Bereich untersucht werden. Hier habe es einen Interaktionsspielraum zwischen Obrigkeiten und Konfliktparteien im Dorf gegeben, der zunächst auf gütliche Verfahren und dann erst auf die prozessuale Auseinandersetzung hinausgelaufen sei.[37]

Kritik traf auch den von Schulze konstruierten Zusammenhang mit dem Bauernkrieg. Hier wandte Martin Schennach, zumindest für Österreich, ein, dass es auch schon vor dem Bauernkrieg entsprechende Prozesse gegeben habe. Die Prozessführung habe sich demnach, analog zum Supplikenwesen, in dem Moment als Mittel des Konfliktaustrags herausgebildet, in dem eine funktionierende Justiz eingerichtet war.[38]

Für den weiteren Verlauf des 16. Jh. bemerkte Malte Hohn, dass sich Bauern häufiger auf der Beklagtenseite fanden, als dass sie als Kläger auftraten und dass es im Bezug auf die Grundherrschaft (außer in den Jahren 1587–1589) keinen deutlichen Anstieg von Klagen gegeben habe.[39] Für die Jahre 1637 bis 1639 be-

---

34 Vgl. Schulze 1980, 101; Troßbach 1985a, 4 f.

35 Vgl. Schulze 1982b, 277–302; Fink 2004, 2. Press betonte in diesem Zusammenhang die Rolle der Landfriedensgesetze und der Reichskreise (vgl. Press 1977; Press 1980; Weber 1992a, 17). Kritisch zum bei Schulze vorgefundenen Zusammenhang zwischen Bauernkrieg und Verrechtlichung: Schennach 2013, 276–279.

36 Vgl. Dinges 2004, 173–174.

37 Vgl. Holenstein 1999, 192–195.

38 Vgl. Schennach 2013, 276–279; ähnlich: Bader/Dilcher 1999, 194.

39 Vgl. Hohn 2004, 314–316; vgl. dazu auch die Abschnitte 6.2.11.4, 6.2.13.1 und 6.2.14.3 dieses Bandes.

obachtete Eva Ortlieb Ähnliches im Bezug auf Reichshofratskommissionen. Auch sie wurden viel häufiger von Obrigkeiten angerufen als von Untertanen.[40] Dasselbe gilt für das RKG in dieser Zeit[41] und auch für das hessische Hofgericht.[42] Klagen gegen Untertanen konnten sogar eine Form gegenseitiger ständischer Assistenz sein.[43]

Dazu kommt die Kritik, dass der Begriff der Verrechtlichung eminent rechtliche aber außergerichtliche Formen des Konfliktaustrags außer Acht lasse. Die von Bauern noch lange praktizierte Fehde ist hier zu erwähnen,[44] ebenso Schwurgemeinschaften oder Rügebräuche und verwandte Formen, die durchaus auch Vertreter der Herrschaft treffen konnten. Daher wurde in diesem Zusammenhang der Begriff der Judizialisierung vorgeschlagen.[45]

Die Rezeption des römischen und kanonischen Rechts und die Entwicklung des professionellen Juristenstandes wurde auch als eine Enteignung des Rechts aus der Hand der Bevölkerung beschrieben.[46] Als ein bestätigendes Beispiel ließe sich anführen, dass es in Michelfeld explizite Proteste von Bauern gegen Einführung der Schriftlichkeit in der Rechtsprechung gab;[47] in größerem Umfang war dies auch in Württemberg 1514 der Fall.[48]

Winfried Schulze ordnet hingegen die Rezeption des römisch-kanonischen Rechts in den Kontext der Sozialdisziplinierung ein.[49] Sie lässt sich aber auch als ein von den Konfliktparteien im Wettstreit vorangetriebener Enkulturationsprozess rund um die symbolischen Ressourcen des gelehrten Rechts und der Schriftlichkeit auffassen.[50] Eine Untersuchung des Zusammenhangs von Schriftlichkeit, Recht und Professionalisierung aus systemtheoretischer Perspektive bietet dazu Thomas Huber.[51] Von David Martin Luebke wurde noch der Einwand vorgebracht, dass die hochgradige Verrechtlichung der Konfliktlösung im 18. Jh.

40 Vgl. Ortlieb 2001, 74.
41 Vgl. Baumann 2001, 74.
42 Vgl. Maruhn 2010, 278–282.
43 Vgl. Troßbach 1985a, 25.
44 Siehe dazu Reinle 2003.
45 Vgl. Maruhn 2010, 275.
46 Vgl. Press 1991, 446.
47 Vgl. Jenne 1994, 29.
48 Vgl. Lenman/Parker 1980, 33.
49 Vgl. Schulze 1987b, 278.
50 Vgl. dazu Dinges 2000, 539 f.; Luebke 1997, 228–230; Zürn 1998, 649 und Trossbach 1983b, 253.
51 Vgl. Huber 2007, 86.

einen Teil des Problems bilden konnte, und zwar wenn, wie im von ihm untersuchten Hauensteiner Beispiel, Faktionierungen bei den Untertanen vorlagen.[52]

Im Bezug auf den von Schulze implizit vorausgesetzten Gegensatz von Recht und Gewalt wäre von rechtssoziologischer Seite her der Gedanke aufzunehmen, dass Gewalt keine Vorform rechtlicher Auseinandersetzung ist. Es lässt sich keine Regelhaftigkeit feststellen, welcher Typ Gesellschaft Konflikte eher gewaltsam löst und welcher eher durch Verhandeln. Oft existiert beides parallel und folgt gewissen Regeln. Bei größeren Gesellschaften stellt sich die Frage nach der Rolle des Herrschers. Einerseits präsentiert er sich oft als Streitschlichter, woraus folgen sollte, dass in solchen Gesellschaften die Gewalt eher abnimmt. Andererseits kann er seine Macht nur etablieren, wenn er sie in die lokalen Wege der Konfliktlösung einbindet, die dann aber auch gewaltsam sein können.[53] Dem entspricht die Beobachtung, dass auch noch um 1600 gewaltsamer und gerichtlicher Austrag von Untertanenkonflikten parallel verliefen[54] und sogar noch im 18. Jahrhundert Baueraufstände mit Gewalt gegen Amtsträger einhergingen.[55] Erst ab der Mitte des 18. Jh. beobachtet Martin Zürn für die waldburgischen Herrschaften ein Abebben dieser Gewalt – und zwar nicht, weil Rügebräuche und ähnliche Formen aus der Mode gekommen seien, sondern weil der Gewalteinsatz keinen Vorteil mehr gebracht habe.[56]

Exkurs Ende

Eberhard Elbs untersuchte im Anschluss an Schulze die Tätigkeit von Reichshofratskommissionen anhand des Owinger Aufstands von 1584 in der Grafschaft Hohenzollern-Hechingen.[57] Im Fazit seines Aufsatzes wies Elbs darauf hin, dass das Alte Recht, oder vielmehr seine auf Integration abzielende Umsetzung durch die Reichsinstitutionen, am gesteigerten Machtanspruch der Territorialherren im späteren 16. Jh. seine Grenze finden konnte.[58] Es zeichnete sich aber auch ab, dass es sich bei Widerstandsbewegungen und Prozessen nicht um ein ephemeres, sondern um ein für die Verfassungsgeschichte bedeutsames Phänomen handelte.[59]

---

52 Siehe dazu unten, S. 27.

53 Vgl. Roberts 1983, 9–10.

54 Vgl. Schunka 2002, 234–236, 255.

55 Vgl. Ulbrich 1991.

56 Vgl. Zürn 1998, 588.

57 Vgl. Elbs 1981.

58 Vgl. Elbs 1981, 96–98.

59 Vgl. Blickle 1988, 97; Troßbach 1983b, 239; Troßbach 1985b, 26 f.; ein Überblick zu Quantifizierungsversuchen bei Würgler 1995, 276.

1.3. Konfliktthemen und -begriffe

Von da an versuchte die Forschung eine Einordnung der verschiedenen Fälle von Widerstandsbewegungen in die Verfassungsgeschichte. Es wurden Fragenkataloge[60] und Verlaufsmodelle[61] erstellt. Uneinheitlich waren allerdings die Typisierungen und die ihnen zugrunde gelegten Relevanzkriterien. Vorgeschlagen und diskutiert wurden die Begriffe „Unruhe“ und „Aufstand“.[62] Deren analytische Reichweite erwies sich aber schon bald als zu gering, da sie gewaltsame Aktionen, die keineswegs in allen Fällen vorlagen, zumindest implizierten.[63]

Winfried Schulze ging vom Begriff des *Widerstands* aus, den er zunächst als Verstoß gegen zeitgenössische Normen und Setzungen definierte.[64] Von dort ausgehend unterschied er *latenten*, *manifesten* und *gewaltsamen* Widerstand.[65] Zum latenten Widerstand zählte er die verschiedenen Formen der Verweigerung und den Austritt aus dem Territorium, also durchaus Aktionen mit rechtlichen Implikationen.[66] Schulzes *manifester Widerstand* besteht dann sogar in seinem Kern aus einer rechtlichen Aktion, nämlich der Anrufung einer höheren Instanz.

Andreas Suter sah, in seiner Untersuchung der sogenannten Landestroublen im Fürstbistum Basel,[67] den Kern der Auseinandersetzungen dagegen in einem *Handlungsdialog*[68] zwischen Obrigkeiten und Untertanen. Sein Widerstandsbegriff ist aber wiederum demjenigen Schulzes ähnlich, wobei er aber auf Typisierungen verzichtete.[69] Wichtig ist ihm die Feststellung, dass alle Aktionen der Untertanen zweckgebunden waren und von ihnen rechtlich legitimiert wurden.[70]

---

60 Vgl. Bierbrauer 1984.

61 Vgl. Blickle 1980b, 296–308; Bierbrauer 1980, 44; Schmidt 1979, 296; Zückert 1988, 311–335; siehe auch Fink 2004, 8 f. Ein vereinfachter, häufig anzutreffender Ablauf ist das Einreichen einer Supplikation, anschließend Dienst- oder Abgaben-, evtl. auch Huldigungsverweigerung, Klage und Prozess oder Verweigerung eines Prozesses; ggf. auch gewaltsame Auseinandersetzung (vgl. Fink 2004, 8 f.); die Einbeziehung der Huldigungsverweigerung in ein Verlaufsmodell ist allerdings problematisch, da die Untertanen den Zeitpunkt der Huldigung nicht beeinflussen konnten (vgl. Holenstein 1991, 390–391).

62 Vgl. Hauptmeyer 1977; Elbs 1981; Troßbach 1985a, 12.

63 Vgl. Blickle 1983, 169, 173; Blickle 1980c, 27 f.; Ulbrich 1980, 199; Troßbach 1985a, 12.

64 Vgl. Schulze 1980, 86–89.

65 Vgl. Schulze 1980, 89 ff., 95 ff., 111 ff.

66 Vgl. Schulze 1980, 89 ff.

67 Suter 1985.

68 Vgl. Suter 1985, 36–37.

69 Vgl. Suter 1985, 156 f.

70 Vgl. Suter 1985, 21–22, 87–88.

Werner Troßbach machte den Begriff des *Prozesses* – und zwar im Doppelsinn des juristischen und des politischen Prozesses – zum Kern seiner Analysen. Ähnlich Schulzes *manifestem Widerstand* besteht Troßbachs *Prozess* im Kern aus der Anrufung einer dritten Instanz; damit verknüpft er aber eine funktionale Dimension: Die enge Zweierkonstellation von Obrigkeit und Untertanen erweitert sich zu einer Dreierkonstellation, innerhalb derer sich im Laufe der Zeit Parteibildungen und politische Prozesse abspielen – die sich im als *Rechtsverfassung* strukturierten Alten Reich wiederum in juristischen Prozessen abbilden.[71] Diese Prozesse und die sie begleitenden Formen des Konfliktaustrags und der Schlichtung stellten für die meisten folgenden Untersuchungen den Hauptgegenstand dar.[72] Schulzes älteren Verrechtlichungsbegriff übersteigt dieses Konzept auch insofern, als dass es Gewalt nicht als Alternative zum rechtlichen Austrag ansieht, sondern als eine von mehreren Handlungsoptionen, die nun aber dem langfristigen und politisch planvollen Handeln im Rahmen des Prozesses untergeordnet wird.[73]

Maßgeblich wurde in einer Reihe anschließender Untersuchungen das solchermaßen grundgelegte Konzept der *politischen Kultur*. Diese, so deren Vertreter, habe sich in der Auseinandersetzung zwischen Obrigkeiten und Untertanen als ein Komplex rationaler und zielgerichteter Aktionsformen entwickelt.[74] Eine Grundlage dieses Ansatzes bildete die in den 1970er Jahren entwickelte historische Protestforschung. Ihre Methode war, Handlungen, insbesondere kollektive Protesthandlungen, zunächst getrennt nach ihren instrumentellen und ihren expressiven Aspekten zu analysieren. Für die Untersuchung des expressiven Anteils, Symbole und Praktiken, griff sie auf Methoden der historischen Volkskunde zurück. Den Schlüssel zum Verstehen einer Protesthandlung bildet die anschließende Zusammenschau des auf diese Weise ermittelten Bedeutungsgehalts mit den instrumentellen Zielen einer Aktion.[75] Eine umfangreiche Diskussion

---

71 Vgl. Troßbach 1985a, 13–15.

72 Vgl. Fink 2004, 8.

73 Vgl. Troßbach 1985a, 490–494, 499. Nicht zuletzt war dies auch deshalb der Fall, weil der Vorwurf des Aufruhrs den Obrigkeiten Vorteile im Prozess verschaffte (vgl. Gabel 1994, 279–280). Doch auch Untertanen wandten diese Taktik an. Es konnte vorkommen, dass sie sich penibel an das Reichsrecht hielten und im Gegenzug versuchten, die Herrschaft zu Gewaltaktionen zu verleiten (vgl. Schmidt 1979, 260–261). Gegen die von Andreas Gail sogenannte saevitia dominorum wurden oft Mandate sine clausula verhängt (vgl. Schulze 1987a, 170).

74 Vgl. Troßbach 1985a; Troßbach 1987a; Schmidt 1989, 54 f.; Fink 2004, 9; Neveux 1997, 269–270.

75 Vgl. Troßbach 1985b, 62. Dort auch ein Literatur-Überblick zu den Grundlagen der historischen Protestforschung in der englischen Sozialgeschichtsschreibung und der

entstand in diesem Zusammenhang über die Träger des Widerstands. Die ältere Sicht, nach der es sich vor allem um die dörfliche Oberschicht gehandelt habe, wurde nach und nach widerlegt.[76]

Eingehend diskutiert wurde die Funktion und die Rolle des sogenannten *Alten Rechts* in den Auseinandersetzungen von Bauernschaften mit Obrigkeiten und Gerichten. Peter Bierbrauer und Renate Blickle maßen ihm eine bewahrende Funktion gegenüber einseitigen Setzungen der Obrigkeiten zu.[77] Andere Autoren konnten aber viele Fälle nachweisen, in denen der Rückgriff auf das Alte Recht als Legitimationsfigur für durchaus neue und an politischen Zielen orientierte Forderungen diente.[78] Mit den 1990er und frühen 2000er Jahren folgte dann eine äußerst produktive Zeit, in der eine Vielzahl an Monographien zu einzelnen Unruhen mit jeweils eigenen methodischen Schwerpunkten entstand.[79]

1.4. Weitere Monografien und längere Aufsätze zu Forschungsfragen und einzelnen Prozessen vor Reichsgerichten

Nach seinen, schon angesprochenen, grundlegenden Arbeiten untersuchte *Werner Troßbach* anhand der Grafschaft Wied-Neuwied Untertanenwiderstand in einem Stadt-Land-Zusammenhang.[80] Der dortige Prozess stand in engem Zusammenhang mit einem im Rahmen eines Herrschaftskonflikts angestrengten

---

Annales-Schule (vgl. Anm. 166–169). Ein weiterer Überblick und Kritik am Konzept des „sozialen Protests" bei Suter 1985, 156 f. Kritisch dazu: Roth 2013, 53–54. Zur Methode: Groh 1980.

76 Zu dieser umfangreichen Diskussion siehe Weber 1992a, 22 f.

77 Vgl. Bierbrauer 1980, 41, 56; Ulbrich 1980, 197; Weber 1992a, 21.

78 Vgl. Troßbach 1985a, 496 f.; Troßbach 1987a, 53–56; Suter 1985, 378, 389 f.; Blickle 1987b, 155; siehe auch Hobsbawm 1973/74; Aufstellung nach Weber 1992a, 21; zum Zusammenhang von Recht und strategischem Handeln siehe auch Hüllinghorst 1992, bes. S. 74–75.

79 Vgl. Blickle 2012, 117–131. An Blickles Darstellung orientiert sich die folgende Übersicht. Wie bei Blickle werden auch hier die Aufsätze im Forschungsüberblick ausgelassen; sie erscheinen aber in der Bibliographie und werden über die Sachschlüssel zugänglich gemacht. Dasselbe gilt für die Erwähnung oder Behandlung von Untertanenprozessen in Veröffentlichungen mit anderem thematischen Schwerpunkt. Stark theoretisch ausgerichtete Zusammenfassungen der Forschungen gibt es bei: Imsen/Vogler 1997; Nicolas et al. 1997; Neveux 1997.

80 Troßbach 1991; siehe dazu auch Blickle 2012, 118 f.

Imbecilitätsprozess und wurde sogar im selben RKG-Senat verhandelt.[81] Troßbach betrachtet eingehend den geistesgeschichtlichen Hintergrund und die Spruchpraxis des RKG; der Schwerpunkt liegt aber vor allem auf der gegenseitigen Wahrnehmung und den strukturell-wirtschaftlichen Konflikten innerhalb der Dreierkonstellation von Untertanen, aufgeklärtem Bürgertum und Hof.[82]

Eine andere spezifische Dreierkonstellation deckte *Edwin Ernst Weber* mit seiner umfangreichen Monographie zum Territorium der Reichsstadt Rottweil auf. Ausgehend von einem Streit um Kriegskosten entwickelte sich dort ein langer Prozess, der ebenfalls von einem wirtschaftlichen Stadt-Umland-Konflikt geprägt war. Ausgetragen wurde er zwischen Rat und ländlichen Untertanen; entscheidend für den Verlauf waren aber die Interessen von Stadtbürgern und Zünften, die ihrerseits in einen Rechtsstreit mit dem Rat verwickelt waren.[83] Weitere Untersuchungen zu reichsstädtischen Territorien legten *Hans Jürgen Jüngling*[84] zu Schwäbisch Gmünd und *Thomas Lau*[85] zu Schwäbisch Hall vor.

Helmut Gabel rückte die niederrheinischen Kleinterritorien ins Blickfeld der Forschung. Nach einem nahezu vollständigen Überblick über die dortigen Widerstandsbewegungen untersucht er detailliert eine Prozessserie in der Reichsabtei Kornelimünster, dezidiert unter dem Leitbegriff der *politischen Kultur*.[86] Handlungsleitend seien die Wertvorstellungen der *Freiheit*, *Auskömmlichkeit* und des *gemeinen Nutzens* gewesen; dazu seien, als politisch relevante Normen, *Reziprozität*, *Partizipation* und *Konsens* gekommen.[87] Im Zentrum des Widerstands habe meist die Prozessführung vor einem Reichsgericht gestanden, gegebenenfalls aber durch Selbsthilfe und Gewalt ergänzt. Träger des Widerstands seien die sich zunehmend aus den Gerichtsverbänden herauslösenden Gemeinden gewesen. Die

---

81 Vgl. Troßbach 1991, 139 f.; 285 f.

82 Vgl. Troßbach 1991, 417–422.

83 Vgl. Weber 1992a; siehe auch Blickle 2012, 120 f. Weber vergleicht den Rottweiler Konflikt auch mit ähnlichen Vorgängen in anderen Reichsstädten; Weber 1992a, 700–722.

84 Jüngling 1989.

85 Lau 1999.

86 Vgl. Gabel 1995b. Ein Überblick über die niederrheinischen Widerstandsbewegungen (Reichsabtei Thorn, Reichsherrschaft Stein, Gerichtsgrafschaft Reckheim, Reichsgrafschaft Kerpen-Lommersum, Reichsherrschaft Millendonk, Gimborn-Neustadt, Homburg, Kornelimünster) auch in Gabel 1990, 165 f. Zu Auswirkungen von Herrschaftsdruck und Widerstand auf die Ämterstruktur in den betroffenen Gemeinden siehe Gabel 1995a.

87 Vgl. Blickle 2012, 117 f.

Reichsgerichte hätten bei den untersuchten Fällen möglichst auf einen Vergleich hingearbeitet.[88]

Andreas Würgler erweiterte die Konfliktkonstellation noch um die *Öffentlichkeit* als entscheidenden Faktor.[89] Dazu untersuchte er mehrere Widerstandsbewegungen in der Eidgenossenschaft und im südlichen Reichsgebiet.[90] Das Anrufen der Öffentlichkeit und deren Reaktion habe Konfliktverläufe entscheidend beeinflusst. Auch Rechtshandlungen wie die Gründung des Prozesssyndikats oder die Klage vor einem Reichsgericht hätten dadurch Wirkung entfaltet, dass sie Probleme öffentlich machten; häufig verstärkt durch bewusst auf Außenwirkung angelegte Demonstrationen oder den Druck von Flug- und Streitschriften.[91]

Klaus Ries verwendete, vergleichbar Suters *Handlungsdialog*, den Begriff der *Interaktion* zwischen Obrigkeiten und Untertanen als zentrale Analysekategorie.[92] Er untersuchte drei größere Bewegungen in der Herrschaft Nassau-Saarbrücken. Ausgelöst durch Schuldenkrisen und obrigkeitliche Reformbestrebungen seien beide Seiten im prozessualen Austrag gezwungen gewesen, sich juristisch zu bilden und zu professionalisieren, was zunehmend im Zeichen der Aufklärung geschehen sei. Hierin erkennt er ein erhebliches Modernisierungspotential für das Alte Reich.[93] Der historischen Protestforschung wirft er dagegen vor, sich zu einseitig am Widerstand der Untertanen orientiert zu haben.[94]

---

88 Vgl. Gabel 1995b, 414–419. Die Gemeinden sieht ebenfalls Andreas Suter als Träger des Widerstands an (vgl. Suter 1985, 106–107), obwohl er auch berichtet, wie sie Delegierte zu gemeinsamen Treffen entsenden (vgl. Suter 1985, 48–49). Zu anderen Schlüssen kommen aber Stefan von Below und Stefan Breit für Altbayern (Below/Breit 1998, 77) und vor allem Werner Troßbach, der Ämter und Gerichte als handelnde Instanzen benennt, die aber auf die Zustimmung der einzelnen Gemeinden angewiesen gewesen seien. Vgl. Troßbach 1985a, 497; ähnlich Wilhelm 2007, 181 mit der Edition eines Rundbriefs, der zu einem Treffen von Gemeindevorstehern aufruft (vgl. auch Wilhelm 2007, 185–186). Bei Troßbach auch der Hinweis auf Gerichte übergreifende Kontakte in der Organisation des Widerstands (vgl. Troßbach 1985a, 269); zu Kontakten über Gemeindegrenzen hinweg auch Adam 2005, 85.

89 Würgler 1995; siehe auch Blickle 2012, 124 f.

90 Im Einzelnen sind dies Auseinandersetzungen in Stadt und Bistum Basel, in Toggenburg, Frankfurt, Hanau-Lichtenberg, Zürich, Stift Kempten, Bern, Freiburg (vgl. Würgler 1995, 5).

91 Vgl. Würgler 1995, 123 f., 128, 169 f., 184–186.

92 Vgl. Ries 1997, 15–17. Siehe zu Ries auch die Zusammenfassung bei Blickle 2012, 118.

93 Vgl. Ries 1997, 339–341, 434 f., 456–459.

94 Vgl. Ries 1997, 38 f.

Eine vorderösterreichische Herrschaft untersuchte *David Martin Luebke* anhand der sogenannten *Salpetererunruhen* in der Grafschaft Hauenstein.[95] Auch Luebke vermied dezidiert die Dichotomie Obrigkeit-Untertan. Seine Hauptthese bestand darin, dass die soziale Stratifikation in der Bauernschaft und unterschiedliche Rechtsauffassungen zu einer Faktionierung geführt hätten, die den gesamten Konflikt mit der Herrschaft überlagert habe. Gerichte seien nicht als Lösungsinstanz wirksam geworden, weil sich die Faktionen nicht auf deren Anerkennung hätten einigen konnten. Scheinbar paradox sei der Konflikt daher gemäß Schulzes Begriffen hochgradig verrechtlicht gewesen, aber gleichzeitig sehr gewaltsam ausgetragen worden.[96] Luebke schlägt eine Modifikation von Schulzes Verrechtlichungsthese vor, die Verrechtlichung als (im untersuchten Fall gescheiterte) Akkulturation auffasst.[97]

Unter dem Einfluss habsburgischer Hauspolitik standen auch die Waldburgischen Herrschaften. Die umfangreiche Monografie von *Martin Zürn*[98] zeigt sehr gut, wie dies die Lösung von Konflikten erschweren konnte. Die der Idee nach neutrale Instanz, der Kaiser bzw. die politisch aktiven Gerichte, hätten sich in vielen Fällen gerade nicht als neutral erwiesen, sondern als von eigenen Interessen geleitete weitere Konfliktpartei.[99]

Julia Maurer konzentrierte ihre von einem rechtsgeschichtlichen Standpunkt ausgehende Untersuchung auf einen RKG-Prozess der Stadt Lahr gegen ihre Landesherrschaft, die Fürsten von Nassau-Usingen im späten 18. Jahrhundert.[100] Besonderen Wert legte sie auf die Zusammenhänge zwischen außerprozessualer und prozessualer Konfliktlösung und betrachtete daher die taktischen Entscheidungen zu einzelnen Prozessschritten und ihre Ergebnisse im Zusammenhang mit dem Konfliktverlauf. Sie kommt dabei zu der Feststellung, dass im Lahrer Fall das Extrajudizialverfahren mehr Gewicht hatte als das Judizialverfahren, und dass der Prozess insgesamt mehr seiner eigenen Dynamik gefolgt sei, als der Entwicklung des Konflikts Rechnung zu tragen. Trotzdem seien die friedenssichernde Wirkung des Verfahrens und einzelne steuernde Eingriffe des RKG entscheidend für die Eindämmung des Konflikts auf außergerichtlicher Ebene gewesen.[101]

---

95 Luebke 1997; vgl. Blickle 2012, 120.

96 Vgl. Luebke 1997, 86 f., 205. Zum Akkulturationsparadigma und dessen Ablösung durch das Paradigma der Enkulturation vgl. Dinges 2004, 172; siehe auch Anm. Fehler! Textmarke nicht definiert..

97 Vgl. Luebke 1997, 228–230.

98 Zürn 1998; vgl. Blickle 2012, 122.

99 Vgl. Zürn 1998, 255 f., 325–361, 631.

100 Vgl. Maurer 1996.

101 Vgl. Maurer 1996, 377–384.

Einen sehr nah am Prozessgeschehen orientierten Zugang wählten ebenfalls *Stefan Below* und *Stefan Breit* in Ihrer Darstellung eines Waldkonflikts der sogenannten Ebersberger Gemein mit dem dortigen Jesuitenkonvent und den bayerischen Herzögen.[102] Sie behandeln damit einen der wenigen Untertanenprozesse, die aus Altbayern an das RKG gelangten und kommen zu der Feststellung, dass die im Unterschied zum Umland für die Ebersberger Gemein gegebene Möglichkeit eines RKG-Prozesses und die damit verbundene juristische Absicherung der Untertanen eine eskalierende Wirkung auf den Konflikt gehabt habe.[103]

Die Perspektive der Reichsrechts und der Gerichte zum Verhältnis von Obrigkeiten und Untertanen untersuchte auch *Rita Sailer* anhand eines Prozesses ländlicher Untertanen gegen die Junker von Mentzingen sowie eines reichsstädtischen Prozesses in Zell am Harmersbach und eines Prozesses einer Einzelklägerin in Bruchsal.[104] Ausgehend von der Leitfrage, ob die Gerichte des Alten Reichs Untertanenprozesse als eine eigene juristische Kategorie behandelten, betrachtete sie im Bezug auf die ländlichen Prozesse in Anlehnung an Renate Blickle vor allem die Entwicklung der Rechtskonzepte Hausnotdurft und Eigentum[105] sowie der Konzepte von Freiheit und Unfreiheit inklusive deren Wechselwirkung mit dem Zumessen von Frondiensten.[106]

Die Tätigkeit des RKG in einer sich über Jahrhunderte erstreckenden Prozessserie untersuchte *Ralf Fetzer* am Beispiel des Ritterstifts Odenheim.[107] Auch er wendete sich gegen eine dichotomische Sicht von Herrschaft und Untertanen und stellte die Akteursperspektive in den Vordergrund; eine zentrale Rolle hätten auch hier der Wissenserwerb der Untertanen und dadurch veränderte Handlungsmuster gespielt.[108]

Bertram Fink widmete eine sozialgeschichtliche Studie einer Revolte in der Herrschaft Böhmenkirch, mit dem Schwerpunkt auf deren materiellen Voraussetzungen und Folgen sowie auf die damit im Zusammenhang stehenden subjektiven Wahrnehmungen und Entscheidungsprozesse. Den Verlauf des Konflikts

---

102 Below/Breit 1998. Siehe dazu auch Abschnitt 3.1.1.

103 Vgl. Below/Breit 1998, 167–168.

104 Sailer 1999; vgl. auch die Zusammenfassung bei Blickle 2012, 119.

105 Vgl. Blickle 1987a; Sailer 1999, 139, 145–157. Zur Entwicklung des modernen Eigentumsbegriffs siehe auch Bödecker 1987, 406–412; zur Wechselwirkung dieses Begriffs mit der Argumentation in einer Untertanenschaft siehe Ries 1997, 431.

106 Vgl. Sailer 1999, 169–180, 186. Zu Frondiensten, die ursprünglich als sog. materia odiosa nur für die Hausnotdurft des jeweiligen Herren gefordert werden durften, siehe Schulze 1990, 157.

107 Fetzer 2002; siehe dazu auch Blickle 2012, 119.

108 Vgl. Fetzer 2002, 197, 323 ff., 349, 375 f., 381, 413.

rekonstruiert er anhand des von Andreas Suter 1997 vorgeschlagenen Begriffs der *Grenzüberschreitung*.[109] Demnach habe eine politische Partizipationskrise zu Widerstand geführt, der mangels Erfolgsaussichten vor dem Reichshofrat den Rechtsweg zum Teil verlassen habe.[110]

Einen weiteren Untertanenprozess gegen die Junker von Mentzingen untersuchte *Thomas Adam* in einer kleineren regionalgeschichtlichen Studie über den Ort Gondelsheim.[111] Dort wird sehr gut das Ausmaß der Einflussnahme von Nachbarterritorien deutlich, in diesem Fall die Politik von Kurpfalz und der Reichsritterschaft.

Untertanenprozesse mit weitreichenden politischen Implikationen behandeln *Markus Müller* anhand von Sayn-Hachenburg,[112] *Ingo Ullmann* anhand des holsteinischen Gutes Schmoel[113] und *Andreas Wilhelm* anhand von Nassau-Weilburg.[114] Wilhelm beschreibt detailliert die Bedeutung von Untertanenprotesten und -prozessen auf die Herrschaft in einem Kleinterritorium und zählt spezifische Strukturelemente auf.[115] Die von Ullmann und Müller behandelten Fälle berührten darüber hinaus reichspolitische und verfassungsrechtliche Zusammenhänge.

Matthias Bähr deckte anhand von Zeugenverhören in Untertanenprozessen Zusammenhänge der dort verwendeten Topoi und Argumentationsstrategien mit dem Verlauf von Prozessen auf.[116] Er geht davon aus, dass nicht nur die Handlungen der Prozessparteien und die Prozessordnung das Geschehen bestimmten, sondern dass darüber hinaus schon mit den Klageschriften und Verhören einige Entscheidungen der Gerichte vorweggenommen worden seien, insofern es sich dabei um Teile etablierter Sprachspiele gehandelt habe.[117]

---

109 Vgl. Fink 2004, 17–18; Suter 1997, 45–51.

110 Vgl. Fink 2004, 225–228.

111 Adam 2005.

112 Müller 2005.

113 Ullmann 2007.

114 Wilhelm 2007.

115 Er nennt fünf Strukturelemente: 1. Abwesenheit von Intermediärgewalten, daher stärkeres Gewicht der Kommunen. 2. Erheblicher Einfluss der Reichsgerichtsbarkeit bei Abwesenheit von Appellationsprivilegien. 3. Pazifizierende Politik der Reichsgerichte; der Herrschaft wird die Notwendigkeit eines Grundkonsenses vermittelt. 4. Begrenzte exekutorische Möglichkeiten der Herrschaft. 5. Prozesskosten und Gebühren an (i. d. R. an auswärtige) Anwälte zu zahlen, widersprach dem kameralistischen Denken (vgl. Wilhelm 2007, 206–207).

116 Bähr 2012b; zuvor: Bähr 2012a; Bähr 2011; Bähr 2008 mit einer detaillierten Wiedergabe der Diskussion im entsprechenden RKG-Senat.

117 Vgl. Bähr 2012b, 17–20, 152, 281.

Die Einbettung von Konflikten um Jurisdiktion und Dienstpflichten in einen Reichsunmittelbarkeitsdiskurs untersuchte *Bernhard Diestelkamp* anhand eines Prozesses zwischen der Gemeinde Freienseen und ihrer Solms-Laubacher Herrschaft.[118] Er stellt dabei die einzelnen Prozessschritte minutiös in ihren Voraussetzungen und Wirkungen auf den Konfliktverlauf dar. Auch bei diesem Konflikt sei die Faktionierung der Gemeinde ein entscheidender Faktor gewesen und zum Teil auch bewusst von der Herrschaft vorangetrieben worden.

1.5. Präzisierung und Abgrenzung des Untersuchungsgegenstands

Nachdem nun der Forschungsstand dargelegt wurde, soll der Kernbereich dieser Untersuchung abgesteckt werden: Sie befasst sich mit Prozessen ländlicher Untertanenverbände an Reichsgerichten zwischen Reichsreform und Französischer Revolution. Die Gründe für diese Einschränkung liegen in der Sache selbst begründet und sollen im Folgenden kurz erörtert werden.

1.5.1. Systematisch-sachliche Abgrenzung

1.5.1.1. Zur Widerstandsforschung

Die Beschränkung auf Untertanenprozesse vor Gerichten – im Unterschied zu Aufständen und Untertanenprotest im Allgemeinen – hat zunächst den Grund, dass es der Widerstandsforschung nicht gelungen ist, ihren Gegenstand präzise zu definieren. Von ihrem Ausgangspunkt her, der Revolte, wandte sie sich, indem sie dem Charakter historischer Entwicklungen an sich Rechnung trug, unterschiedlichen und subtilen Formen des Widerstands zu, sodass eine Abgrenzung des Forschungsfeldes letztlich unmöglich erschien.[119] Dabei ist zu beachten, dass auch subtiler Widerstand, wie zum Beispiel vereinzelte Verstöße gegen Gebote oder langsames, nachlässiges Ausführen von Diensten, auf lange Sicht Auswirkungen auf das Gemeinwesen haben kann, also für die Entwicklung ländlicher Gemeinden und deren Regierung durchaus interessant ist.[120]

Den Gegenstand dieses Projekts bilden dagegen juristisch abgrenzbare und verhandelbare Konflikte. Somit nimmt es seinen Ausgangspunkt nicht bei der Widerstandsforschung und fragt nicht an nach den Bedingungen, unter denen ein Konflikt den Weg zum Gericht nahm, im Vergleich mit solchen Konflikten,

118 Diestelkamp 2012; siehe auch Diestelkamp 2007b; Diestelkamp 1995.
119 Vgl. Blickle 2012, 127.
120 Vgl. Imsen/Vogler 1997, 27.

bei denen dieser Schritt nicht vollzogen wurde. Statt dessen begrenzt es, gleichsam vom Ende her, die Stichprobe auf diejenigen Konflikte, die tatsächlich vor Gericht, in diesem Fall den Reichsgerichten, verhandelt wurden, die also in jedem Fall abzugrenzen und zu verhandeln – wenn auch nicht immer zu entscheiden – waren.[121] Da die jeweiligen Autoren in aller Regel den Konfliktverlauf, soweit er in den Quellen erfasst ist, von Beginn an nachzeichnen, werden aber auch die Entscheidungen, die zu den Reichsgerichten führten, sichtbar. Hier liegt auch die Stärke eines Literaturprojekts, denn durch diese Arbeitsweise gelingt es letztlich doch, die unterschiedlichen Wege zu den Reichsgerichten nachzuzeichnen.

1.5.1.2. Zur Supplikenforschung

Ein weiterer verwandter Bereich ist die Supplikenforschung. Diese entwickelte sich aus der Widerstandsforschung heraus zu einem eigenen, sehr umfangreichen Forschungsfeld,[122] das den Rahmen der hier unternommenen Studie sprengen würde. Zudem ist die rechtliche Qualität der Supplikation nicht eindeutig zu definieren. Aus der Perspektive des Reichsrechts handelt es sich um Prozess einleitende Schriften. Die intensivere Beschäftigung mit Prozessen gerichtlicher und außergerichtlicher Konfliktlösung in den Territorien förderte dagegen beinahe das Gegenteil zutage: einen institutionalisierten und auf die Person des Herrschers konzentrierten Konfliktlösungsweg außerhalb der eigentlichen Gerichte.[123]

Das heißt allerdings nicht, dass Supplikationen in dieser Untersuchung nicht beachtet würden. Im Gegenteil: sie stellten, neben der Verweigerung von Abgaben und Diensten, zeitlich meist sogar vor einer Verweigerung angesiedelt, den Versuch der Untertanen dar, einen Konflikt gütlich mit dem Herrscher zu regeln. Sie waren auch insofern ein entscheidender Schritt, als dass ein Konflikt mit ihrer Übergabe oft zum ersten Mal überhaupt verbindlich kommuniziert und damit manifest wurde. Somit finden sie im Rahmen der Untersuchung von Konfliktverläufen Beachtung.

1.5.1.3. Zu reichsstädtischen Unruhen

In Reichsstädten, und auch bei Unruhen in deren Landgebiet, sind die Konfliktkonstellationen komplexer. Man hat es dort nicht mit dem Willen eines Herrschers zu tun, sondern mit ihrerseits konfliktbeladenen Interessengruppen als

---

121 Vgl. MAURER 1996, 383.

122 Vgl. BLICKLE 2012, 130. Hierzu gab es ein Projekt der Universität Eichstätt unter Sabine Ullmann mit einer Datenbank als Ergebnis; vgl. http://www.ku.de/ggf/geschichte/landesgeschichte/dfg-projekt (zuletzt besucht am 27.10.2017).

123 Vgl. BLICKLE 2000, 287.

Herrschaft.[124] Reichsstädtische Unruhen werden damit als ein eigener, hier nicht näher zu untersuchender, Konflikttypus angesehen.[125]

1.5.2. Zeitliche Abgrenzung

Zeitlich erstreckt sich diese Untersuchung auf die Jahre 1495 bis 1806. Mit der Reichsreform von 1495, deren Teil die Gründung des RKG war, ging die Verpflichtung zum Schutz der Untertanen vom örtlichen Grundherren auf den Kaiser über[126] – wobei dies zwar keine abrupte Zäsur darstellte: Den Normalfall bildete nach wie vor die Konfliktlösung vor herbeigerufenen Schiedsgerichten[127] – es bedeutete aber doch einen grundlegenden verfassungsrechtlichen Einschnitt. Das Ende des Untersuchungszeitraums bildet die Französische Revolution. Sie wurde auch auf dem Land in breiten Schichten rezipiert[128] und war sowohl Anlass für eine Häufung von Prozessen[129] als auch für eine neue Qualität der Auseinandersetzung mit neuen Begründungszusammenhängen und einem höheren Grad an Politisierung und Mobilisierung[130] – was sich auch auf schon bestehende Konflikte auswirkte.[131]

Von der Betrachtung ausgenommen sind auch Territorien übergreifende Bewegungen, vor allem der Bauernkrieg, der sich nach einer Phase der rechtlichen Auseinandersetzung radikalisierte und neben dem Göttlichen Recht keine

---

124 Dies wird augenfällig vorgeführt für Rottweil bei Weber 1992a, 44–46, 545, 602 ff., 609, 612–613; vergleichbar auch Schwäbisch Gmünd bei Laurentzsch 1984, 298 (vgl. dazu oben, S. 25).

125 Vgl. Blickle 2012, 120–121 mit einem Überblick über die einschlägige Literatur. Obwohl verfassungsrechtlich nicht korrekt wird hier auch der lang andauernde Konflikt des ostfriesischen Emden mit zu dieser Gruppe gezählt. Der Konflikt hat, mit seiner Orientierung an der Politik der Generalstaaten, eine europäische Dimension; Emden ist auch strukturell durchaus mit einer Reichsstadt vergleichbar (vgl. Kappelhoff 1995).

126 Vgl. Pelizaeus 2007, 21.

127 Vgl. Bader 1962, 412 ff.

128 Vgl. Böning 1989.

129 Johann Melchior Hoscher gab schon im November 1789 eine Fallsammlung von acht „Tumultsachen“ in Druck, die infolge der Revolution anhängig gemacht wurden (vgl. Reichardt 1988, 10. Für einen Überblick siehe auch Ulbrich 1991, 224).

130 Vgl. Sailer 1999, 98–99; van den Heuvel/van den Heuvel 1988, 111–113; zur zeitgenössischen Wahrnehmung siehe Galéra 1961, 304–305; siehe im Bezug zum Sächsischen Bauernaufstand von 1790 auch Hoyer 1994, 65 ff. Ein wichtiges Indiz einer neuen Qualität sind auch die seit dem Bauernkrieg erstmals wieder vorkommenden Archivverbrennungen (vgl. Würgler 1995, 286).

131 Vgl. Härter 2002, 50–51, 100; siehe auch Press 1978, 82.

Legitimation mehr suchte.[132] Ausgenommen sind aufgrund ihrer genuin kriegerischen Qualität auch die bayerischen Aufstände von 1633/34 und der sogenannte Bayerische Bauernkrieg von 1705/1706.[133]

1.5.3. Geographische Abgrenzung

Diese Untersuchung erstreckt sich auf diejenigen Territorien, aus denen an das RKG und den RHR appelliert wurde. Damit fallen die exemten Gebiete, d. h. vor allem die österreichischen Erblande[134] weg.[135] Allein Vorderösterreich wird hier

---

132 Vgl. Troßbach 2010, 67–68; Bader/Dilcher 1999, 188–189; Schulze 1998, 425; Koch 1998, 1164; Imsen/Vogler 1997, 28; Neveux 1997, 274. Zur Unterscheidung von eingegrenzten Revolten zu Kriegen, hier allerdings für die Schweiz, siehe Suter 1998, 214. Zu den rechtlichen Auswirkungen des Bauernkriegs siehe Amend-Traut 2016, S. 223–265.

133 Vgl. Schulze 1980, 61; Schulze 1983b, 298; Friedeburg 2002, 122–123. Eine Zusammenstellung der größten frühneuzeitlichen Aufstandsbewegungen bei Nissen 1975, 165–166.

134 Aus den österreichischen Erblanden (und damit auch aus Vorderösterreich, vgl. Schennach 2013, 237–238) gelangten keine Appellationen an das RKG (vgl. Weitzel 1976, 64). Neben den österreichischen Erblanden waren exemt: Burgund, die Niederlande, Böhmen und Lothringen (vgl. Sellert 1965, 22–32, 42) Brabant seit 1548 (Gabel 1991, 55) und Schlesien bis zur preußischen Annexion (vgl. Weber 1992b, 282–285; Sellert 1965, 22–32, 42). Danach war das Preußische Tribunal in Berlin Appellationsinstanz, Eingriffe der Reichsgerichte wurden nicht geduldet (vgl. Weber 1992b, 316). Für einen Überblick zur polnischen Forschung über Schlesien bis 1977 siehe Leszczyński 1977. Die Lausitzen waren seit dem Prager Frieden von 1635 nicht mehr böhmisch sondern im Wesentlichen kursächsisch, und zwar bis zum Übergang an Preußen im Jahr 1815. Allerdings blieben die Stände sehr stark, die Niederlausitz spielte daher immer eine Sonderrolle (vgl. Lehmann 1956, 3). Unterschiedliche Meinungen gibt es zum Status der österreichischen Neuerwerbungen und Reichspfandschaften, also Schwaben, Hagenau, die Ortenau, die vier Waldstädte, Breisach, das Landgericht Schwaben (mit den Gerichtsorten Leutkirch/Isny, Wangen, Ravensburg und Altdorf/Weingarten) und solchen Orten, deren Zugehörigkeit zu den Erblanden umstritten war (vgl. Weitzel 1976, 61). Zum Landgericht Schwaben siehe auch Weitzel 1976, 67–87: Nachdem das RKG von dort eine Appellation angenommen hatte, folgte ein Jahrhunderte andauernder Streit. Umstritten war die Jurisdiktion auch in den waldburgischen Herrschaften; vgl. dazu Blickle 2012, 122 und Zürn 1998, 236.

135 Exemtionen erstrecken sich auf die Reichsgerichtsbarkeit insgesamt und müssten damit für RKG und RHR gleichermaßen gelten, wie es auch die ältere Literatur annimmt. Faktisch ist aber erst mir der Einrichtung der österreichischen Hofkanzlei 1635 damit zu rechnen, dass die entsprechenden Fälle aus den Erblanden dort

nicht ganz außen vor gelassen. Die Bibliographie strebt dort zwar keine Vollständigkeit an, aber diese Gebiete ermöglichen gelegentlich einen interessanten Vergleich zu den reichsunmittelbaren Territorien, weil der Kaiser dort als Lehnsherr noch stärker eigene Interessen im Richteramt verfolgt als in solchen Situationen, in denen er gegenüber Reichsständen als neutraler Richter auftritt (siehe auch oben, S. 27).[136]

Aus der Untersuchung fallen auch die mit Appellationsprivilegien versehenen Territorien heraus. Solche Privilegien hatten Kursachsen seit 1559, Kurbrandenburg seit 1586, Hessen-Kassel seit ca. 1745, Hessen-Darmstadt, Braunschweig und Lüneburg seit 1747, Kurpfalz, Jülich und Kleve seit 1764 sowie Württemberg.[137] Diese Privilegien galten streng genommen zwar nicht bei Klagen von Untertanen gegen den Landesherren oder bei Klagen von Landesherren gegeneinander. In solchen Fällen war ein Austrägalgericht vorgesehen. Sie galten auch nicht bei Rechtsverweigerung oder -verzögerung.[138] Faktisch wurde die Appellation aber, zum Teil mit Gewalt, unterbunden.[139] Gegen die bayerischen Herzöge sind nur zwei Klagen von Gemeinden bekannt.[140] Gegenstand der Untersuchung ist auch nicht die Eidgenossenschaft, sie duldete ebenfalls keine Appellationen an Reichsgerichte.[141]

---

und nicht mehr vor dem RHR verhandelt wurden (vgl. SELLERT 1965, 22–32, 42). Trotzdem werden in dieser Untersuchung beide Gerichte gleichermaßen behandelt, da die Literatur hier nicht ausreichend differenziert.

136 Vgl. ZÜRN 1998, 405; ZÜRN 2000, 315–316.

137 Vgl. SELLERT 1965, 37–40.

138 Vgl. ebd.

139 Vgl. SMEND 1907, 501; PERELS 1908, 77–78, 92 ff.

140 Dazu kommen 15 Klagen von Einzelpersonen (vgl. BELOW/BREIT 1998, 60–61, 142).

141 Vgl. SUTER 1995, 162 f.; SELLERT 1965, 41; mit der Ausnahme von Basel und Chur; von dort gab es Appellationen (vgl. SELLERT 1965, 42.

2. Modelle für Schlüsselmomente

Die Forschung hat verschiedene Modelle von Entscheidungssituationen entwickelt. Diese Betrachtung schließt hieran an und schlägt den Begriff des *Schlüsselmoments* für die weitere Untersuchung von Untertanenprozessen vor. Der Begriff soll im Folgenden entwickelt werden, bevor entsprechende Beispiele in Kapitel 3 folgen. In Kapitel 4 wird der Ansatz dann einer Gegenprobe unterzogen, sodass Chancen und Grenzen seiner Aussagekraft in Umrissen deutlich werden.

2.1. Unterscheidung zu Verlaufsmodellen von Prozessen

Die Forschung versuchte zunächst, Unruhen anhand von typischen Verlaufsmodellen oder Eskalationsstufen zu beschreiben. Zu nennen wären zum Beispiel Peter und Renate Blickle, Peter Bierbrauer oder auch Claudia Ulbrich. Hieran übte schon Werner Troßbach die Kritik, dass diese Modelle zu sehr auf das späte Mittelalter und das 16. Jahrhundert abgestimmt seien.[142] Den Verlaufsmodellen setzte er den schon erwähnten funktionalen Prozessbegriff entgegen: Indem die Untertanen aus der Willkür des Herrschers heraustäten und eine dritte Instanz anriefen, sei der Raum für politische Entwicklung und die Veränderung der gegebenen Verhältnisse eröffnet. Konstitutiv sei dabei der Faktor Zeit.[143] Die politische Entwicklung beschreibt er als eine Folge von „Bifurkationen", von der Klage bei Herrscher oder Gericht über die Frage, ob Dienste oder Leistungen verweigert werden, die Frage, ob gegen die dann ins Haus stehenden Pfändungen Widerstand geleistet werden soll, bis hin zu der Frage, ob eine militärische Eskalation in Kauf genommen wird.[144] Das im Folgenden vertretene Modell schließt hieran an und versucht, entscheidende Momente im Verlauf einer solchen Entwicklung theoretisch zu beschreiben und dann mit den in der Literatur beschriebenen Konflikten zu identifizieren.

---

142 Vgl. Blickle 1988, 82, 83 f.

143 Vgl. Troßbach 1985a, 13–15. In eine ähnliche Richtung argumentierte Renate Blickle, die ebenfalls den Faktor Zeit als konstitutiv für die Lösung eines Konfliktes ansah, der – einmal dem „Bereich der Tat" entzogen und in den „Bereich des Wortes" überführt – Entwicklung und Veränderung durchlaufen könne (vgl. Blickle 1987b, 149).

144 Vgl. Troßbach 2005, 211–212.

Herrschaft und Herrschaftskonflikte werden dabei als sozialgeschichtlich beschreibbare Strukturen aufgefasst,[145] die sich den Akteuren aber nicht nur als grundlegende Einstellungen oder rechtliche Gegebenheiten, sondern auch – deswegen interessieren hier Schlüsselmomente – als Handlungsoptionen und -risiken in bestimmten konkreten Situationen darstellen. Diese beziehen sie im Rahmen einer kulturell bestimmten Übersetzungsleistung in ihr Kalkül ein und schaffen so im Laufe der Zeit neue Strukturen oder verändern die alten[146] – und schaffen somit auch neue Handlungsoptionen. Von den zuerst erwähnten Verlaufsmodellen unterscheidet es sich auch darin, dass jene eine Entwicklung oder eine Stufenfolge implizieren. Das „Schlüsselmoment"-Modell definiert dagegen kritische Punkte, in denen Entscheidungen gefällt werden und benennt die dort wirksamen Faktoren. Ein Teil dieser Faktoren oder auch Handlungsoptionen wird, sobald ein Reichsgericht involviert ist, auch von dem dort anhängigen Verfahren vorgegeben. Damit erscheint die Frage interessant, inwieweit dieses Verfahren in der Lage ist, den Verlauf des Konflikts in Richtung einer Lösung zu beeinflussen.

Handlungsoptionen werden im Wesentlichen von den politisch gestalteten und rechtlich definierten Beziehungen der Akteure zueinander vorgegeben. Daher ist an dieser Stelle das Handeln der Gerichte insofern der entscheidende Faktor, als dass sie es sind, die Veränderungen in diesem Beziehungsgefüge legitimieren und die Entwicklung damit verstetigen können. Darüber hinaus sind in das Modell noch weitere Konflikte mit anderen Akteuren einzubeziehen. Jan Peters plädierte dafür, den Konflikt mit der Herrschaft nicht zu isolieren und überzubewerten, sondern als einen Teil eines ganzen Netzwerkes von Konflikten zu sehen, der mal mehr mal weniger im Vordergrund stand. Er erinnerte in diesem Zusammenhang auch daran, dass die frühneuzeitliche Gesellschaft insgesamt sehr geübt im Umgang mit Konflikten war.[147]

---

145 Ein Konflikt ist ebenso wie Herrschaft an sich ein Prozess sozialer Reproduktion eines Herrschaftsverhältnisses (vgl. Holenstein 1996, 108 f.).

146 Vgl. Suter 1998, 211, 217, 228 f.; Luebke 1997, 54 f. Das Modell arbeitet somit in Anlehnung an Suter im Schnittpunkt von Ereignis-, Sozial- und Kulturgeschichte. Was hier als Schlüsselmoment bezeichnet wird, hat Suter als „Grenzüberschreitungen" beschrieben; vgl. Suter 1997, 45–51; Fink 2004, 10–12. Nach Hugues Neveux verläuft die Entwicklung einer Widerstandskette innerhalb zweier Arten von Begrenzungen: solchen, die aus einer langen, relativ ruhigen Entwicklung des Konflikts resultieren und solchen, die das Produkt unmittelbar vorangegangener Entscheidungen sind (vgl. Neveux 1997, 249 f.).

147 Vgl. Peters 1995, 16–18. Zum Konfliktaustrag in Gemeinden vgl. auch Imsen/Vogler 1997, 13 und Walz/Teppe 1992.

2.2. Einflussgrößen in der Entscheidungssituation

Auf der Seite der Herrschaft war Legitimität – und zwar ihre jeweils konkrete, eigene – die wichtigste symbolische Ressource. Nicht von ungefähr verwiesen Obrigkeiten in ihrer gesamten Praxis und auch in ihrer grundlegenden Rolle als Gewährleister von Schutz und Schirm ständig auf diese ihre Position rechtfertigende Ressource. So konstruierten sie im Laufe der Zeit ihr eigenes Geschichtsbewusstsein und gleichermaßen das der Untertanen, das dieses Herrschaftsverhältnis als wesentlichen Teil der Geschichte integrierte.[148]

Im Konfliktfall war die traditionell begründete Legitimität aber infrage gestellt. Zu ihr konnte dann eine übergeordnete Autorität in Konkurrenz treten. In den hier interessierenden reichsunmittelbaren Kleinterritorien war das – sieht man einmal von der häufig gegebenen Möglichkeit der Einflussnahme mächtiger Nachbarterritorien ab und beschränkt sich auf den verfassungsgemäß vorgegebenen Weg – der Kaiser in Verbindung mit den Reichsinstitutionen. Für Herrschaften und Untertanen bestand also im Konfliktfall immer die Möglichkeit, nicht nur als Antagonisten zu agieren, sondern auch über den Rückgriff auf die Reichsinstitutionen und Gerichte in einen politischen und/oder rechtlichen Prozess[149] einzutreten. Begünstigt wurde dies durch die populäre Figur des „gerechten Kaisers“: Ganz allgemein ist die Tendenz festzustellen, bei erfahrenem Unrecht die örtlichen Obrigkeiten verantwortlich zu machen, bei den höchsten Autoritäten aber Gerechtigkeit zu vermuten und zu suchen.[150] Dies konnte dann so weit gehen, dass unterhalb des Kaisers keine Autorität mehr anerkannt wurde.[151]

Je mehr sich der Widerstand nun organisierte, um so politischer dachten und handelten die Akteure in der Regel.[152] Auch bäuerliche Gemeinden waren offen für Reichspolitik und erfuhren – sei es auch in der Form des Gerüchts – von öffentlichen Diskussionen und dem Handeln der Reichsinstitutionen. Einen Großteil dieser Informationsvermittlung übernahmen die für den zu führenden Prozess beauftragten Advokaten, ein weiterer Teil lag bei den an die Reichsgerichte entsandten Deputierten.[153] In die (Nicht-)Akzeptanz von Herrschaft oder bestimmter

---

148 Vgl. Sabean 1986, 35 f., 38; siehe auch Brunner 1968a, 74.

149 Vergleiche dazu Troßbachs Prozessbegriff, siehe S. 23 und S. 35.

150 Vgl. Kramer 1974, 120; Troßbach 1987a, 187.

151 Vgl. Zürn 1998, 540 f.

152 Vgl. Troßbach 1987a, 278 f.; Press 1978, 93.

153 Vgl. Bähr 2014; zu Deputierten vgl. Troßbach 1983b, 251–252 und Troßbach 1995, 410. Zur praktischen Umsetzung einer Deputation siehe Weber 1992a, 513–514 und v. a. Troßbach 1987a, 205–258. Der Auswahl von Deputierten konnten von Rechtsgewohnheiten oder eigens entwickelten ad-hoc-Verfahren getragene längere

Handlungen des Herrschaftsträgers flossen somit Ansichten einer die einzelnen Gemeinden und Herrschaften übergreifenden reichsweiten und nicht nur bürgerlichen, sondern auch ländlichen[154] Öffentlichkeit ein, die wiederum auf reichsweite Konfliktursachen und die entsprechenden, an vielen Orten ausbrechenden, Konflikte reagierte.[155] Dazu zählten z. B. Kriegssteuern, Konjunkturkrisen, verstärkte Partizipationsforderungen auf der Grundlage des genossenschaftlichen Prinzips und des Gemeindebegriffs der Reformation.[156] Zum Beispiel entsandten Bauern Delegationen zum Reichstag von 1654, woraus Prozesse in einzelnen Territorien folgten. Oder es wurde, als weiteres Beispiel, die Reichskammergerichtsvisitation von 1767 von dem Gerücht begleitet, dort würde das Verhältnis von Obrigkeiten und Untertanen von einer Kommission grundsätzlich untersucht und alte Prozesse wieder aufgenommen.[157] Gestützt wurde diese Öffentlichkeit auch literarisch durch das weit verbreitete Genre der Bauernrechtsliteratur.[158] Die Situationen waren komplex, und es ist von pragmatisch handelnden Akteuren auszugehen, die, vor Entscheidungen gestellt, politisches Bewusstsein und ihr je eigenes Verständnis der Situation entwickelten[159] – also kompetenter waren, als es nachträglich verallgemeinernde Modelle wiedergeben können.[160]

Auch wenn sich somit wenig verallgemeinern lässt, kann man doch die Frage stellen, welche Einflüsse in Entscheidungssituationen zusammenkamen und auf der Seite der Untertanen das Kalkül bestimmten. Zu erwähnen sind:

Abstimmungsprozesse in gemeindeübergreifenden Vertretungsorganen zugrunde liegen, die ebenfalls über das Zustandekommen eines Prozesses entschieden (vgl. Troßbach 1995, 408 f). In Nassau-Dillenburg wurde einmal ein RKG-Prozess vorbereitet, aber nicht ausgetragen, weil sich auf Untertanenseite kein passender Vertreter fand. Ein vorgeschlagener Kandidat erschien der Landesvertretung als zu radikal, sodass sie trotz aller Vorbereitungen keine Klage einreichte (vgl. Störkel 1997, 200–201).

154 Zur Diskussion um die Entstehung und den Charakter von Öffentlichkeit siehe Würgler 1995, 29–40.

155 Vgl. Troßbach 1983b, 241; Weber 1992a, 697 f. Bauern hatten durchaus eine Vorstellung vom Alten Reich als Gesamtheit (vgl. Ullmann 2002, 288–290; Press 1980, 112). Zeitungen wurden schon im 17. Jh. von der ländlichen Bevölkerung in großem Umfang rezipiert (vgl. Würgler 1995, 221).

156 Vgl. Schilling 1981, 89 f., 289 f.

157 Vgl. für beides Troßbach 1983b, 241; Müller 2005, 323–324.

158 Vgl. Schulze 1990, 130. Ab dem 18. Jh. kann man zumindest in der Schicht der Vollbauern mit weit verbreiteter Lesefähigkeit rechnen (vgl. Ottenjann 2006, 165).

159 Vgl. Troßbach 1987a, 278 f.

160 Vgl. Suter 1995, 169.

1. Das unterschiedlich große Risiko, Opfer repressiver Gegenmaßnahmen zu werden, welches die einzelnen Formen des Widerstandes für die Beteiligten mit sich bringen.
2. Die Fähigkeit zum Handeln oder genauer: die den Akteuren zur Verfügung stehenden Fähigkeitspotentiale und Aktionsmittel.
3. Die sich den Akteuren bietenden Gelegenheiten.
4. Die oben genauer umrissenen kulturell vermittelten Grade von Herrschaftsakzeptanz.
5. Nicht zu vergessen ist die Bedeutung von Ingroup-Outgroup-Mechanismen für Faktionierungen und die Festigung von Widerstand. Eine Gruppe von Gehorsamen kann den Widerstand stärken, indem sie die Widerständigen zu engerem Zusammenhalt motiviert.[161] Hier spielen auch verwandtschaftliche Linien und Klientelbeziehungen eine Rolle.[162]
6. Mit ihrem Handeln schufen die Akteure eine rechtlich immer wieder fixierte gesellschaftliche Struktur;[163] somit kann man ihre Handlungen als Entwicklungsschritte in einem Konflikt auffassen.

Trotz der Komplexität der Situation scheint es also Erfolg versprechend, solche Situationen auf einer abstrakteren Ebene zu modellieren und die Perspektive der Akteure in das Modell zu integrieren, um die Faktoren benennen zu können, die auf die sich entwickelnden Strukturen einwirken. Solche Situationen werden im Folgenden als „Schlüsselmomente“ bezeichnet, da sie als entscheidend für den Verlauf des Konflikts zu denken sind.[164]

---

161 Vgl. Zürn 1998, 460 und Luebke 1997, 13. Ausgeprägte Fälle finden sich in der von Luebke untersuchten Grafschaft Hauenstein und in Freienseen (vgl. Diestelkamp 2012, bes. 52 f.). Wie in Hauenstein wurde auch in den waldburgischen Herrschaften die Faktionierung der Untertanenschaft zwischenzeitlich zur eigentlichen Triebfeder des Konfliktes, der auch Fehden, Blutrache und einen Hexenprozess beinhaltete (vgl. Zürn 1998, 481–494). Zur Fehdepraxis von Bauern siehe Reinle 2003. Innergemeindliche Konflikte müssen aber nicht zu Dysfunktionalitäten führen, sie können auch die Ausbildung funktionierender Strukturen des Konfliktaustrags unterstützen (vgl. dazu Weber 1992a, 321–323). Andreas Würgler geht davon aus, dass Faktionierungen in Untertanenkonflikten des 18. Jh. eher die Regel als die Ausnahme darstellten (vgl. Würgler 1995, 198).

162 Vgl. Zürn 1998, 470–474, 525; Luebke 1997, 185–186.

163 Vgl. Suter 1998, 228 f. Suter nennt als handlungsleitende Faktoren bäuerlichen Widerstands: Gruppenstrukturen und -ressourcen, die Fähigkeit zu deren Mobilisation, Interessen und Legitimation sowie den Konfliktverlauf selbst, der als Interaktion mit der Obrigkeit zu denken ist (vgl. Suter 1985, 28–37).

164 Zu diesem Begriff und zum Folgenden vgl. auch Xenakis 2014 und Xenakis 2015.

2.3. Systemtheoretischer Ansatz

Zur Konstruktion eines solchen Schlüsselmoments lässt sich Hugues Neveux' Modell bäuerlichen Widerstands verwenden. Neveux entwirft konkrete Situationen, angelehnt an die Philosophie Ernst Cassirers, als Momentaufnahmen in einem Netz von Wahrnehmungen und Beziehungen. Teile dieses Netzes werden aus dem sogenannten *Wirklichen,* Teile aus dem sogenannten *Gedachten* gebildet. Der Bereich des Gedachten besteht unter anderem aus Ansprüchen, Erwartungen und Rechtsvorstellungen – so auch dem oben angesprochenen von der Herrschaft mitkonstituierten und legitimierten Geschichtsbewusstsein. Innerhalb des Netzes bewegen sich die Akteure auf der Grundlage sogenannter *Habitudes,* d. h. selbstverständlicher Gewohnheiten oder selbstverständlicher Schemata adäquaten Verhaltens.[165]

Störungen in diesem Netz können zu so starken Veränderungen führen, dass es nicht in seinen ursprünglichen Zustand zurückkehrt. Damit verändern sich die Beziehungen der Akteure zueinander und ihre Wahrnehmungen grundlegend, *Wirkliches* und *Gedachtes* sind nicht mehr kongruent, *Habitudes* können nicht mehr in der gewohnten Selbstverständlichkeit gelebt werden. Dies kann bei einem Herrschaftskonflikt der Fall sein. Veränderungsprozesse dauern nun so lange an, bis das Netz einen neuen stabilen Zustand annimmt; so lange können aufgrund mangelnder Anpassungen und noch nicht stabil ausgeprägter *Habitudes* aber neue Konflikte entstehen.

Im Verlauf dieser Veränderungsprozesse gibt es Situationen, die schon die Akteure selbst als entscheidend für die weitere Entwicklung wahrnehmen und zur Grundlage weiterer Entscheidungen machen[166] oder von denen im Nachhinein deutlich wird, dass eine Entwicklung in ihnen ihren Ausgangspunkt hatte. Dies sind im engeren Sinne die *Schlüsselmomente,* an denen diese Untersuchung ihren Anfang nimmt. Diese Vorgehensweise hat aus heuristischer Perspektive den Vorteil, dass diese Momente, indem sie schon von den Zeitgenossen als maßgeblich wahrgenommen wurden, mit einer gewissen Wahrscheinlichkeit ihren Niederschlag in den Quellen gefunden haben.[167] Vor allem betrifft dies die im Rahmen

---

165 Vgl. Neveux 1997, 225 f., 240, 264 f. Den Begriff der „Habitudes" formuliert Neveux in Anlehnung an Pierre Bourdieus Habitus-Konzept. Nach Ralf-Peter Fuchs wurden herrschaftliche Lasten von den Untertanen vor dem Hintergrund ihres sozialen Wissens in der Regel dem Unabänderlichen zugeordnet und hingenommen (vgl. Fuchs 1998, 443–446).

166 Vgl. Neveux 1997, 264 f.

167 Vgl. Neveux 1997, 225 f., 240, 251, 260.

juristischer Prozesse angelegten Akten, in denen sich zum Beispiel Zeugenverhöre wiederfinden, die einen relativ nahen Blick auf die Handlungen und auch die Einstellungen der Akteure erlauben.[168]

Für die Identifikation dieser Schlüsselmomente haben sich Kategorien als zweckmäßig erwiesen, die Niklas Luhmann für sein Modell einer *Legitimation durch Verfahren* entwickelt hat[169] und die einige Autoren schon zur Grundlage ihrer Untersuchung gemacht haben oder an entscheidender Stelle einbeziehen.[170] Vereinfacht gesagt ist ein Verfahren bei Luhmann ein ausdifferenziertes und von seiner Umwelt klar abgegrenztes soziales System, das mithin einen hohen Grad an Autonomie aufweist. Innerhalb des Verfahrens können Entscheidungen verhandelt und so lange offen gehalten werden, bis sich die Akteure mit ihrer vom Verfahren vorgegebenen sozialen Rolle identifizieren und dessen Ergebnis am Ende akzeptieren.[171]

Luhmann entwickelte seinen Ansatz nun allerdings zur systemtheoretischen Beschreibung der von Unmittelbarkeit und Mündlichkeit gekennzeichneten modernen Gerichtsprozesse. Für die Analyse frühneuzeitlicher Untertanenprozesse und Widerstandsbewegungen sind daher einige Anpassungen notwendig. Dies beginnt bei dem Sachverhalt, dass frühneuzeitliche Gerichtsverfahren in der Regel nicht von ihrer Umwelt abgegrenzt und sozial ausdifferenziert waren. Die Akteure gehorchten auch oft den Vorgaben ihrer außerhalb des Verfahrens definierten sozialen Rollen. Dies konnte aber dadurch ausgeglichen werden, dass die Verfahren zumindest zeitweise ihrer eigenen Handlungslogik folgten, in diesem Sinne eine begrenzte Systemautonomie aufwiesen und Entscheidungen sehr lange offen halten konnten. Damit ermöglichten sie auf ihre eigene Art die Hinnahme von Entscheidungen und die Lösung durch Kompromiss und Vermittlung.[172]

---

168 Zum hohen Quellenwert von Zeugenverhören in Untertanenprozessen vgl. Bähr 2012b, 82.

169 Der Rückgriff auf Luhmann erfolgt in Anlehnung an Sabine Ullmanns verfahrensgeschichtlichen Ansatz (vgl. Ullmann 2006, 198–202.).

170 Vgl. Troßbach 1987a, 176 ff.; Schmidt 1984a, 109. Außerhalb des Untertanenkontextes: Ortlieb 2001, 350; Ullmann 2006, 233 f., 293.

171 Diese Darstellung ist, wie erwähnt, sehr vereinfacht. Alle genannten Eigenschaften des Verfahrens liegen, auch bei Luhmann, immer nur in gewissen graduellen Abstufungen vor (vgl. Luhmann 1983, 55–135; eine Zusammenfassung von Luhmanns Ansatz bei Stollberg-Rilinger 2010a, 9).

172 Vgl. Stollberg-Rilinger 2001, 15; Ullmann 2006, 233 f., 293. Nach Ullmann beruhte die Verfahrensautonomie im Kommissionsverfahren auf der Prozessmaxime: Indem die Parteien eine große Einflussmöglichkeit auf seinen Fortgang hatten,

Des weiteren begünstigten frühneuzeitliche Verfahren gewaltfreie Lösungen bzw. stellten Gewalt unter Sanktionsdrohung und förderten die schriftliche Formulierung von Ansprüchen. Hier greift ein weiterer von Luhmann beschriebener Mechanismus: Indem Ansprüche schriftlich formuliert werden, kann man die ihnen zugrunde liegenden Konflikte, die unter Umständen nicht verhandelbare Machtansprüche oder Ressourcenkonflikte beinhalten, in solche Konflikte überführen, die sich von Dritten entscheiden lassen.[173] Somit hatten die frühneuzeitlichen Gerichtsprozesse Prozesse das Potential, den Konflikt am Ort des Geschehens zu verändern und dessen Lösung durch die Akteure selbst oder durch Dritte zu begünstigen – oder sie ermöglichten zumindest, die gegenseitigen Ansprüche bei im Vergleich zu einer gewaltsamen Auseinandersetzung geringeren sozialen Kosten theoretisch aufrechtzuerhalten und gleichzeitig einen modus vivendi zu etablieren.

Damit entsteht ein neuer Bezugsrahmen für die Verhandlung des Konflikts. Er ist nicht mehr das von Luhmann konzipierte abgegrenzte mündliche Verfahren mit seinen klaren sozialen Rollen und Rollenvorgaben, sondern die Kommunikation am Ort des Konflikts: Herrschaft, Untertanen, Advokaten, Gericht und gegebenenfalls einflussreiche Vermittler wie z. B. Nachbarterritorien oder vom Gericht eingesetzte Kommissare und Subdelegierte.[174] Entscheidend ist, dass die Ansprüche der Parteien dort so lange verhandelt und offen gehalten werden konnten, dass sie nach und nach Teil eines neuen oder modifizierten, jedenfalls aber stabilen Netzes aus Wahrnehmungen und Beziehungen wurden.

Es soll allerdings nicht behauptet werden, dass Untertanenkonflikte auf diese Art gelöst worden seien, sondern nur, dass dies ein taugliches Modell sein könnte. Es soll die Grundlage für eine Heuristik bilden, die auf Luhmanns Begriffe und sein Modell der Legitimation durch Verfahren aufbaut[175] und die später in Kapitel 4 kritisch überprüft wird. Diese Heuristik soll auch der Frage nachgehen, ob ein bestimmter Schlüsselmoment die Lösung eines Konfliktes eher beförderte oder verzögerte. Ein entsprechendes Frageraster könnte, vorbehaltlich der Überprüfung an historischen Fällen, folgendermaßen aussehen:[176]

---

kam eine Selbststeuerung des Verfahrens zustande, die über die sonstigen gesellschaftlichen Einflussmöglichkeiten weit hinaus ging (vgl. Ullmann 2010, 148).

173 Vgl. Luhmann 1983, 101–105.

174 Kriterien dafür, inwiefern man eine solche Konstellation als „verrechtlicht" ansehen darf, schlägt Hubert Rottleuthner vor (vgl. Rottleuthner 1987, 165–167).

175 Vgl. Krischer 2010, 47–50.

176 Die Aufzählung ist übernommen aus Xenakis 2015.

- Führte eine Aktion und/oder das Artikulieren eines Anspruchs dazu, dass ein Konflikt als ein verhandelbarer, rechtlicher Konflikt anerkannt und auf den unmittelbaren gewaltsamen Austrag verzichtet wurde?[177]
- Werden Konfliktgegenstände substituiert, zum Beispiel durch Zeugenverhöre oder durch Punktationen?[178]
- Wird die Entscheidung dann auch tatsächlich an eine dritte Instanz delegiert?[179]
- Gibt es ein zumindest teilweise ausdifferenziertes und autonomes System, das verbindliche Entscheidungen treffen kann, zum Beispiel eine von allen Seiten anerkannte Kommission?[180]
- Wird eine Entscheidung herbeigeführt oder zumindest im stillen Einvernehmen ausgesetzt, weil die Parteien einen modus vivendi ausgehandelt haben?[181]

Eine Untersuchung der Literatur zu Untertanenprozessen vor Reichsgerichten auf entsprechende Vorgänge sollte tendenziell zeigen können, an welchen Stellen und unter welchen Umständen Lösungen für die zugrunde liegenden Konflikte begünstigt oder vorbereitet wurden. Die Zusammenschau möglichst vieler Fälle sollte dann auch einige grundlegende Trends abbilden.

2.4. Beispiele für Schlüsselmomente

Nun sollen die soeben getroffenen theoretischen Überlegungen mit dem reichen Befund konfrontiert werden, der sich aus der Literatur gewinnen lässt. Welche Arten von Ereignissen, welche typischen Schritte der Akteure werden dort präsentiert, die sich als so entscheidend für den Verlauf eines Prozesses oder Konflikts herausstellten, dass ihnen die Qualität eines Schlüsselmoments zukommt?

Gegliedert wird dieser Abschnitt rein formal: nach von externen Faktoren verursachten Schlüsselmomenten (2.4.1), nach solchen, die von der Herrschaft ausgingen (2.4.2), solchen, die von den Untertanen verursacht wurden (2.4.3), den Einflüssen, die von Advokaten und Deputierten ausgingen (2.4.4), und schließlich den Impulsen, die die Gerichte setzten (2.4.5) – und zwar jeweils beabsichtigt oder unbeabsichtigt.

177 Vgl. Höffe 1989, 174 f.

178 Vgl. Luhmann 1983, 101–103. Faktoren, die Konflikte begünstigen, gleichzeitig aber auch zur Artikulation führen, bei Schmidt 1979, 294–295.

179 Vgl. Höffe 1989, 173 f. Auch ein rechtlich definierter Anspruch kann in der frühen Neuzeit eigenmächtig durchgesetzt werden (vgl. Ullmann 2006, 198–199).

180 Vgl. Luhmann 1983, 59–74; Ullmann 2006, 200.

181 Vgl. Westphal 2005; Ortlieb 2001, 351 f.; Stollberg-Rilinger 2010b, 25; Ullmann 2006, 223.

2.4.1. Äußere Impulse

2.4.1.1. Herrschaftswechsel

Als Erstes sollen an dieser Stelle Herrschaftswechsel zur Sprache kommen. Sie waren oft eine Gelegenheit für die Untertanen, das Machtgefüge zu ihren Gunsten hin zu verändern. Vor allem im 16. Jh. waren viele Absprachen und auch Verträge noch nicht schriftlich fixiert, oder aber die Kanzlei war noch in Teilen unsystematisch oder schlecht geführt. So konnte es vorkommen, dass Untertanen fiktive Ansprüche einklagten, die sich mangels gut geführter Bücher nicht widerlegen ließen.[182] Fälle, in denen Herrschaftswechsel die Initialzündung für Aufstände bildeten, liegen zum Beispiel aus Nassau Siegen[183] und Solms-Hohensolms[184] vor. Verstärkende Wirkungen konnten dabei auch die durch Begräbnisse und Erbschaften verursachten Kosten und die daraus folgenden Abgabenerhöhungen haben.[185]

In anderen Fällen führten Herrschaftswechsel zur Beilegung von Konflikten, zumindest zeitweilig. Nicht selten wurde ein festgefahrener Streit allein durch das banale Faktum des natürlichen Todes einer Konfliktpartei beendet.[186] Meistens waren es dann von den Nachfolgern gesetzte neue Impulse oder neu formulierte Interessen, die einem Prozess eine Wendung gaben. Dies war zum Beispiel in Hohenzollern-Hechingen der Fall. Hier drehte sich ein Rechtsstreit sehr lange um Fragen von Jagd und Waldnutzung. Nach einem Herrschaftswechsel machte der neue Fürst Hermann Friedrich Otto auch neue Interessen deutlich: Im Zentrum stand nun nicht mehr die Pirsch, sondern die Besteuerung, eine Frage, die einem Kompromiss sehr viel besser zugänglich war, sodass diese Akzentver-

---

182 Vgl. Schindler 1992, 69–71. Schindler zeigt dies dort am Beispiel der Grafen von Zimmern auf.

183 Vgl. Bähr 2012b, 145.

184 Vgl. Diestelkamp 1995, 118.

185 Ein Beispiel dafür findet sich in Schwarzburg-Rudolstadt. Hier verschärfte der Tod des Grafen Ludwig Friedrich eine schon existierende finanzielle Krise durch das aufwendige Begräbnis und die Auszahlung des Wittums (vgl. Bäcker von Ranke 1915, 52).

186 Beispiele dafür gibt es aus Schaumburg Lippe (siehe unten, Abschnitt 3.1.17), aus der Herrschaft Kerpen-Lommersum (siehe unten, Abschnitt 3.2.9), Nassau-Weilburg (siehe 3.2.13), Markgenossenschaft Urbach (3.5.8), der Herrschaft Westerburg (vgl. 3.5.9,) aus Sayn-Hachenburg (vgl. Müller 2005, 330) oder aus Geisingen, hier allerdings in einem Prozess eines einzelnen Bürgers (vgl. Asch 1982, 69–70). Ein weiteres Beispiel, allerdings hier nicht aus einem Untertanenprozess, bringt Sabine Ullmann (vgl. Ullmann 2006, 222 f.).

schiebung letztlich zum Hohenzollern-Hechingischen Landesvergleich führte.[187] Im Zusammenhang mit Herrschaftswechseln stand auch die dem Nachfolger geschuldete Huldigung, die im Konfliktfall eine Gelegenheit zur Huldigungsverweigerung bot.[188]

2.4.1.2. Urkundenfund

Sehr häufig bedeutete das Auffinden alter Dokumente und Urkunden eine Wende in einem Konflikt, in der Regel stand ein solches Ereignis am Beginn.[189] Dies kommt daher, dass sich die Parteien vor Gericht in der Regel auf altrechtliche Argumentationsmuster stützen mussten.[190] Das Wissen um alte Rechte war dabei oft nicht Ergebnis eines Zufallsfundes, sondern von aktiver Suche und juristisch geschulter Argumentation.[191] Manchmal lässt sich nicht klar feststellen, ob ein solches Dokument authentisch oder fingiert war.

Beispiele für Widerstandsaktionen und Prozesse, die ihren Anfang beim Fund von Urkunden nahmen, gibt es aus dem Fürstbistum Basel[192] oder aus der Gemeinde Dauchingen.[193] Vermutlich oder nachweislich gefälscht waren entsprechende Dokumente in mehreren Fällen in der Pfalz, wo sie sich als Arbeiten aus derselben Werkstatt identifizieren lassen.[194]

Schnell war, wenn Untertanen die Herausgabe von Dokumenten verlangten,[195] auch der Vorwurf bei der Hand, die geforderte Urkunde sei nur „erträumt". Dies war

---

187 Vgl. Press 1978, 105 f., siehe dazu auch unten, Abschnitt 3.2.6. Zum Gesamtzusammenhang siehe ebenso Elbs 1981 und Bergemann 1963, weitere Beispiele in 3.1.4, 3.1.7, 3.1.11, 3.1.12, 3.1.13, 3.2.12, 3.2.16 und bei Troßbach 1985a, 96–97. War ein Amtmann Protagonist eines Konflikts, konnte dieser auch mit dessen Amtszeit enden; ein Beispiel aus der Fugger'schen Grafschaft Babenhausen findet sich bei Nebinger 1956, 104.

188 Siehe dazu 2.4.2.1.

189 Vgl. Würgler 1995, 44.

190 Zur Rolle des *Alten Rechts* siehe Abschnitt 1.3.

191 Siehe dazu Abschnitt 2.4.3.

192 Hier das Wiederauffinden des Elsgauer Landrodels von 1517 (vgl. Suter 1985, 44–45).

193 Es handelte sich dort um die Auffindung eines Kaufbriefes, in dem die fälligen Leistungen erheblich geringer ausgewiesen waren als die bei Ausbruch des Konflikts tatsächlich gezahlten (vgl. Weber 1992a, 518).

194 Vgl. Bähr 2012b, 239 ff. Fälle von Fälschungen auch bei Ortlieb 2001.

195 Dies war ein für Unruhen typischer Vorgang (vgl. Würgler 1995, 44, 116); ab dem 17. Jh. auch oft verbunden mit der Forderung nach deren Drucklegung (vgl. Würgler 1995, 116–118).

aber oft der Reflex des herrschaftlichen Wissensvorsprungs: Wenn die Herrschaft ihre Archive nicht öffnete, wussten die Untertanen nur vom Hörensagen, dass solche Dokumente vielleicht existierten, was den Vorwurf, diese seien „erträumt“, zu einer beliebten Strategie der Obrigkeiten und zu einem verbreiteten Topos machte.[196]

2.4.1.3. *Nachbarterritorien*

Ein sehr wichtiger Faktor für Widerstand und Prozesse von Untertanen war das Verhältnis zu benachbarten Herrschaften. Oft unterstützten sie entsprechende Aktionen, um zu ihrem eigenen Vorteil Einfluss zu nehmen und ihren Machtbereich zu erweitern. Hieraus entsprangen viele Handlungsmöglichkeiten und -gelegenheiten für widerständige Dörfer und Verbände.[197]

Ein prominentes Beispiel dafür ist die Kurpfalz, die häufig Einfluss in den vielfältigen Kraichgauer Konflikten nahm. Die Anrufung des mächtigen Nachbarn, der zum Teil auch Leibherr war, konnte sich attraktiver darstellen als das oft teure und langwierige Ausschöpfen der gerichtlichen Möglichkeiten. Die Pfalzgrafen griffen in solchen Fällen meist politisch ein, zum Teil aber auch mit offener Gewalt.[198] Dass dies weniger im Interesse der Untertanen als in ihrem eigenen geschah, wird dann deutlich, wenn ihnen eine Lösung des Konfliktes nicht nutzt. Ein solcher Fall ereignete sich in Gondelsheim, wo sie sich lange Zeit zugunsten der Untertanen einmischten, dann aber einen beinahe erreichten Vergleich mit der Herrschaft, den Rittern von Mentzingen, verhinderten, weil er ihre eigenen Einkünfte geschmälert hätte. Damit verloren sie in diesem Fall allerdings auch ihren Einfluss als Schutzmacht der Untertanen.[199]

2.4.1.4. *Benachbarte Untertanenschaften*

Oft waren es aber auch Beschwerden und Prozesse benachbarter Untertanenschaften, die als Vorbild für Widerstand dienten. Zum Beispiel begann ein Kon-

---

196 Vgl. Bähr 2012b, 21 f. Das Topos der erfundenen Urkunde findet sich auch in der älteren Literatur (vgl. Wigand 1854, 153). Indem ein solcher Streit über die Existenz einer wichtigen Urkunde faktisch nicht entscheidbar ist, konnte er eine sehr lange Wirkungsmacht entfalten; ein Beispiel dafür ist die immer noch virulente Frage über den vermeintlichen Freiheitsbrief des Dorfes Freienseen bei Laubach; vgl. Diestelkamp 2012, siehe auch http://www.laubach-online.de/stadtinfo/stadtteile/ (zuletzt besucht am 2. Juni 2016).

197 Vgl. Suter 1995, 172 ff.

198 Vgl. Fetzer 2002, 204.

199 Gegen den Vergleich schritt das Brettener Oberamt ein, weil er den Wert der Kurpfälzer Pfandschaft auf einen Teil der Grundherrschaft geschmälert hätte (vgl. Adam 2005).

flikt in Hanau-Lichtenberg mit Beschwerden von Untertanen des in der Nähe gelegenen Klosters Schwarzach. Die Hanau-Lichtenberger Untertanen hielten sich in der Folge nicht an den 1525 geschlossenen Renchener Vertrag, der für die gesamte Ortenau die Rechte der Bevölkerung nach dem Bauernkrieg festhielt.[200] In Sayn-Wittgenstein war es ein erfolgreicher Prozess in Kurköln, der den Widerstand beflügelte.[201] In Franken waren es die als Reichsdörfer anerkannten Orte Gochsheim und Sennfeld, deren erfolgreiche Prozesse den Nachbarn als Vorbild dienten.[202] Zum Teil knüpften Untertanen, bzw. deren Deputierte, dabei aktiv Kontakte zu Nachbarorten und deren Advokaten.[203]

2.4.1.5. Übergeordnete Korporationen

Wichtig waren auch der jeweiligen Herrschaft übergeordnete Korpora und deren Politik. Dazu zählten Lehnsherren oder ritterschaftliche Vereinigungen. Ihnen kam es nicht unbedingt auf die Lösung eines Konflikts an, denn schwelende Dauerkonflikte boten ihnen auch die Möglichkeit wiederholter Einflussnahme zum eigenen Vorteil.[204] Zum Beispiel bestand der Anlass für einen Prozess im (heute hessischen) Florstadt darin, dass sich Streitigkeiten der dortigen Ortsherren, den Ganerben der Friedberger Burg, verschärften und die Lehnsherren einseitig Partei ergriffen – wozu auch gehörte, dass sie den Untertanen verboten, der Gegenpartei zu huldigen.[205]

2.4.2. Verursacht von Herrschaft

2.4.2.1. Huldigung

Herrschaft konstituierte sich unter anderem in der Huldigung als ihrem wichtigsten symbolischen Akt, der das Geschichtsbewusstsein der Untertanen prägte und das Herrschaftsverhältnis darin verankerte.[206] Die Huldigung und das Vorbringen von Gravamina waren häufig miteinander verknüpft, weil ein nach Neuerungen ausgebliebener Protest vonseiten der Gerichte im Nachhinein als Akzeptanz aufgefasst werden konnte.[207] Im Konfliktfall stand den Untertanen auch das Mittel

200 Vgl. Würgler 1995, 92 f.
201 Vgl. Troßbach 1985b, 59 f.
202 Vgl. Bähr 2014.
203 Vgl. Bähr 2012b, 90, 150; Bähr 2014; siehe auch Bergemann 1963, 132.
204 Vgl. Pelizaeus 2007, 307.
205 Vgl. Troßbach 1985a, 196 f.
206 Vgl. Bähr 2012b; allgemein dazu Stollberg-Rilinger 2008.
207 Holenstein 1991, 395.

der Huldigungsverweigerung zur Verfügung, das sie nicht selten nutzten.[208] Huldigungen waren damit ein „Kristallisationskern" von latentem zu offenem Widerstand,[209] wobei man zwei grundlegende Konstellationen unterscheiden muss: einerseits die an Bedingungen geknüpfte Huldigung als politisches Mittel zur Durchsetzung bestimmter Forderungen, andererseits die völlige Verweigerung des Eides, gelegentlich in Verbindung mit einer zuvor geschlossenen und ihrerseits beeidigten Einung der Untertanen.[210]

2.4.2.2. Gewalteinsatz

Neben den Huldigungen war der Gewalteinsatz seitens der Herrschaft ein weiterer Anlass für grundlegende Veränderungen in Konfliktkonstellationen. Pfändungen waren z. B. nicht nur ein Mittel zum Einzug von Gütern, sie wurden von den Zeitgenossen nicht trennscharf von Fehden unterschieden und konnten in diesem Kontext wahrgenommen werden.[211] Es konnte vorkommen, dass sich Widerstand dann nicht nur gegen die unmittelbare Gewaltanwendung richtete oder die Untertanen versuchten, ihre Forderungen, die die Herrschaft zum Einsatz von Repressalien bewegten, umso härter durchzusetzen.[212] Manchmal erweiterte sich in diesem Moment auch der Forderungskatalog der Untertanen, und es entstanden neue Konfliktfelder. Aus hergebrachter Nutzung von Wald konnte so zum Beispiel die Forderung nach Gemeineigentum an diesem Wald entstehen.[213] In anderen Fällen führte obrigkeitliche Gewalt auch zur Solidarisierung und Radikalisierung innerhalb von Dörfern, die bisher in Befürworter und Gegner von Widerstandsaktionen gespalten waren.[214]

---

208 Siehe dazu den Verweisapparat unter 6.2.2. Zu Huldigungsverweigerungen allgemein siehe Holenstein 1991, 385–432; vgl. auch die Abschnitte 3.1.4, 3.1.12, 3.2.3, 3.2.10, 3.1.11, 3.2.14, 3.5.3, 3.5.9 dieser Arbeit. Huldigungsverweigerungen waren allerdings nicht ungefährlich und rechtlich sehr viel weniger akzeptabel als begrenzte Opposition gegen die Herrschaft (vgl. Fimpel 1999, 268, 271–273).

209 Vgl. Würgler 1995, 169–171, Zitat auf S. 171.

210 Vgl. Holenstein 1991, 386–387, 391–392, 395, 401–402.

211 Vgl. Reinle 2003, 63. Lokale Adlige waren auch unabhängig von Pfändungen in das dörfliche System gezielter Schädigung und Fehde eingebunden (vgl. Mommertz 2003, 239, 245).

212 Siehe dazu den Verweisapparat ab 6.2.8.

213 Vgl. Troßbach 1985b, 56–59.

214 Vgl. Weber 1992a, 618 f.

2.4.2.3. *Ordnungsmaßnahmen*

Ein weiterer, im Vergleich nicht ganz so nahe liegender, Faktor waren zunächst harmlos und für den Konflikt nicht relevant erscheinende herrschaftliche Ordnungsmaßnahmen – die aber unerwartete Wirkungen entfalten konnten. Zum Beispiel verbreitete sich im Wittgensteiner Land, als Graf Johann Ludwig zur Vereinfachung der Verwaltung Blechschilder mit Hausnummern in den Dörfern anbringen ließ, das Gerücht, es gehe um eine Kennzeichnung zur Einführung „ewiger Leibeigenschaft und Sclaverey". Daraufhin reichten die Untertanen beim Reichskammergericht eine Klage ein, die sich aber nicht gegen die angebrachten Schilder richtete, sondern die (Rück-)Umwandlung eines kürzlich eingeführten Dienstgeldes in eine Naturalfron zum Inhalt hatte – eine Maßnahme, die nicht mehr zeitgemäß war, die Verwaltung mit erheblichem Mehraufwand stark belastet hätte und dies offenbar auch sollte.[215]

2.4.2.4. *Änderung von Rechtsverhältnissen*

In anderen Fällen führten unklare oder neue Formulierungen bestehender Rechtsverhältnisse zu beträchtlichen Verschiebungen in der Beziehung zwischen Herrschaft und Untertanen. Dies geschah zum Beispiel im Kloster St. Blasien, als die dortige Kammer in der ersten Hälfte des 17. Jahrhunderts für ihre Eigenleute – dieses Wort war hergebracht und unumstritten – den moderneren Terminus „Leibeigene"[216] einführte. Der schon bestehende Konflikt verschärfte sich nun, und bei den Untertanen bildete sich im Gegenzug die Idee heraus, dass die Hauensteinischen Bauern ursprünglich freie Leute gewesen seien. 1664 kam es zu einer Huldigungsverweigerung. Das Wort „Leibeigenschaft" war politisch besetzt und wurde von den Widerstand leistenden Bauern als gleichbedeutend mit Sklaverei aufgefasst – auch entgegen den Beteuerungen der Klosterverwaltung, dass sich das Rechtsverhältnis an sich nicht ändern würde. Verstärkt wurde dieser Konflikt dadurch, dass es just über diesen Sachverhalt Streit zwischen unterschiedlichen Faktionen in der Untertanenschaft gab. 1704 wurde dann die Formulierung „Leibeigenschaft" mit einem kaiserlichen Erlass zwar abgeschafft,

---

215 Vgl. Troßbach 1985b, 103 f.

216 Ein Problem war hier die auf Zasius zurückgehende Wiederbelebung des römischen „servus"-Begriffs in der Rechtswissenschaft zur Beschreibung von Leibeigenschaft: Nicht nur das Wort wurde übernommen, sondern das gesamte Konzept (vgl. Blickle 1995, 58–60).

aber der Konflikt endete damit nicht.[217] 1725 veranlasste die Abtei einen Zensus aller ihrer Eigenleute. Auf diese Weise direkt mit ihrer rechtlichen Lage und mit der Verwaltung konfrontiert, politisierten sich die Untertanen erneut auf breiter Ebene – zumal sie der Meinung waren, Joseph II. habe zuvor zusammen mit dem Terminus „Leibeigenschaft" jegliche persönliche Abhängigkeit abgeschafft.[218]

2.4.2.5. Wirtschaftliche Mehrbelastung

Vor allem bildeten neu eingeführte oder erhöhte wirtschaftliche Belastungen Konfliktanlässe. Diskutiert wurde in diesem Zusammenhang die in der älteren Forschung gängige Annahme, es habe auf der Seite der Untertanen eine Toleranzschwelle gegenüber herrschaftlichen Forderungen gegeben, deren Überschreitung Widerstandsaktionen provozierte.[219] Das hier vorgeschlagene Modell geht zwar im Einklang mit der neueren Forschung statt dessen von spezifischen und punktuellen Schlüsselmomenten aus. In mindestens einem Fall sagten aber auch Untertanen selbst, dass ihre Toleranzschwelle durch immer neue herrschaftliche Forderungen überschritten worden sei. Die Situation wurde von den Betroffenen bildhaft als Umstoßen eines Kübels beschrieben. Sie bezogen sich dabei auf den Beginn der schon erwähnten Böhmenkircher Bauernrevolte, als mehrere Konflikte zwischen der Gemeinde, einigen Dorfbewohnern und Haug von Rechberg um die Aufzucht von Jagdhunden, den Wiederaufbau einer Zehntscheune und verstärkte Dienste zusammenkamen. Die Reaktion der Gemeinde war der kollektive Austritt. Vorbereitet wurde der Schritt aber durch monatelange Überlegungen, wie man der als nicht mehr rechtmäßig empfundenen Belastung entkommen könnte, es war also keine spontane oder plötzliche Reaktion, wie die ältere Forschung nahelegte.[220]

2.4.3. Aus der Bewegung selbst verursacht

An einigen Stellen im Konfliktverlauf und in der durch die Gerichtsverfahren vorgegebenen Struktur gibt es einschlägige kritische Situationen, die in der Literatur teils theoretisch, teils anhand vieler Beispielfälle beschrieben werden.

---

217 Vgl. Luebke 1997, 61. Zur juristischen Diskussion um den Begriff der Leibeigenschaft und zu dessen Vermischung mit der römischen Servitudo vgl. Sailer 1999, 172–178.

218 Vgl. Luebke 1997, 64 f.

219 Vgl. Schulze 1980, 44.

220 Vgl. Fink 2004, 134–142.

2.4.3.1. Die Klage

Die Klage ist ein entscheidender, wenn nicht der entscheidende, Schlüsselmoment.[221] Indem ein Konflikt vor ein Appellationsgericht bzw. Reichsgericht gebracht wird, manifestiert er sich, und die Beteiligten verlieren die Chance, die Dinge einfach auf sich beruhen zu lassen.[222] In mehreren Zusammenhängen ist belegt, wie sich in diesem Moment die Argumentation und die Formen des Konfliktaustrags änderten. Forderungen bewegten sich zum Teil weg vom Konkreten, wie dem Abstellen von Mängeln und der Verweigerung von Forderungen, hin zum Abstrakten, zur Argumentation entlang rechtlicher Gegebenheiten.[223]

Dies scheint nun perfekt mit Luhmanns Ansatz übereinzustimmen und gleichzeitig auf Schulzes Verrechtlichungskonzept hinauszulaufen: Von Dritten nicht entscheidbare Konflikte werden durch entscheidbare substituiert. Doch stimmt dies nicht ganz, beide Ansätze unterscheiden sich: Substitution heißt nicht Spezifikation, wie auch die historischen Fälle zeigen. Oft spiegelten die Klageschriften allein die Erfolg versprechenden Rechtstatbestände und standen kaum in Beziehung zum ursprünglichen Konflikt.[224] Oder sie zielten nicht nur auf den status quo ante ab, sondern auf eine rechtliche Verbesserung. Ralf Fetzer belegt dies für das Ritterstift Odenheim,[225] Andreas Suter für das Fürstbistum Basel. Dort folgten die altrechtlichen Argumentationen allein den entsprechenden Topoi und bewegten sich weg von den ursprünglichen Forderungen nach wirtschaftlicher Hilfe in einer akuten Verschuldungskrise.[226] In anderen Fällen erweiterte sich mit jeder Klage das Spektrum der Gegenstände,[227] sodass sich ein Prozess auch völlig von seinem ursprünglichen Inhalt weg bewegen konnte.[228]

Doch deckt Luhmann auch solche Fälle ab, indem er annimmt, dass die Akteure am Anfang bezüglich ihrer Faktendarstellung und ihren Forderungen die

221 Neuere Ansätze gehen davon aus, dass die Klage und die damit auf unterschiedlichen Ebenen ermöglichte direkte Intervention der Gerichte eine größere Rolle für die Lösung von Konflikten spielten als die seltenen Urteile (vgl. Ullmann 2006, 198–199).

222 Vgl. Würgler 1995, 185 f.

223 Vgl. Troßbach 1985a, 496 f.

224 Vgl. Schmidt 1984a, 109.

225 Vgl. Fetzer 2002, 323 ff.

226 Vgl. Suter 1995, 186 f.

227 Vgl. Troßbach 1985b, 44.

228 Im Prozess der Stadt Lahr gegen ihre Nassauer Herrschaft umfasst der ursprüngliche Prozessgegenstand, die Bürgermeisterwahl, nur ein Drittel des Aktenbestands und wird im zeitlichen Verlauf völlig von anderen Fragen verdrängt (vgl. Maurer 1996, 260–262).

höchsten Freiheitsgrade haben und erst dann, Aussage für Aussage, eine Selbstfestlegung auf die jeweils von ihnen kommunizierten Sachverhalte eingehen. Der Verlauf des Verfahrens ist also am Anfang offener als zu sämtlichen späteren Zeitpunkten, und es geht dabei nicht um eine Spezifizierung der ursprünglichen Konflikte gemäß den rechtlichen Gegebenheiten, sondern ganz im Sinne des Begriffs um deren Substitution,[229] das sukzessive Ersetzen von gegebenen Konflikten durch andere.

Schon bei der Vorbereitung der Klage entstanden im Gespräch mit Advokaten rechtlich relevante Narrative.[230] Die Freiheitsgrade konnten dabei erheblich sein. Teilweise waren diese Narrative nicht wirklich juristisch belastbar; sie mussten es aber auch nicht sein, um den Verlauf des Prozesses und des Konflikts längere Zeit zu bestimmen. Denn es konnte vorkommen, dass das Gericht sich auf die Argumentationsweise einließ, und der Prozess damit lange genug in der Schwebe blieb, dass Druck, auch öffentlicher, auf die Gegenseite aufgebaut werden konnte.[231]

Teilweise wurden solche Festlegungen aber auch nicht mit der Klageerhebung getroffen, sondern schon ganz am Beginn eines Konflikts. Es kam vor, dass Gemeinden schon nach ersten Forderungen ihrer Herrschaft eine Auskunft bei Juristen oder Juristenfakultäten einholten[232] – oder vice versa: Es wird auch davon berichtet, dass Herrschaften es bei geringen Erfolgsaussichten nicht auf einen Prozess gegen ihre Untertanen ankommen ließen.[233]

Im Moment der Klageerhebung konnte also tatsächlich die kompetente rechtliche Bewertung und Formulierung eines Konflikts stehen, was einer Komplexitätsreduktion in Luhmanns Sinn entspräche. Es konnte aber auch sein, dass die im Prozess verwendeten Narrative taktisch und mit nur geringem Bezug zum

---

229 Vgl. Luhmann 1983, 93–94.

230 Vgl. Dinges 2000, 534; Schmidt 1984a, 109.

231 Vgl. Bähr 2012b, 152, 281. Bähr zeigt dies an einem Siegerländer Fall auf, in dem die Untertanen auf das einschlägige Argument der gerechten Nahrung rekurrieren, das als einer der Grundwerte der ständischen Gesellschaft zu gelten hat und auch am RKG zu diesem Zeitpunkt sehr anschlussfähig war. Bevor nun die Frage geklärt war, inwiefern dieses Grundrecht im konkreten Fall verletzt wurde, wurde allein über den Diskurs schon ein hoher moralischer Druck auf die Gegenseite aufgebaut, teilweise auch über die Publikation von Streitschriften (vgl. ebd. 152–155).

232 Vgl. Schulze 1998, 418; Fuhrmann et al. 1998, 309; Weber 1992a, 520.

233 Entsprechendes findet sich bei Peter Blickle. Um einem RKG-Prozess zuvorzukommen, erkundigte sich der Abt von Ottobeuren dort im Jahr 1790, wie ein Verfahren im Waldstreit mit seinen Untertanen ausgehen würde. Das RKG riet ihm in einem ausführlichen Schreiben, es nicht darauf ankommen zu lassen, sondern den Untertanen einen Teil des Waldes zu überlassen. Blickle 1973b, 93–94.

ursprünglichen Konflikt gewählt wurden, und dann trotzdem zu einem Erfolg oder Teilerfolg führten – obwohl sich die Komplexität des Konflikts eher noch gesteigert hatte.[234]

Hier besteht eine offensichtliche Diskrepanz zu Luhmanns Modell, wo Komplexitätsreduktion und juristische Bewertung schnell zur sozialen Isolation der unterlegenen Partei führen sollen – nämlich dann, wenn ihr die relevanten oder überzeugenden Argumente ausgehen. Wie aber isoliert man eine ganze Gemeinde? Wie einen Territorialherren? Hier kommen politische Faktoren ins Spiel. Wenn der Prozess letztendlich nicht entschieden werden muss, sondern der Konflikt dadurch gelöst wird, dass eine der Parteien ihre argumentativen oder materiellen Ressourcen erschöpft hat, kommt es eher auf die Dauer des Prozesses an als auf die Entscheidung.[235]

Luhmanns Bild, dass ein Konflikt gleichsam in einzelne rechtlich formulier- und entscheidbare Teilkonflikte zerlegt wird, wäre damit zu simpel. Es ist stattdessen oft eher von einer tief gehenden „Umstrukturierung machtpolitischer

---

234 Für Lahr belegt Julia Maurer, dass das Handeln beider Seiten vor allem von Taktik geprägt war; in erster Linie von der Behinderung des Gehörs der Gegenseite und der Verschleppung von Prozessschritten (vgl. MAURER 1996, 272–279). Wechselnde Prozesstaktiken sind auch sehr gut zu beobachten bei HÜLLINGHORST 1992, 74–75. Zu beachten ist an dieser Stelle allerdings, dass taktisch gewählte Narrative nicht unbedingt nur eine fiktive Position der Gemeinden darstellten, die sie nur gegenüber dem Gericht vertreten hätten. Die verwendeten Argumentationsstrategien waren gleichzeitig für die Art, in der sie ihren Widerstand führten, konstitutiv; und zwar indem sie als Sprachspiele bzw. ways of talking im Sinn Quentin Skinners die Gesamtheit dessen darstellten, was den Protagonisten überhaupt an politischen Denkmustern und Argumentationen zur Verfügung stand (vgl. BÄHR 2012b, 17–20). Dies wird auch im Lahrer Fall bestätigt, und zwar dadurch, dass die Prozessparteien zwar juristisch, aber nicht systematisch argumentierten, d. h. nicht an den im Prozessverlauf aktuell gegebenen Möglichkeiten orientiert – obwohl sie Advokaten und Prokuratoren hatten. Maurer führt dies darauf zurück, dass sich in der Argumentation im Kern ein politisches Problem spiegelte, für das es noch dazu noch keine einschlägige staatsrechtliche Literatur gab. Die Aufarbeitung im RKG, durch die Relation des jeweils zuständigen Assessors, sei hingegen sehr systematisch gewesen. Die Assessoren ordneten die Materie nach Themenkreisen und analysierten sie entsprechend (vgl. MAURER 1996, 254–259, 265, 339).

235 Dieser grundsätzliche Zielkonflikt zwischen dem Träger des Verfahrens und den Parteien gilt nicht nur für den gesamten Prozess und ist auch keine rein theoretische Überlegung. Analoge Zielkonflikte beschreibt Matthias Bähr anhand der im Verlauf von Prozessen von Gemeinden eingebrachten Zeugenverhöre. Siehe dazu 2.4.3.5.

Interessenkonflikte zu einem Dissens über Rechtsfragen“[236] auszugehen, wobei sich große Unterschiede darin feststellen lassen, wie viel die formulierten Rechtsfragen mit dem ursprünglichen Konflikt zu tun hatten.

Abhängig vom politischen Umfeld hatte schon die Drohung mit der Klage oder Appellation an einem Reichsgericht weitreichende Folgen. Teilweise werden Fälle berichtet, in denen sie die jeweiligen Obrigkeiten tatsächlich zum Einlenken bewegte,[237] teilweise stellte sie aber auch einen Affront dar, indem sie gegen die vor Ort etablierten Wege der Konfliktlösung verstieß.[238]

2.4.3.2. Verweigerungen

In der Literatur werden Schritte der Eskalation häufig als Wendepunkte beschrieben, hinter die die Beteiligten nicht mehr zurück konnten. Das beginnt schon mit den fast immer vorkommenden Verweigerungen. Diese waren häufig der Moment, in dem sich Gemeindemitglieder entscheiden mussten, ob sie sich dem Lager des Widerstands anschließen oder weiter der Herrschaft treu sein wollten. Häufig setzte hier die Spaltung einer Gemeinde ein, und die bisher übliche innerdörfliche Hierarchie kehrte sich unter Umständen um.[239]

2.4.3.3. Gewaltsame Aufstände

Während Verweigerungen oft am Beginn von Widerstandsbewegungen und Gerichtsprozessen standen, wurden gewaltsame Aufstände – was naheliegt – als ein Schritt weg vom prozessualen Austrag hin zu weiteren Gewalthandlungen beschrieben. Bei solchen Vorgängen handelte es sich aber bei näherem Hinsehen meist um eine Abfolge von Eskalationsstufen, bei denen Schritt für Schritt der juristische Weg von einer Seite vor-, von der anderen aber ausgeschlagen wurde, wie dies Ralf Fetzer am Beispiel der sogenannten Odenheimer Rebellion von 1595 darstellt.[240] Der gerichtliche Austrag wurde dort nicht nur verlassen, sondern er

---

236 Ullmann 2006, 201.

237 Entsprechende Fälle bei Bickel/Bickel 1978, 95 und Tilp/Hermann 2013, 64.

238 Im ersten großen Prozess der Untertanen des Gutes Schmoel vor dem Holsteinischen Landgericht behielt sich der Advokat der Bewohner des Gutes eine Appellation an das RKG vor. Das Landgericht belegte ihn daraufhin mit einem dreimonatigen Berufsverbot. Die Drohung mit der Appellation stellte offenbar einen Affront dar, auch gegen die holsteinische Verfassung, die auf die periphere Lage im Reich eingestellt war (vgl. Ullmann 2007, 306–308). Zu diesem Konflikt siehe auch Abschnitt 3.4.4.

239 Vgl. Schulze 1980, 92.

240 Vgl. Fetzer 2002, 192.

wurde explizit und in vollem Bewusstsein der Konsequenzen Schritt für Schritt aufgegeben.

Manchmal passierte es dann, dass eine bewaffnete Aktion weitere Konflikte, die bisher verborgen lagen, offen ausbrechen ließ;[241] manchmal wurde in solchen Momenten völlig mit der Prozesstradition gebrochen und nur noch zur Gewalt gegriffen, zum Beispiel mit dem Ziel einer völligen Unabhängigkeit von der Herrschaft.[242] Andererseits ist in vielen Fällen belegt, dass Widerstandsbewegungen aus einem Zusammenspiel von gerichtlichem und gewaltsamem Austrag bestanden.[243] Oft bildete eine gewaltsame Eskalation auch den Auftakt zu ernsthaften Verhandlungen um eine Vergleichslösung[244] – oder aber zum gewaltsamen Niederschlagen eines Konflikts. Bei all dem darf nicht in Vergessenheit geraten, dass Gewalt – obwohl sie im Vergleich zu heute häufiger vorkam – auch in der frühen Neuzeit exzeptionellen Charakter hatte und unter großem Legitimationsdruck stand.[245]

2.4.3.4. Veränderte Kommunikations- und Entscheidungsstrukturen

Wichtig ist die Beobachtung, dass sich die dörflichen Kommunikations- und Entscheidungswege im Verlauf von Widerstandsbewegungen umstrukturierten. Schon erwähnt wurde die Möglichkeiten der Faktionierung und der Zerstörung von Hierarchien an deren Beginn.[246] Doch auch im weiteren Verlauf von Unruhen kam es dazu, dass bisher wichtige Funktionsträger an Einfluss verloren. Manchmal bildeten sich Faktionen erst später, bei steigender Belastung. Dorfmeier konnten ihre Schlüsselposition verlieren, weil sie der Herrschaft nahestanden oder vermittelnde Positionen einnahmen und sich damit allseits in Misskredit brachten; manchmal wurden sogar Gewalttaten im Rahmen traditioneller Rügebräuche gegen sie verübt.[247]

Machtverhältnisse kehrten sich oft auch nicht allmählich im Verlauf von Unruhen um, vielmehr konnte dies sehr plötzlich geschehen. Zum Beispiel, wenn eine Faktion so viel Einfluss verlor, dass sie sich nicht mehr traute, öffentlich

---

241 Vgl. Neveux 1997, 251.

242 Vgl. Troßbach 1987a, 137 f.

243 Vgl. Troßbach 1985a, S. 490–494, 499; Troßbach 1985b, 28; Troßbach 1987a, 137 f.; Schunka 2002, S. 234–236, 255; Suter 1985, 234.

244 Vgl. dazu Abschnitt 4.1.1.

245 Vgl. Meumann 2007, 134, 173–175.

246 Siehe dazu auch Bähr 2014. Ein extremer Fall von Faktionierung, der, befördert von der Herrschaft, bis zur Gründung einer Gegengemeinde ging, ereignete sich im Solms-Laubachischen Dorf Freienseen (vgl. Diestelkamp 2012, bes. S. 52–53).

247 Vgl. Suter 1985, 110–117.

aufzutreten,[248] oder wenn der für Gemeindeversammlungen wichtige Wert der Einmütigkeit dazu führte, dass Entscheidungen unter Zwang zustande kamen.[249] Selbstverständlich konnten Machtverhältnisse auch nach Wahlen plötzlich kippen,[250] und nicht zu unterschätzen sind Gerüchte, die vielfach zur schnellen Mobilisierung einer großen Anzahl von Mitstreitern führten.[251]

Auch die Rolle von Deputierten änderte sich, je länger ein Konflikt andauerte. Zwar erwarben sie am Anfang viel Wissen und damit eine respektierte Sonderrolle. Bei lang andauernden Prozessen konnten sie aber das in sie gesetzte Vertrauen oft nicht aufrechterhalten. Dies konnte zu Situationen führen, die einer produktiven Konfliktlösung abträglich waren. Zum Beispiel legten die Gemeinden des Amtes Hungen ihrem Wiener Deputierten taktisches Abwarten als Untätigkeit aus und veranlassten ein Interzessionsschreiben an den RHR just zu dem Zeitpunkt, als der einzige ihnen wohlgesonnene Referent nicht vor Ort war. Im Ergebnis bewirkten sie damit ein für sie negatives Urteil.[252] Zu beachten ist andererseits aber auch, dass Deputierte mit ihrem Agieren durchaus eigene Interessen verfolgen konnten, zum Beispiel die Bewegung möglichst lange am Laufen zu halten, um selbst weiter finanziert zu werden. Damit aber füllten sie keine effektive Mittlerfunktion mehr aus, und das Geschehen in den Dörfern konnte sich vom Prozess abkoppeln.[253]

2.4.3.5. Zeugenverhöre

Verfahren wurden weiter oben schon als eine Abfolge von Selbstfestlegungen beschrieben. Im Verlauf der Prozesse hatten die Parteien aber noch viel Gestaltungsspielraum und konnten Wendungen initiieren. Matthias Bähr hat nachgewiesen, wie die Gemeinden mit selbst initiierten Zeugenverhören Einfluss nehmen konnten. Ungeachtet wie sehr die Gerichte das Verhör als Beweismittel

---

248 Vgl. Suter 1985, 117–120.

249 Vgl. Würgler 1995, 198; Suter 1985, 123–125, 128–129. Bei Zürn 1998, 29 wird die Frage gestellt, inwiefern es in Gemeindeversammlungen um das Erreichen von Mehrheiten für einen Beschluss ging oder eher um das Aufbauen von „Gefolgschaften", also letztlich darum, wie modern oder wie hierarchisch das Modell des Kommunalismus zu fassen sei.

250 Vgl. Luebke 1997, 66; Suter 1985, 117–120, 126–127; Würgler 1995, 199–200.

251 Vgl. Würgler 1995, 199 f.

252 Vgl. Troßbach 1987a, 248.

253 Vgl. Troßbach 1995, 415–418.

in einem (theoretisch) auf ein Urteil hin zugespitzten Verfahren sahen[254] – für die Parteien war es zunächst ein Mittel, um konkrete Ziele im Prozessgeschehen und in ihrer Auseinandersetzung mit ihren Gegnern zu erreichen, d. h. die Gerichte zum Handeln in ihrem Sinne zu bewegen.

Die in den Verhören verwendeten Argumentationsstrategien waren, wie schon erwähnt, gleichzeitig für die Art, in der die Untertanen ihren Widerstand führten, konstitutiv. Verhörprotokolle bilden die Argumentationsmuster ab, die ihnen insgesamt zur Verfügung standen und ihre Widerstandsstrategien bestimmten.[255] Interessant können auch die von den Akteuren selbst gewählten Zeitpunkte der Zeugenverhöre sein, denn womöglich bildeten andere für den Konfliktverlauf bedeutsame Ereignisse deren Anlass.[256]

2.4.3.6. *Information und Öffentlichkeit*

Wichtige Schlüsselmomente im Verlauf von Untertanenbewegungen standen mit dem aktiven Erwerb und der Verbreitung von Wissen in Zusammenhang. Oft war nicht der schon erwähnte Urkundenfund, gleichgültig ob fingiert oder nicht, sondern die Anfrage nach Aktenauskunft bei den Gerichten der entscheidende Schritt.[257] Oder ein Zufall führte dazu, dass Untertanen von älteren Rechten erfuhren, sodass sie dann aktiv weiter nach Informationen suchten.[258] Auch konnten aus Chroniken und Urkunden neue rechtliche Argumentationen abgeleitet

254 Die Erinnerung „seit unvordenklichen Zeiten“ bzw. das Zeugenverhör „ad perpetuam rei memoriam“ war auch noch im 17. Jh. ein gerichtsfester Beweis (vgl. Troßbach 2000, 235–237; Erklärung des Instituts bei Schunka 1999, 331–336).

255 Vgl. Bähr 2012b, 17–20; siehe auch Anm. Fehler! Textmarke nicht definiert.. Für eine Rekonstruktion einer konkreten Verhörsituation siehe Bähr 2012a, 137–143. Zu Zeugenverhören auch Hörner/Schimke 1995, 300–301.

256 Vgl. Bähr 2012b, 43, 76. Ein Indiz dafür, dass die Verhöre nicht von den Gerichten initiiert worden waren, könnte auch sein, dass viele Zeugenrotuli bei der Verzeichnung der Bestände des Bayerischen Hauptstaatsarchivs in den 1990er Jahren noch ungeöffnet in den Reichskammergerichtsakten lagen. Der Verfasser dankt Anette Baumann für diesen Hinweis; siehe auch Xenakis 2015.

257 Vgl. Troßbach 1985a, 128; Fetzer 2002, 349.

258 Deputierte der Gemeinde Gondelsheim suchten z. B. bei dem pfälzischen Hofgerichtsrat und Oberamtsschultheißen Johannes Michael Dominik Wich um Schutz an, nachdem sie aus einem belauschten Gespräch erfahren hatten, dass in Bretten wahrscheinlich die Beglaubigungen älterer Dorfgerechtigkeiten lagen. Vgl. Adam 2005, 56 f.

und zur Grundlage von Strategien vor Gericht werden.[259] Ebenfalls konnte der Vorwurf schlechter Herrschaft mit der Forderung nach Öffentlichkeit verknüpft sein. Meist ging es darum, die bisher unter dem Paradigma des herrschaftlichen Arkanums[260] geheim gehaltenen obrigkeitlichen Handlungen im Licht der Öffentlichkeit zu prüfen.[261]

Doch markierte nicht nur das Einholen, sondern noch häufiger das Verbreiten von Information einen Wendepunkt im Verlauf von Konflikten. Zum Beispiel führte die Publikation eines lange Zeit zurückgehaltenen juristischen Gutachtens, die die Gemeinde Bösingen in einem Streit mit der Stadt Rottweil um einen Lehnshof durchsetzen konnte, dazu, dass Rottweil seine Ansprüche aufgab. Die Rechtslage war eindeutig zugunsten Bösingens, und dies war nun öffentlich bekannt geworden, sodass sich Rottweil vom Prozess zurückzog.[262] Drucklegungen von rechtlich relevanten Dokumenten bedeuteten aber nicht nur bei eindeutigen Rechtslagen einen Wendepunkt. Sie waren auch insofern ein wichtiger Schritt, als dass sie Klarheit über die Existenz und den genauen Inhalt von Verträgen schufen – anderenfalls wurde häufig behauptet, die Gegenseite berufe sich auf fiktive Rechte oder besitze nur fehlerhafte Abschriften.[263]

Allerdings soll damit nicht behauptet werden, dass die Öffentlichkeit als solche einen im Sinn einer Komplexitätsreduktion positiven Effekt hatte. Sobald sich beispielsweise Faktionen gebildet hatten, konnte der öffentliche Streit zu unterschiedlicher Bewertung von Sachverhalten und sogar zum Infragestellen von zuvor erreichten Zielen führen. Sehr eindrucksvoll belegt hat dies David Martin Luebke an dem schon erwähnten Beispiel der Hauensteiner Unruhen. Die gemäßigte Faktion hatte dort im Jahr 1737 eine Vereinbarung mit der Herrschaft erreicht, die den Loskauf aller Untertanen für einen Betrag von 58 000 fl. beinhaltete. Im Verlauf einer öffentlichen Debatte ging die radikale Gegenpartei aber zu Fundamentalopposition über und vertrat die Position, dass der

---

259 Vertreter von Untertanen der Grafschaft Sayn-Wittgenstein konstruierten aus einer alten Chronik, einem kurkölnischen Dokument von 1611 und einem Vertrag der Grafen mit der Stadt Hallenberg von 1596 ihre Argumentation, die naturrechtlichen Topoi folgte, aber aus den genannten Dokumenten altrechtlich begründet wurde (vgl. Troßbach 1985b, 56–59; siehe dazu auch Troßbach 1983b, 247–250).

260 Gegen die oft als schädlich erachtete öffentliche Rede wurde mit viel Energie vorgegangen (vgl. Würgler 1995, 196–197). Auch Bildung galt als gefährlich und als Quelle für Aufruhr (vgl. Asch 1982, 69).

261 Vgl. Würgler 1995, 117; Ries 1997, 442–444.

262 Vgl. Weber 1992a, 488.

263 Vgl. Würgler 1995, 123–124.

Vertrag nichtig sei, da man das Volk nie gefragt habe. Mithin etablierte sich die Meinung, mit dem Loskauf erkenne man die Leibeigenschaft, die nach Ansicht der Radikalen eigentlich nie bestanden habe, überhaupt erst an; und mit diesem Argument gewann die radikale Partei wieder die Oberhand.[264]

2.4.3.7. Religiöse Dimension der Öffentlichkeit

Die frühneuzeitliche Öffentlichkeit hatte auch eine religiöse Dimension. Im Zusammenhang mit Widerstandsbewegungen spielten daher auch immer wieder Predigten oder Visionen, in Verbindung mit ihrer öffentlichen Interpretation, eine Rolle. Auch konnten Wallfahrten zum Wendepunkt in einem Konflikt werden. Vor dem Hintergrund latenter Konflikte ließ sich all dies obrigkeitskritisch deuten: In Predigten klang Kritik an, aus Wallfahrten wurden Demonstrationen.[265] In einem Fall führte eine chiliastische Bewegung sogar dazu, dass Entscheidungen der Gerichte nicht mehr zur Kenntnis genommen wurden.[266]

2.4.4. Aufbereitung durch Advokaten und Deputierte

Den von den Gemeinden beauftragten Advokaten oblag es, zusammen mit deren Deputierten die am Gericht einzubringenden Klagen zu formulieren. Damit stellten diese Personengruppen die entscheidenden Weichen für den Verlauf des Prozesses. Ihr Wirken lässt sich im Sinne einer Konfliktsubstitution im Luhmann'schen Sinne beschreiben – und zwar gerade indem die Klageschriften eher Rechtstatbestände als die örtlichen Verhältnisse spiegelten, d. h. ihre Legitimation durch Verfahrenskonformität erzeugten.[267] Damit konnten sie – selbst wenn sie juristisch am Ende keinen Bestand hatten – den Verlauf des Prozesses so lange bestimmen oder zumindest in der Schwebe halten, bis andere Faktoren den Ausschlag für eine Entscheidung des Konflikts gaben. Das gilt auch (oder gerade) dann, wenn sie von den Prozessbeteiligten als unproduktiv oder weitschweifig

---

264 Vgl. Luebke 1997, 70–74.

265 Vgl. Sabean 1986, 76, 79–81. Solche Visionen konnten auch Gewalt beinhalten (vgl. Sabean 1986, 84 f., 91–93; siehe auch Würgler 1995, 169 f.; Luebke 1997, 79; Weber 1994, 41–42; Bäcker von Ranke 1915, 46–47, 70, 77; Brankačk/Mětšk 1977, 213 f.; Voigt 1847, 8). Im Zusammenhang mit Wallfahrten ist die sogenannte Prozessionsbewegung bei Ulbrich 1990, 128–130 von Bedeutung. Über den Böhmischen Bauernaufstand von 1775 wurde der Plan berichtet, dass 100 000 Bauern als Wallfahrer nach Prag gehen und sich der Regierung bemächtigen sollten (vgl. Strauß 1929, 100).

266 Vgl. Troßbach 1983a, 84–85.

267 Vgl. Schmidt 1984a, 109; Dinges 2000, 534.

kritisiert wurden.[268] Die Argumentationslinien selbst waren, um prozesskonform zu sein, meist entweder von alt-[269] oder von naturrechtlicher[270] Art – auch wenn die Gemeinden selbst eher politisch-pragmatisch agierten.[271]

Zur Frage, inwiefern die von Advokaten verfassten Prozessschriften überhaupt die Sicht der Betroffenen auf den Konflikt wiedergaben, lässt sich ein großes Spektrum an Antworten finden. Auf der einen Seite gibt es Fälle wie in Rottweil. Hier wird ein starker Kontrast zwischen den anwaltlich verfassten Schreiben, die unter anderem Natur- und Völkerrecht in Anspruch nahmen, und der moralisch-religiösen Argumentation eines Bauern deutlich, die in drei anderen Beschwerdeschriften überliefert ist.[272] Auf der anderen Seite stehen hingegen hoch professionalisierte Gemeinden, die mit ihren Deputierten und Advokaten über juristische Details diskutierten.[273]

Der erste Kontakt mit Advokaten bestimmte auch darüber, ob ein Verfahren überhaupt an einem Reichsgericht anhängig gemacht wurde. Denn einige Gemeinden entsandten, wie schon erwähnt, Deputierte zu Advokaten in Nachbarterritorien, wo sie sich beraten ließen, an welchem Gericht die größten Erfolgs-

268 Vgl. Bähr 2012b, 152, 281; Maurer 1996, 235–237.

269 Vgl. Ulbrich 1991, 238–239; Troßbach 1983b, 247–250; Ortlieb 2001, 366–373; Fink 2004, 144; Weber 1992a, 352–354, 359, 591; Walz 1988b, 68–72 (mit einer ausführlichen Darstellung der Argumentation sowohl der Untertanen als auch der durch Johann Jacob von Zwierlein vertretenen Obrigkeit); sowie Sailer 1999, 139–143. Korporative Rechte von Dörfern oder Genossenschaften wurden bis zur Mitte des 18. Jh. als unveränderlich angesehen (vgl. Willoweit 1978, 20). Zum Unterschied zwischen den oft biblisch begründeten Klagen, die direkt von Bauern formuliert wurden, und den daraus resultierenden anwaltlichen Schriftsätzen siehe Ulbrich 1991, 238–239 und Weber 1992a, 356–358.

270 Vgl. Sailer 1999, 186; Weber 1992a, 553 f., 569; Weitzel 1993, 169–179. Die Entwicklung des aufgeklärten Naturrechts (vgl. Press 1980, 100 f.) führte schließlich zur Beweisvermutung zugunsten der natürlichen Freiheit von Personen (vgl. Hörner/Schimke 1995, 301). Zur Unterscheidung, aber auch zu Verbindungslinien zwischen älterem und neuerem Naturrecht vgl. Schulze 1990, 140 f., 162. Explizit naturrechtliche (aber erfolglose) Argumentation einer Gemeinde im späten 18. Jh. bei Weber 1992a, 553 f., 569; vgl. auch Anm. Fehler! Textmarke nicht definiert..

271 Vgl. Zürn 1998, 68 f. Allerdings heißt das nicht, dass überkommenes Recht nicht auch in den Dorfverbänden eine hohe Autorität genossen hätte. Dies zeigt Franz-Xaver Vollmer anhand der fast rituellen Behandlung eines Urbars (vgl. Vollmer 1990, 162–163).

272 Siehe dazu Weber 1992a, 356–358.

273 Siehe dazu Troßbach 1985a, 350 f. sowie Abschnitt 3.1.14 in diesem Band.

aussichten bestanden.[274] Hier kamen oft einflussreiche benachbarte Fürsten oder Lehnsherren der jeweiligen Herrschaft zum Zuge. Waren zwischen Gemeinden und ihren Advokaten größere Entfernungen zu bewältigen, lief die Kommunikation unter Umständen auch über Notare.[275]

Es gibt nur wenige Beispiele dafür,[276] dass die Gemeinden sich nicht auf die Hilfe von professionellen Juristen stützten, sondern auf nicht professionelle sogenannte Bauernprokuratoren oder Winkelschreiber zurückgriffen.[277] Häufiger finden sich in der Literatur aber Fälle einer starken Spezialisierung einiger Advokaten auf Untertanenprozesse.[278] Immer wieder gibt es auch Beispiele dafür, dass sie Prozesse aus Eigeninteresse in die Länge zogen oder schlichtweg betrügerisch verfuhren,[279] sodass ihnen Werner Troßbach eine insgesamt ambivalente Rolle zubilligt: einerseits unverzichtbar und in der Regel auf einen korrekten rechtlichen Austrag des Prozesses bedacht – andererseits aber auch in vielen Fällen aus Eigennutz an einer Perpetuierung oder Eskalation eines Prozesses interessiert.[280]

Manchmal führten auch von Advokaten in Aussicht gestellte Rechtsmittel zu vermeintlicher Sicherheit und verleiteten damit zur bewussten, gewaltsamen Eskalation.[281] Dass solche dysfunktionalen Beispiele aber nicht den Hauptanteil der Fälle ausmachten, zeigt Carl Hans Hauptmeyer, wenn er die wichtige Rolle einiger Advokaten in Untertanenprozessen für die Durchsetzung der Aufklärung in Niedersachsen betont.[282] Kompliziert wurde die Lage häufig dadurch, dass Advokaten in der frühen Neuzeit meist Teil eines politischen Netzwerks waren,

---

274 Vgl. Bähr 2012b, 90, 150; ihre soziale Rolle entspricht dem von David Sabean geprägten Begriff des Brokers, d.h. hier des Vermittlers von Wissen über die juristischen Möglichkeiten (vgl. Below/Breit 1998, 143; eine detaillierte Darstellung der Vorbereitung eines Untertanenprozesses findet sich bei Müller 2005, 320–321).

275 Ein Beispiel für den Fall eines Zeugenverhörs bei Mayenschein 1952, 57–58.

276 Solche Fälle finden sich bei Fimpel 1999, 267–268, Ullmann 2007, 343 und Ullmann 2007, 336–343.

277 Helfried Valentinitsch untersuchte diesen Berufsstand anhand von Beispielen aus Innerösterreich (vgl. Valentinitsch 1983); für ein Beispiel in der Literatur vgl. unten 3.1.16.

278 Siehe z. B. Schmidt 1984a, 102.

279 Vgl. Müller 1924, 21–22; Schramm 1958/59, 87, 95–97; siehe auch Abschnitt 3.2.10.

280 Vgl. Troßbach 1985a, 441–445; Maurer 1996, 235–237. Weitere Beispiele für nicht sachgerechtes oder von eigenen Interessen geleitetes Vorgehen von Advokaten bei Troßbach 1983a, 65; Weber 1992a, 676–682; Schramm 1958/59, 88 f.

281 Beispiele bieten der Böhmenkircher Aufstand Ende des 16. Jh. (vgl. Abschnitt 3.5.1) oder auch die Vorgänge im Gericht Reichenbach, siehe Abschnitt 4.3.1.3.

282 Vgl. Hauptmeyer 1992, 212–213.

das sie entweder erfolgreich steuerten[283] oder das ihre Handlungsmöglichkeiten einschränkte.[284]

2.4.5. Von den Gerichten/durch veränderte Rechtslage

Die Gerichte[285] versuchten häufig, aktiv ins Geschehen vor Ort einzugreifen und ausgleichend zu wirken.[286] Dies entspricht gut den vom oben vorgeschlagenen Modell vorgezeichneten Erwartungen: Situationen sollten sich am besten durch Einwirken auf die Beziehungen der Akteure beeinflussen lassen.[287] Dazu standen die Mittel der Kommission,[288] die mit dem Gericht in Kontakt stand,[289] aber anders als dieses aus der Situation vor Ort heraus handeln konnte, sowie die Mittel des

---

283 Ein Beispiel dafür bei Weber 1992a, 688; für das Agieren von Advokaten in einer politisch äußerst komplizierten Situation siehe Ullmann 2007 und Prange 1965.

284 Beispiele hierfür bei Below/Breit 1998, 157–161 und Schmidt 1984b, 103–104.

285 Hier werden RKG und RHR nicht systematisch unterschieden, weil die oft indifferente Behandlung dieser Instanzen durch das Gros der Literatur dies nicht erlaubt. Das Verfahren war an beiden Orten theoretisch dasselbe, auch wenn es am RHR nicht dieselbe Verbindlichkeit hatte (vgl. Ullmann 2006, 32). Zur Rechtssituation im Untertanenprozess insgesamt siehe Troßbach 2010, 71–74; Troßbach 1985a, 22–33 und Maurer 1996, 158–178; ein Modell eines typischen Prozessverlaufs bei Troßbach 1985a, 33–45; siehe auch Sailer 1999, 468–475. Zum Stand der RHR-Forschung siehe Ullmann 2006, 7–14 und Denzler et al. 2015, 16–29. Zum Stand der RKG-Forschung siehe Denzler et al. 2015, 3–16. Zu Unterschieden von RHR und RKG im Hinblick auf Untertanenprozesse und auf ihre Perspektive merkt Sigrid Westphal einen großen Forschungsbedarf an (vgl. Westphal/Ehrenpreis 2001, 8).

286 Vgl. Press 1978, 83.

287 Vgl. Neveux 1997, 250.

288 Zu Kommissionen allgemein vgl. Ullmann 2006. Besonders relevant ist die Unterscheidung von Kommissionen zur Güte von Kommissionen zu Güte und Recht (vgl. Ullmann 2006, 35 f.; Ullmann 2010, 133). Ullmann weist auch darauf hin, dass die Rechtsgewohnheit der Kommission älter als die der Gerichte und häufig Teil von regionalen Konfliktlösungstraditionen war, teilweise mit Kommissionen in je nach Region ähnlicher personeller Zusammensetzung unter verschiedenen Trägern (vgl. Ullmann 2006, 52–53). Formal lassen sich auch kaiserliche Austrägalkommission und von den Gerichten eingesetzte Kommissionen unterscheiden, in den Abläufen finden sich aber kaum Differenzen; und Untertanensachen wurden von den Gerichten in der Regel an sich gezogen (vgl. Ullmann 2006, 36; Troßbach 1985a, 28). Nach Laufs waren Austräge nur für Auseinandersetzungen zwischen Reichsunmittelbaren zuständig (vgl. Laufs 1976, 40–42).

289 Vgl. Ullmann 2006, 124–126.

Mandats und Zwischenurteils zur Verfügung.[290] Auch sie beeinflussten durch den Eingriff in die Rechtslage die Beziehungen der Akteure. Der Verlauf eines Prozesses war allerdings nicht vorhersagbar. Die Gerichte konnten einerseits sehr produktiv eine konstante „Stabilisierungs-, Vermittlungs- und Pazifizierungsstrategie"[291] umsetzen. Ihr Handeln war aber zum Teil auch von einzelnen Assessoren bzw. Hofräten abhängig und von Einflussnahme geprägt, gelegentlich auch von Zufällen[292] oder inkonsistenter Rechtsprechung, die den Parteien wiederum konträre Legitimationsmuster ermöglichte und damit ihren Handlungsspielraum erweiterte.[293]

2.4.5.1. *Prozesseröffnung*

Mit der – von der Klageerhebung streng zu unterscheidenden – Prozesseröffnung und der damit verbundenen veränderten Rechtslage transformierten sich Konflikte grundlegend. Bauernbewegungen blieben oft bis zu diesem Punkt geheim. Erst die Anerkennung ihres Prozesssyndikats als Prozesspartei gab ihnen Rechtsschutz und ermöglichte legale Versammlungen.[294] Ein Prozess beförderte nun die politische Auseinandersetzung, ebenso wie er nach ihr verlangte. Oft war damit die Prozesseröffnung der Beginn einer Umstrukturierung von Machtverhältnissen, nicht weniger, als es bei einem gewaltsamen Aufstand der Fall gewesen wäre.[295] Das Handeln der Gerichte konnte von den Untertanen sogar als Sus-

---

290 Überblicke zu Rechtsgang und Praxis der Gerichte in Untertanenprozessen sowie zu den Prozessformen bei Troßbach 1985a, 33–45 sowie Troßbach 1985a, 461–464; kurz bei Maurer 1996, 158–161; ergänzend dazu Sailer 1999, 21–23. Zu regionalen Unterschieden siehe Ebeling 1992, 107. Allgemein zu den Prozessformen Dick 1981, 87–103.

291 Weber 1992a, 590; dort entsprechende Beispiele, auch mit Bezug auf Press 1978 und gegen Troßbach (siehe Anm. Fehler! Textmarke nicht definiert.).

292 Vgl. Troßbach 1985a, 465–470, 476–477, 489–490; siehe auch Maurer 1996, 246. Für den RHR weist Troßbach – im Gegensatz zum RKG – auch Bestechung nach (vgl. Troßbach 1985a, 486–487).

293 Vgl. Troßbach 1991, 135–136.

294 Vgl. Troßbach 1985a, 438–440, 499; Troßbach 1983b, 250–251. Prozesspartei war das von den Gerichten anerkannte Prozesssyndikat, nicht die Gemeinde. Zur Deliktfähigkeit von Gemeinden gab es unterschiedliche Meinungen, eine Zusammenstellung bei Hunziker 1998, 420–421. Bader sieht zunächst die Anerkennung des Dorfes als Universitas im röm-rechtl. Sinn als Grundlage für die Klagemöglichkeit vor dem RKG (vgl. Bader 1984, 81). Zum Prozesssyndikat in Untertanenprozessen allgemein siehe Press 1978, 90–91.

295 Vgl. Suter 1985, 120–123; im Frühliberalismus gab es die Bestrebung, dieses Recht zur allgemeinen Versammlungsfreiheit auszubauen. Würgler 1995, 128.

pension der alten und Errichtung einer neuen, kaiserlichen Herrschaft aufgefasst werden.[296] Widerstandsbewegungen konnten an diesem Punkt unterschiedliche Wege einschlagen, die Prozesseröffnung war ein äußerst ambivalenter Moment.

Ein weiterer, schon erwähnter aber an dieser Stelle relevanter, Sachverhalt ist, dass die Gerichte mit der Prozesseröffnung die Herausgabe von bisher oft geheim gehaltenen Dokumenten verlangten und somit Öffentlichkeit ermöglichten – was in der Regel die Position der Untertanen stärkte.[297]

2.4.5.2. Rechtsschutz und Gewalt

Oben war schon gesagt worden, dass rechtliche und gewaltsame Schritte in Untertanenbewegungen oft Hand in Hand gingen. Der Rechtsschutz der Gerichte ermöglichte Versammlungen, die entsprechende Aktionen beschlossen, Fakten schufen oder auch gewaltsamen Widerstand gegen entsprechendes Vorgehen der Obrigkeiten organisierten. Dieser Weg war allerdings riskant. Vor Gericht war oft das Argument schlagend, das die Gegenpartei des Landfriedensbruchs bezichtigte, zumindest wenn man sich selbst als friedfertig darstellen konnte.[298] Es gab Fälle, in denen die durch den Rechtsschutz gewonnene Sicherheit zu neuer Eskalation führte.[299]

Gewalt wurde von den Untertanen oft aber sehr dosiert, jeweils immer nach Entscheidungen des Gerichts zu ihren Gunsten eingesetzt, ein Verhalten, das von Werner Troßbach als „parasitäre Prozessnutzung" bezeichnet wurde.[300] In anderen Fällen endete aber zuvor nachweisbare Gewalt mit der Prozesseröffnung,[301] oder die Akteure versuchten mit dem Blick auf die Gerichte zumindest, sie einzudämmen.[302]

---

296 Vgl. Asch 1982, 68; Zürn 1998, 540–541; Trobbach 1983a, 82–83.

297 Vgl. Würgler 1995, 186.

298 Klagen von Herrschaften gegen Untertanen und umgekehrt schlossen notwendig den Friedensaspekt mit ein (vgl. Maruhn 2010, 284 f.; Bähr 2012b, 283).

299 Vgl. Fink 2004, 205–207, 225–228; Trobbach 1985b, 63–72; hier spielten zuweilen auch Advokaten eine Rolle, die unmittelbar zur Gewalt aufriefen (vgl. Trobbach 1983a, 65).

300 Vgl. Trobbach 1985b; ähnlich Luebke 1997. Ein weiteres Beispiel bei Wilhelm 2007, 199.

301 Matthias Bähr kann dies an einem Prozess im Gericht Hümmling zumindest so weit belegen, als dass sich ab der Prozesseröffnung keine Berichte über gewaltsames Vorgehen mehr in den Akten finden (vgl. Bähr 2008, 506).

302 Vgl. Trobbach 1987a, 182–187.

2.4.5.3. *Befragungen und Durchgänge*

Im Verlauf der Verfahren konnten schon rein formale Prozessschritte zu neuralgischen Punkten geraten, vor allem die oben schon behandelten Zeugenbefragungen und sogenannte Durchgänge, in denen Gerichte und Kommissionen erhoben, wer an einem Prozess beteiligt war. Für das isenburgische Gericht Reichenbach konnte Werner Troßbach belegen, dass die dort von 1716–1743 tagende Reichshofratskommission auf diese Weise eine Politisierung der Bauernschaft ungewollt herbeiführte. Die isenburgische Herrschaft hatte in Zweifel gezogen, ob das Prozesssyndikat noch die erforderliche Zweidrittelmehrheit habe. Zwei Befragungen aller Mitglieder durch die Kommission, sogenannte Durchgänge, sollten dazu dienen, die nötige Geschlossenheit zu überprüfen. Auf diesem Weg führten sie aber erst zu einer verstärkten Solidarisierung, die zuvor nicht unbedingt gegeben war.[303] In Böhmenkirch waren es wiederholte Gemeindebeschlüsse vor Kommissionsbefragungen, die eine höhere innergemeindliche Geschlossenheit erzeugten und halfen, unterschiedliche Strömungen zu vereinen.[304]

In anderen Fällen führten von Kommissionen einberufene Durchgänge dagegen zu Kompromissbereitschaft, indem sie den Akteuren Handlungsalternativen nahmen. Volker Press zeigt dies für die Stadt Hechingen. Indem die Kommission die Deputierten der Stadt überging und die Bürger direkt auf dem Weg des Durchgangs verbindlich zu ihrer Bereitschaft für einen Vergleich befragte, sorgte sie – indem sie die Bürger klar vor die Alternativen der Zustimmung oder der Ablehnung stellte – für breite Zustimmung zu einer Einigung.[305]

2.4.5.4. *Verlesen von Schriftstücken*

Zu einem Schlüsselmoment konnte auch ein Vorgang werden, der zunächst völlig unverdächtig anmutet: das Zitieren von Klagen und Suppliken beim Verlesen von Mandaten.[306] Indem bei diesem Vorgang die Position der Untertanen wiedergegeben wurde, konnte es aber dazu kommen, dass deren Argumentation allein durch den hohen symbolischen Wert des Vorgangs – der Gerichtsbote erschien im

---

303 Vgl. Troßbach 1985a, 332–341. Vergleichbare Vorgänge gab es auch auf territorialer Ebene. Die in Württemberg seit 1552 durchgeführten Amtsumfragen, bei denen die Rechte der einzelnen Ämter auf der Basis von Zeugenaussagen erhoben wurden, führten zu Konflikten mit der Regierung (vgl. Fuhrmann 1998, 114–119).

304 Vgl. Fink 2004, 183–184.

305 Vgl. Press 1978, 96–98.

306 Beispielhaft beschrieben ist ein typischer Ablauf der Veröffentlichung eines Urteils vor einer Gemeinde bei Würgler 1995, 188.

Dorf als Vertreter von Kaiser und Reich und verlas Rechte – eine hohe Autorität erhielt, und zwar auch dann, wenn das Gericht gar nicht im Sinne der Untertanen oder nur über relativ unwichtige Details entschieden hatte. Auf diese Weise konnte es vor allem im 16. Jh. zu einer Radikalisierung von Widerstandsbewegungen kommen.[307]

2.4.5.5. Paradoxe Wirkung von Entscheidungen

Auch die Rechtsprechung der Gerichte an sich sorgte mitunter für paradoxe Wendungen im Konfliktverlauf, wie ein Teil der nun folgenden Beispiele zeigt. Für Odenheim weist Ralf Fetzer nach, dass die Herrschaft die Kassation einiger Mandate, die ihr verboten hatten, Vieh zu pfänden, als generelle Erlaubnis zur Pfändung von Vieh als obrigkeitliche Maßnahme interpretierte, und zwar unabhängig von den jeweils konkreten Anlässen der gerichtlichen Entscheidung. Die Herrschaft machte nun solche Pfändungen bei wichtigen Akteuren des Widerstands zur gängigen Praxis. Im Gegenzug gelangten die Untertanen zu der Ansicht, dass Selbsthilfe nun rechtmäßig und angebracht sei, und der Konflikt verschärfte sich beträchtlich.[308] Generell habe, laut Fetzer, die untertanenfreundliche Rechtsprechung in Odenheim nicht zu einer Beilegung, sondern zu einer Verhärtung der Konflikte geführt.[309]

2.4.5.6. Urteile und Mandate

Ein weiterer Schlüsselmoment in Konflikten, und nur selten ihr Ende, ist die Entscheidung der Gerichte zuungunsten der Untertanen. Es kam auch außerhalb des Kontextes von Untertanenprozessen sehr häufig vor, dass Entscheidungen von mindestens einer Prozesspartei abgelehnt wurden.[310] Im Hintergrund stand oft ein materielles Rechtsverständnis, das die eigene Position als objektiv richtig, die Entscheidung des Gerichts somit als falsch ansah.[311] Ein Schlüsselmoment für den Konfliktverlauf ist nun die vermeintliche Erkenntnis, dass dem Recht

---

307 Vgl. Fetzer 2002, 349.

308 Vgl. Fetzer 2002, 197. Wahrscheinlich stand im Hintergrund eine bewusste Strategie der Obrigkeiten, die auf eine Rebellion der Untertanen abzielte, sodass ihnen, als Landfriedensbrüchigen, der Weg zu den Reichsgerichten erschwert würde.

309 Vgl. Fetzer 2002, 414–415.

310 Vgl. Loewenich 2010, 177 f., 183.

311 Vgl. Troßbach 1995, 415–418; Troßbach 1987, 245; 276–277.

auf dem Prozessweg keine Geltung zu verschaffen sei, sodass die Akteure häufig begannen, ihre Ansicht auf gewaltsamem Weg durchzusetzen.[312]

Werner Troßbach geht im Bezug auf Endurteile so weit zu sagen, dass ein Prozess den gewaltsamen Austrag häufig nicht verhindert, sondern nur bis in die Zeit nach der Urteilsverkündung verzögert habe, es also keine Verrechtlichung in Schulzes Sinn gebe. Die auf lange Sicht konfliktlösende Funktion von Prozessen habe vielmehr darin bestanden, dass Gewalt dem langfristigen und planvollen politischen Handeln im Rahmen des Prozesses untergeordnet worden sei.[313] Wobei andererseits anzumerken ist, dass diese Probleme den Gerichten gut bekannt waren und Urteile ohnehin nur als letztes Mittel auf einem Weg angesehen wurden, der viele andere Wege der Konfliktlösung bereithielt,[314] oder auch einen perpetuierten, aber eingehegten Konflikt zuließ.[315]

Anders verhielt es sich mit den schon im Extrajudizialgang ausgesprochenen Mandaten,[316] vor allem dem mandatum sine clausula. Dieses Instrument führte die Reichskammergerichtsordnung von 1555 für solche Fälle ein, in denen *„die sach oder handlung [...] an ihr selbst von rechts oder gewonheyt verbotten, und, wo dieselbig begangen, ouch on einiche weiter erkantnuß für strafwürdig oder unrecht-*

312 Vgl. Suter 1985, 381 f.

313 Vgl. Troßbach 1985a, 490–494, 499.

314 Vgl. Bähr 2012b, 281–282.

315 Vgl. Westphal 2005; Ullmann 2006, 198–199, 292–293; oder auch der Beitrag von Peter Oestmann zum Eröffnungsworkshop des LOEWE-Schwerpunkts (vgl. Stenz/Vogt 2012, 175). Besonders augenfällig wird dies in Julia Maurers Fazit zum Lahrer Prozess. Dort sei das Extrajudizialverfahren in stärkerem Maß bestimmend für den Gang der Ereignisse gewesen als das Judizialverfahren, das juristisch letztlich nicht zu entscheiden war. Somit seien gegen Ende des Prozesses auch die außergerichtlichen Aktivitäten der bestimmende Faktor gewesen, wobei das RKG allerdings immer wieder steuernd eingegriffen habe. Der Prozess habe allerdings auch aus dem Grund keinen Abschluss gefunden, dass das Verfahren ineffektiv gewesen sei: Es habe im RKG-Prozess keine Verfahrensleitung gegeben, dafür aber die Möglichkeit für die Parteien, durch exzessive extrajudiziale Eingaben das Verfahren in die Länge zu ziehen. Allerdings habe der Prozess seine friedenssichernde Funktion erfüllt und die Parteien vom gewaltsamen Austrag abgebracht. Die Funktion des RKG sei es letztlich gewesen, in der (juristisch nicht entscheidbaren) Frage der Vereinbarkeit alter Privilegien mit der Modernisierung der Territorien den Erhalt der Privilegien garantieren zu müssen, was zwar Veränderungen verhindert, aber auch eventuelle despotische Tendenzen der Landesherren eingedämmt habe. Vgl. Maurer 1996, 377–384.

316 Zum Mandatsprozess siehe Härter 1994, 220–222. Troßbach 2010, 77. Zur Gerichtspraxis Ullmann 2006, 252–254.

messig zu halten, oder daß dardurch dem anruffenden theyl ein sollich beschwerd auferlegt und zugefügt wurde, die nach begangner that nit widerzubringen, oder daß die sach wider den gemeynen nutz were"[317]. Im Unterschied zu Mandaten cum clausula, deren Wirkung meist mit einer Einrede neutralisiert werden konnte, stellten Mandate sine clausula die erste Stufe einer Entscheidung dar, die nicht mehr zu hintergehen war.[318] Gegen das mandatum sine clausula wehrten sich die Stände und versuchten wiederholt, die Berichtserfordernis obligat zu machen[319] – was dann mit dem Reichsabschied von 1654 praktisch geschah,[320] ab 1789 auch der Form nach.[321]

Die Einrichtung des Mandatsprozesses führte zu einer Klagewelle ab den 1560er Jahren, die anschließende stärkere Regulierung wieder zum verstärkten Rückgriff auf Selbsthilfe, oft allerdings mit dem Ziel, einen Prozess zu erzwingen.[322] Mit der Zeit wurden Mandate zentrales Mittel einer häufig erfolgreichen Doppelstrategie des RKG, die darin bestand, der Obrigkeit einerseits Tätlichkeiten zu verbieten, andererseits aber auch Druckmittel gegen die Untertanen an die Hand zu geben oder jenen Gehorsam zu befehlen.[323]

2.4.5.7. Beweislastumkehr

Ein wichtiger Schlüsselmoment für den Konfliktverlauf, der an den Gerichten selbst seinen Ort hatte, war die Frage der Beweislast, wenn es um Freiheit oder Unfreiheit von Untertanen ging. Entsprechende Dokumente existierten, wie erwähnt, oft nicht, sodass letztlich die Diskussion im jeweiligen Senat entschied, die sich ihrerseits meist an gängigen Beweisvermutungen orientierte. Hier gab es zu unterschiedlichen Zeiten unterschiedliche Tendenzen, grob gesagt löste in der Mitte des 18. Jahrhunderts der sogenannte *favor libertatis* bzw. die *praesumptio*

317 Zitiert nach Schulze 1987a, 169–170.

318 Vgl. Troßbach 1985a, 34–35; Ullmann 2006, 252–254 sowie den Beitrag „Entscheidungspraktiken und Konfliktsteuerung des Reichshofrats im 17. Jahrhundert" von Ulrich Rasche zur Jahrestagung des LOEWE-Schwerpunkts „Außergerichtliche und gerichtliche Konfliktlösung" vom 2. bis 4. Oktober 2013 in Wetzlar.

319 Vgl. Schulze 1987a, 169–170.

320 Vgl. Troßbach 1983b, 235, allerdings waren damit erweiterte Klagemöglichkeiten der Untertanen verbunden, vgl. ebd. Zur Diskussion des 18. Jh. um die Berichtserfordernis siehe Wilhelm 2007, 183.

321 Vgl. Härter 2002, 79–80. Dies zog eine intensive publizistische Debatte nach sich (vgl. ebd.).

322 Vgl. Fetzer 2002, 375 f., 381, 413.

323 Vgl. Lanzinner 1993, 138; ein Beispiel auch bei Weber 1992a, 375, 384–385.

pro libertate, also die Beweisvermutung zugunsten der persönlichen Freiheit von Untertanen, die gegenteilige *praesumptio contra rusticos* ab.[324] Es gab aber auch Momente, in denen die Entscheidung nicht vorgezeichnet war, wie Matthias Bähr für das Gericht Hümmling nachweist.[325] Dort erlegte das Gericht erst nach einigen Diskussionen den Untertanen die Beweislast auf, worauf sie allerdings ungewollt mit ihrer konsequenten Verwendung des Freiheitstopos hingearbeitet hatten. Eine ähnliche Konstellation weist Diestelkamp für Freienseen nach.[326] Auch hier zeigt sich, wie groß der Einfluss der von den Untertanen gewählten Narrative für den Verlauf von Prozessen war und wie paradox die Wirkungen ausfielen, die sie entfalteten. Prozesstaktisch relevant waren die genannten praesumptiones auch in Lahr.[327]

2.4.5.8. Prozesskosten

Ein für alle Parteien wichtiger Faktor waren die mit Prozessen und Kommissionen verbundenen Kosten. Die Reichsgerichte verlangten Gebühren, Subdelegierte mussten unterhalten werden. Dazu kamen Kosten für Advokaten, Prokuratoren und – gelegentlich jahrelange – Deputationen[328] an die Gerichtsorte.[329] Für das

---

324 Vgl. Sailer 1999, 179 f.; Weitzel 1993, 166–167; Hörner/Schimke 1995, 301; Blickle 1995, 65 f.; Troßbach 2010, 80 f.; Schulze 1981, 53–55; Schulze 1983a, 280–283; Schulze 1990, 145–146; Oestmann 2006, 71–73. Eine Rolle für eine tendenziell bauernfreundliche Rechtsprechung spielten auch die Physiokraten (vgl. Press 1978, 83). Zur Entwicklung der Diskussion siehe Bähr 2012b, 141 f.

325 Vgl. Bähr 2008, 530 f. Bähr gibt dort detailliert den Argumentationsgang und die Namen der beteiligten Assessoren wieder.

326 Vgl. Diestelkamp 2012, 23. Auch Diestelkamp geht davon aus, dass die Zuspitzung auf die Frage der Reichsfreiheit der Gemeinde Erfolg versprechendere Wege verbaute.

327 Vgl. Anm. Fehler! Textmarke nicht definiert..

328 Vgl. Anm. Fehler! Textmarke nicht definiert..

329 Deutlich wird dies, zumindest für Kommissionskosten, aus folgendem Ratschlag Johann Jacob Mosers: „Weme also zu rathen ist, der hüte sich vor dem Commissions-Fieber mehr als vor der stärcksten Purgantz und sehe lieber, wie er sonst zu seinem Recht gelange; meynt er aber, dieses letztere seye auf andere Art nicht wohl practicabel, so füttere er sich doch vorher wohl mit guten, gewichtigen, harten Gold- und Silbersorten, trachte einen raisonablen Commissarium und Subdelegatum zu bekommen und excitire diesen lieber, sonderlich wann er findet, daß er sich dadurch zu mehrerem oder besonderem Fleiß bewegen lasset, durch Geld und gute Worte als durch Ungestüm und Verklagen; endlich so dancke er GOTT, wann er am Ende

einzelnen Untertanen zustehende Armenrecht waren Genossenschaften, und damit Gemeinden oder Prozesssyndikate, nicht zugelassen.[330]

Die Kosten für Prozesse und Kommissionen waren je nach Zeitraum und Dauer unterschiedlich, die Beträge bewegten sich meist zwischen 1000 und 2000 fl. für eine Partei im Verlauf eines längeren Konflikts; den höchsten Betrag nennt Julia Maurer für Lahr mit 36 150 fl.[331] Eingetrieben wurden diese Kosten auf Untertanenseite durch Amtsträger, je nachdem als zusätzliche Umlage nach dem geltenden Steuerschlüssel auf die ohnehin zu zahlenden Abgaben,[332] oder aber als eine eigene Umlage.[333] Diese Verwaltungsvorgänge führten in Hohenzollern-Hechingen zur Herausbildung der landschaftlichen Versammlung.[334]

---

die Haut nur noch über dem Kopf behält und sie ihme nicht gar abgestreifft worden ist." Zitiert nach Weber 1992a, 381–382.

330 Dies ist der Befund Karl Siegfried Baders (vgl. Bader 1962, 425), der sich in der Literatur insofern bestätigt findet, als dass in keinem Fall von der Inanspruchnahme des Armenrechts berichtet wird. Zum Armenrecht siehe auch Loewenich 2010, 168–169; Ebeling 1992, 113 mit einer Aufstellung von Armenrechtsfällen für das Bistum Osnabrück und Hertz 1961, 331 mit der Erwähnung eines Falls.

331 Die in der Literatur genannten Beträge im Einzelnen: Lahr, 1773–1806: 36 150 fl. (vgl. Maurer 1996, 179–182); Schmoel, 1767–1776: ca. 1000 fl. (vgl. Ullmann 2007, 335, 396); Prozess der sogenannten Vitifreien in Lippe, 1656–1671: 1446 Rtl. (vgl. Hüllinghorst 1992, 88); Rottweiler Landgebiet, Kommissionskosten von April bis Mai 1686: 1300 fl. (vgl. Weber 1992a, 376–384); Grafschaft Hauenstein, Kosten für eine kaiserliche Exekutionskommission 1727–1728, z. T. auch Strafe: 12 000 fl. (vgl. Luebke 1997: 70–72); Kornelimünster, Kosten für eine Kommission des Reichskreises 1699–1714: 9000 Rtl. (vgl. Gabel 1995b, 215–217); Ritterstift Odenheim, Prozesskosten am RKG 1729–1733: 1223 fl. 33 kr. (vgl. Fetzer 2002, 151, 229–236, 281); Ittlingen, Vergleichsverhandlungen vor dem Ritterschaftsdirektorium des Kraichgaus 1720–1721: 30 fl. (vgl. Neuwirth 1981, 95–105); Pforzheim, abgewiesener Klageantrag am RKG 1723–1724: 2080 fl. p. a. (vgl. Räuber 1989, 139–143); Dauchingen (Herrschaft der RS Rottweil), RHR-Prozess, 1757–1772, 5000–6000 fl. (vgl. Weber 1992a, 521–523, 537–539, 624); Grafschaft Fugger-Babenhausen, RHR-Prozess samt aller Unkosten 1648–1656: 2250 fl. (vgl. Nebinger 1956, 106–110); Amt Iggenhausen, RKG-Prozess 1664–1671: 1446 Rtl. für die klagende Herrschaft (vgl. Hüllinghorst 1992, 65); weitere, z. T. detaillierte Aufstellungen bei Schramm 1958/59, 105; Müller 2005, 312–313; Below/Breit 1998, 156–157; Zückert 1988, 61 und über die Kosten eines Syndikats bei Schramm 1958/59, 99–100, 117.

332 Vgl. Weber 1992a, 624.

333 Vgl. Below/Breit 1998, 156–157.

334 Vgl. Press 1980, 100.

Die Erwägung der unter Umständen hohen Kosten bildete einen Teil der Entscheidung für oder gegen einen Prozess,[335] es konnte aber sein, dass sich eine Gemeinde trotz einer abzusehenden Überbelastung für einen Prozess entschied[336] oder dass die Aussicht auf baldigen Erfolg die Motivation bildete, sich zu verschulden.[337] In anderen Fällen waren Gemeinden aber finanziell so gut gestellt, dass ein Prozess an einem Reichsgericht für sie durchaus bezahlbar war.[338] Meist aber erwiesen sich lange Verfahren als für die Gemeinden (und auch manche Herrschaften)[339] als nicht tragbar und führten zum Ende[340] oder zur Verlegung[341] an andere Gerichte.

Werner Troßbach hat erhoben, dass Prozesskosten dazu führten, dass einzelne aktiv geführte Prozesse eine Dauer von 15 Jahren in der Regel nicht überschritten.[342] Entsprechend lässt sich auch beobachten, dass die finanzielle Belastung einer Partei (in der Regel der Untertanen) einen Teil der Taktik der Gegenpartei bilden konnte,[343] zumal diese Lasten manchmal dazu führten, dass Gemeinden sich spalteten oder vorhandene Faktionierungen sich verstärkten.[344] In anderen Fällen übernahmen Herrschaften aber auch einen Teil der Kosten oder streckten ihn zumindest vor,[345] wobei Rückzahlungsforderungen dann wiederum ein Druckmittel darstellen konnten.[346]

---

335 Vgl. zur Tragbarkeit von Prozesskosten als materielle Grenze des Widerstands Zürn 1998, 71; Tilp/Hermann 2013, 64.

336 Siehe Suter 1985, 53.

337 Vgl. Mayenschein 1952, 142–144.

338 Beispiele aus dem Osnabrücker Kirchspiel bei Ottenjann 2006, 167–168; und aus dem fränkischen Berkach bei Bähr 2012b, 87–133.

339 Vgl. Abschnitte 3.1.11 und 3.2.4 sowie Bergemann 1963, 123.

340 Vgl. Bergemann 1963, 123; Mayenschein 1952, 142–144; Zückert 2003, 285. Siehe hierzu auch die in diesem Band unter 4.1.5, 4.2.3 und 4.3.3 aufgeführten Fälle, in denen die nachhaltige Lösung eines Konflikts von den Autoren der Erschöpfung einer der Parteien zugeschrieben wird.

341 Vgl. Schmidt 1979, 261; Weber 1992a, 527–534.

342 Vgl. Troßbach 1983b, 239–240.

343 Vgl. Schmidt 1984b, 98; Schmidt 1990, 51–55; Schramm 1958/59, 77–83; Asch 1982, 69–70; Diestelkamp 2012, 52–53.

344 Vgl. z. B. Wilhelm 2007, 194; Nebinger 1956, 108–109 oder Abschnitt 4.2.4.4 in diesem Band.

345 Vgl. Abschnitt 3.1.12 sowie Ullmann 2007, 335, 396.

346 Vgl. Schramm 1958/59, 77–83.

3. Signifikante Schlüsselmomente in der Literatur

In diesem Abschnitt soll es anhand kurzer Fallbeschreibungen um besondere Impulse – eben Schlüsselmomente – gehen, die zur Delegation oder zur Verhandlung von Konflikten führten. Im Unterschied zu Abschnitt 2 werden sie hier aber im Zusammenhang des Konfliktverlaufs dargestellt und auch nicht nur als Beispiel. Es wurde versucht – bei allen Schwierigkeiten der Abgrenzung – möglichst alle signifikanten Beschreibungen solcher Momente zusammenzustellen. Die Auswahl entspricht den unter 2.3 entwickelten Kriterien: Wird ein Konflikt als verhandelbar anerkannt und, was damit in Verbindung steht, durch einzelne Teilkonflikte substituiert?[347] Bildet sich ein Entscheidungssystem heraus oder gibt es Auffälligkeiten bei der Delegation des Konflikts an einen Entscheidungsträger?

Diese der Auswahl zugrunde gelegten Kriterien sind sehr allgemein, und eine hohe Vergleichbarkeit des Materials, an das sie herangetragen werden, wäre wünschenswert. Insofern sich dieser Band aber mit heterogener Literatur befasst, kann das nicht der Fall sein. Wenn oben von Signifikanz die Rede ist, so bedeutet dies demnach Folgendes: Die Autoren behandeln die entsprechenden Vorgänge in unterschiedlichem Maß und mit unterschiedlichem Darstellungsinteresse. Andererseits kommen – da die Kriterien nun einmal sehr allgemein sind oder, besser gesagt, Allgemeingültigkeit beanspruchen – entsprechende Vorgänge in praktisch allen Konflikten vor. Die Zuordnung wäre aber in vielen Fällen unsicher. Hier werden daher nicht alle in der Literatur lediglich erwähnten, sondern nur jene Vorgänge wiedergegeben, in denen diese Momente eindrücklich beschrieben sind.

Diejenigen Fälle, in denen entsprechende Vorgänge zwar sicherlich vorliegen, aber nicht genau beschrieben sind, kommen dagegen nicht vor, ebenso wenig die Fälle, in denen die Konfliktlösung nach den oben entwickelten Kriterien unproduktiv verläuft, auch wenn sie ihre Wirkung eventuell auf anderer Ebene

347 Die Vorgänge, in deren Verlauf ein Konflikt als verhandelbar anerkannt und durch Teilkonflikte substituiert wird, sind in der Literatur praktisch nicht voneinander zu unterscheiden. Daher werden beide Teilfragen, die ohnehin stark miteinander verbunden zu sein scheinen, unter dem Stichwort „Konfliktsubstitution" zusammengefasst. Siehe dazu auch oben, S. 43.

entfaltet.[348] Solche sind dann aber im folgenden Kapitel abgedeckt, wo es um die von den Autoren als nachhaltig gelöst bezeichneten Konflikte geht und das als Gegenprobe zu diesem angelegt ist. Alle im weitesten Sinne rechtlich relevanten Vorgänge sind dann auch im sich anschließenden Tabellenteil minutiös bis hin zur Seitenangabe im jeweiligen Band verzeichnet.

In diesem Abschnitt soll auch keine ausführliche Beschreibung gegeben werden, zumal dies letztlich bedeuten würde, die Sichtweise der Autoren auf den jeweiligen Konflikt vollständig zu übernehmen. Stattdessen handelt es sich bei den folgenden Zeilen eher um eine Hinführung auf die entsprechende Literatur. Am Anfang steht jeweils kursiv gesetzt ein kurzer Abriss des Konflikts, dann folgen die besonders beachtenswerten Schlüsselmomente.

Die Details sind den entsprechenden Arbeiten zu entnehmen. Wenn die Fälle, was gelegentlich vorkommt, von den Autoren trotz ihrer hohen Signifikanz oder ihren überraschenden Wendungen nur kurz und summarisch erwähnt werden, kann sich dann sogar ein neuer Blick auf die Quellen lohnen.

3.1. Konfliktsubstitution, Delegation und Ausdifferenzierung

Wenn die in der Literatur beschriebenen Fälle signifikante Schlüsselmomente aufweisen – dies sind insgesamt 50 – dann kommen in den meisten, nämlich 35 davon, gleichzeitig Vorgänge sowohl der Konfliktsubstitution als auch der Ausdifferenzierung von Entscheidungssystemen vor. Dies steht auch damit in Zusammenhang, dass in den meisten Fällen Kommissionen – also Entscheidungssysteme – einberufen werden, vor denen die Parteien ihre Ansprüche detailliert nach juristischen Kriterien darlegen müssen, was sich als Substitution eines Konflikts durch mehrere Teilkonflikte beschreiben lässt. Die hier in Abschnitt 3.1 und 3.2 folgenden Fallschilderungen haben somit den Zweck, auf besonders interessante Arbeiten hinzuweisen, die verschiedene und zum Teil überraschende Wege dorthin aufzeigen.

3.1.1. Ebersberger Gemein

Zwischen der Ebersberger Gemein, einer Enklave inmitten des Herzogtums Bayern, und ihrem Grund- und Gerichtsherren, dem dortigen Jesuitenkonvent, gab es schon seit den 1550er Jahren Konflikte um Waldnutzung und Holzverkauf.[349] *Als der Kon-*

---

348 Ein Beispiel dafür wäre der Matthias Bähr beschriebene Berkacher RKG-Prozess um Braurechte und Jurisdiktion (vgl. Abschnitt 4.4.1).

349 Vgl. Below/Breit 1998, 94.

vent 1601 erweiterte Rechte geltend machte, gab dies dem Münchner Hof Anlass für eine neue Holzordnung. Es folgten Verweigerungen der Gemeinde, Suppliken an den bayerischen Herzog und Pfändungen seitens der Jesuiten.[350] *Der Prozess ist vom Ausnutzen mehrerer unterschiedlicher Rechtsmittel geprägt.*

Ein in den Jahren 1605–1607 am Bayerischen Hofgericht geführter Prozess scheiterte, weil der Hof sich nach Einflussnahme des Jesuitenkonvents selbst zur interessierten Partei erklärte. Parallel hatte die Gemein aber schon Appellation am RKG eingelegt.[351] Zwei Jahre nach einem gegen den Konvent erwirkten Pönalmandat sine clausula[352] supplizierten die Untertanen erfolgreich um die Erlaubnis, ein Prozesssyndikat errichten zu dürfen.[353]

Nach Jahren der Deeskalation spitzte sich der Konflikt 1624 unter einem neuen Pflegsverwalter wieder zu, und die Gemeinden reichten beim RKG eine Supplik[354] und eine Attentatsklage ein. Gleichzeitig fällte das bayerische Hofgericht in einem summarischen Verfahren zwischen der Gemeinde Hohenlinden und dem Jesuitenkonvent zunächst ein hartes Urteil gegen die betreffenden Gemeinden, vollzog dann aber eine Kehrtwende, setzte schon verhängte Strafen gegen die Anführer aus und entsandte eine Kommission, um die Vorwürfe zu prüfen. Deren Endurteil bestätigte nun grundsätzlich die Holzgerechtigkeiten der Gemein, aber auch die Forstordnung von 1604. Holzeinschlag wurde auf die reine Hausnotdurft beschränkt. Der eigentliche Konfliktpunkt, der Holzverkauf, war somit verboten. Die Untertanen zogen die RKG-Klage daraufhin zurück.[355] Der Widerstand hatte in der gesamten Ebersberger Gemein keine angemessenen Mittel mehr zur Verfügung. 1633 kam es dann aber im bayerischen Bauernaufstand zu Angriffen auf Soldaten und im Gegenzug zu massivster militärischer Gewalt.[356]

3.1.2. Grafschaft Friedberg-Scheer

Zwei Jahre nachdem die Truchsessen von Waldburg – als Ergebnis eines Vertrages, den sie 1680 nach einem Konflikt mit ihren Untertanen auf kaiserliche Initiative

350 Vgl. Below/Breit 1998, 82–83.

351 Vgl. Below/Breit 1998, 139–140, 144, 161–162, 166–167, 178, 201–204, 226–231. Dort auch einige Details zu Prozessschritten im Extrajudizialverfahren; u. a. der Schwierigkeit der Gemeine, eine Prozessvollmacht vorzuweisen.

352 Vgl. Below/Breit 1998, 196–201.

353 Vgl. Below/Breit 1998, 216–217.

354 Vgl. Below/Breit 1998, 225–226.

355 Vgl. Below/Breit 1998, 226–231.

356 Vgl. Below/Breit 1998, 231–232.

schließen mussten – die fünf Donaustädte verloren hatten,[357] *leiteten die Untertanen in der Grafschaft Friedberg-Scheer ein Zeugenverhör ein und sammelten über 500 Unterschriften, die belegen sollten, dass sie österreichische Untertanen und frei von Leibeigenschaft seien.*[358] *Im weiteren Verlauf war der Prozess von vielfältigen Eingaben und der Ausnutzung verschiedener Rechtsmittel durch die Untertanen geprägt, dabei wurden auch immer wieder Einigungen zum jeweiligen Sachverhalt erzielt.*

Nach der Unterschriftensammlung erteilte der Kaiser dem Amt Hohentengen und den Gemeinden Herbertingen und Unlingen eigene Wappenbriefe, woraufhin es zu Verweigerungen in weiteren Gemeinden kam. Es schlossen sich Kommissionsverhandlungen an, die am Ende, im Jahr 1686, eine vorübergehende Einigung zwischen den Truchsessen und den meisten Untertanen brachten. Unter anderem wurde die Leibeigenschaft abgeschafft, Fronen begrenzt und ein Umgeld festgeschrieben. Nur im Amt Hohentengen blieb der Widerstand bestehen.[359] Zu vielfältigen Klagen kam es in der gesamten Grafschaft erst wieder, nachdem der mittlerweile volljährige Truchsess Christoph Franz mit deren Blutbann belehnt wurde. Die Untertanen sahen sich in den mittlerweile überholten Rechtsstand der Unfreiheit versetzt. Im Amt Hohentengen bildete sich eine Schwurgemeinschaft. Eine Klage am Kaiserhof hatte Erfolg, der Kaiser erreichte bei den Truchsessen die Zusage über einen Vergleich mit den Untertanen und die Rücknahme der Leibeigenschaft in Hohentengen.[360]

Während des Spanischen Erbfolgekriegs standen die Untertanen, aber auch die Herrschaft, in einer schweren Subsistenzkrise. Der Kaiserhof richtete eine Untersuchungskommission zur Prüfung der Landschaftskasse ein. Die Untertanen klagten dort, dass die Herrschaft die Hohentengener Kanzlei übernommen und die Gemeindelade aufgebrochen habe; sie demonstrierten deswegen vor dem Hohentengener Schloss und der herrschaftlichen Kanzleiverwaltung.

Anschließende Verhandlungen verliefen erfolglos, auch weil die Untertanen eine autonome Landschaftskasse gegründet und direkten Kontakt zur Kreiskasse in Ulm aufgenommen hatten. Sie erweckten damit den Anschein, dass sie ein Immediatverhältnis zum Schwäbischen Kreis etablieren wollten. Schließlich stimmten 53 Ausschüsse der Grafschaft für einen Prozess gegen Kanzleiverwalter und Rentmeister, ließen sogenannte Universal-Gravamina verfassen, die noch durch Spezial-Gravamina einzelner Kläger ergänzt wurden. All dies kam vor die

357 Vgl. Abschnitt 3.4.4.

358 Vgl. Zürn 1998, 347–348.

359 Vgl. Zürn 1998, 349–353. Hier gab es auch schon ältere Konflikte (vgl. dazu auch Abschnitt 3.1.5).

360 Vgl. Zürn 1998, 356–357.

kaiserliche Kommission, die noch 1707 ein Urteil formulierte: Die Führung der Kreiskasse blieb bei der Herrschaft, aber die Untertanen erhielten erweiterte Kontrollrechte durch einen gewählten Ausschuss. Der Widerstand wurde durch das Urteil nicht beendet, aber indem der Rechtsschutz auslief und die Bewegung gleichzeitig eine Krise erlebte, ereignete er sich nur noch in diffuseren Formen.[361]

3.1.3. Gericht Gründau und Spielberg

Im isenburgischen Gericht Gründau und Spielberg konnte ein Konflikt im Rahmen eines langen, aber auch von langen Ruhephasen unterbrochenen, Reichshofratsprozesses trotz starker Reichsunmittelbarkeitsvorstellungen[362] *der Untertanen durch relativ ausgewogene Entscheidungen immer wieder beruhigt werden.*

Eine erste Konfliktphase in den Jahren 1654 bis 1695 begann aufgrund hoher Dienstpflichten und Baulasten in der Wiederaufbauphase nach dem Dreißigjährigen Krieg. Die Untertanen klagten beim Reichshofrat, der zunächst erfolglose Kommissionsverhandlungen unter der Leitung der Hanauer Grafen einleitete. Zumindest in Spielberg führten gute Konditionen zu einer längeren Ruhephase. Der Konflikt beruhigte sich auch aufgrund besserer wirtschaftlicher Bedingungen und der Beendigung von herrschaftlich verfügten Baumaßnahmen.[363]

Zu Zwischenurteilen kam es erst, als die Untertanen den Prozess knapp 30 Jahre später wieder aufnahmen, nachdem die Herrschaft die Fronbelastung stark gesteigert hatte. 1684 befreite der RHR die Untertanen von Weinfuhren, 1685 wurden die Fronen auf jährlich 50 Tage festgesetzt. 1695 beschloss eine Kommission ein Zwischenurteil mit vielen für die Bauern sehr günstigen Detailregelungen, sodass der Konflikt über 50 Jahre ruhte.[364]

1750 nahmen die Untertanen den Prozess erneut auf, beide Seiten waren jetzt an einem Definitivurteil interessiert, das 1753 auch erging und den Kommissionsbescheid von 1695 größtenteils bestätigte. Nachdem aber die Herrschaft das Urteil von 1753 nicht voll erfüllt hatte, konnten die Untertanen mit ihr nun erfolgreiche direkte Verhandlungen um ein Dienstgeld führen; ein Prozess hätte für die Herrschaft hingegen mit hohen Schadenersatzforderungen enden können.[365]

---

361 Vgl. Zürn 1998, 383–403.

362 Hier spielte die unmittelbare Nachbarschaft der verpfändeten Reichsstadt Gelnhausen eine Rolle (vgl. Troßbach 1985a, 238–253).

363 Vgl. Troßbach 1985a, 235–253.

364 Vgl. Troßbach 1985a, 256–260.

365 Vgl. Troßbach 1985a, 260–261.

3.1.4. Grafschaft Hanau-Lichtenberg

Ein langer RHR-Prozess und Kommissionsverhandlungen mit einer produktiv arbeitenden Untertanenvertretung prägten einen Prozess in der Grafschaft Hanau-Lichtenberg.

Ein von 1726–1737 andauernder RHR-Prozess begann mit Beschwerden von ebenfalls widerständigen Untertanen aus dem benachbarten Territorium des Klosters Schwarzach. Inhalt der Klagen war, dass die Lichtenberger sich nicht an den 1525 geschlossenen Renchener Vertrag hielten. Dieser hatte für die gesamte Ortenau die Rechte der Untertanen nach dem Bauernkrieg festhalten sollen. Der RHR kam trotz eines umfangreichen Prozesses bis hin zur Quadruplik zunächst zu keiner Entscheidung.[366] Die Lichtenberger Linie der Hanauer Grafen starb im Verlauf des Prozesses 1736 aus, die Grafschaft ging an Hessen-Darmstadt über. Die Untertanen stellten vor der angereisten hessischen Huldigungskommission Forderungen und knüpften die Huldigung an Bedingungen. 409 leisteten den entsprechenden Eid, 473 verweigern ihn zunächst, huldigten aber nach Zugeständnissen und Drohungen. Anschließend klagten die Untertanen wieder vor herrschaftlichen Gerichten.[367]

3.1.5. Amt Hohentengen

Im Amt Hohentengen kam es im Jahr 1591 unter der Regierung Christophs Truchsess von Waldburg nur durch den Anstoß von außen zu Verhandlungen, dann auch zu intensiver juristischer Aufarbeitung durch die Untertanen – die aber zunächst keinen Erfolg hatte.

Nachdem zwölf Gemeinden des Amtes aus der Herrschaft ausgetreten waren und der Konflikt in der Folge so gewaltsam ausgetragen worden war, dass sich die Untertanen in die Nachbarterritorien geflüchtet hatten, kam von den dortigen Obrigkeiten der Anstoß zu Verhandlungen und zu einer zunächst zeitweisen Beilegung der Gewalthandlungen. Die Verhandlungen mündeten in einer Aufhebung des Austritts und einem erneuten Gehorsamsversprechen.

Gleichzeitig begannen die Untertanen die juristische Ausarbeitung ihrer Beschwerden mit Anwälten. Insgesamt fiel der im selben Jahr geschlossene Vergleich sehr zugunsten des Truchsessen aus, der sogar die Kosten für die Reiterei zur Niederschlagung des Aufstands in Form einer Geldstrafe von 3000 fl. auf die

366 Vgl. Würgler 1995, 92–97.

367 Vermutlich stehen hier die hessischen Appellationsprivilegien im Hintergrund, die aber im Text nicht explizit erwähnt werden (vgl. zu diesem Vorgang Würgler 1995, 97–98).

Untertanen umlegen konnte. Für die Annahme des Vergleichs wandte er Zwang gegenüber einzelnen Untertanen an – was dann dazu führte, dass der Abt von Salem, der Lehensleute im truchsessischen Gebiet hatte, sich der Beschwerden der Untertanen annahm und Klage beim RKG einreichte.[368]

3.1.6. Hohenzollern-Hechingen, 1578–1625

Mit einem hohen Aufwand an Eingaben und mit Supplikationen am Kaiserhof wegen Fronsteigerungen erreichten die Untertanen Hohenzollern-Hechingens mehrere, allerdings erfolglose Kommissionen. Direkte Verhandlungen zwischen Graf und Gemeinde brachten zwar eine Einigung, aber keine nachhaltige Lösung.

Nach Fronsteigerungen, die nach Sicht der Gemeinde aufgrund eines Fronfreibriefs nicht gerechtfertigt waren, Verweigerungen und erfolglosen Supplikationen an ihren Landesherren, Eitelfriedrich IV. von Zollern, traten die Bewohner des Dorfes Owingen im Jahr 1584 aus der Herrschaft des Grafen aus; es handelt sich dabei um den ersten gut dokumentierten Fall dieser Art.[369] Den Anlass bildete die Gefangennahme einiger Amtsträger der Gemeinde und Anführer des Widerstands. Verbunden war der Austritt auch mit einer Rechtsberatung an der Tübinger Juristenfakultät.[370]

Graf Eitelfriedrich nahm eine nach diesen Beratungen erstellte Supplikation, die auch an Wilhelm von Zimmern ging, nicht an – und dies nachdem ihm sowohl Tübinger Juristen als auch Wilhelm von Zimmern und Herzog Ludwig von Württemberg zu gütlichen Verhandlungen geraten hatten.[371] Owingen reichte daraufhin am Kaiserhof in Prag eine Supplikation ein, dort beschloss man eine Kommission zur Güte unter der Leitung Zimmerns und der Reichsstadt Rottweil.[372] Der erste Kommissionstag scheiterte, weil der gräfliche Vogt nicht anwesend war. Weitere Sitzungen versuchte Eitelfriedrich durch Beharren auf katholische Kommissionsmitglieder und die Ablehnung der evangelischen Tübinger Juristen zu verhindern, womit er zwar zunächst keinen Erfolg hatte – faktisch trat die Kommission dennoch nicht zusammen, weil sowohl ein anderer kaiserlicher Auftrag an den Grafen von Zimmern als auch eine Pestwelle es verhinderten.[373]

---

368 Vgl. Zürn 1998, 293–299.
369 Vgl. Elbs 1981, 48–51, 60–61, 89.
370 Vgl. Elbs 1981, 61–64.
371 Vgl. Elbs 1981, 64–66.
372 Vgl. Elbs 1981, 66–68, 85–86.
373 Vgl. Elbs 1981, 86–89.

Nach dem Scheitern der ersten Kommission supplizierten die Owinger erneut, der RHR setzte eine neue ein, diesmal unter Graf Ludwig von Helfenstein und abermals der Stadt Rottweil. Eitelfriedrich versuchte erneut mit unterschiedlichen Begründungen, das Zusammentreten zu verhindern und erreichte beim Kaiser die Zusage, dass seine Herrschaft von dem Ergebnis der Verhandlungen nicht berührt würde. Gleichzeitig fuhren die Owinger aber mit ihren Eingaben fort. Die Schreiben des RHR an Eitelfriedrich wurden nun sukzessive bestimmter, 1587 kam ein erster Kommissionstag zustande. In den Verhandlungen ging der Landesherr zwar auf eine Hauptforderung der Owinger ein – die Herausgabe eines Freibriefes, den sie ihm 1579 auf Anforderung übersandt hatten[374] – dafür versuchte er aber, die anderen Gravamina aus den Verhandlungen herauszuhalten. Owingen protestierte wiederholt dagegen. Zwischenzeitlich brachte die Gemeinde nicht mehr zwei zentrale, sondern insgesamt 12 Gravamina ein. Elbs erklärt dies mit dem von Troßbach als „Dammbruch"[375] bezeichneten Zusammenhang, demgemäß der durch einen Dritten erweiterte Konfliktrahmen die Artikulation von bisher aus Furcht verschwiegenen Klagen ermögliche. Außerdem habe der Graf seine Herrschaftstitel so weit erweitert, dass er nun auch zum Adressaten neuer Gravamina werden konnte. Am Ende sei die Kommission jedenfalls mit den erweiterten Machtansprüchen des Grafen kollidiert und habe zu keinem Ergebnis geführt.[376]

1596 gab es erneute Verhandlungen zwischen Graf und Gemeinde, die sich schließlich förmlich unterwarf und dafür einen neuen Fronbrief erhielt. Der Konflikt endete aber nicht dauerhaft, sondern mündete 1619, nach der erfolglosen Übergabe einer Liste von Gravamina durch einen Ausschuss aller Gemeinden der Grafschaft in einen gewaltsamen Aufstand, der Hohenzollern-hechingischen Generalrebellion.[377]

3.1.7. Herrschaft Hungen

Nach der Einführung einer Dienstpflicht standen einige Dörfer der Herrschaft Hungen in den Jahren 1705–1715 in einem schweren und zum Teil gewaltsam geführten Konflikt mit ihrer Herrschaft, Graf Wilhelm Moritz von Solms-Braunfels, der gleichwohl von einem RHR-Prozess flankiert wurde und von immer wieder aufgenommenen Verhandlungen gekennzeichnet war. Die Impulse dazu kamen allerdings

---

374 Vgl. Elbs 1981, 48–51.

375 Troßbach 1985b, 44; vgl. hierzu auch 3.1.9.

376 Vgl. Elbs 1981, 80, 89–98.

377 Vgl. Elbs 1981, 98–103.

zum Teil von den Nachbarterritorien. Bei einem dieser Nachbarn handelte es sich um den Reichskammergerichtspräsidenten Graf Friedrich Ernst von Solms-Laubach.

Zu Beginn des Konflikts beschlossen die betroffenen Dörfer auf einer eigens einberufenen Versammlung, dem Instanzenweg bis auf Weiteres treu zu bleiben. Nach erfolglosen Suppliken an den Landesherren und einem erfolglosen Rekurs an den Fuldaer Abt holten sie sich aber Rechtsbeistand und entsandten eine Delegation nach Wien an den Reichshofrat.

Zur Eskalation kam es erst, als der Landesherr die „Rädelsführer" gefangen nehmen ließ und zum Militär einzog. Zwei Gemeinden setzten sich einen Monat lang in den Wald ab und kamen erst zurück, als der Reichshofrat den Grafen angewiesen hatte, keine Bauern mehr gefangen zu nehmen. Nach einigen gewaltsamen Auseinandersetzungen – Wilhelm-Moritz hatte versucht, Pfändungen mit militärischem Druck durchzusetzen – lehnten die Bauern das Erscheinen vor einer Reichshofratskommission ab und sahen sie als prinzipiell nicht zuständig an. Vor der nun folgenden größeren Kreisexekution flohen sie in laubachisches Territorium, und der dort regierende Graf Friedrich Ernst unterstützte sie. Nach einiger Zeit erging ein RHR-Mandat gegen die Exekution, das den Truppenabzug befahl und in Erinnerung rief, dass nur die Kreissteuern exequiert werden sollten.[378] In der Folge gab es weitere Verhandlungen vor einer von Mainz betreuten, untertanenfreundlichen kaiserlichen Manutenenzkommission. Graf Wilhelm Moritz etablierte aber zwischenzeitlich wieder Kontakte nach Wien. Die Reichshofratsconclusio vom 3. Juli 1715 gab ihm dann, entgegen allem, was vor der Mainzer Kommission vorgebracht worden war, auch in zentralen Punkten Recht, vor allem dem Dienstgeld. Die Untertanen erhielten nur in untergeordneten Punkten Zugeständnisse. Der Konflikt war damit nicht gelöst, sondern gipfelte in der sogenannten Hungener Saalschlacht.[379]

Erst nach einem Herrschaftswechsel – nach seiner Hochzeit erhielt Moritz' Sohn Friedrich Wilhelm 1721 das Schloss Hungen – wurde ein Vergleich zwischen den Bauern und dem neuen Herrn über einen Nachlass des Dienstgeldes erzielt, der dann auch 50 Jahre hielt.[380]

---

378 Später, am Ende des 18. Jahrhunderts, standen Exekutionskommissionen normalerweise unter strenger Aufsicht und Weisung der zivilen Subdelegierten. Übergriffe des Militärs sollten unter allen Umständen verhindert werden; vgl. Fimpel 1999, 258–259, 280–281.

379 Vgl. Troßbach 1985a, 55–90.

380 Vgl. Troßbach 1985a, 96–97.

3.1.8. Hüttersdorf und Buprich

In einem Konflikt der Gemeinden Hüttersdorf und Buprich mit ihrer Obrigkeit, den Herren von Hunolstein, trug ein vom RKG angeordnetes ausführliches Zeugenverhör letztlich nicht zur Lösung des Konflikts bei, wahrscheinlich weil das Gericht die Vollstreckung des Urteils der Herrschaft anheimstellte.[381]

Die Gemeinden Hüttersdorf und Buprich trugen seit 1718 mit ihrer Herrschaft einen Konflikt um Waldnutzung, niedere Jagd und Fischerei aus. Verbunden war damit ein Zitationsprozess vor dem RKG, der sich bis hin zur Triplik fortsetzte. 1722, nach einem gewaltsamen Aufstand mit einer laut herrschaftlichem Bericht regelrechten Schlacht,[382] erging ein Zwischenurteil. Der Gemeinde wurde das Recht, an den hergebrachten Orten im Bach zu fischen, die niedere Jagd und auch der Holzeinschlag bestätigt, allerdings nur soweit dies den Bestand nicht ruiniere. Dies festzustellen wurde wiederum der Obrigkeit anheimgestellt.[383]

Nachdem die Obrigkeit gemäß ihrer Interpretation des Urteils eine Fischerei-, Jagd-, und Waldordnung verabschiedet und Einfluss auf das örtliche Schöffengericht genommen hatte,[384] protestierte die vorgeladene Gemeinde laut gegen diese Maßnahmen, zumal die Ordnungen empfindliche Strafen vorsahen. 1727 wurde dann ein von der Herrschaft im Jahr 1718 angestrengter Mandatsprozess[385] fortgesetzt. In einem Zwischenurteil beauftragte das RKG den Amtmann der Grafschaft Sponheim, als Kommissar, mit der Erhebung des Sachstands. Das Zeugenverhör war detailliert, beide Seiten fanden viel Raum. Letztlich entschied der Kommissar aber aufgrund des Aufstands von 1722 zuungunsten der Gemeinden, die, nachdem die Herrschaft in jenem Jahr ihre Äxte während des Holzeinschlags gepfändet hatte, genug Zeit gehabt hätten, überlegt und nicht gewaltsam zu handeln. Nach weiteren Schreiben von Anwälten beider Seiten, denen das Gericht aber weniger folgte als dem Kommissionsbericht, verurteilte es die Gemeinden zu hohen Geldstrafen, einzelne Untertanen zu Haft, und es ordnete die Restitution einiger von Gemeindemitgliedern gepfändeten Gegenstände an die Herrschaft an. Jene wurde auch mit der Durchsetzung der Strafe beauftragt und stieß dabei

381 Auch hier wird nur ein Ausschnitt der sich insgesamt von 1717 bis 1758 hinziehenden Prozessserie wiedergegeben. Zum Gesamtgeschehen vgl. Schmitt 1992 und Schmitt 1993.

382 Vgl. Schmitt 1992, 17–26.

383 Vgl. Schmitt 1992, 10–22.

384 Das Gericht war von der Herrschaft aufgelöst und später aufgrund des o. g. RKG-Urteil wieder eingesetzt worden, nun luden die Herren von Hunolstein einige von ihr selbst eingesetzte Schöffen dazu.

385 Vgl. Schmitt 1992, 13–14.

auf die Gegenwehr der Gemeinde. Beide Seiten verfuhren weiterhin gewaltsam.[386] Zur Eskalation trug auch bei, dass die Durchsetzung dieser Exekution zwischen den Teilherrschaften strittig war.[387]

3.1.9. Karber Mark

Ein Streit der Karber Mark mit ihrer Obrigkeit, der Burg Friedberg, zeigt erstaunlich starke politische Verbindungen zum und Einflussnahme auf das RKG, dies allerdings in Verbindung mit ausgefeilter juristischer Argumentation, die auch in Druckschriften veröffentlicht wurde. Entschieden wurde der Konflikt letztlich aber durch ein Definitivurteil des RHR.

Obwohl die Mitglieder der Karber Mark (die sogenannten Märker) nur Freiheiten in ihren eigenen Angelegenheiten forderten, unterstellte ihre Herrschaft, die Burg Friedberg, dass sie nach völliger Reichsunmittelbarkeit strebten, und zwar mit dem Ziel, eine Verbindung zu früheren Prozessen[388] zu knüpfen. Beide Seiten argumentierten possessorisch, die laut Untertanen wichtigste Urkunde über die wechselseitigen Ansprüche, das Markbuch, war allerdings nicht aufzufinden. Von der Herrschaft als possessorische Akte definierte Handlungen wurden vonseiten der Untertanen als illegitime Eingriffe in ihre Rechte beklagt. Ein Teil der Ansprüche resultierte daher, dass die Rechtslage des 16. Jh. mit Begriffen des 18. Jahrhunderts verhandelt wurde und in diesem Rahmen nicht zu entscheiden war.[389]

Formell begann der Prozess während der Regierungszeit des Burggrafs Adolf Johann Karl Freiherr von Bettendorf. Er löste, nachdem der RKG-Präsident Franz Adolf Dietrich Graf von Ingelheim zum zweiten Märkermeister gewählt worden war, die Karber Mark einseitig auf. Die Märker reagierten mit einer Klage am RHR, der aber – noch nicht vollständig über die Rechtslage informiert – zunächst allein die Herrschaft im Recht sah. Diese hatte, wie erwähnt, eine Verbindung zu den Prozessen im 17. Jh. konstruiert und den Märkern das Streben nach völliger Reichsunmittelbarkeit unterstellt. Auch nach einem Herrschaftswechsel im Jahr 1707, Burggraf war nun Johann Löw von Steinfurth, setzte sich der Konflikt in ähnlicher Weise fort; zusätzlich wurden nun auch durchziehende Soldaten zum Schaden der Märker einquartiert.

Als Reaktion, und wohl auch aufgrund einer Deputation der Märker, änderte der RHR seine Rechtsprechung, die nun bis 1718 meist zu deren Gunsten aus-

386 Vgl. SCHMITT 1992, 23–35.
387 Vgl. SCHMITT 1992, 37.
388 Siehe dazu TROßBACH 1985a, 135–140.
389 Vgl. TROßBACH 1985a, 139–140; siehe auch SAILER 1999, 145–153.

fiel. In einem Zwischenurteil 1709 wies er die Burg an, die Rechte der Mark nicht zu stören. Daraufhin eskalierte der Streit, weil die Märker nun weitere Streitgegenstände in den Prozess einbrachten.[390] Eine zwischenzeitlich einberufene Kommission wurde nach Protest der Burg wegen Befangenheit – der Kommissionspräsident war selbst Märker – wieder aufgelöst; zuvor war aber noch ein für die Bewohner der Mark vorteilhafter Vergleich geschlossen worden, die in der Hauptsache, ihren behaupteten Freiheiten, Recht erhielten. Trotzdem protestierten sie anschließend mit dem Argument einer zu geringen Schadensersatzsumme gegen den Vergleich .[391]

1710 erklärten die Markdörfer, sie seien so verarmt, dass sie nur noch die Reichssteuern, nicht aber mehr Dienstgelder und territoriale Abgaben zahlen könnten. Sie verbanden dies nun tatsächlich mit Reichsunmittelbarkeitsvorstellungen und kündigten Widerstand im Fall von Pfändungen an. Die Herrschaft pfändete zunächst nicht, verfügte aber einmal mehr eine Einquartierung von insgesamt 300 Mainzer Soldaten. Die Friedberger Burg hatte nun, indem ein Katholik Burgmann war, gute Verbindungen zu Kurmainz. Ihre Politik stand aber auch in Verbindung zu einem Streit zwischen dem (nicht anerkannten) Märkermeister und dem RKG-Präsidenten Ingelheim, der mit Friedrich Ernst zu Solms-Laubach, seinem protestantischen Mitpräsidenten, einen das RKG bis zum Stillstand lähmenden Streit austrug. Dieser Streit beeinflusste auch die Rechtsprechung im Friedberger Fall.[392] Von diesen Zusammenhängen wussten auch die Karber Märker, denn sie kündigten an, sie würden den Laubacher Grafen zum Schutzherren erwählen – um damit gegen die gemeinsame Politik von Kurmainz, Ingelheim und der Burg Friedberg vorgehen zu können. Während der Einquartierungen flohen die Märker in benachbarte Herrschaften.[393]

Der Reichshofrat war in dieser Zeit vorübergehend außer Funktion und hatte seine das rheinische Vikariat betreffenden Kompetenzen an dessen Hofgericht abgegeben, das aus kurpfälzischen Räten bestand. Dort klagten die Märker, jetzt aber in der von ihnen behaupteten Verfasstheit als Freigericht, dessen Reichsunmittelbarkeit von der Burg gefährdet werde. Die Räte hatten keinen Zugriff auf die Wiener Akten und setzten eine Kommission ein. Dort entfalteten die Vertreter der Karber Mark – die Burg Friedberg war nicht erschienen – den Prozess von

---

390 Vgl. hierzu auch 3.1.6.

391 Vgl. Troßbach 1985a, 129–147.

392 Vgl. Troßbach 1985a, 150–153; zu Ingelheim und dem Stillstand des Gerichts vgl. Duchhardt 1974.

393 Vgl. Troßbach 1985a, 148–150.

1658/59 und alle seitherigen Belastungen. Parallel veröffentlichen sie eine entsprechende Druckschrift.[394]

Die Märker richteten auch eine Petition an den wieder tagenden RHR und entsandten eine Deputation. Zunächst verfügte der RHR ein Mandat zugunsten der Untertanen, dann aber revidierte er es komplett und setzte die Kurmainzer Kommission wieder ein, die den Vergleich von 1710 durchsetzen und für Ruhe sorgen sollte – aber auch dafür, dass den Karber Märkern kein Schaden zugefügt werde. Die Kommission überging aber beharrlich deren Vorwürfe und verfügte lediglich Bestrafungen. Die Märker verlangten in Wien, dass die neu eingesetzte Kommission das Zustandekommen des Vergleichs von 1710 untersuchen solle. Nachdem dies nicht geschehen war, kassierte der RHR im Jahr 1717, nach vorheriger fristbewehrter Ankündigung, den Vergleich von 1710 in der verbindlichen Urteilsform.[395]

Seit 1715 verweigerte die Karber Mark auch Reichssteuern, offiziell als Kompensation für zu viel eingetriebene Gelder. Dieser Punkt entwickelte sich nach und nach zum Hauptprozessgegenstand. Als 1718 noch nachträglich außergewöhnlich hohe Türkensteuern eingetrieben werden mussten, hielten dies die Märker für einen Vorwand. 1719 kam es zur Verweigerung sämtlicher Leistungen. Die Burg verfügte Pfändungen, Exekutionen wurden von Mainzer Soldaten unterstützt; das entsprechende Mandat wurde am Kaiserhof ohne Beteiligung des Reichshofrats erwirkt. Es folgten ausgedehnte Plünderungen und Exzesse gegen die Bevölkerung, verstärkt dadurch, dass den Bauern das Ausdreschen des Getreides verboten wurde, weil es den Soldaten zur Versorgung zugesagt worden war. 1719 erging dann ein Definitivurteil des RHR, das unter dem Eindruck des verstärkten bäuerlichen Widerstands zustande gekommen war und komplett der bisherigen Praxis des RHR widersprach. Es enthielt auch Elemente eines Kriminalurteils. Die Karber Mark wurde aufgelöst, die Dörfer Friedberg unterstellt. Zur Untersuchung des Aufstands wurde eine Kommission eingesetzt, die allerdings auch die Frage der Überbesteuerung klären sollte. Die Märker hielten ihren Widerstand bis 1721, zwei Jahre nach dem für sie negativen Urteil des Reichshofrats, aufrecht, entsandten auch immer wieder Deputationen nach Wien. Letztlich erwies sich das Urteil aber aufgrund der militärischen Übermacht der Herrschaft und der zwischenzeitlich zu ihren Gunsten geklärten Rechtsposition als nachhaltig.[396]

394 Vgl. Troßbach 1985a, 152–154.
395 Vgl. Troßbach 1985a, 156–158.
396 Vgl. Troßbach 1985a, 160–173.

3.1.10. Fürststift Kempten

Im Fürststift[397] *Kempten tritt eine sehr aktive Untertanenvertretung zu Tage; vor allem sie ist es, die für die Übersetzung des Konflikts in juristische Ansprüche sorgt. Im Verlauf wird auch die landschaftliche Vertretung erneuert; es ist also vor allem die gut organisierte Untertanenschaft, die sich sogar an eine literarische Öffentlichkeit wendet, die das Geschehen interessant macht – eine Lösung fand der Konflikt hingegen nicht.*

1667 holten die Untertanen des Fürststifts Kempten Gutachten der juristischen Fakultät Ingolstadt ein und suchten mit großem Aufwand – und mit Erfolg – den nach dem Bauernkrieg geschlossenen Memminger Vertrag von 1526. In dem Konflikt ging es vor allem um die Rechnungslegung seitens der Herrschaft und um Eingriffe in die Landschaftskasse. Auf Klage einer Landesversammlung entsandte der Kaiser eine Kommission, die einen Vertrag vermittelte. Er wurde 1680 nach einer weiteren Kommission als sogenannter Kemptener Fronrezess erneuert und 1683 kaiserlich bestätigt. Beide Vergleiche führten zur Wiedererstehung der Kemptener Landschaft, allerdings in erster Linie als Instanz zur Führung der Landschaftskasse.

Einige Jahrzehnte später, nachdem der Kemptener Abt Rupert von Bodman seit 1689 alle Verträge ignoriert hatte, wandten sich die Untertanen ab 1721 massiv an die Öffentlichkeit. Der Memminger Vertrag und alle seither erschienenen Dokumente wurden gedruckt und Spottlieder über den Abt verbreitet.[398] Zuvor hatte die Landschaft allerdings bei ihm suppliziert. Es war um ihre Mitwirkung bei der Steuererhebung und um die Freilassung von inhaftierten Mitgliedern des Landschaftsausschusses gegangen. Als Reaktion hatte der Abt tatsächlich die Landschaft einberufen, aber keiner Forderung nachgegeben. Die Untertanen klagten nun beim Kaiser, der Reichshofrat beschloss eine Kommission. Ihr gelang es zunächst nicht, einen Vergleich zu vermitteln. 1731 wurden mögliche Vergleichspunkte von Landschaft und Kloster auf kaiserlichen Befehl hin neu ausgearbeitet und galten, als sich kein Widerspruch regte, als ratifiziert – allerdings ohne dass der Konflikt damit abgeschlossen gewesen wäre. Vielmehr dauerten die Auseinandersetzungen, auch verbunden mit Reichshofratsprozessen, noch das ganze Jahrhundert lang an.[399]

---

397 Das Fürststift Kempten ist streng von der Reichsstadt zu unterscheiden (vgl. dazu Petz 1998).

398 Vgl. Würgler 1995, 85–89, 174–175; siehe dazu auch Press 1975b; zu Spottliedern auch Suter 1985, 164–165; 171–175 und Luebke 1997, 67.

399 Vgl. Blickle 1973a, 346–350.

3.1.11. Grafschaft Klettgau

In der Grafschaft Klettgau kam es unter den Grafen von Sulz in den Jahren 1594–1606 zu einem vor dem Reichshofrat geführten Prozess um die Erhebung von Kreis- und Reichssteuern, sowie zu einem Mandatsprozess vor dem Reichskammergericht unter vorderösterreichischer Einflussnahme.[400] *Erst die zweite vom Reichshofrat einberufene Kommission erreichte einen haltbaren Vergleich auf der Grundlage einer zuvor schon zwischen den Parteien ausgehandelten Landes- und Policeyordnung. Im Hintergrund stand hier aber auch ein Herrschaftswechsel.*

Im Rahmen sehr langer Verhandlungen konnten die Untertanen einerseits von der Notwendigkeit und der korrekten Höhe des Steueranschlags überzeugt werden, andererseits machte Graf Carl Ludwig viele Zugeständnisse. Die Untertanen stimmten schließlich zu, ebenso erkannten sie die besagte 1603 gemeinsam ausgehandelte Landes- und Policeyordnung vollständig an, die schon aufgrund ihres Entstehungsprozesses Züge eines Agrarverfassungsvertrags trägt und das Herrschaftsverhältnis detailliert regelt[401] – diese Verhandlungen waren demnach eine wichtige Vorbereitung des vor der Reichshofratskommission geschlossenen Vergleichs.

Bemerkenswert ist aber auch ein Herrschaftswechsel während des Reichshofratsprozesses. Die hoch verschuldete Herrschaft wurde von Graf Rudolf von Sulz an seinen jüngeren Bruder Carl Ludwig von Sulz verkauft, da Rudolf von seinen Einkünften nicht einmal mehr die laufenden Zinsen bedienen konnte. Die Untertanen, auch hier in Form einer verfassten Landschaft, verweigerten daraufhin dem neuen Landesherren den Huldigungseid, um ihre Forderungen durchzusetzen, was letztlich zu den oben kurz beschriebenen Lösungen führte.[402] Die war allerdings nicht nur mit einer Zusicherung allgemeiner Straffreiheit verbunden, sondern auch mit gezieltem Vorgehen gegen einzelne Wortführer des Widerstands.

3.1.12. Reichsabtei Kornelimünster

Das Ende eines rund 100 Jahre ununterbrochen andauernden gewaltsamen[403]*, aber auch vor RKG und RHR ausgetragenen, Konflikts in der Reichsabtei Kornelimünster um Steuern und Vogteirechte wurde durch einen Herrschaftswechsel markiert. In*

400 Vgl. Schulze 1998, 421.

401 Vgl. Schulze 1998, 418–428.

402 Vgl. Schulze 1998, 422, 426–427.

403 Die Ereignisse gipfelten in einer Verschwörung und im Mord an Abt Bertrand Goswin von Gevertshaen im Jahr 1699 (vgl. Gabel 1995b, 166–174).

dessen Folge erstellten die Untertanen einen detailliert ausgearbeiteten Forderungskatalog und erarbeiteten mit der Herrschaft in einem komplizierten Prozess einen Vergleich. Der von Helmut Gabel außergewöhnlich detailliert rekonstruierte Verlauf der Vergleichsverhandlungen soll hier aufgrund seines für die Substitution von Konflikten fast paradigmatischen Charakters ausführlich dargestellt werden. Gabel legt dabei Wert auf die Feststellung, dass das RKG primär pazifizierend zu wirken suchte und die juristische Arbeit auf dieses Ziel hin geschah.[404]

Schon vor dem Herrschaftswechsel hatte sich im Konvent eine Opposition gegen den auch intern umstrittenen Abt Hyazinth Alfons Graf von Suys entwickelt und auf eine einvernehmlichere Untertanenpolitik hingewirkt. 1745 starb Suys, sein Nachfolger wurde Carl Ludwig von Sickingen-Ebernburg. Nach einer Huldigungsverweigerung der Untertanen zeigte er in verschiedenen Fragen Entgegenkommen. Sie ließen ihm daraufhin im Jahr 1749 35 Artikel zukommen, die keine Maximalforderungen enthielten und eher auf grundlegende Probleme und deren Lösung abzielten. Die Herrschaft bezog in ihrer Gegenerklärung nur in zwei Punkten eine Gegenposition: zur Steuerbewilligung nach den geltenden Kameralentscheidungen und nicht nach einem im Jahr 1676 geschlossenen Vergleich sowie zum Kondeputationsrecht, das Ausnahme bleiben sollte. Diese beiden Schritte stellten laut Helmut Gabel den Beginn eines zehnstufigen Prozesses der Konfliktlösung dar. Der dritte Schritt bestand aus einem Diskussionspapier und einer Umfrage in den Hunschaften. Im Juni 1750 ließen vier Gemeindeverordnete eine Erklärung notariell verfassen, die als Diskussionsgrundlage dienen sollte. Hier wurden noch ungeklärte Punkte genannt, Bedingungen formuliert, Leistungen in Aussicht gestellt und Gegenleistungen erwartet. Unter anderem wurde die Übernahme von Prozesskosten – die Herrschaft hatte nicht nur die eigenen getragen, sondern auch die der Gemeinden mit vorgestreckt – in Höhe von 7000 Rtl. von den Gemeindeverordneten in Aussicht gestellt. Dafür sollte aber die Herrschaft die lange umstrittene Forderung nach 4000 Talern für den Bau einer neuen Abtei und weiteren 2000 Rtl. für Quartierkosten fallen lassen. Die Gemeinden stellten in Aussicht, ihren Wald abzutreten und signalisierten auch Verhandlungsbereitschaft bezüglich einer ebenfalls umstrittenen Bierakzise.

Über die solchermaßen und nach einigen Diskussionen erreichte Einigung wurde ein Protokoll erstellt, vor dem Schöffengericht geprüft und bei der Herrschaft eingereicht. Daraufhin gab der Abt eine Gegenerklärung ab, in der er deutlich erkennen ließ, dass auch er einen Vergleich anstrebte. Jetzt holten die Vertreter der Untertanen erneut Zustimmung in den Hunschaften ein, dort noch

---

404 Vgl. Gabel 1991, 64.

einmal nach Gemeindeversammlungen getrennt, und wählten Deputierte für die Verhandlungen mit der Herrschaft. Nach der Übergabe des Protokolls und der Gegenerklärung des Abts an das Schöffengericht gab es im Oktober 1750 ein Treffen aller Deputierten und Gerichtsleute beim Landesadvokaten, der eine Vollmacht zur Verhandlungsführung mit dem Abt übertragen bekam. Dies führte allerdings zu Diskussionen in den Hunschaften, wo eine direkte Beteiligung der Deputierten an den Vergleichsverhandlungen beschlossen worden war. Zunächst ging es also darum, diese Entscheidung möglichst rückgängig zu machen.

Es folgten regelmäßige Gespräche von Vertretern beider Seiten, die einen Entwurfstext für einen Vergleich in enger Absprache mit den Gemeindevertretern vorbereiteten. Daran schloss sich die feierliche Unterzeichnung des Vergleichs durch Herrschaft und Hunschaften an, für die Abt Sickingen als Geste des Entgegenkommens eigens einen Saal der Residenz beheizen ließ. Bei allen Treffen unterschrieb immer nur ein Teil der Vertreter, die anderen verließen wortlos, aber auch ohne Protest, den Saal – wahrscheinlich eine Praxis, die die eigene Souveränität unterstreichen sollte. Eine Mehrheit unterschrieb somit erst im Lauf einiger Wochen. Zum Schluss wurde der Vergleich durch das RKG mit der Annahme in die Judizialakten ratifiziert und von den Parteien für die Öffentlichkeit und für die mehr als 400 Unterzeichner druckgelegt.[405]

3.1.13. Lahr

Im Anschluss an eine für die Stadt Lahr gegen die Fürsten von Nassau-Saarbrücken erfolgreich verlaufene Extrajudizialappellation um die Rechte bei der Ratswahl entwickelte sich ein Streit um die Durchsetzung des Urteils und um die Aufnahme von Schulden durch die Lahrer Deputierten, der von sich verschiebenden Konfliktlinien geprägt war.[406] *Durch die Initiative von herrschaftlichen Amtsträgern und durch gezieltes Einwirken des RKG auf den Konflikt kam es aber zu einer deutlichen Beruhigung.*

Mit einer mühsam errungenen Erlaubnis der Herrschaft und des RKG hatte der Lahrer Oberamtmann Gottlieb Aemilius Langsdorf Vergleichsverhandlungen initiiert.[407] Seine Position als Vermittler wurde durch RKG-Urteile vom 4. Juni

405 Zur gesamten Schilderung vgl. Gabel 1995b, 279–307.

406 Vgl. Maurer 1996, 179–184.

407 Zuvor wurde strategisch darum gekämpft, ob der Prozess vor einer Kommission oder direkt am RKG verhandelt werden sollte. Die Bürger baten um die Einsetzung einer Kommission, um die praesumptio pro magistratu nicht wirksam werden zu lassen, sondern den Sachverhalt vor Ort gerichtlich verwendbar zu machen. Der

1794 (Rat und Deputierte durften keine Schulden mehr aufnehmen) und vom 18. Juni (das RKG bestätigte Langsdorfs Vermittlerrolle und verwarf von der Bürgerschaft vorgebrachte Exzeptionen) sehr gestärkt. Er schlug die Wahl von neuen Deputierten vor, die mit den Bürgern eine Diskussionsgrundlage erarbeiteten und mit einem bevollmächtigten Vertreter des Fürsten verhandelten. Im RKG gab es allerdings Diskussionen, ob das Verfahren in dieser Weise statthaft sei, oder ob man als Vermittler nicht einen benachbarten Reichsstand einschalten solle, statt den Bürgern einen Vertreter des Landesherren zuzumuten.[408]

1795 fällte das RKG in enger Abstimmung mit dem Oberamt zwei Urteile, die detailliert in die Finanzen und die Vertretung der Stadt durch die Deputieren eingriffen, nachdem sowohl Stadt als auch Herrschaft über ein Stocken der Verhandlungen berichtet hatten.[409] Im selben Jahr gab es einen Ansatz zu Vergleichsverhandlungen auf Initiative des Regierungsdirektors Ludwig von Schwarzenau. Es ging um Schuldentilgung. Parallel dazu erarbeitete die Bürgerschaft einen eigenen Tilgungsplan. Es kam zwar zu keinen wirklichen Verhandlungen, in der Folge gründete sich zur Frage der Schuldentilgung aber ein Bürgerverein.[410] Unter einer neuen Regierung (Lahr war an Baden gegangen) und einem neuen Oberamtmann gab es im Jahr 1804 echte Vergleichsverhandlungen, allerdings ohne Abschluss. Das erarbeitete Konzept wurde aber Grundlage von Dekreten der badischen Regierung zur Schuldentilgung.[411]

3.1.14. Nassau-Saarbrücken

Nach einem 1766 einvernehmlich beigelegten Konflikt der Untertanen von Nassau-Saarbrücken mit ihrer Regierung um zu hohe Steuerlasten und Dienste[412] *dauerte der Widerstand in fünf Gemeinden des Völklinger Hofes weiter an, wobei ein hoher Grad an Professionalisierung der Untertanen auffällt.*

Der Widerstand des Völklinger Hofes begann mit einem von Gemeindeleuten initiierten Zeugenverhör und der damit verbundenen Gründung eines Prozess-

---

Landesherr versuchte zunächst, dies nach Möglichkeit zu vermeiden, da ihm die praesumptio pro magistratu nützte. Das Gericht maß ihr aber im Lahrer Fall wenig Bedeutung zu, sie wurde als reine Beweisvermutung von den vorliegenden Beweisen sofort ausgestochen. Maurer 1996, 199–200, 362–363.

408 Vgl. Maurer 1996, 201 ff., 209, 218.

409 Vgl. Maurer 1996, 210–212.

410 Vgl. Maurer 1996, 212–214, 218.

411 Vgl. Maurer 1996, 217 f.

412 Vgl. Ries 1997, 258–260.

syndikats,[413] der Entsendung von Deputierten nach Wetzlar[414] und der Beschaffung der nötigen Urkunden, und zwar bei einem Metzer Gastwirt. Dieser hatte ein Verzeichnis der Lehenstücke von 1683 und einige Schafregister des Völklinger Hofs aus den Jahren 1685 und 1692 in seinem Besitz; bei ihm beschafften sich später auch andere Gemeinden des Territoriums Urkunden für ihre Prozesse.[415]

Die Völklinger Gemeinden beantragten ein mandatum sine clausula und führten dazu 18 Beschwerdepunkte auf; es erging aber zunächst Berichtserfordernis, woraufhin Fürst Wilhelm-Heinrich ein Dekret erließ, das die Abgaben dieser Gemeinden verringern sollte. Nachdem diese Erleichterungen kein Einlenken bewirkt hatten, kündigte der Fürst seinerseits an, einen Prozess anzustrengen – machte aber gleichzeitig klar, dass er eine gütliche Einigung bevorzuge. Die zuvor schon in Befürworter und Gegner eines Prozesses gespaltenen Gemeinden lenkten nun ein und entsandten ein Unterwerfungsschreiben, im Gegenzug machte Wilhelm Heinrich Zugeständnisse.[416]

Für einen einige Jahre später (1777–1788) geführten RKG-Prozess der Köllertaler Gemeinden lässt sich ein noch höherer Professionalisierungsgrad der Untertanen feststellen. Ab der Replik gab es eine intensive Auseinandersetzung mit der Position des jeweiligen Gegners. Die Argumentation der Untertanen richtete sich dabei vor allem gegen den Reformabsolutismus der Saarbrücker Regierung[417] und bestand insgesamt aus einer Modifikation altständischer Partizipationsansprüche durch moderne Rechtstermini.[418] Der Prozess wurde vom RKG an ein territoriales Austrägalgericht verwiesen; dort verfolgten die Untertanen den Hergang bis in die Quadruplik mit und diskutierten mit ihrem Anwalt über juristische Details.[419]

Eine Generation zuvor hatte es im Köllertal zwischen Regierung und Untertanen einen einvernehmlichen Ausgleich in einem Streit gegeben, mit dem eigenmächtig erlassene Verfügungen eines Oberforstmeisters teilweise zurückgenommen worden waren. Das Ergebnis war eine 1730 publizierte Forstordnung, die im Wesentlichen das Ergebnis eines Kommunikationsprozesses zwischen Herrschaft und Untertanen darstellte.[420]

---

413 Vgl. Ries 1997, 260.

414 Vgl. Ries 1997, 260–261.

415 Vgl. Ries 1997, 261–263. Zur Beschaffung von Urkunden (und möglichen Fälschungen) vgl. Abschnitt 2.4.1.2.

416 Vgl. Ries 1997, 263–282.

417 Vgl. Ries 1997, 36 f., 290–321, 430.

418 Vgl. Ries 1997, 38 f.

419 Vgl. Ries 1997, 339–341.

420 Vgl. Ries 1997, 110–134.

Seit 1768 entwickelte sich in der Residenz selbst der sogenannte Saarbrücker Landkassenstreit. Die Städte Saarbrücken und Sankt Johann verlangten Einsicht in die Rechnungen der Grafschaft, mit Ausbruch der Französischen Revolution begleitet von ländlichem Protest, dem die Obrigkeit letztlich nachgeben musste. Zuvor hatte das Fürstenhaus, in Abstimmung mit einer kaiserlichen Schuldentilgungskommission, laufende Ausgaben, die aus der Kameralkasse hätten gezahlt werden müssen, aus der Landkasse bestritten und so die Untertanen unrechtmäßig belastet. Nachdem Fürst Ludwig 1789 einmalige Einsicht „aus Gnade" gewährt hatte, verlangten Stadt- und Landgemeinden gemeinsam ein Recht auf Einsicht durch von ihnen entsandte Deputierte. Dabei schlossen sie sich zu einer quasi-Ständeversammlung zusammen, bereiteten einen Reichsprozess vor, machten der Obrigkeit aber noch ein letztes Verhandlungsangebot. Diese nahm an; so kam 1792 tatsächlich ein Vergleich zustande, allerdings unter dem Eindruck der schon herannahenden Revolutionsheere.[421]

3.1.15. Odenheim und Rohrbach

Die Gemeinden Odenheim und Rohrbach trugen einen Konflikt mit dem Ritterstift Odenheim in einer langen Reihe von Mandatsprozessen[422] *vor dem Reichskammergericht und auch vor dem Reichshofrat aus. Hier sollen nur einige entscheidende Punkte dieses sich das gesamte 16. Jh. ununterbrochen hinziehenden und später bis zum Reichsende immer wieder aufflammenden Konfliktes herausgegriffen werden.*

1575 wurde der Gemeinde per Mandat das Recht zugesprochen, den Viehtrieb in Stoppelfelder selbst zu regeln, damit auch das Recht auf die Sperrung der Felder und das Eintreiben von Bußen. In diesen Punkten wurde Rechtssicherheit erreicht. Auch wenn der Untertanenkonflikt weiter schwelte, so ruhten doch die Auseinandersetzungen bis in die 1590er Jahre.[423] Gegen das Mandat appellierte die Herrschaft – allerdings erfolglos – vor dem Rottweiler Hofgericht. Im Hintergrund stand auch der Streit um die vermeintliche Reichsunmittelbarkeit Odenheims, das sich selbst als verpfändetes Dorf ansah. Tatsächlich waren aber nicht die Rechte des Ortes, sondern nur der dortigen Speyerer Kastenvogtei verpfändet worden.[424]

1591 hatten die Ritterstiftsherren Umgeldprivilegien erhalten, die 1594 verkündet worden waren. Damit entstand ein Streit, der zusammen mit anderen

---

421 Vgl. Ries 1997, 439–448.

422 Für eine Übersicht vgl. Fetzer 2002, 146–151.

423 Vgl. Fetzer 2002, 147, 177 f., 263, 370.

424 Vgl. Fetzer 2002, 148, 178 f., 328–331.

Konfliktsträngen in die sogenannte Odenheimer Rebellion von 1595 mündete. Nach dem Versuch der Herrschaft, diese in Verbund mit dem Speyerer Bischof zu beenden, sowie der Verhängung einer Strafe wegen Rebellion, wandten sich die Untertanen an den RHR und entsandten Deputierte. Unter anderen argumentierten ihre Advokaten mit der behaupteten Reichsunmittelbarkeit der Vogtei. Der RHR setzte im November 1596 eine Kommission ein, von deren Tagsatzungen am 23. und 24. Mai 1597 (Julianischer Kalender) umfangreiche Beschwerdekataloge der Untertanen erhalten sind. Kurpfalz trat im Lauf der Tagsatzungen verstärkt als Schutzherr der Untertanen auf, vertrat sie z. B. mit dem Prokurator Erasmus Rot. Die Kommission berichtete erst im Juli 1599 an den RHR. Dessen Entscheidung erging 1601: Das Umgeldprivileg auf Wein blieb erhalten, allerdings nur für den Ausschank.[425]

Auf Initiative des Kammerrichters und Speyrer Bischofs Philipp Christoph von Sötern kam dann 1616 ein Vergleich zustande. Bezüglich des Umgelds setzte sich die Herrschaft durch, bezüglich der Reichssteuern die Gemeinde, die davon befreit sein sollte. Andere Punkte wurden aber nur dahin gehend geregelt, dass die jeweilige Partei in ihren Rechten unangetastet bleiben sollte.[426]

In einem 1673 vom RKG zugunsten der Untertanen ergangenen mandatum sine clausula ging es um die Einhaltung eines Vergleichs von 1616 sowie um eine Fronbefreiung aus dem Jahr 1641. Die Herrschaft hatte versucht, eine Salzakzise gewaltsam durchzusetzen, unter anderem durch Einquartierungen von 170 Bewaffneten. Indem die Untertanen ans RKG gingen, setzten wichtige Lernprozesse ein, die ihnen den Rückgriff auf alte nach dem Dreißigjährigen Krieg vergessene Rechtstitel ermöglichten. Es ergingen mehrere Mandate gegen die Herrschaft. Eine Lösung des Konflikts ist anhand der Akten allerdings nicht mehr feststellbar.[427]

3.1.16. Herrschaft Reuß-Obergreiz

Gegen die Eintreibung einer neu eingeführten und doppelt ausgeschriebenen Reisesteuer zur Finanzierung einer Grand Tour kam es in der Herrschaft Reuß-Obergreiz in den Jahren von 1714–1727 zu gewaltsamem Widerstand, aber auch zu artikulierten Klagen und zum Einreichen einer über 200 Seiten starken Verteidigungsschrift der Untertanen am Kaiserhof.

425 Vgl. FETZER 2002, 183, 200–202, 258 f., 292, 322, 381 f.

426 Vgl. FETZER 2002, 216–218, 279, 296.

427 Vgl. FETZER 2002, 150, 219–221, 349.

Unruhen hatte es schon seit den 1690er Jahren gegeben, was der Autor unter anderem an der Person des Hans Schimmel festmacht, der den Aufstand anführte.[428] Nach später negativ beschiedenen Klagen der Untertanen am königlichen Appellationsgericht in Prag[429] wurde der Reichshofrat aufgrund eines Berichts der Herrschaft aktiv und entsandte eine Kommission. Diese wies die Herrschaft an, die Eintreibung der Steuern zunächst auszusetzen. Sie wurde aber schon nach vier Monaten per kaiserlichem Mandat wieder abberufen – wahrscheinlich aufgrund der Politik und der guten Beziehungen der vormundschaftlichen Regentin, der Witwe Heinrichs VI. von Obergreiz.[430]

Die Untertanen klagten ein Jahr darauf erneut vor dem RHR, unterstützt durch den vom Autor sehr negativ gezeichneten „Winkeladvokaten" Zürner aus Plauen.[431] Der RHR berief eine Kommission unter der Leitung Herzog Friedrichs von Sachsen-Gotha ein.[432] Im Text werden detailliert 27 vor der Kommission vorgebrachte Klagen der Bauern und Antworten der Herrschaft als Synopse referiert und noch eine weitere präzisere Verteidigungsschrift der Bauern von über 200 Seiten erwähnt. Die Kommission beschloss, die Kosten seien von Klägern und Beklagten je zur Hälfte zu tragen,[433] wobei sich später ein Streit darum entwickelte, denn die Herrschaft war für den Anteil der Untertanen in Vorleistung getreten. Nachdem sich das Prozesssyndikat gespalten und neu gegründet hatte und nachdem die Klage der Untertanen in der Hauptsache per Endurteil abgewiesen worden war,[434] wurde noch einmal auf deren erneutes Klagen eine kaiserliche Kommission entsandt, die viele detaillierte Beschwerden verhandelte.[435]

3.1.17. Grafschaft Schaumburg

Gegen massiv erhöhte Kontributionen[436] und Pfändungen wehrten sich die Untertanen einiger schaumburgischer Ämter unter anderem mit einer Klage vor dem Reichs-

---

428 Vgl. Schramm 1958/59, 52–54.

429 Vgl. Schramm 1958/59, 57.

430 Schramm 1958/59, 57 f.

431 Später wurde er von den Untertanen beschuldigt, den Prozess unnötig in die Länge zu ziehen, sie brachen mit ihm, worauf er allerdings einen Teil von ihnen dazu bewegte, ein Gegensyndikat zu gründen (vgl. Schramm 1958/59, 87–89).

432 Vgl. Schramm 1958/59, 75.

433 Vgl. Schramm 1958/59, 58 ff.

434 Vgl. Schramm 1958/59, 93–95, 97–99, 102, 112–122.

435 Vgl. Schramm 1958/59, 105–112.

436 Der Form nach handelt es sich um Kontributionen, die in Schaumburg-Lippe allerdings perpetuiert und wie reguläre Steuern gezahlt wurden (vgl. Hauptmeyer 1977, 166).

kammergericht gegen ihren Landesherrn Graf Philipp Ernst. Vergleichsversuche scheiterten zwar, die dort erarbeiteten Texte wurden aber zur Grundlage einer Exekutionskommission, die einen gewaltsamen Aufstand ebenso gewaltsam beendete. Bemerkenswert sind die intensiven Abstimmungsprozesse aufseiten der Untertanen in den Vergleichsverhandlungen.

Das RKG eröffnete 1784 den Prozess und urteilte zunächst im Sinn der prozessbeteiligten Untertanen. Im Jahr 1787 verlangte der Graf dann aber eine dreifache Kontribution. Das RKG beauftragte nun den König von Preußen mit der Bildung einer Kommission, die die Vorgänge rund um Wegebau, Landesverschuldung und Kontributionen untersuchen sollte. Graf Philipp Ernst erklärte, keiner dieser Auflagen Folge leisten zu wollen. Er verstarb aber noch im selben Jahr, sodass es zunächst nicht zur Bildung der Kommission kam.[437]

Nach dem Tod Philipp-Ernsts übernahm dessen Frau Juliane die Herrschaft treuhänderisch. Sie leitete Vergleichsverhandlungen mit den Untertanen ein, die unter der Leitung einer gemeinsamen Kommission stattfanden. In zwei Anläufen wurde noch im selben Jahr ein Vergleichsentwurf erarbeitet und der gesamten Bevölkerung, jedem Inhaber einer Hofstelle, zur Abstimmung vorgelegt – und abgelehnt. Wahrscheinlich lag der Grund in der mangelnden Meinungsbildung unter der Bauernschaft, die keine organisierte Interessenvertretung hatte.[438]

Die ursprünglich vom Reichskammergericht einberufene Kommission kam nun auf Betreiben der Regierung zu Stande, um einen Vergleich auch gegen den Willen der Untertanen durchzusetzen. Die Kontributionen wurden von ihr inklusive einer Progression festgeschrieben, die Untertanen im Gegenzug von der Landfolge befreit. In Kraft trat der Vergleich auf der Grundlage eines RKG-Urteils. Trotzdem gab es eine Abstimmung unter den Untertanen, wo der Vergleich im Amt Bückeburg angenommen, in den Ämtern Stadthagen und Hagenburg aber abgelehnt wurde. Die Regierung zählte aber noch weitere unbeteiligte Ämter hinzu, und kam so zur Ansicht, die Bevölkerung habe mehrheitlich zugestimmt.[439]

Nachdem die Untertanen größtenteils nicht einmal die gedruckten Exemplare des Vergleichs entgegengenommen hatten, kam es zum sogenannten Kuckshäger Krieg mit einigen Toten. Anschließend holte die Herrschaft bei der Erlanger juristischen Fakultät ein Gutachten ein, das die Rechtspositionen von Herrschaft und Reichskammergericht bestätigte. Auf Antrag der Herrschaft berief das RKG

437 Vgl. Hauptmeyer 1977, 166–180.
438 Vgl. Hauptmeyer 1977, 178–182.
439 Vgl. Hauptmeyer 1977, 182–187, 203.

die subdelegierte Kommission erneut ein, die den Aufstand mit der Exekution der herrschaftlichen Forderungen unter militärischer Übermacht beendete.[440]

3.1.18. Ganerbschaft Staden

Die Untertanen der Ganerbschaft Staden behaupteten in einem Konflikt mit ihrer aus Isenburg-Büdingen und der Burg Friedberg bestehenden Herrschaft, der das gesamte 18. Jh. andauerte, Rechte an der Waldnutzung und ihr Recht auf die Einnahmen aus Brückengeldern der Niddabrücke bei Florstadt.[441] Interessant ist hier, dass sich der Konflikt teilweise gerade durch die Passivität des Reichskammergerichts beruhigte, und später durch eine Exekutionskommission, die entgegen ihrem Auftrag einen Vergleich erarbeitete, einer Lösung zugeführt wurde.

Anfänglich wandten sich die Untertanen an die Fuldaer Lehnsherren der Ganerbschaft, später ans Reichskammergericht,[442] das in Sachen der Brückengelder mehrfach zugunsten der Herrschaft entschied.[443] Um ihre Waldrechte zu bekräftigen, zogen die Untertanen 1733 demonstrativ in den Wald und schlugen Holz. Damit kam ein RKG-Prozess in Gang,[444] denn nach der Selbsthilfe der Untertanen suchte die Herrschaft dort um Exekution an. Das Gericht beauftragte statt dessen aber Hessen-Darmstadt mit einer Untersuchungskommission. 1734 kam es zu Verhören, nach denen sich der Konflikt beruhigte, ohne dass eine Entscheidung gefallen wäre – laut Werner Troßbach trug genau dieser Umstand möglicherweise zur Beruhigung bei, eventuell aber auch mehrere personale Veränderungen. Wichtig sei jedenfalls, dass die Passivität von Kommission und RKG nach einer Ruhephase von zwei Jahren einen Vergleich ermöglicht habe.[445]

1750 klagten die Untertanen aufgrund eines Herrschaftswechsels präventiv am Lehnshof gegen die Isenburger Herrschaft und die Burg Friedberg.[446] 1753 klagten sie erneut, nachdem die neuen Herrschaften nach einer Realteilung installiert worden waren – jetzt auf das volle Eigentum am Wald. Im Hintergrund stand ein

---

440 Vgl. Hauptmeyer 1977, 188–203.

441 Vgl. Troßbach 1985a, 196–198. Im Hintergrund stand dabei ein an die Untertanen ergangenes Verbot der Fuldaer Lehnsherren, der Friedberger Burg zu huldigen, das im Zusammenhang mit einem Streit zwischen der Burg und den Freiherren von Löw einerseits, der isenburgischen Herrschaft andererseits stand. Dieses hat laut zeitgenössischen Quellen den Widerstand mitverursacht (vgl. ebd).

442 Vgl. Troßbach 1985a, 199–200.

443 Vgl. Troßbach 1985a, 199.

444 Vgl. Troßbach 1985a, 202.

445 Vgl. Troßbach 1985a, 202–204.

446 Vgl. Troßbach 1985a, 205–206.

Streit um die Nutzung bzw. übermäßige Ausbeutung des Waldes durch die Obrigkeiten. Die Untertanen beriefen sich dabei auf die Bezeichnung des Waldes als „Florstädter Mark", was die Ganerben allerdings, rechtlich fundierter, auf die Eigenschaft des Waldes als ihr gemeinsames Eigentum bezogen. Gegen die Untertanen gingen die Herrschaften mit Pfändungen und Gefangennahmen vor. Teilweise wurde auch ein militärisches Vorgehen geplant, was aber durch ein mandatum de relaxandis captivis unterbunden wurde.[447] Jenes hatten die Untertanen am RKG nach Gefangennahmen erwirkt. Indem die Herrschaft auf den rechtlichen Weg einging, kam es zum Hauptprozess. Die Untertanen behaupteten in dessen Schutz Eigentumsrechte und demonstrierten dies auch mit Einschlagaktionen. Aus diesem Grund beauftragte das RKG Nassau-Weilburg mit der Bildung einer Exekutionskommission. Die aber stellte eigene Ermittlungen an und führte einen Vergleich herbei, indem sie Holzdeputate festsetzte. Das zunächst eigenmächtige Vorgehen der Kommission wurde später von beiden Seiten akzeptiert und 1763 vom RKG ratifiziert. Die rechtliche Hauptsache, die Eigentumsfrage, blieb damit allerdings unerledigt, bis das RKG 1779 das alleinige Eigentum der Ganerben am Wald anerkannte, den Untertanen allerdings Nutzungsrechte zusprach.[448]

Im Verlauf des erwähnten Brückengeldstreits klagten Untertanen und Ganerben gemeinsam gegen Steuerforderungen der Reichsritterschaft.[449] Diese versuchte eine Exekution, in deren Verlauf Niederflorstadt tagelang belagert wurde, die Untertanen leisteten aber Widerstand. Rentmeister und Amtmann wandten laut Troßbach ein „Blutbad" ab und führten eine Verhandlungslösung herbei.[450]

3.1.19. Grafschaft Wittgenstein

Nach einem für die Untertanen ungünstigen Vertrag über die Umwandlung von Fronen in Dienstgelder entwickelte sich in der Grafschaft Wittgenstein, ausgehend von der Vogtei Elsoff, im Jahr 1698 ein gewaltsamer Aufstand[451] *und eine das ganze folgende Jahrhundert andauernde Prozessserie. Nach erfolglosen Vergleichsverhandlungen*[452] *strengten mehrere Gemeinden Klagen vor dem RKG an, wobei sich die*

447 Vgl. Troßbach 1985a, 206–210.

448 Vgl. Troßbach 1985a, 210–214. Zur Herleitung von Teileigentums- bzw. Nutzungsrechten aus dem Gemeinen Recht vgl. Below/Breit 1998, 4; zur Problematik insgesamt siehe Sailer 1999, 139, 145–153; Oestmann 2006, 71; Willoweit 1978, 20; Blickle 1988, 64; ein instruktives Beispiel bei Below/Breit 1998, 163, 227.

449 Vgl. Troßbach 1985a, 201.

450 Vgl. Troßbach 1985a, 201 f.

451 Vgl. Troßbach 1985b, 38 f.

452 Vgl. Troßbach 1985b, 38–40.

Liste der Klagepunkte deutlich erweiterte. Teilweise wurden Mandate schon am Tag der Eingabe erteilt.[453] *Gleichzeitig klagte die Herrschaft wegen Verweigerungen und bekam ebenfalls Recht. Damit stand Mandat gegen Mandat, und die von den Untertanen zu leistenden Pflichten waren unklar.*[454]

Nach mehrfacher gewaltsamer Eskalation – unter anderem durch widerrechtlich eingesetztes Militär[455] – öffentlichen Protesten und mehreren Klagen vor RHR und RKG[456] bat die Gemeinde Erndtebrück im Jahr 1737 um die Erneuerung ihres Dienstgeldvertrags, worauf sich der mittlerweile regierende Graf Friedrich I. einließ, auch weil das Fronsystem durch den passiven Widerstand der Bauern dysfunktional geworden war. Die Dienstgelder waren zwar horrend, der sogenannte Erndtebrücker Vertrag hielt aber dennoch gut 30 Jahre und wurde zum Vorbild für weitere.[457]

Als die Untertanen aber 1776 unter anderem anlässlich von Verwaltungsmaßnahmen – die ihnen allerdings als Verschärfung hin zu scharfer Leibeigenschaft erschienen – um die Rückumwandlung des Dienstgeldes in Naturalfronen klagten, verabschiedete das RKG ein ausgewogenes Definitivurteil mit vielen detaillierten Regelungen.[458] Daraus folgten allerdings Verweigerungen, und als sich diese häuften, bat Graf Johann Ludwig das RKG im Jahr 1790 erfolglos um eine Manutenenzkommission. Das Gericht regte stattdessen zwar günstigere Dienstverträge als Lösung an, die Untertanen lehnten diese aber konsequent ab. Johann Ludwig bat Hessen-Kassel im Jahr 1800 um militärische Unterstützung, es kam aber nicht zu Kämpfen.[459]

3.2. Konfliktsubstitution und Ausdifferenzierung

Auch die in diesem Abschnitt geschilderten Fälle stellen gleichsam einen „Normalfall" der Konfliktlösung dar: das detaillierte Ausarbeiten der Ansprüche und das Aushandeln untereinander oder vor einer unabhängigen, oder doch zumin-

---

453 Vgl. Troßbach 1985b, 39, 44.

454 Vgl. Troßbach 1985b, 44 f.

455 Vgl. Troßbach 1985b, 46–48.

456 Vgl. Troßbach 1985b, 45–99. Troßbach zeichnet den Entscheidungsgang im entsprechenden RKG-Senat detailliert nach; Assessor Ludolf auf der einen (herrschaftsfreundlichen) Seite, andere Assessoren (darunter Sonneborn) auf der anderen. Am Ende setzte sich Ludolf, der mit der Gefahr eines größeren Aufstandes argumentierte, gegen diejenigen durch, die von der praesumptio pro libertate ausgingen. Troßbach 1985b, 88–91.

457 Vgl. Troßbach 1985b, 99 f.

458 Vgl. Troßbach 1985b, 103–104.

459 Vgl. Troßbach 1985b, 105–110.

dest von den Konfliktparteien abgrenzbaren, Kommission. Der Unterschied zum vorangegangenen Abschnitt besteht allerdings darin, dass die Lösungen stärker von den Parteien erarbeitet wurden und die von den Gerichten oder Kommissionen eventuell getroffenen Entscheidungen eine geringere Rolle spielten oder den Konflikt unter Umständen sogar noch eskalieren ließen.[460] Allerdings lässt sich nicht selten im Gegenzug feststellen, dass der Druck des Prozesses oder auch gezieltes Wirken der Gerichte im Hintergrund oder mit flankierenden Mandaten ein Einvernehmen der Parteien beförderte.

3.2.1. Bauerbach

Nach einem 13 Jahre lang andauernden Konflikt schlossen die Gemeinde Bauerbach und ihre Herrschaft, das Speyerer Domkapitel, einen einvernehmlichen Vergleich.

Dem letztlichen Vergleich ging aber gewaltsamer Widerstand der Untertanen voraus – wovon sie allerdings immer dem RKG, an dem ein Prozess anhängig war, berichteten[461] – und auch mehrere Versuche, Schutz von Kurpfalz zu erhalten. 1726 wurde schließlich der besagte und zuvor auf Initiative beider Parteien ausgehandelte Frieden geschlossen, nachdem Kurpfalz seinen Einfluss mit der Begründung der in Wetzlar anhängigen Prozesse zurückgenommen hatte.[462] Die Gemeinde stimmte Schäfereizinsen und Weinakzisen zu und erkannte Weisungsrechte der Obrigkeit im Wald an. Jene akzeptierte das Waldeigentum der Gemeinde und erließ alle Strafen. Bauerbach akzeptierte Frondienste bei festgelegter Verpflegung. Nach dem Vergleich zog die Gemeinde ihre am RKG anhängige Klage zurück.[463]

3.2.2. Esthal

Die pfälzische Gemeinde Esthal führte in den Jahren 1786 bis 1796 einen der Form nach erfolglosen RKG-Prozess gegen ihre Ortsherrschaft, die Freiherren von Dalberg. Es ging um die umstrittene Allmende[464] des Ortes. Eine vom RKG einberufene

---

460 Siehe dazu die Abschnitte 3.2.15 und 3.2.16.

461 Vgl. Bickel/Bickel 1978, 250–253.

462 Vgl. Bickel/Bickel 1978, 262.

463 Vgl. Bickel/Bickel 1978, 263 f.

464 Zu Allmende-Prozessen vgl. Zückert 2003. Allmendeprozesse unterscheiden sich von anderen Untertanenprozessen und auch von Waldprozessen. In Prozessen um die Allmende, v. a. der Allmendweide, sind in den von Cramer behandelten Fällen oft die Gemeinden die treibende Kraft (in der Hälfte bis zur Mehrzahl der Fälle), sodass es hier nicht um Widerstand gehen kann, sondern um die aktive Wahrnehmung

Kommission erreichte aber auf der Grundlage von umfangreichen Zeugenverhören eine Konfliktberuhigung.

Nach erfolglosen Supplikationen und einem gescheiterten Vergleich klagten die Untertanen 1786 auf ein Mandat und legten dazu das besagte Zeugenverhör vor. Das Mandat wurde zwar nicht erteilt, der Prozess ging aber in die Zitation über.[465] Am Ende wies das RKG, nach Kommissionsverhandlungen, die Klage ab. Formell erlitt die Gemeinde also eine Niederlage. Die Kommission ging allerdings auch disziplinierend gegen die Ortsherrschaft vor, weil die Suppliken und Verhöre der Gemeinden den Argumentationsspielraum in diese Richtung gelenkt hatten.[466]

3.2.3. Herrschaft Gimborn-Neustadt

Die Einwohner der Herrschaft Gimborn-Neustadt verteidigten ihre seit 1490 bestätigten Jagdrechte, die sich sogar auf Hochwild erstreckten, sowie ihr festgelegtes Maß an Dienstpflichten gegen die seit Anfang des 17. Jh. mit der Herrschaft belehnten Grafen von Schwarzenberg. Unter anderem verfassten sie eine Klageschrift von 103 Artikeln und brachten sie vor eine kaiserliche Untersuchungskommission. Am Ende des Konflikts stand ein Landesvergleich.

Nach für die Untertanen erfolgreich verlaufenen Huldigungsverweigerungen zwischen 1614 und 1616 – Graf Adam von Schwarzenberg musste einlenken[467] – flammte der Streit nach dem Herrschaftsantritt von Johann Adolph von Schwarzenberg wieder auf. Die Untertanen überreichten bei der Huldigung eine lange Forderungsliste, es gingen auch Supplikationen an den neuen Herrscher ein, der 1649 schließlich eine Kommission zur Neuordnung des Landes einberief. Weitere Klagen erreichten das Märkische Konsistorium und die Landstände, 1651 supplizieren Untertanen beim Kurfürsten von Brandenburg, 1653 erneut anlässlich der geforderten Beteiligung lutherischer Einwohner an einem katholischen Kirchenbau.[468]

Aufgrund der fortgesetzten Klagen beantragte Graf Johann Adolph 1653, wahrscheinlich auch auf Veranlassung von Ritterschaft und Städten, eine kaiserliche Untersuchungskommission. Nach mehreren Verzögerungen reichten die Deputierten der Untertanen die oben erwähnte Klageschrift von 103 Artikeln

wirtschaftlicher Interessen. Anders sieht es bei der Waldnutzung aus: Hier ist es meist die Herrschaft, die versucht, die Rechte der Gemeinden zu schmälern (vgl. Zückert 2003, 287–288).

465 Vgl. Bähr 2012b, 235 f.

466 Vgl. Bähr 2012b, 262–272.

467 Vgl. Nehls 1985, 28 f.

468 Vgl. Nehls 1985, 30–35.

ein. 1658 wurde schließlich ein Landesvergleich geschlossen, der die 1490 verliehenen Rechte garantierte.[469]

3.2.4. Gondelsheim 1614

Nach einem Herrschaftswechsel gab es in Gondelsheim Spannungen um Fronen und Abgaben sowie Konflikte um den Heimfall bäuerlicher Lehen. Kurpfalz wurde immer wieder von den Untertanen um Schutz angesucht und griff offen und massiv ein, bis hin zur Invasion und direkten Konfrontation mit kaiserlichen Exekutionstruppen. Doch auch hier gab es Vergleichsverhandlungen und Momente produktiver Konfliktlösung.[470]

Einer davon ereignete sich schon 100 Jahre vor der sogenannten Gondelsheimer Rebellion. 1614 wurde, nach der versuchten Einführung ungemessener Dienste durch den damaligen Ortsherren Georg Rudolf Knebel von Katzenelnbogen, ein Vergleich auf 20 Jahre geschlossen, bei dem Kurpfalz als Vermittler aufgetreten war. Nach einem Herrschaftswechsel im Jahr 1650 zu den Freiherren von Mentzingen wurde der Vergleich noch einmal um 40 Jahre verlängert, 1709 noch einmal um 50 Jahre.[471]

Im Jahr 1756, nach Jahren offener von Kurpfalz unterstützter Rebellion und mehreren kaiserlichen Kommissionen, war die ritteradlige Familie von Mentzingen bankrott und völlig überschuldet. Sie schloss in dieser Situation beinahe einen Vergleich mit den Untertanen. Man kam zu einer Einigung über einen lange zwischen Gemeinde und Herrschaft umstrittenes Hofgut, das dem Erdbeeranbau diente. Daraufhin schritt allerdings das pfälzische Oberamt in Bretten ein, weil es den Wert der Kurpfälzer Pfandschaft auf das Territorium durch den Vergleich geschmälert sah. Mit diesem Schritt wurde Kurpfalz aber als Schutzmacht für die Untertanen offensichtlich unglaubwürdig. Auf ihr Betreiben gab es 1774, nach neun Jahre lang andauernden Verhandlungen, schließlich einen Vergleich: Die Untertanen traten die Ansprüche am Erdbeerhof ab, erhielten dafür aber andere umstrittene Waldstücke.[472]

3.2.5. Amt Hohensolms

Im Amt Hohensolms drehte sich ein Konflikt der Untertanen mit ihrer Herrschaft, Graf Carl Christian von Solms-Hohensolms, um die Zahlung des Wurzelzehnten. Nach einem Prozess am RKG kam es schließlich im Jahr 1761 zu einem zwischen den Parteien ausgehandelten Vergleich.

---

469 Vgl. Nehls 1985, 35–37.
470 Vgl. Adam 2005, 86–94.
471 Vgl. Adam 2005, 18–19.
472 Vgl. Adam 2005, 137–139.

Nach einem von 1751 bis 1758 andauernden Prozess urteilte das RKG, dass die Bauern den Zehnten für diejenigen Früchte zu entrichten hätten, die sie nicht für den Eigenbedarf im häuslichen Garten, sondern, wie es mehr und mehr praktiziert worden war, auf den zehntpflichtigen Äckern anbauten. Sie sollten zudem die seit Prozessbeginn aufgelaufenen Beträge nachzahlen.[473] Die Bauern klagten daraufhin auf Restitution in den alten Rechtsstand, wahrscheinlich auch aus taktischen Gründen, um das Verfahren zu verzögern. Das Gericht fällte Zwischenurteile, die dem Grafen das Pfänden dennoch erlaubten. Jener aber forderte, auch aus finanzieller Knappheit, unrealistische Summen. Es kam zum fortdauernden Konflikt um die Pfändungen. Die Untertanen nahmen ein Zeugenverhör vor, allerdings wiederum aus vermutlich taktischen Gründen, um das Verfahren über die nächste Erntezeit hinaus zu strecken. Dagegen erwirkte die Herrschaft erneut ein Urteil, das die Untertanen auch während des laufenden Prozesses dazu verpflichtete, den Zehnten gegen die Zahlung einer Kaution zu leisten. Wieder kam es zu Pfändungen, die Untertanen baten das RKG um Schutz und beriefen sich dabei auf ein Urteil, das den Graf verpflichtete, bei Pfändungen nach der Billigkeit vorzugehen. Schließlich handelten beide Parteien im Jahr 1761 einen Vergleich aus: Die Herrschaft verzichtete auf einen Teil ihrer Forderungen, die Untertanen zogen daraufhin die RKG-Klage zurück.[474]

3.2.6. Hohenzollern-Hechingen, 1700–1798

In Hohenzollern-Hechingen wechselten sich intensivere Konfliktphasen um 1700, in den 1730er und in den 1760er-70er Jahren mit Zeiträumen ab, über die in der Literatur wenig an Auseinandersetzungen berichtet wird. Bemerkenswert ist dieser Konflikt vor allem aufgrund des Hohenzollern-Hechingischen Landesvergleichs von 1798.

Der Beginn des Konflikts wird durch die Einführung einer neuen Landesordnung vonseiten der Herrschaft markiert, vonseiten der Untertanen mit der Gründung einer landschaftlichen Versammlung.[475] Es folgten Mandatsprozesse vor dem RKG und Gegenklagen der Obrigkeit vor dem RHR, wo Fürst Friedrich Wilhelm unter Umgehung des RKG um Exekutionstruppen anfragte. Zuvor hatte er allerdings vor seinen Untertanen fliehen müssen, die – um ihre Forderung nach freier Pirsch durchzusetzen – geschlossen und bewaffnet auf die Jagd gegangen waren. Doch ihr Vorgehen war nicht nur von Selbsthilfe gekennzeichnet.

473 Vgl. Diestelkamp 1995, 117–120.
474 Vgl. Diestelkamp 1995, 122–124.
475 Vgl. Bergemann 1963, 132.

In derselben Zeit arbeiteten Sie einen Vergleichsvorschlag aus, der allerdings nicht auf Zustimmung stieß. Der RHR wies den Fürsten seinerseits an, die Exekutionstruppen aufzulösen, nicht mehr widerrechtlich einzugreifen und den Untertanen entstandene Schäden zu ersetzen.[476] Diese konkurrierende Rechtsprechung sieht Press als Auslöser für die bekannte Hohenzollern-Hechingische Rebellion Ende der 1730er Jahre an.[477]

Noch bekannter ist das Ende des Konflikts mit der Ausarbeitung des Hohenzollern-Hechingischen Landesvergleichs im Jahr 1798 – ein Dokument, auf das sich auch noch im 19. Jh. die Verfassung des Landes stützte. Nach einem Regierungswechsel wurde er im ersten Jahr des neuen Fürsten Hermann Friedrich geschlossen. Neben der grundlegenden Regelung der Gemeindeverfassung und der Neuordnung der Jagd auf Basis der Kommunschützen wurden auch die bisher ungemessenen Jagd- und Hagefronen eingeschränkt und zum Teil durch Geldzahlungen ersetzt.[478]

3.2.7. Reichsherrschaft Homburg

Im Verlauf von Prozessen der Homburger Teilherrschaften formierten sich Parteiungen innerhalb der Untertanenschaft und Widerstand gegen die Landesherren.[479] *Nach einigen RKG-Prozessen markierte auch hier ein zwischen den Parteien ausgehandelter Vergleich das Ende des Konflikts.*

Nach einer Bittschrift von Landesvorstand und Schöffen, den Holzeinschlag für einen Schlossbau einzustellen, erfolgte 1702 eine RKG-Klage der Untertanen gegen die Herrschaft wegen „Dienst-, Monats- und Holzgeldern“, wobei Monatsgelder Reichs- und Kreissteuern beinhalteten[480] – gefolgt von Klagen der Herrschaft gegen Untertanen wegen Verweigerung von Dienstgeldern. In diesem Zusammenhang kam es wahrscheinlich auch zu gewaltsamen Vorgehen der Untertanen, die das herrschaftliche Schloss stürmten und Gefangene befreiten.[481]

1723 klagte die nun vormundschaftliche Regierung erneut vor dem RKG gegen die Untertanen wegen Gehorsamsverweigerung sowie auf deren Huldigungspflicht und die Zahlung von territorialen und Gemeindelasten. Später, im Jahr

476 Vgl. Bergemann 1963, 135.
477 Vgl. Press 1980, 93, 102.
478 Vgl. Press 1978, 77 f., 90 ff., bes. 105–108.
479 Vgl. Heckmann 1939, 76.
480 Vgl. Heckmann 1939, 77, 98.
481 Vgl. Barthelemy 1993, 58 f.

1736, endete der Konflikt mit einem vom RKG bestätigten Vergleich und geschicktem Nachgeben der Herrschaft.[482]

3.2.8. Gericht Hümmling

Der Reichskammergerichtsprozess im Gericht Hümmling wurde von Matthias Bähr bis hin zu den Protokollen der entsprechenden Senate detailliert wiedergegeben und analysiert. Gelöst wurde er dort aber nicht, sondern in einem zwischen den Parteien im Jahr 1774 geschlossenen Vergleich.

Clemens August I. von Bayern, Fürstbischof in Münster, veranlasste im Jahr 1737 den Bau des Jagdschlosses Clemenswerth, aber die zu Hand- und Spanndiensten herangezogenen Bewohner des Gerichts Hümmling weigerten sich. Grundlage ihrer Aufbietung zum Dienst waren Register aus den Jahren 1606 und 1660, die Raum für sehr unterschiedliche Interpretationen ließen: Die Hümmlinger beriefen sich darauf, dass dort nur Hofdienste für ein vor Ort anwesendes Hoflager festgeschrieben seien, während die von der Obrigkeit verlangten Kammerdienste auf sie, als freie Leute, nicht zuträfen.[483] Nach gescheiterten Verhandlungen vor einer landesherrlichen Kommission und der Zurückweisung von Klagen gegen die verantwortlichen Amtsleute vor dem weltlichen Hofgericht, sowie einer aufgrund der praesumptio pro magistratu zurückgewiesenen Mandatsklage vor dem RKG,[484] begann schließlich ein Zitationsprozess. Das RKG verlangte 1748 in einem Zwischenurteil von den Hümmlingern einen besseren Beweis ihrer Dienstfreiheit, von der Herrschaft die Insinuation des Lagerbuchs.[485] Auf dieses Zwischenurteil hin veranlassten die Hümmlinger ein kommissarisches Zeugenverhör.[486] Ein Endurteil erging trotz wiederholten Sollizitierens aber nicht, die Akte wurde 1768 geschlossen.[487] 1771 boten die Untertanen dann die Ablösung der Dienste durch Dienstgelder an. Wenn die Hofkammer darauf einginge, würden sie den RKG-Prozess ruhen lassen. 1774 kam ein entsprechender Vergleich zustande, der bis zum Ende des Alten Reichs mehrfach verlängert wurde.[488]

482 Vgl. Heckmann 1939, 83 f.
483 Vgl. Bähr 2008, 468, 487 f., 490.
484 Vgl. Bähr 2008, 491 f.
485 Die Argumentationslinien von Klage bis Duplik werden im Text gut deutlich (vgl. Bähr 2008, 492–494).
486 Vgl. Bähr 2008, 494.
487 Vgl. Bähr 2008, 494 f.
488 Vgl. Bähr 2008, 534 f.

3.2.9. Kerpen-Lommersum

Einige Zeit nach Erlangen der Reichsunmittelbarkeit nahm Graf Johann Friedrich von Schaesberg in der Herrschaft Kerpen-Lommersum im Jahr 1717 eine Erhöhung der Bede vor, was gewaltsame Auseinandersetzungen, aber auch von komplizierten politischen Konstellationen beeinflusste Vergleichsverhandlungen und Reichskammergerichtsprozesse nach sich zog.

Schaesberg hatte Exekutionen in Kerpen-Lommersum vorgenommen, wo die Untertanen die Bede verweigert hatten und dabei vom Brüsseler Rat unterstützt wurden, der das Gebiet zusätzlich noch unter Sequester gestellt hatte. Hier spielten alte Bindungen der ehemaligen Pfandherrschaft nach Brabant eine Rolle.

Der RHR hatte nicht in den Konflikt eingreifen wollen. Gelöst wurde er am Ende durch einen dreiseitigen Vergleich zwischen Brüssel, Schaesberg und den Untertanen. Der Graf verzichtete auf die Hälfte der aufgelaufenen Steuern, die Untertanen auf Entschädigungsforderungen. Ihre Privilegien wurden anerkannt, der brabantische Sequester hingegen aufgehoben. Die Frage der Lehnsabhängigkeit blieb aber offen und entspannte sich erst 1768 mit Tod des Landesherren.[489]

3.2.10. Herrschaft Kirchheim

Ein Konflikt in der Herrschaft Kirchheim zwischen Graf Josef Dominicus von Fugger und seinen Untertanen um Steuererhöhungen aufgrund erhöhter Kreislasten wurde nach mehreren Kommissionen und einer gewaltsamen Auseinandersetzung im Jahr 1784 relativ überraschend durch einen beidseitigen Vergleich beendet.

Fugger beantragte im Jahr 1770 beim Schwäbischen Reichskreis eine Kommission. Dieser allerdings verwies ihn, da es sich um einen Untertanenkonflikt handelte, an den Reichshofrat. Auch die Untertanen hatten Deputierte zu den Kreisinstitutionen entsandt, um die Rechtmäßigkeit von Fuggers Forderungen zu überprüfen.[490] Der Graf klagte in der Folge beim RHR, der eine Kommission unter württembergischer Leitung einsetzte. Die Untertanen nutzten die Kommission zu einer detaillierten Darstellung ihrer Position. Für den RHR war allerdings maßgeblich, dass sie Gewalt angewendet hatten, was seit ca. 1740 sehr viel

---

489 Vgl. Gabel 1995b, 71–73. 1787 flammte der Untertanenkonflikt wieder auf, nachdem die Grafen von Schaesberg ihre Herrschaft durch den Vergleich mit Brabant konsolidiert hatten. Nun sollte die Bede, die sich am Wert von 5000 brabantischen Gulden bemaß, auf die Kaufkraft dieses Guldens aus dem Jahr 1600 festgesetzt werden. Ein Vergleich vor dem territorialen Amtmann scheiterte, der Streit ging damit ans RKG (vgl. Gabel 1995b, 112–113).

490 Vgl. Fimpel 1999, 247–249, 250–252, 261–268.

negativer bewertet wurde als zuvor. Daher erging ein Conclusum zugunsten der Herrschaft.[491] Im Jahr 1771 wurde eine Exekutionskommission unter der Leitung des Kreises entsandt, die aber vergleichsweise milde verfuhr – was für die Zeit typisch war. Drei Untertanen wurden zu Gefängnisstrafen verurteilt, härter bestraft wurde allerdings ihr Advokat, dem man Betrug nachweisen konnte.[492]

Als im Jahr 1784 die Herrschaft wechselte, knüpften die Untertanen ihre Huldigung gegenüber dem neuen Grafen Josef von Fugger an Bedingungen. Dieser beantragte umgehend eine Exekution beim RHR, die auch zustande kam. Anders als 1771 kam es jetzt zu einer bewaffneten Auseinandersetzung, bei der sechs Untertanen getötet wurden. Aber nur wenig später fanden Gespräche zwischen Herrschaft und Untertanen statt, und das Rechnungswesen wurde zusammen mit Experten und einem Vertreter der Untertanen neu geordnet.[493]

3.2.11. Leuppach

In einem insgesamt von 1617 bis 1794 andauernden Streit um Vieheintrieb zwischen der Gemeinde Leuppach und den Freiherren von der Thann sprach das RKG im Jahr 1748, nachdem die Gemeinde 1617 dort appelliert hatte, den Freiherren als Lehnsgebern der Gemeinde eine Mitnutzung der Wiesen zu. Mit dem Lehnsverhältnis hätten sie nicht sämtliche Rechte abgetreten. Beide Seiten schlossen sehr viel später, im Jahr 1794, einen Vergleich. Die Gemeinde erhielt sämtliche Gerechtigkeiten gegen eine hohe Abtretungssumme, die die Herren von der Thann zunächst der Gemeinde vorlegten.[494]

3.2.12. Bann Maxsain

Im Bann Maxsain kam erst nach einem Herrschaftswechsel und anschließenden weitreichenden Konzessionen des neuen Grafen ein Vergleich zustande, an dem wahrscheinlich der RKG-Präsident Christian Albrecht Casimir von Kirchberg beteiligt war.

Auf eine im Jahr 1767 von Deputierten des zur Grafschaft Sayn-Hachenburg gehörenden Bannes Maxsain überbrachte Supplikation gegen Straßenbaudienste antwortete die Herrschaft mit verschiedenen repressiven Maßnahmen, Verhaftungen und der vollständigen Eingliederung der bisherigen Sonderherrschaftszone in die Landesadministration. Noch im selben Jahr klagten die Untertanen dagegen,

491 Vgl. Fimpel 1999, 253–257, 269.
492 Vgl. Fimpel 1999, 258–261, 267–270.
493 Vgl. Fimpel 1999, 271–279.
494 Vgl. Zückert 2003, 240 f.

sowie gegen weitere Punkte bezüglich Waldnutzung und Steuern, am RKG.[495] Die Herrschaft antwortete mit einer Gegenklage um das Eigentum des gesamten Waldes des Bannes Maxsain, wohl um dem Prozess die wirtschaftliche Basis zu entziehen. Der Konflikt weitete sich aus, andere Gemeinden traten als Intervenienten auf.[496] Die Lösung brachte erst ein Herrschaftswechsel: Der neue Graf Wilhelm Georg ließ sich, wahrscheinlich auf Vermittlung des RKG-Präsidenten Christian Albrecht Casimir von Kirchberg, seinem Onkel, auf Vergleichsverhandlungen ein. Diese mündeten in einen Vertrag mit weitreichenden Konzessionen, der im Gegenzug die Aufhebung des Verfahrens am RKG festschrieb.[497]

3.2.13. Nassau-Weilburg (rechtsrheinische Ämter)

Indem Fürst Carl August von Nassau-Weilburg 1749 versuchte, in seinen rechtsrheinischen Ämtern ein Salzmonopol einzuführen, begab er sich in einen Konflikt mit dem Amt Hütten- und Stoppelberg, der sich nach einigen Jahren auch auf die umliegenden Ämter ausweiten sollte. Beendet wurde er erst nach Carl Augusts Tod durch einen von einer vormundschaftlichen Regierung zügig mit den Untertanen ausgehandelten Vergleich.

Nach mehreren von Hütten- und Stoppelberg erwirkten Mandaten und Pfändungen des von den Untertanen in deren Schutz eingekauften Salzes durch die Herrschaft, die ihre Einspruchsfristen nicht gewahrt sah, beauftragte das RKG die kreisausschreibenden Fürsten (Trier und Pfalz) mit einer Kommission. Beide Parteien wandten sich nun ihrerseits an die kreisausschreibenden Fürsten, und vor der mittlerweile installierten Kommission wurde ein Vergleichsentwurf ausgehandelt. Dieser erlaubte der Herrschaft das Monopol, allerdings bei ortsüblichen Preisen und realistischen Mindestabnahmequoten. Carl August lehnte aber ab, schritt sogar zum Rekurs an den Reichstag und ließ entsprechende Druckschriften an die Reichsstände ausgehen. Er begründete diese Aktion unter anderem damit, dass das RKG dem Berichtserfordernis nicht genüge getan habe. Das RKG ließ inzwischen ein inhaltlich an den Vergleichsentwurf angelehntes Urteil ausgehen.[498]

---

495 Vgl. MÜLLER 2005, 323–330. Daneben erbat der Bann Maxsain auch ein Mandat zur Freilassung einiger Prozessverantwortlicher. Das Mandat wurde erteilt, was von den Gemeinden wiederum als Legitimation für weiteren Widerstand aufgefasst wurde. Von der Herrschaft wurde es allerdings ignoriert (vgl. MÜLLER 2005, 328–329).

496 Vgl. MÜLLER 2005, 329 f.

497 Vgl. MÜLLER 2005, 325–331.

498 Vgl. WILHELM 2007, 171, 181–183, 206 f.

Der Konflikt weitete sich 1750 im Zuge des mittlerweile öffentlich ausgetragenen Streits auf die umliegenden Ämter Weilburg, Weilmünster, Merenberg und Gleiberg aus. Sie ließen zwei Supplikationen an den Fürsten ausgehen. Dieser antwortete mit einer Resolution, die einige nicht sehr weit gehende Zugeständnisse enthielt.[499] Die genannten Ämter hatten gemeinsam über Sondersteuern, die Fürst Carl August an ihrem Steuerbewilligungsrecht vorbei einseitig verfügt hatte, diverse Abgaben, rücksichtslose Rekrutierungen für die Landmiliz und auch hier die versuchte Einführung eines Salzmonopols im Jahr 1748 geklagt.[500] Am RKG beantragten sie ein Mandat, es erging Berichtserfordernis.[501] Daraufhin, und aufgrund des massiven und ausgreifenden Widerstands im Territorium, ließ Carl August durch seine Amtsleute die Untertanen nun wissen, dass erneute Supplikationen diesmal eine Aussicht auf Erfolg haben würden. Die Untertanen versammelten sich wieder in der Landschaft bzw. in landschaftsähnlichen Strukturen.[502] 1753 starb Carl August. Bis zur Mündigkeit des Erbprinzen Karl Christian führte der dänische Statthalter De la Potterie die Amtsgeschäfte und schloss die Verhandlungen innerhalb eines Jahres mit weitreichenden Zugeständnissen an die Untertanen ab.[503]

3.2.14. Pforzheim

Um 1716 häufen sich in Pforzheim Beschwerden, dass Markgraf Karl Wilhelm von Baden-Durlach die städtischen Privilegien nicht achte. Rat und Gericht verfassten eine artikulierte Beschwerdeschrift, in der es vor allem um die dauernde Erhebung einer Schatzung ging, die laut Privileg nicht verlangt werden durfte, aber auch um die Gerichtstage, Akzisen, Strafgelder und Zölle. 1718 erfolgte eine Rekapitulation des Schreibens. Zunächst reagierte die Herrschaft aber nicht.[504] Nach abgewiesenen RKG-Klagen und Tumulten kam es zu einem zwischen den Parteien ausgehandelten Vergleich.

Nachdem seit 1719 gegen den Widerstand der Bürger – die unter anderem das Rathaus besetzten und die Verlesung der Privilegien verlangten – Schatzungen eingetrieben wurden, kam es 1723 zur Eidesverweigerung der Neubürger und zur

499 Der Text gibt einige Einblicke in die Organisation des ämterübergreifenden Widerstands. Die Gemeindevorsteher versammelten sich in Wetzlar, organisiert wurde dies über einen Rundbrief.

500 Vgl. Wilhelm 2007, 170 f., 173, 185–187, 206 f.

501 Vgl. Wilhelm 2007, 188–190, 193–195, 206 f.

502 Vgl. Wilhelm 2007, 123–167, 206 f.

503 Vgl. Wilhelm 2007, 202–207.

504 Vgl. Räuber 1989, 119 f.

militärischen Besetzung der Stadt.[505] Der Landesherr hatte auf Anraten des Obervogts aber auch eine Kommission zu Erörterung der Beschwerden entsandt, allerdings kam sie zu keinem Ergebnis. Auf der Seite der Obrigkeit gab es eindringliche Diskussionen zur Verfahrensweise; man scheute aber zunächst den Gang vor ein Reichsgericht. Nach weiteren Beratungen und Verhandlungen erging ein Interimsbefehl, dem sich die Bürgerschaft 1727 zu großen Teilen unterwarf.[506] Der Kommission und Exekution war die Einholung von juristischen Gutachten in Gießen und Halle vorangegangen.[507]

1723 klagte dann aber die Bürgerschaft vor dem Reichskammergericht, das die Klage abwies und die Befolgung des Interimsbefehls anordnete; weitere Klagen seien dann zunächst vor den Austrägalinstanzen zu klären. Erst 1730 kam es, nach weiteren Tumulten im Jahr 1726, zu dem eingangs erwähnten Vergleich.[508]

3.2.15. Schönburger Herrschaften

Der Aufstand in den Schönburger Herrschaften nahm mit dem Versuch Christoph Heinrichs von Dobeneck, ungemessene Fronen einzuführen, seinen Anfang und gipfelte 1676 nach dem Verkauf des Ritterguts Callenberg unter Heinrich Hildebrand von der Planitz (Callenberg) und Otto Albrecht von Schönburg zu Glauchau und Waldenburg in der sogenannten Jerisauer Bauernschlacht – nach der allerdings ein Vergleich geschlossen wurde.[509]

Nach Verweigerungen, Repressionen und Auseinandersetzungen vor der schönburgischen Gesamtregierung[510] fällte das von den Untertanen angerufene RKG im Jahr 1663 ein Definitivurteil zugunsten der Herrschaft, in dem es den Untertanen neben den Prozesskosten die Leistung der Fron auferlegte, die Herrschaft hingegen anwies, die Untertanen nicht über Gebühr zu belasten. Damit entstand allerdings nur ein neuer Streit über das Maß der zu leistenden Dienste.[511] Die Auseinandersetzung war parallel zum Prozess sehr hart geführt wor-

---

505 Vgl. Räuber 1989, 122–124.

506 Vgl. Räuber 1989, 124 f., 127–129, 132–135.

507 Vgl. Räuber 1989, 136–139.

508 Vgl. Räuber 1989, 124 f., 155–157.

509 Vgl. Gentsch 1979, 259–285.

510 Die Herrschaftsverhältnisse sind insgesamt sehr kompliziert. Das Rittergut stand in Zusammenhang mit den benachbarten Schönburgischen Herrschaften, die aber unter kursächsischer Jurisdiktion standen. Auch der Kaiser war als Lehnsherr involviert, da es sich bei einigen Schönburgischen Herrschaften um böhmische Lehen handelte (vgl. Gentsch 1979, 257).

511 Vgl. Gentsch 1979, 261–266.

den, Dobeneck hatte in den Jahren 1651 bis 1653 39 Personen unter härtesten Bedingungen eingekerkert,[512] 1661 hatten sich die Untertanen bewaffnet und das herrschaftlich-lichtensteinische Schloss belagert.[513]

Zu einer Entscheidung wurde der Konflikt erst einige Zeit nach dem RKG-Urteil und nach einer erneuten Eskalation in den Jahren 1675/76 geführt. Als kaiserliche Regimenter in den Schönburgischen Herrschaften lagerten, verlangten die Untertanen von ihren jeweiligen Obrigkeiten erfolglos die Rückerstattung geleisteter Kontributionen, dann auch eine Rücknahme der Fron, was Klagen zunächst beim sächsischen Oberhofgericht, später vor dem RKG zur Folge hatte. Untertanen aus verschiedenen Orten (über 100) vertrieben in diesem Zusammenhang ein Exekutionskommando in Jerisau und Lipprandis, das Holzfuhren eingefordert hatte. Daraufhin kam es zur sogenannten Jerisauer Bauernschlacht, in die auch brandenburgische Truppen verwickelt waren. An der Schlacht waren Untertanen vieler Schönburgischer Herrschaften beteiligt. Einige Zeit darauf kamen aber Vergleichsverhandlungen zustande,[514] die Unruhen wurden 1681 in Karlsbad durch einen Vergleich beendet.[515]

3.2.16. Grund Seel- und Burbach

Mit der Einführung von Erlaubnisscheinen für Ehen[516] *und mit dem Bau eines Amtshauses*[517] *nahm ein jahrzehntelang bis zum Ende des Alten Reiches andauernder, öffentlich ausgetragener und bis an den Reichstag ausufernder Konflikt im von Sayn-Hachenburg und Nassau-Weilburg gemeinsam regierten Grund Seel- und Burbach seinen Anfang, der erst nach einem Herrschaftswechsel durch einen Vergleich beendet wurde.*

Die Angelegenheit betraf zunächst nur die hachenburgischen Untertanen. Deren Herrschaft schritt, nach Verweigerungen, zu Pfändungen; 30 Husaren zogen ein. Die Lage eskalierte zusehends, auch aufgrund einiger nun ergangener RKG-Mandate. Vor allem aber griffen die nassauischen Untertanen ein, denn ihnen war von ihrer Herrschaft bewaffnete Gegenwehr erlaubt worden.[518] Die saynischen

512 Vgl. Gentsch 1979, 260 f.

513 Vgl. Gentsch 1979, 269–272, mit einer genauen Beschreibung der Abläufe. Auf Bitten Georg Ernsts von Schönburg entsandte der sächsische Kurfürst Johann Georg II. Berittene nach Lichtenstein.

514 Träger oder Initiatoren werden im Text leider nicht genannt.

515 Vgl. Gentsch 1979, 285.

516 Vgl. Müller 2005, 332 f.

517 Vgl. Müller 2005, 334.

518 Vgl. Müller 2005, 334 f.

Untertanen wehrten sich erst später gewaltsam,[519] zogen aber auch einen Advokaten (Philipp Ludwig Meckel) zu Rate und klagten zunächst erfolgreich beim RKG. Unterstützung erhielten sie auch hier von ihren nassauischen Nachbarn.[520]

Nun klagte zusätzlich die Mitherrschaft Nassau-Dillenburg beim RKG gegen Sayn-Hachenburg: Der Bau des Amtshauses sei zustimmungsbedürftig, Fronen ebenso, weil sie als territoriales Recht und nicht als Teil der Leibeigenschaft anzusehen seien. Nach wenigen Tagen einigten sich die Mitherrschaften aber auf einen für die Untertanen nachteiligen Vergleich. Die Fronen wurden als territoriale Schuldigkeit definiert, und der hachenburgische Anwalt, es war Johann Jacob von Zwierlein, konnte argumentieren, dass die Untertanen, wie sie selbst einräumen mussten, verpflichtet seien, solche territorialen Dienste zu leisten. Ihre Klage hatte sich dagegen ausdrücklich auf die Leibherrschaft bezogen. Das RKG schloss sich Zwierleins Sicht an.[521]

Nachdem der Prozess lange Zeit geruht hatte, erging 1787 unerwartet ein weiteres Urteil des RKG, das diesmal deutlich zugunsten der Untertanen ausfiel und die Herrschaft anwies, widerrechtlich gezahlte Baufronen im Zusammenhang mit dem Amtshaus zurückzuerstatten. Von da an eskalierte die Situation.[522]

Der Grund Seel- und Burbach klagte nun auch wegen zu viel und unberechtigt bezahlter Steuern und verlangte Rechenschaft über deren Verwendung. Das RKG entschied zugunsten der Untertanen, die alte Steuerquote wurde bestätigt und die Regierung zur Offenlegung der Rechnungen verpflichtet – woran sie sich aber trotz eines zuvor erteilten mandatum sine clausula nicht hielt.[523] Es folgten weitere Klagen der Gemeinde und Gegenklagen beider Herrschaften.[524] Im Bezug auf die Baufronen beauftragte das RKG 1791/92 den niederrheinisch-westfälischen Reichskreis mit Exekutionen. Nachdem die Herrschaft aber (zum Schein) dem Kreisdirektorium Verhandlungsbereitschaft signalisiert hatte, weigerte sich das Kreisamt, die Exekution zu vollziehen. Zu tatsächlichen Verhandlungen kam es nicht.[525] Trotz aller Urteile des RKG legte der Graf nur einen Teil der Rechnungen offen und trieb Steuern nach einem den Urteilen widersprechenden Steuerfuß ein.[526]

---

519 Vgl. Müller 2005, 335.
520 Vgl. Müller 2005, 334 f.
521 Vgl. Müller 2005, 336 f.
522 Vgl. Müller 2005, 340.
523 Vgl. Müller 2005, 340, 342–345. Die Argumentation wird detailliert dargelegt.
524 Vgl. Müller 2005, 341.
525 Vgl. Müller 2005, 341 f.
526 Vgl. Müller 2005, 345.

Das RKG drohte dem Grafen 1793 erneut mit Exekution, wies aber die Untertanen gleichzeitig an, bei Offenlegung der Rechnungen sofort zu zahlen. Dies legte der Graf zu seinen Gunsten aus und begann seinerseits – ohne Offenlegung – mit erneuten Pfändungen. In dieser Situation ermächtigte das RKG die Untertanen direkt, die Gelder einzubehalten, bis die Herrschaft die verlangten Rechnungen offenlegen würde und überbezahlte Steuern auf diesem Wege abgegolten seien. Außerdem befahl es die sofortige Einstellung der militärischen Zwangsmittel, was allerdings ignoriert wurde. Graf Johann suchte nun außerdem die öffentliche Auseinandersetzung[527] und ließ Schriften mit Kritik an der Rechtsprechung des RKG drucklegen; die Untertanen ließen ihre Sicht ebenfalls publizieren.[528]

Die Herrschaft richtete darüber hinaus, über mehrere Jahre verteilt, fünf Beschwerdeschriften an den Reichstag, um dort einen Rekurs zu erwirken; mit demselben Anliegen wandte sie sich an den Kaiser. Auch die Untertanen richteten einen öffentlichen, von ihnen publizierten Brief an den Reichstag, inklusive des ebenfalls von ihnen druckgelegten Urteils des RKG, das ihnen erlaubte, Steuern einzubehalten. Die Herrschaft reagierte mit weiteren an den Reichstag gerichteten öffentlichen Druckschriften und der Forderung einer Kommission zur Regelung der Ansprüche. Erst nachdem Sayn-Hachenburg an Nassau-Weilburg übergegangen war, löste sich die Situation. Fürstin Louise-Isabelle ließ 1801/02 erfolgreich einen Vergleich ausarbeiten.[529]

3.3. Konfliktsubstitution und -delegation

In den zwei nun zur Sprache kommenden Fällen war vor allem anderen die detaillierte Ausarbeitung und Vertretung der Rechtsansprüche der Untertanen an den Reichsgerichten entscheidend für die Lösung des Konflikts oder wichtige gerichtliche Schritte dorthin.

3.3.1. Eichtersheim

Der Konflikt zwischen der Gemeinde Eichtersheim und den Herren von Venningen begann 1759 damit, dass die Herrschaft 160 Eichen im Gemeindewald durch Hintersassen fällen lassen wollte. Die Gemeinde nahm ihnen aber die Beile ab, woraufhin die Herren von Venningen bei ihrem Lehnshof Kurpfalz eine Exekution zu erwirken versuchten. Die Eichtersheimer konnten dies aber abwen-

527 Vgl. Müller 2005, 346 f.
528 Vgl. Müller 2005, 347.
529 Vgl. Müller 2005, 349–352.

den, und zwar mit der expliziten Ankündigung, sich an den Rechtsweg halten zu wollen.[530] Die Herrschaft wendete dagegen Gewalt an, woraufhin Eichtersheim beim Ritterkanton um Schutz ansuchte und eine Ermahnung gegen die Herren von Venningen erwirkte. Gelöst wurde der Konflikt durch einen Prozess, den die Gemeinde beim Reichskammergericht erwirkt hatte. Es gab der Gemeinde im Jahr 1777 schließlich bezüglich des Waldes Recht und bestätigte sowohl deren Besitz als auch ihr Eigentum daran – dies aber nur aufgrund einer guten Beweislage und eines Ersitzens des Rechtes über einen Zeitraum von mehr als 30 Jahren. In einem weiteren Konflikt um Baufronen entschied es dagegen zugunsten der Herrschaft.[531]

3.3.2. Wied-Neuwied

Die Untertanen der Grafschaft Wied-Neuwied erreichten aufgrund ihrer hohen Professionalisierung große Erfolge in einem RKG-Prozess um einen schon das ganze Jahrhundert andauernden Waldkonflikt.

1791 erging ein Urteil, mit dem das RKG die Herrschaft zur Rückzahlung von seit dem Jahr 1700 zu viel gezahlten Geldern verpflichtete. Graf Johann Friedrich Alexander versuchte, mit Vergleichsverhandlungen die negativsten Folgen für sein Haus abzuwenden, allerdings mit dem Ziel, möglichst keine der Forderungen umsetzen zu müssen.[532]

Sein Nachfolger Friedrich Carl kam den gut informierten Untertanen, die fast keine Abgaben mehr entrichteten, dann allerdings sehr weit entgegen. Für den Erlass der Rückzahlung der aufgelaufenen Abgaben übereignete er ihnen einen großen Teil des Waldes, verkaufte einen weiteren Teil sehr günstig, überließ ihnen die Forstverwaltung und behielt sich allein die Jurisdiktion vor, schaffte die Leibeigenschaft ab, gewährte große finanzielle Erleichterungen und vieles mehr. Dieser Vergleich wurde ihm von seinen Gegnern in einem aus anderen Gründen geführten Imbecilitätsprozess[533] vorgeworfen, vor allem von den beteiligten benachbarten Herrschaften, die ihrerseits Untertanenprozesse führten. Von den Untertanen wurde daher auch vorgebracht, der Imbecilitätsprozess diene der Wiederherstellung alter Verhältnisse.[534]

530 Vgl. Sailer 1999, 32 f.
531 Vgl. Sailer 1999, 34–60.
532 Vgl. Troßbach 1991, 123–129.
533 Vgl. Troßbach 1991, 263 ff.
534 Vgl. Troßbach 1991, 314–320.

3.4. Konfliktsubstitution

Die in den zwei folgenden Abschnitten beschriebenen Fälle sind lediglich im jeweiligen Punkt der Konfliktsubstitution (3.4) bzw. Ausdifferenzierung von Entscheidungssystemen (3.5) besonders signifikant. Konfliktsubstitution heißt hier in allen Fällen, dass eine Untertanenschaft oder deren Vertreter an der Umsetzung des Konflikts in juristische Argumentationen arbeitet, und zwar in Form von Klageschriften[535], Supplikationen[536] und Zeugenverhören[537].

3.4.1. Hohenzollern-Haigerloch

In der Grafschaft Hohenzollern-Haigerloch gab es in den Jahren 1594–1603 einen größeren Konflikt um die Verteilung von Reichssteuern.

Die Untertanen beharrten auf der Zahlung lediglich eines Viertelanteils, statt des seit Neuerem verlangten halben Teils. Die vorderösterreichische Regierung untersuchte den Vorfall und bat den Kaiserhof um die Einsetzung einer Kommission, die im Jahr 1602 die Untertanen zur Zahlung des halben Teils verpflichtete. Es war im Zusammenhang mit durch die Herrschaft vorgenommenen Pfändungen im Jahr 1597 zu einem Aufstand gekommen.[538]

Untertanen reichten infolgedessen beim RKG Editionsklage in Sachen alter Urkunden ein, die Privilegien in den sieben haigerlochischen Dörfern beträfen. Das Gericht erteilte daraufhin ein mandatum sine clausula. Die Herrschaft erklärte umgehend, dem nachkommen zu wollen, doch existierten angeblich keine solche Urkunden. Die Untertanen legten allerdings beglaubigte Kopien vor und baten um ein schärferes Mandat. Weitere Eingaben folgten bis zum Jahr 1603.[539]

3.4.2. Nassau-Siegen (rechtsrheinischer Teil)

Im rechtsrheinischen Teil des Fürstentums Nassau-Siegen arbeitete eine sehr aktive Untertanenschaft intensiv an Zeugenverhören, insofern wird dieser Fall hier unter dem Stichwort der Konfliktsubstitution aufgeführt – auch wenn diese Vorgänge letztlich zu keinem produktiven Ergebnis führten und zu diskutieren wäre, ob der Konflikt tatsächlich in juristisch verwertbare Teilkonflikte überführt wurde.

---

535 Siehe v. a. 3.4.1, 3.4.3, 3.4.4.

536 Siehe v. a. 3.4.4, 3.4.7.

537 Siehe v. a. 3.4.2, 3.4.6.

538 Vgl. Schulze 1982a, 126.

539 Vgl. Wigand 1854, 153–155.

Nach erfolglosen Supplikationen im Zusammenhang mit Frondiensten und Schatzungen beauftragten die Untertanen im Jahr 1723 einen Advokaten mit dem erwähnten Verhör. Die Zeugen waren allesamt über 60, einige davon im Supplizieren sehr erfahren. Man gründete auch ein Prozesssyndikat, das die gesamte Untertanenschaft umfasste und klagte beim RKG auf ein noch im selben Jahr erteiltes Mandat. Auf dieser Grundlage leitete das Gericht im Folgejahr auch eine Zitation ein.[540]

Nun schlossen sich mehrere von den Untertanen eingeleitete Zeugenverhöre an. Die Forderungen des Syndikats gingen dabei ins Grundsätzliche, sie betrafen v. a. Mitbestimmungsrechte an Entscheidungen. Die Argumentation kreiste um das Rechtsgut der gerechten Nahrung. Nachdem die Untertanen allerdings nicht die vom Gericht verlangten spezifischeren Vorwürfe vorbrachten, geschweige denn belegen konnten, erging 1733 ein Urteil im Sinne der Herrschaft. Die Untertanen mussten daraufhin über 17 000 Rtl. Schatzungsgelder nachzahlen. Aber erst nach einem Herrschaftswechsel und dem Aufbau einer neuen Verwaltung (die von Dillenburg aus agierte, die Linie Nassau-Siegen war erloschen), wurde das Urteil im Jahr 1746, gestützt durch ein mandatum de exequendo, durchgesetzt; wobei die neue Regierung aber davon ausging, dass die Untertanen größtenteils freiwillig zahlen würden.[541]

3.4.3. Grafschaft Rothenfels

Nach Steuererhöhungen über die Matrikel hinaus kam es in der Grafschaft Rothenfels im Jahr 1596 zu Unruhen; das zur Grafschaft gehörende Immenstadt verfasste eine Klageschrift von nicht weniger als 134 Punkten. Auch andere Gemeinden klagten. Vor einer kaiserlichen Kommission wurde ein Vergleich zwischen Herrschaft und den meisten Gemeinden geschlossen – allerdings ohne die Mitwirkung der oberen Grafschaft und ohne dass die Herrschaft sich in der Folge an den Vergleich gehalten hätte. Es folgte eine vor allem von der Herrschaft betriebene juristische Auseinandersetzung vor dem RKG.[542]

3.4.4. Fünf Donaustädte

Die sogenannten Fünf Donaustädte Mengen, Munderkingen, Riedlingen, Saulgau und Waldsee klagten beim Kaiser,[543] ausführlich artikuliert, gegen die als übergriffig bezeichnete Herrschaft der Truchsessen von Waldburg. Es erging

540 Vgl. Bähr 2012b, 146–152, 163–165.

541 Vgl. Bähr 2012b, 167–172, 224 f.

542 Vgl. Schulze 1982a, 127–129; Waibel 1851, 61–66.

543 Vgl. Laub 1972, 76; siehe auch 3.1.2.

ein Schreiben des Kaisers an Truchsess Christoph, mit der er die Erbhuldigung Munderkingens – Christoph hatte sie 1596 unter dem vorgeblichen Grund eines Streits zwischen Rat und Gemeinde zu erzwingen versucht – kassiert wurde.[544] Im Anschluss daran kam auf habsburgische Initiative ein Vergleich zustande, in dessen Rahmen die Truchsessen von Waldburg die Donaustädte an Österreich abtraten.[545]

3.4.5. Schmoel (Gut)

Der Prozess um die Freiheitsrechte der Bewohner des schleswig-holsteinischen Gutes Schmoel war politisch äußerst kompliziert. Es ging um einen in Vergessenheit geratenen Freiheitsbrief, mit dem ein ehemaliger Gutsbesitzer 1688 alle Untertanen aus ihrer persönlichen Abhängigkeit entlassen hatte; was diese allerdings – je nach Sichtweise der Partei – nicht umgesetzt hatten. So konnte ein neuer Besitzer später, als der Freiheitsbrief Ende der 1730er Jahre wiederentdeckt worden war,[546] argumentieren, dass diese Rechte verfallen seien. Es schlossen sich viele Supplikationen sowie Prozesse vor dem holsteinischen Landgericht und dem RKG an, die von einer fundiert ausgearbeiteten juristischen Argumentation gekennzeichnet waren – die Appellation war aber aufgrund eines Appellationsprivilegs und verstrichener Fristen erfolglos.

An das Auffinden des Freiheitsbriefs schloss sich zunächst besagter Prozess vor dem holsteinischen Landgericht an, der von starken politischen Einflüssen gekennzeichnet war. Ein Teil der Richter sah die Stellung des holsteinischen Adels gefährdet. Deshalb supplizierten die Advokaten der Schmoeler gleichzeitig und mehrfach, gleichwohl ohne Erfolg, an den dänischen König als Landesherren.[547] Das holsteinische Landgericht entschied zugunsten des Gutsbesitzers, dass der Freiheitsbrief mit dem Verkauf der Güter hinfällig sei.[548] Es folgten weitere Supplikationen und auch Deputationen der Untertanen nach Kopenhagen.[549]

1772 appellierten die Schmoeler schließlich ans RKG. Ihr Hauptargument war der Freiheitsbrief von 1688 und die seitherige Verweigerung der entsprechenden Rechte.[550] Betont wurde die Einmaligkeit des Falls, der daher nicht die von der Gegenseite befürchtete und für das Urteil des Landgerichts ausschlaggebende

544 Vgl. Hämmerle 1986, 31, 61–64.
545 Vgl. Hämmerle 1985, 79 f.
546 Vgl. Ullmann 2007, 248; siehe auch Prange 1965.
547 Vgl. Ullmann 2007, 247–298, 311–314.
548 Vgl. Ullmann 2007, 302–306.
549 Vgl. Ullmann 2007, 336–343.
550 Vgl. Ullmann 2007, 364.

Signalwirkung an die umliegenden Untertanenschaften haben könne.[551] Die Begründung stützte sich sehr ausführlich auf Pandekten und eine Vielzahl von einschlägigen Autoren.[552] Die Fristen für die Appellation waren allerdings verstrichen.[553] Die Advokaten der Untertanen beriefen sich in diesem Punkt auf Unwissenheit.[554] Weitere rechtlich relevante Materie reichten sie nicht ein, sondern baten bis 1776 nur um neue Termine für die Einreichung. 1776 legten sie das Mandat nieder.

Das Hauptproblem war das für den holsteinischen Adel geltende Appellationsprivileg. Die Anwälte versuchen letztlich erfolglos, dieses zu umgehen, indem sie auf Rechtsverweigerung plädierten. Das RKG erkannte den Fall als citatio ad videndum an, wobei die Anwälte aber eine restitutio ad integrum beantragt hatten. Die Citatio entsprach nur dem Nebenantrag.[555] Der Anwalt der Herrschaft, Christian Jacob von Zwierlein, musste dagegen im Wesentlichen nur das holsteinische Landgerichtsurteil anführen und hatte damit schon rechtlich konkludent die Ansprüche der Herrschaft belegt.[556] Wichtig war auch der Aspekt, dass die Folgen weitreichend sein konnten und für die holsteinische Regierung sehr schwer einzuschätzen waren. Deswegen wurden sowohl sie als auch die deutsche Kanzlei der dänischen Krone sehr aktiv und machten Eingaben ans RKG, was dort allerdings negativ bewertet wurde.[557]

Das RKG gewährte den Untertanen mittels zweier Zwischensentenzen noch Fristen für die Einbringung relevanter Argumente.[558] Das Urteil fiel am Ende zu ihren Ungunsten aus.[559] Zentral für die Argumentation ist die formale Frage der vorhandenen Appellationsprivilegien. Auf die materiell-rechtliche Situation, d.h. die Natur des Freiheitsbriefs von 1688, ging die Relation zwar auch (mit negativem Duktus) ein, entschied sie aber nicht und erklärte die Sache durch die Landgerichtsurteile für geklärt.[560]

---

551 Vgl. Ullmann 2007, 365.

552 Der Autor nennt einige Namen, aber nicht die einzelnen Argumente (vgl. 364).

553 Vgl. Ullmann 2007, 343.

554 Vgl. Ullmann 2007, 365.

555 Vgl. Ullmann 2007, 366 f., 385–388.

556 Vgl. Ullmann 2007, 368–370.

557 Vgl. Ullmann 2007, 371–385, 399 f.

558 Vgl. Ullmann 2007, 388–391.

559 Ullmann zitiert ausführlich aus der Relation, die im entsprechenden Senat vorgetragen wurde (vgl. 391–396).

560 Vgl. Ullmann 2007, 397–400.

3.4.6. Schwarzach (Klosterherrschaft)

Der in 3.1.4 schon einmal angesprochene Konflikt in der Klosterherrschaft Schwarzach begann mit einem Streit um Fronen für einen Klosterneubau, wobei die Untertanen Zeugenverhöre initiierten und auf die Einhaltung des Renchener Vertrags von 1525 rekurrierten.

Ab 1722 verweigerten die Untertanen Fuhrdienste, nachdem ihnen die für diese Dienste vorgesehene Verpflegung gekürzt worden war.[561] Es folgten zunächst Verhandlungen und Prozessvorbereitungen seitens Untertanen, Abt und des Markgrafen von Baden, der am RKG seine Landeshoheit gegenüber dem Kloster durchgesetzt hatte und die Untertanen von einer Kommission verhören ließ. Nach einigen Mandatsprozessen, die das Verhältnis der genannten Parteien untereinander zum Inhalt hatten,[562] fanden auf Initiative der Untertanen Verhöre vor der badischen Regierung statt.

Es ging um die Frage, ob der Abt die Untertanen zu schwer mit Baufronen für den 1724 begonnenen Klosterneubau belastet habe. Die Zeugen bestätigen eine ungewöhnlich hohe Belastung – üblich seien gemessene Fronen von vier Tagen im Jahr – der Abt dagegen sagte aus, die Untertanen seien ihm als seine Leibeigenen ungemessene Dienste schuldig.

Um diese Frage zu klären, recherchierte die Regierung nach dem (wahrscheinlich von den Untertanen ins Feld geführten) Renchener Vertrag von 1525.[563] Es folgten weitere Klagen der Parteien vor dem RKG um die Dienstpflicht der Untertanen, in deren Hintergrund aber auch die Frage der Landeshoheit eine Rolle spielte.[564] Ein Exekutorialverfahren vor dem RKG und Exekutionen schlossen sich an; bei anhaltender Unterstützung der Untertanen durch Baden.[565] Ein Ende fand der Konflikt damit nicht.[566]

3.4.7. Fürstentum Schwarzburg

Die Untertanen des Fürstentums Schwarzburg klagten vor RKG und RHR gegen eine Abgabe zur Errichtung eines Waisenhauses, die der neu gefürstete Graf erheben wollte. Sie unterlagen aber nach komplizierten Prozessen mit wechselnder Litispendenz

561 Vgl. Zückert 1988, 15–20.
562 Vgl. Zückert 1988, 20–24.
563 Vgl. Zückert 1988, 25–31; vgl. speziell hierzu auch 3.1.4.
564 Vgl. Zückert 1988, 31–48.
565 Vgl. Zückert 1988, 42–52.
566 Vgl. Zückert 1988, 61.

vor RHR und RKG[567] *sowie einer Kommission, die der RHR aufgrund einer Revisionsklage entsandt hatte. Gleich am Anfang des Konflikts wird deutlich, dass schon das Verfassen von Supplikationen eine große Personenzahl in die Verschriftlichung von Ansprüchen einbinden konnte.*

1716 verfasste die organisierte Handwerkerschaft eine Supplikation mit 199 Unterschriften gegen die teilweise mit Zwangsmitteln eingetriebene, aber als freiwillig bezeichnete Abgabe. Die Obrigkeit ging gegen die Überreichung vor, indem sie die Stadttore von Königsee, wo die Versammlung stattfand, verschließen ließ. Es kam zum Sturm und Zug vor das Rudolstädter Rathaus, dort schlossen sich längere Verhandlungen um die Übergabe der Supplikation an.[568]

Zwei Jahre später organisierten einige Untertanen unter dem Vorwand, sie wollten anlässlich der Huldigung des neuen Fürsten Friedrich Anton ein Donativ eintreiben, Unterstützung für eine neue Supplikation, und zwar zur Wiedereinführung einer älteren Landestaxordnung ohne Akzise und zur Erleichterung von Rechtsbeistand. Als die Täuschung offenbar wurde, bezeichnete Fürst Friedrich Anton dies als Vorbereitung einer Sedition.[569]

Nach einer Klage und einem Mandatsprozess am Reichshofrat[570] beauftragten die Untertanen den Erfurter Notar Andreas Petz (Bezius) mit dem Verfassen einer Klageschrift an das RKG. Petz war seinerseits Gegner des herrschaftlichen Kanzlers von Beulwitz. Das RKG nahm die Klage an und forderte von der Herrschaft einen Bericht an. Interessant ist hier der Umstand, dass die Herrschaft nicht nur das für sie günstige RHR-Patent veröffentlichen ließ, sondern auch die Klage der Untertanen, die ihnen das RKG zusammen mit dem Berichtserfordernis übersandt hatte. Allerdings ließ von Beulwitz Petz gefangen nehmen. Ein Teil der Klage betraf die vorherige Abschaffung der Landstände, die Fürst Friedrich Anton 1722

567 Die Untertanen klagten 1720 nach Errichtung eines neuen Prozesssyndikats mit neuen Rechtsvertretern und unterstützt von ihrer Fürstin vor dem Reichshofrat. Durch die Fürsprache der Fürstin, die den Untertanen den erwiesenen Respekt vor der Herrschaft bestätigte, gelang es, an einen älteren Prozess von 1712, der den Untertanen den Klageweg eröffnet hatte, anzuknüpfen. Dadurch lag die Litispendenz beim RHR. Die Anwälte baten um eine von Sachsen-Weimar und Gotha getragene Kommission. Der Weg dorthin wird in allen Details geschildert (vgl. Bäcker von Ranke 1915, 81–95).

568 Vgl. Bäcker von Ranke 1915, 47–50.

569 Vgl. Bäcker von Ranke 1915, 52–55.

570 Vgl. Bäcker von Ranke 1915, 59.

mit einer neuen Landschaftskonstitution nun wieder einsetzte, allerdings mit sehr stark beschnittenen Rechten. Diese spezielle Klage war damit gegenstandslos.[571]

3.5. Ausdifferenzierung von Entscheidungssystemen

Die Ausdifferenzierung von Entscheidungssystemen findet sich in den meisten nun genannten Fällen in Form einer effektiv arbeitenden Kommission unter einem externen Träger umgesetzt. Mit 3.5.4, 3.5.7 und 3.5.8 gibt es aber auch Fälle, in denen Untertanen und Obrigkeiten unmittelbar oder vor einer eigens einberufenen landesherrlichen Kommission miteinander verhandelten. Der Abschnitt überschneidet sich inhaltlich mit den unter 4.1.6.1 bis 4.1.6.5 genannten Fällen, die dort allerdings weniger signifikant mit den hier verwendeten Kriterien in Verbindung zu bringen sind.

3.5.1. Böhmenkirch

In Böhmenkirch gelang einer Reichshofratskommission in den Jahren 1580–1582 ein Vergleich trotz gewaltsamer Eskalation und Reichsunmittelbarkeitsvorstellungen, die hier auf den Advokaten der Gemeinde zurückgingen.

Die Widerstandsbewegung unter der Herrschaft Haugs von Rechberg begann mit dem Austritt aller Männer der Gemeinde. Zuvor hatte Rechberg sukzessive immer mehr Leistungen gefordert, der eigentliche Anlass erscheint dann eher geringfügig: die Umlage der Kosten für Tagelöhner beim Wiederaufbau einer Zehntscheune. Alle Männer der Gemeinde zogen nach erfolglosen Klagen bei ihrer Herrschaft auf württembergisches Territorium und beschlossen einen Appell an den vermeintlichen Lehnsherren Österreich.[572] Nach einem Empfehlungsschreiben Erzherzog Ferdinands und einer Gegenklage der Herrschaft wegen Aufruhrs kam ein Prozess vor dem RHR in Gang, und eine Kommission wurde entsandt.[573] Unter Anleitung des daraufhin eingestellten Juristen Samuel Letscher spitzten die Böhmenkircher ihre Ansprüche bis hin zu der Position zu, dass es sich bei der Gemeinde um einen Reichsmarkt handle.[574] Auch auf sein Betreiben beschloss eine Gemeindeversammlung, einem in Heidenheim angesetzten

571 Vgl. Bäcker von Ranke 1915, 59, 78–81. Später machten Untertanen Eingaben wegen sicheren Geleits, eine davon beklagte die Arrestierung von Petz. Das RKG verfügte dessen Freilassung, sofern der Arrest auf dessen Funktion als Anwalt der Untertanen zurückgehe (vgl. ebd. S. 67–68).

572 Vgl. Fink 2004, 134–142.

573 Vgl. Fink 2004, 148–150.

574 Vgl. Fink 2004, 170–175.

Kommissionstag fernzubleiben – es erging ein Exkusationsschreiben, in dem die Untertanen ihre vermeintliche Freiheit aus göttlichem und kaiserlichem Recht herleiteten[575] – und stattdessen das RKG anzurufen; dies auch für den Fall, dass nun vom RHR eine Exekution befohlen würde. Auf diese Option hin ließ Letscher alle Gemeindemitglieder ein Handgelübde auf einen „Bund ferner Vertröstung" ableisten. Er hielt auch eine motivierende Rede, in der er sich einer Lichtmetapher, stellvertretend für das kaiserliche Recht, bediente.[576] Es kam zur Exekution.[577]

Letscher setzte in Speyer einen RKG Prozess in Gang und erwirkte ein Mandat, demnach alle Gefangenen freizulassen seien. Er bezeichnete allerdings Böhmenkirch als ein Reichsdorf und verschwieg, dass die Gemeinde Kommissionstagen ferngeblieben war. Der RHR erwirkte, da das Verfahren dort zuerst anhängig war, eine Einstellung des Verfahrens am RKG.[578] In der vermeintlichen Sicherheit des von Letscher in Aussicht gestellten Mandats und der relativen Aussichtslosigkeit der Kommissionsverhandlungen entwickelte sich die Böhmenkircher Bewegung zunehmend gewaltsam.[579]

Der Kommission gelang nach dieser Eskalation ein Vergleich zwischen Herrschaft und Gemeinde. Die Schuld an der Eskalation wurde Letscher zugeschrieben, die Böhmenkircher traten mit Fußfall und Urfehde wieder in Rechbergs Herrschaft ein, er nahm sie in Gnaden an. Beide Seiten schlossen vor der Kommission einen Vergleich, der als sogenannter „Gemeindisch Vertrag" publiziert wurde.[580]

3.5.2. Busecker Tal

Der hier vorgestellte Reichshofratsprozess ist mit den in dieser Arbeit vorgestellten Kategorien nur schwer zu fassen. Denn der Reichshofrat fällte eine sehr grundsätzliche Entscheidung, die aber von einer der Konfliktparteien nicht anerkannt wurde. Am Ende stand hingegen ein von einer auf Ausgleich bedachten Kommission herbeigeführter Vergleich, der allerdings auch unter dem Eindruck einer 200 Mann starken Exekutionstruppe zustande kam.

Gegen einen Vergleich der Ganerben des Busecker Tals mit Hessen-Darmstadt aus dem Jahr 1576 klagten die dort ansässigen Untertanen. Die Ganerben hatten

575 Vgl. Fink 2004, 198 f.
576 Vgl. Fink 2004, 195–197.
577 Ausführlich beschrieben bei Fink 2004, 199 ff.
578 Vgl. Fink 2004, 205–207, 225–228.
579 Vgl. Fink 2004, 150–220, 225–228.
580 Vgl. Fink 2004, 211–220.

die hessische Herrschaft anerkannt, nach Ansicht der Untertanen verstieß dies aber gegen kaiserliche Lehnsbriefe, in denen das Tal als unmittelbares Reichslehen bezeichnet wurde. Konkrete Klagen (insgesamt 18 Gravamina) bezogen sich auf Steuerbelastungen und Kontributionen. Die Bauern versuchten offenbar durch die Berufung auf Reichsunmittelbarkeit vor allem diese konkreten Probleme zu lösen. Hessen-Darmstadt ging dagegen mit Pfändungen und Exekutionen gegen die Schöffen vor; Hauptträger des Widerstands war das auf Kaiser und Reich vereidigte Ortsgericht. Da Hessen den RHR nicht als zuständiges Gericht anerkannte, blieben dessen Mandate – allein drei infolge gegen Pfändungen und Exekutionen im Jahr 1703 – zunächst folgenlos. Die Landgrafen verstärkten im selben Jahr sogar noch die militärische Präsenz im Tal und unterdrückten den Konflikt. Bewegung kam erst wieder in die Sache, als die hessische Reichsritterschaft eine Interventionsklage einreichte und die Reichsunmittelbarkeit der Busecker Ganerben in Form eines alten Eintrags in der Rittermatrikel nachweisen konnte. Darauf erklärte der RHR den Vertrag von 1576 für nichtig, da der Kaiser ihm nicht zugestimmt habe; das Tal also für reichsunmittelbar.[581] Diese Entscheidung stellte nun keineswegs die Lösung des Konflikts dar, sondern vielmehr den Ausgangspunkt für weitere, auch gewaltsame, Auseinandersetzungen. Das Urteil des RHR wurde 1711 wiederum durch das kurpfälzische Reichsvikariatshofgericht aufgehoben.[582]

Noch im selben Jahr veranlasste Hessen-Darmstadt eine Exekution, die mit der überfallartigen Besetzung des Tals durch 200 Soldaten begann. Gleichzeitig wurden nun aber auch echte Verhandlungen geführt, zwei dazu entsandte Kommissare prüften Sachverhalte im Sinne der Untertanen und setzten Ergebnisse gegen den Widerstand der Regierung durch. Das Ergebnis war ein im Jahr 1713 direkt zwischen Untertanen und Herrschaft geschlossener Vergleich.[583] 32 Großen-Busecker Bauern leisten nach der Submission der anderen Gemeinden weiterhin Widerstand, der sich aber mehr und mehr im Sande verlief. Am Ende führten nur noch die Ganerben den RHR-Prozess weiter, der nun die Position des Landgrafen bestätigte. Der Vertrag von 1576 blieb zwar aufgehoben, der RHR beschränkte diese Aufhebung aber auf die Passagen, die für Kaiser und Reich nachteilig waren – und solche gab es nicht. Damit war die hessische Position gefestigt.[584]

581 Vgl. Troßbach 1985a, 393 f., 399–423.
582 Zum genauen Sachverhalt vgl. Troßbach 1985a, 423.
583 Vgl. Troßbach 1985a, 424–430.
584 Vgl. Troßbach 1985a, 431–435.

3.5.3. Stift Corvey

Im Stift Corvey handelten Untertanen von Stadt und Land 1558 nach einem Konflikt um herrschaftliche Akzisen unter der Führung Höxters den sogenannten Landbrief mit Abt Reinhard von Bocholtz aus. Unter Berufung auf eben diesen Brief verweigerten später die Stadt Höxter und die Ritterschaft eine 1562 ausgeschriebene Sondersteuer und reichten beim Abt Gravamina ein, die auch eine übermäßige Belastung der Bauern beklagten. Beide Parteien supplizierten 1566 auch am Kaiserhof, der Kaiser befahl umgehend die offenbar verweigerte Huldigung und entsandte eine Kommission unter dem Fuldaer Abt und Adrian von Steinberg zum Ottenstein. Die von verschiedenen Kommissaren getragenen Verhandlungen dauerten mehrere Jahre und wurden 1573 mit zwei Verträgen abgeschlossen.[585]

3.5.4. Gut Groß-Collmar

Im Streit um Steuererhöhungen rief Wulf von Ahlefeld zu Haselau, der Besitzer des Holsteinischen Gutes Groß-Collmar, das RKG im Jahr 1572 gegen seine Untertanen an. Er befürchtete einen gewaltsamen Aufstand, wie es schon in Nachbargütern geschehen war. 1587 schlossen Herrschaft und Untertanen einen Vergleich.[586]

3.5.5. Michelstadt

In Michelstadt spitzte sich ein länger andauernder Konflikt mit Graf Franz von Erbach-Erbach um die Ressourcen der Stadt zu, nachdem 1784 ein städtischer Wildhüter verschleppt worden war. Jener hatte das herrschaftliche Wild nicht in den städtischen Wäldern geduldet. Der RHR setzte, nach einer Verzögerung durch den Tod Josephs II., eine Kommission unter Heinrich August zu Hohenlohe-Ingelfingen ein. Nachdem sich die Kommission aber durch den Tod Kaiser Leopolds II. erneut verzögerte, griff Michelstadt zur Selbsthilfe und schoss eigenmächtig herrschaftliches Wild. Der Prozess wurde schließlich unter Franz II. fortgesetzt, die Untersuchungskommission sprach sich klar für die Rechte der Stadt aus und tadelte die unverhältnismäßige herrschaftliche Jagd. Die Verhandlungen um einen Vergleich zogen sich aber bis nach 1806 hin.[587]

---

585 Vgl. Behr 1978/79, 1–3.

586 Vgl. Matthiesen 1836, 24 f., 234–237.

587 Vgl. Wolf 1986, 112–114.

3.5.6. Amt Neu-Saarwerden

Zu einer regelrechten Schlacht kam es unter Carl August von Nassau-Weilburg[588] *im lothringischen Amt Neu-Saarwerden. Die Situation konnte aber durch eine vom RKG beauftragte Manutenenzkommission beruhigt werden.*

In einem von den Untertanen wegen Steuern, Diensten, dem Einzug von Gütern und einem umstrittenen Schlossbau angestrengten Prozess hatte das RKG neben dem Berichtserfordernis auch eine Temporalinhibition ergehen lassen, was zu sofortigen Verweigerungen seitens der Untertanen und Pfändungen seitens der Herrschaft führte. Dagegen leisteten die Untertanen geschlossen Widerstand, worauf die Herrschaft die Pfändungen zunächst aussetzte, dann aber im Jahr 1748 einen Überraschungsangriff startete – was zur besagten Schlacht, geführt mit Äxten, Bajonetten und Gewehren führte.[589]

Die Herrschaft beantragte beim RKG nach dem Aufstand ein Mandat.[590] Schon nach wenigen Tagen erließ es ein vorläufiges Urteil: Die Untertanen sollten die schuldigen Dienste inklusive eines umstrittenen Schlossbaues leisten, die Herrschaft dagegen sollte die militärische Exekution sofort zurückziehen und keine anderen als die herkömmlichen Abgaben verlangen.[591] Anschließend entsandte es eine Manutenenzkommission unter der Verantwortung des oberrheinischen Reichskreises, die die Ansprüche beider Seiten klären sollte. Sie entschied, dass die Untertanen sowohl ungemessene Fronen als auch den Kartoffelzehnt zahlen sollten; auch sollten vakante Güter herrschaftlicher Verwaltung anheimfallen, wenn die Untertanen ihren Besitz nicht beweisen konnten. Die Herrschaft sollte die ungemessenen Fronen allerdings maßvoll ansetzen, und ihr wurde vor allem untersagt, Schlossbausteuern zu erheben. Ebenfalls sollte sie die regulären Steuern nur nach einem seit 1745 bestehenden Anschlag ansetzen. Die Herrschaft nahm den Vergleich nicht an, allerdings sorgte die Anwesenheit der Kommission für eine Beruhigung der Situation.[592]

---

588 Siehe zu Carl August auch 3.2.13.

589 Vgl. Wilhelm 2007, 195–197.

590 „Mandatum arctiori de praestando debitam obedientiam…" (Wilhelm nennt bei Mandaten immer die ausführlichen lateinischen Bezeichnungen mitsamt den lateinischen Beschreibungen des Inhalts.)

591 Vgl. Wilhelm 2007, 199–201.

592 Vgl. Wilhelm 2007, 201 f.

3.5.7. Thulba, Frankenbrunn und Reith

Nach mehreren wegen Fuhrfronen gegen die Fuldaer Pröpste in den Jahren 1753–1772 angestrengten Mandatsprozessen einigten sich die Gemeinden Thulba, Frankenbrunn und Reith vor einer landesherrlichen Kommission mit ihrer Herrschaft und zogen ihre RKG-Klagen zurück.[593]

3.5.8. Markgenossenschaft Urbach

In einem Konflikt der Urbacher Markgenossenschaft mit den Grafen von Wied-Runkel, die dort zunächst nur die Funktion der Obermärker innehatten, kam es, auch angeregt durch den Prozess der benachbarten Anhauser Untertanen, zu gleichzeitigen Klagen vor RKG und RHR.[594] *Beendet wurde der anfangs von heftigem Widerstand mit Toten und Verletzten gekennzeichnete und viele Jahre weiter schwelende Konflikt dann aber durch die Konfliktparteien selbst.*

Der Streit drehte sich zunächst um die Einschränkungen der genossenschaftlichen Rechte, vor allem hinsichtlich der Waldweide durch die Forstordnung von 1680.[595] Der RHR ermahnte die Märker zum Gehorsam und forderte von den Grafen, die alten Rechte anzuerkennen. Der Widerstand wurde aber militärisch niedergeschlagen, und die Prozesse ruhten zunächst bis 1730.[596]

Dann aber setzte der Widerstand umso heftiger ein, auch aufgrund von Brennholzmangel. Im Streit um den Holzeinschlag handelte die Markgenossenschaft praktisch autonom, es kam zu gewaltsamen Pfändungen seitens der Herrschaft und gewaltsamem Widerstand mit Toten und Verletzten.[597] Nach Klagen der Untertanen beim Niederrheinisch-Westfälischen Reichskreis ordnete der RHR im Jahr 1758 eine Exekution gegen die Herrschaft an, die sie aber durch eine Zahlung von 4912 Talern Entschädigung für Holzeinschläge abwenden konnte.[598]

1767 leisteten dann die Märker des gesamten Kirchspiels geschlossenen Widerstand gegen erneute Pfändungen. Im selben Jahr begannen beide Seiten aber auch, aufeinander zuzugehen, wahrscheinlich aufgrund merkantilistisch-landesväterlicher Überlegungen der Herrschaft und der zunehmenden Armut der Markgenossen. Es gab immer wieder Ansätze zu Verhandlungen. Nach dem

---

593 Vgl. Hörner/Schimke 1995, 282 f.

594 Leider wird dieser Umstand vom Autor nicht weiter verfolgt und der gesamte RKG-Prozess nur angerissen.

595 Vgl. Bub 2003, 201–204.

596 Vgl. Bub 2003, 203–207.

597 Vgl. Bub 2003, 207–217.

598 Vgl. Bub 2003, 207 f., 213.

Tod des Grafen Christian Ludwig 1791 kam im Jahr 1793 unter Graf Karl Ludwig ein Vergleich zustande.[599]

3.5.9. Herrschaft Westerburg

Der Streit in der Herrschaft Westerburg um die Rechte und Freiheiten bzgl. der Dienstpflichten einiger nach der Aufhebung einer Landesteilung hinzugekommener Dörfer war zunächst von äußerst langwierigen, von politischer Beeinflussung und von Zufällen gekennzeichneten Kommissionsverhandlungen gekennzeichnet. Die Einflussnahme wurde aber nach und nach zurückgedrängt und ein Vergleich erzielt.

Der Streit begann mit Verweigerungen von Dienstgeldern und vor allem der Huldigungsverweigerung gegenüber Graf Georg II. von Westerburg; sowie mit Supplikationen an das Kölner Domkapitel als Lehnsherren der Westerburger Herrschaft. Nachdem das Domkapitel sämtliche Neuerungen untersagt hatte, verweigerten die Untertanen alle Abgaben.[600]

Unter dem Vorwand, rückständige Kreisgelder einzutreiben – tatsächlich stand kaum etwas aus, weil die Bauern die Gelder direkt an den Kreis abgeführt hatten – beantragte Graf Georg eine Kreisexekution, die ihm aufgrund guter Beziehungen auch schnell gewährt wurde. Der Widerstand der Bauern wurde gewaltsam niedergeschlagen, es gab zwei Tote.[601]

Die Bauern klagten nun beim RHR, dieser erteilte ein mandatum de abducende milite. Das Mandat wurde aber von Graf Georg ignoriert. Der Reichshofrat setzte eine Untersuchungskommission ein, allerdings, auf Betreiben Georgs, nicht unter der Führung von Kurtrier, sondern des ihm freundschaftlich verbundenen Nassau-Weilburg. Die Untertanen erschienen nicht und flohen, als sie von Soldaten vorgeführt werden sollen. Die Kommission verblieb dennoch im Territorium, und zur Deckung der auflaufenden Kommissionskosten wurde auf Vorschlag Graf Georgs der Gemeindewald vereinnahmt. Zur Pflanzzeit im Frühjahr 1708 unterwarfen sich die Bauern.

Der RHR setzte aufgrund eines mageren und augenscheinlich parteiischen Kommissionsberichts, sowie auf Betreiben der Untertanen, nun doch den Trierer Kurfürsten als Kommissar ein. Mittlerweile stand sowohl der ursprüngliche Konflikt als auch die Frage der Prozesskosten und des Holzeinschlags im Gemeindewald (jetzt als womöglich widerrechtlich verursachter Schaden) zur Disposition – doch auch die neue Kommission kam zunächst nicht zu Beschlüssen.

---

599 Vgl. Bub 2003, 217, 222–226.
600 Vgl. Troßbach 1983a, 50–57.
601 Vgl. Troßbach 1983a, 57 f.

Erst als sich auch die Stadt Westerburg der Klage angeschlossen hatte und die Kommission erneuert worden war, kam es zu einem Vergleichsvorschlag – der aber aufgrund des Todes des als Kommissar eingesetzten Trierer Kurfürsten und der damit nichtig gewordenen Kommission nicht umgesetzt wurde.

Auf erneute Beschwerden der Bauern und der Westerburger Bürger setzte der RHR eine weitere Kommission ein, wieder unter Kurtrierer Führung, nun aber adjungiert durch die Stadt Frankfurt. Nach politischen Eingriffen Graf Georgs gab Frankfurt aber den Auftrag zurück, er ging nun erst an Nassau-Idstein, nach dem Tod des dortigen Landesherren, Fürst Georg August, anschließend an Hessen-Darmstadt. Die Kommission trat daher erst 1721 wieder zusammen. Die Verhandlungen waren langwierig, und unter dem Eindruck zunehmenden gewaltsamen Widerstands rückte die Kommission zunächst von ihrer sehr untertanenfreundlichen Position ab. Der RHR erließ mehrere Conclusa zugunsten der Herrschaft; den Bauern wurde Holzverkauf verboten, und sie durften sich nicht mehr versammeln. Am Ende aber standen, nach dem Tode Graf Georgs, einvernehmliche Vergleiche, sowohl mit einigen Dörfern als auch mit der Stadt Westerburg.[602]

602 Vgl. Troßbach 1983a, 58–65.

4. Nachhaltige Lösung von Konflikten

Im vorigen Kapitel wurden Untertanenkonflikte unter dem Aspekt ihrer Lösung durch Gerichte und Kommissionen betrachtet – oder genauer gesagt, unter dem Blickwinkel der von diesen Instanzen eingeleiteten und nach Luhmann'schen Kriterien modellierten Kommunikationsprozesse. Nun soll die Gegenprobe folgen. Die Lösungswege von Herrschaftskonflikten unterlagen politischen Prozessen wie auch kontingenten Ereignissen. Es ist also unerlässlich zu fragen, welche Konflikte tatsächlich nachhaltig gelöst wurden und welche Momente die jeweiligen Autoren als entscheidend ansehen. Eine genauere Untersuchung könnte dann im Einzelfall den Einfluss solcher Faktoren, die man als einer produktiven Konfliktlösung inhärent ansehen kann, gegen den Einfluss der kontingenten Faktoren abwägen. Im Folgenden werden daher alle in der Literatur als nachhaltig gelöst dargestellten Konflikte, geordnet nach ihrer Lösung, aufgeführt und kurz dargestellt. Wenn sie schon im vorigen Kapitel behandelt wurden, erfolgt dies nur als kurze Rekapitulation mit einem entsprechenden Verweis.

4.1. Vergleiche

46 von insgesamt 84 in der Literatur als nachhaltig gelöst bezeichneten Konflikten enden mit einem Vergleich. Insofern stellt er offensichtlich die erfolgreichste Form der Konfliktlösung dar. Das Bild wird allerdings dadurch getrübt, dass der Weg dorthin nicht immer geradlinig verlief. In immerhin sieben Fällen kam eine Lösung erst nach einer gewaltsamen Eskalation zustande, in zehn weiteren[603] Fällen nach einem Herrschaftswechsel. Ein Vergleich war also nicht immer das Ergebnis gezielter Schritte der Konfliktlösung, sondern wurde in fast der Hälfte der Fälle durch Zwang oder durch kontingente Ereignisse ermöglicht.

Wichtig waren in diesem Zusammenhang auch Außenstehende als Impulsgeber für Vergleichsverhandlungen. Immerhin zehnmal ging eine Lösung auf sie zurück, bei nur je zwei Überschneidungen mit Herrschaftswechseln. In sechs Fällen, einer davon fiel wiederum mit einem Herrschaftswechsel zusammen, konstatieren die Autoren signifikante Erschöpfung von personellen und/oder materiellen Ressourcen. Im Folgenden sollen alle entsprechenden Konflikte kurz aufgeführt werden.

603 Bei einer Überschneidung, siehe 4.1.1.6.

4.1.1. Vergleiche im Zusammenhang mit Gewalt

4.1.1.1. Busecker Tal

Im Busecker Tal kam ein Vergleich unter dem Druck von 200 Soldaten zustande; dies vor dem Hintergrund, dass das Tal sich – auch gestützt durch RHR-Urteile – als reichsunmittelbar verstand. Die Urteile wurden allerdings später kassiert, sodass die Bevölkerung nun die Landeshoheit der hessischen Landgrafen akzeptieren musste. Die Verhandlungsführer waren dabei aber sehr auf Ausgleich bedacht, sodass der Vergleich bei den meisten Untertanen Akzeptanz fand. (Siehe dazu Abschnitt 3.5.2.)

4.1.1.2. Amt Hohentengen

In den Konflikten im Amt Hohentengen ist eine Verbindung von Gewalteskalation und Verhandlungsbereitschaft festzustellen. Nachdem die Untertanen infolge der Auseinandersetzungen in die Nachbarherrschaften geflohen waren, kam von dort der Anstoß zu Verhandlungen. Diese führten binnen eines Jahres zu einem Vergleich. (Siehe oben, Abschnitt 3.1.5.)

4.1.1.3. Herrschaft Kirchheim

Aus Furcht vor Gewalt kamen 1786 in der Herrschaft Kirchheim Vergleichsverhandlungen zum Abschluss. Die Untertanen waren zuvor im Jahr 1784 Opfer von Exekutionen geworden, die eskaliert waren und zu sechs Toten geführt hatten. (Der gesamte Vorgang findet sich kurz unter 3.2.10 beschrieben.)

4.1.1.4. Amt Neu-Saarwerden

Eine nachhaltige Beruhigung, wenn auch nicht Lösung, eines Konflikts zeichnete sich 1748 im Amt Neu-Saarwerden ab – nachdem sich, nach überraschenden gewaltsamen Pfändungen seitens der Herrschaft, ein gewaltsamer Aufstand mit einer regelrechten Schlacht ereignet hatte. Eine Manutenenzkommission des RKG konnte zwar keinen Vergleich erzielen, sorgte aber durch ihre Anwesenheit dafür, dass die Konfliktparteien die direkte Auseinandersetzung fortan unterließen. (Siehe oben, 3.5.6.)

4.1.1.5. Schönburger Herrschaften

Die Unruhen in den Schönburger Herrschaften (siehe Abschnitt 3.2.15) wurden 1681 mit einem in Karlsbad ausgehandelten Vergleich beendet, als die sogenannte

Jerisauer Bauernschlacht erst fünf Jahre zurücklag. Initiatoren oder Verhandlungsträger werden vom Autor leider nicht genannt.[604]

4.1.1.6. Herrschaft Westerburg

In einem Konflikt in der Herrschaft Westerburg, wobei es unter anderem um die Huldigung ging, gab es 1724 zwar eine gewaltsame Eskalation. Sie ließ den RHR von seiner zunächst sehr untertanenfreundlichen Politik abrücken. Trotzdem standen am Ende, ca. 1728, gütliche Vergleiche. Hier ist ein Zusammenhang mit dem Tod Graf Georgs wahrscheinlich. (Siehe oben, Abschnitt 3.5.9.)

4.1.1.7. Herrschaft Wickrath

Für einen Schlossbau in der Herrschaft Wickrath forderten die Freiherren von Quadt Spanndienste und beriefen sich aufgrund gültiger Rechtstitel auf eine ungemessene Dienstpflicht ihrer Untertanen. Die Bauern waren allerdings von der Freiwilligkeit ihrer Dienste überzeugt und nahmen einen RHR-Prozess, der seit 1740 stillstand, wieder auf, mit dem Ziel eines inhibitorischen Mandats sine clausula. Gleichzeitig bemühte sich der Landesherr bei befreundeten Ständen um Hilfe bei Exekutionen. Der RHR wurde erst aktiv, als er sein Vorgehen dort rechtlich absichern wollte und setzte eine aus Vertretern des niederrheinisch-westfälischen Kreisdirektoriums bestehende Kommission ein. Zuvor (1750) verkündete er noch ein vorläufiges Conclusum, das die Untertanen zur Huldigung und zu den geforderten Diensten verpflichtete. Im Hintergrund stand die praesumptio pro magistratu.[605] Das Conclusum blieb bis zum Ende des Konflikts in Kraft, weil die Kommission kein gemeinsames Votum erreichte. 1759 gab es, nach erneuten Verweigerungen von Spanndiensten, eine militärische Exekution, der Konflikt wurde daraufhin 1760 mit einem Vergleich beigelegt.[606]

4.1.2. Vergleiche nach Herrschaftswechseln

4.1.2.1. Hohenzollern-Hechingen

Der bekannte Hohenzollern-Hechingische Landesvergleich kam 1798 nach einem Herrschaftswechsel im ersten Jahr der Regierung von Fürst Hermann Friedrich zustande. (Siehe oben, Abschnitt 3.2.6.)

---

604 Vgl. Gentsch 1979, 285.
605 Vgl. Gabel 1995b, S. 98.
606 Vgl. Gabel 1995b, 86–101.

4.1.2.2. Herrschaft Homburg

In der Herrschaft Homburg konnte 1736 ein Vergleich nach geschicktem Nachgeben der vormundschaftlichen Regierung erzielt werden. Zuvor hatte sie vor dem RKG gegen die Untertanen wegen Gehorsamsverweigerung, Huldigungspflicht und der Zahlung von Territorialen und Gemeindelasten geklagt. Der Vergleich wurde vom RKG bestätigt. (Siehe oben, Abschnitt 3.2.7.)

4.1.2.3. Herrschaft Hungen

Nachdem Friedrich Wilhelm von Solms-Braunfels 1721 die Herrschaft Hungen übernommen hatte, konnte drei Jahre später ein Vergleich mit den dortigen Bauern über ein lange umstrittenes Dienstgeld erzielt werden, der 50 Jahre lang hielt.[607] Als Grund dafür sieht der Autor, dass den Beteiligten, vor allem der neuen Obrigkeit, die Widerstandsfähigkeit der Untertanen mit Ereignissen wie er Hungener Saalschlacht in Erinnerung stand. (Siehe dazu oben, Abschnitt 3.1.7.)

4.1.2.4. Grafschaft Klettgau

Nachdem Rudolf von Sulz die hochverschuldete Grafschaft Klettgau an seinen jüngeren Bruder Carl Ludwig von Sulz verkauft hatte, verweigerte die dortige Landschaft die Huldigung. Der neue Herrscher musste den Untertanen vor einer RHR-Kommission viele Zugeständnisse machen, im Gegenzug erkannten sie die Notwendigkeit eines korrekten Steueranschlags sowie die schon zuvor ausgehandelte Landes- und Policeyordnung an. Die Verhandlungen wurden 1606 abgeschlossen. (Vgl. oben, Abschnitt 3.1.11.)

4.1.2.5. Bann Maxsain

Nachdem die Herrschaft im Bann Maxsain an Graf Wilhelm Georg von Sayn-Hachenburg übergegangen war, kam ein wahrscheinlich durch dessen Onkel Christian Albrecht Casimir von Kirchberg, seinerzeit RKG-Präsident, vermittelter Vergleich zustande. Er enthielt weitreichende Konzessionen an die Untertanen, die im Gegenzug ein am RKG anhängiges Verfahren zurückzogen. (Ausführlich oben, 3.2.12.)

607 Vgl. TROßBACH 1985a, 96 f.

4.1.2.6. Nassau-Weilburg (rechtsrheinische Ämter)

Die Rechtslage in einem Konflikt der rechtsrheinischen Ämter des Fürstentums Nassau-Weilburg mit Fürst Carl-August war für beide Seiten schwer einzuschätzen. Nach einer Mandatsklage der Untertanen und aufgrund immer massiveren Widerstands signalisierte der Landesherr nach einiger Zeit Kompromissbereitschaft. Abgeschlossen wurden die Verhandlungen allerdings erst unter einer kommissarischen Regierung, rund ein Jahr nach seinem Tod im Jahr 1753. (Siehe dazu oben, Abschnitt 3.2.13.)

4.1.2.7. Neuwied

In Vergleichsverhandlungen kam Fürst Friedrich-Carl von Wied-Neuwied seinen Untertanen, die zuvor einen RKG-Prozess auf ganzer Linie gewonnen hatten, bis hin zur Abschaffung der Leibeigenschaft entgegen. Sein Vorgänger, Johann Friedrich Alexander hatte nach besagtem Prozess bis zu seinem Tod 1791 lediglich versucht, negative Folgen für sein Haus abzuwenden. (Vgl. Abschnitt 3.3.2.)

4.1.2.8. Grund Seel- und Burbach

Im Grund Seel- und Burbach kam es im Jahr 1802 nach einem ausufernden und hochpolitischen Prozess – bis hin zum Rekurs an den Reichstag – schnell zu einem Vergleich, nachdem die Herrschaft von Sayn-Hachenburg an Nassau-Weilburg übergegangen war. (Vgl. oben, Abschnitt 3.2.16.)

4.1.2.9. Markgenossenschaft Urbach

In der Markgenossenschaft Urbach kam nach einer langen Kette von Verhandlungsansätzen, bei zunehmender Verarmung der Bevölkerung, aber auch unter den Vorzeichen von landesväterlich-merkantilistischer Sorge um das Gemeinwohl ein Vergleich zustande. Er wurde aber erst nach dem Tod von Graf Christian Ludwig (1791) im Jahr 1793 unter Graf Karl Ludwig geschlossen. (Vgl. Abschnitt 3.5.8.)

4.1.2.10. Herrschaft Westerburg

Siehe auch 4.1.1.6: Die dort angesprochenen Vergleichsverhandlungen kamen erst nach dem Tode Graf Georgs von Westerburg zustande. Im Jahr 1728 gab es einvernehmliche Vergleiche, sowohl mit einigen Dörfern als auch mit der Stadt Westerburg. (Ausführlich oben, Abschnitt 3.5.9.)

4.1.3. Vergleiche nach Einflussnahme Außenstehender

Bei insgesamt fünf Vergleichen, die zu einer nachhaltigen Konfliktberuhigung führten, konstatieren die Autoren einen wesentlichen Einfluss von Personen, die nicht den Konfliktparteien oder Gerichten zuzuordnen sind. Dazu zählen z. B. Pfandherren, Lehnsherren oder einflussreiche Nachbarterritorien. Einer davon wurden oben schon unter der Rubrik *Herrschaftswechsel* behandelt: der Bann Maxsain (4.1.2.5), wo der Onkel des neuen Grafen und RKG-Präsident Christian Albrecht Casimir von Kirchberg Einfluss nahm. Hier werden daher nur noch die restlichen vier aufgeführt.

4.1.3.1. Kerpen-Lommersum

In dem 30 Jahre andauernden Konflikt zwischen Graf Johann Friedrich von Schaesberg und den Untertanen seiner Herrschaft Kerpen-Lommersum um die Erhöhung der Bede kam ein Vergleich erst 1742 auf die Initiative des Brüsseler Rates zustande. (Siehe oben, Abschnitt 3.2.9.)

4.1.3.2. Lemgo

In einem Konflikt der Stadt Lemgo mit ihrem Landesherren, dem lippischen Grafen Simon VI., in dem es zunächst um Fragen der städtischen Gerichtsbarkeit und der Konfession ging, ab 1609 aber auch um einen Aufruhr gegen einen zwischen Landesherr und Magistrat geschlossenen Vertrag über das Kirchenregiment, klagten die Parteien sowohl am RKG als auch am RHR.[608] Die Lösung, der sogenannte Röhrentruper Rezess von 1617, kam dann aber unter der Federführung von Paderborn zustande.[609]

4.1.3.3. Gericht Moos

Im riedeselischen Gericht Moos lässt sich nach einer seit 1570 andauernden Prozessserie am pfälzischen Lehnshof und am RKG um Dienstpflichten nach der Umwandlung von Eigengütern eine Beruhigung des Konflikts per Dekret

608 Hier ist ein interessanter Zusammenhang zwischen beiden Gerichten zu beobachten. Lemgo klagte am RHR gegen die Taktik von Simons Anwälten vor dem RKG, den Prozess durch wiederholte Einreden zu verzögern. Der RHR verfasste daraufhin ein Reskript an das RKG und wies es an, die Lippischen Anwälte an dieser Stelle zu übergehen, weil sie mit ihren Einreden kaiserliche Urteile infrage stellten und damit die Autorität des Kaisers schmälerten (vgl. Schilling 1981, 296, 316–317).

609 Vgl. Schilling 1981, bes. 318–321, 344–346.

feststellen. Pfalzgraf Ludwig Philipp, der in seiner Funktion als Lehnsherr die Initiative ergriff, gelang damit im Jahr 1634 eine Beruhigung für 20 Jahre. Schon zuvor hatte es Kompromissvorschläge beider Seiten gegeben. Die Untertanen wurden angewiesen, die schuldigen Dienste zu leisten, die Herrschaft hingegen, die Untertanen nicht über ihre Pflichten hinaus zu belasten. Das Dekret zeigte Wirkung bis 1654, als sich neue Konflikte aufgrund von Kriegsschäden entwickelten. Ein Grund dafür, dass sich dieses Vorgehen als akzeptabel erwies, war, dass der Pfalzgraf, nach vorangegangenen Vermittlungen, als Schiedsrichter auftrat und dass sein Vorschlag keine der grundsätzlichen Rechtspositionen tangierte. Außerdem ist aufgrund der infolge des Dreißigjährigen Krieges eingetretenen Belastungen mit einer Erschöpfung der Konfliktparteien zu rechnen.[610]

4.1.3.4. Ritterstift Odenheim

Einen ganzen Komplex unterschiedlicher Konfliktlösungsprozesse beschreibt Ralf Fetzer für das Ritterstift Odenheim; der dortige Konflikt zog sich ohne größere Unterbrechung während des gesamten Alten Reichs hin. Hier wird daher nur ein signifikanter Abschnitt dargestellt.

Er betraf einen Waldkonflikt der Gemeinde Rohrbach, die 1592 bei Kurpfalz um Schutz und Schirm gegen das Ritterstift ansuchte. Ein Gemeindeausschuss berief sich darauf, dass dies zumindest den pfälzischen Leibhörigen erlaubt sein müsse. Der Pfalzgraf machte sich die Schutzbitte der Untertanen in einem schon länger schwelenden Streit um die Mediatisierung des Stifts zunutze, sodass der Konflikt nun auf einer höheren Ebene verhandelt wurde. 1615 und 1616 kamen schließlich Verträge zwischen Kurpfalz, Ritterstift und dem Bistum Speyer zustande, die die Herrschaftsverhältnisse regelten. Gelöst wurde der Konflikt zwischen Gemeinde und Ritterstift im Jahr 1617, ein halbes Jahr nach eben erwähnten Odenheimer Einung, mit einem Vergleich, bei dem der Speyerer Bischof – und Kammerrichter – Philipp Christoph von Sötern die Federführung hatte. Der Streit hatte sich bisher um den Holzbezug der Gemeinde gedreht, nun wurde das Eigentum am Wald verhandelt und geklärt.[611]

610 Vgl. Schmidt 1979, 218–288, bes. 287 f.

611 Vgl. Fetzer 2002, 140–144.

4.1.4. Vergleiche nach dem Wegfall der Einflussnahme Außenstehender

Auch das Gegenteil der eben behandelten Konstellation kam vor. Im kurpfälzischen Einflussgebiet konnten in zwei Fällen Konflikte erst nachhaltig mit einem Vergleich beendet werden, nachdem die Pfalzgrafen, die von den Untertanen häufig um Schutz ersucht wurden, ihren Einfluss zurückgenommen hatten oder unglaubwürdig geworden waren.

4.1.4.1. Bauerbach

Nach einem 13 Jahre andauernden Konflikt, der sowohl gewaltsam als auch mit einem RKG-Prozess zwischen der Gemeinde Bauerbach und dem Speyerer Domkapitel ausgetragen wurde, schlossen die Konfliktparteien im Jahr 1726 einen Frieden. Zuvor war auch der Pfalzgraf von den Untertanen wiederholt um Schutz ersucht worden; der Vergleich kam erst zustande, nachdem er seinen Einfluss zurückgenommen hatte. (Vgl. oben, Abschnitt 3.2.1.)

4.1.4.2. Gondelsheim 1774

Auch der unter kurpfälzischem Einfluss fast kriegerisch verlaufene Konflikt der Gemeinde Gondelsheim mit den Freiherren von Mentzingen konnte erst dann durch einen Vergleich gelöst werden, als offensichtlich geworden war, dass der Pfalzgraf, der als Schutzherr der Untertanen aufgetreten war, lediglich eigene Interessen verfolgte. Das pfälzische Oberamt in Bretten war 1756 gegen eine Einigung zwischen Gemeinde und Herrschaft eingetreten, weil sie den Wert einer pfälzischen Pfandschaft geschmälert hätte. Die Verhandlungen zwischen den Konfliktparteien hin zu einer endgültigen Lösung dauerten dann noch neun Jahre bis 1774. (Vgl. Abschnitt 3.2.4.)

4.1.5. Vergleiche nach Erschöpfung personeller oder materieller Ressourcen

Dieser Unterpunkt ist nur schwer von nächsten Abschnitt abzugrenzen, der Vergleiche behandelt, in denen sich die für die nachhaltige Konfliktlösung entscheidenden Faktoren nicht genau auf den Punkt bringen lassen. Denn letztlich waren Kommissionen und Prozesse, die regelmäßig die Beauftragung von Advokaten und Prokuratoren und oft auch Deputationen nach Wien und Wetzlar mit sich brachten, immer teuer, oft bis zur Erschöpfung der Ressourcen. Der Unterschied zum folgenden Teil besteht also am ehesten darin, dass die Erschöpfung von

Ressourcen und Personen von den Autoren hier explizit als Ursache für eine Lösung thematisiert wird.

Einer der hier aufgeführten Fälle, die Markgenossenschaft Urbach, wurde, insofern ein Herrschaftswechsel mit involviert war, schon oben unter 4.1.2.9 abgehandelt, ein weiterer, das Gericht Moos, unter 4.1.3.3. Es bleiben fünf weitere, bei denen sich keine der zuvor behandelten Vorgänge feststellen lassen, sondern die Lösung des Konflikts von den Autoren außer auf den Einfluss der Gerichte auch auf die Erschöpfung der Parteien zurückgeführt wird.

4.1.5.1. Ergersheim

Die fränkische Gemeinde Ergersheim stand seit 1725 in einem Konflikt mit den Markgrafen von Brandenburg-Ansbach; es ging um Weidezölle. Die Gemeinde ging letztlich, als sich der RHR-Prozess in die Länge zog und ihre Ressourcen erschöpft waren, wieder auf die Herrschaft zu und reichte eine Supplik ein. Durch die Vermittlung des Pfarrers kam es schließlich dazu, dass sie um einen neuen Schutzbrief anfragte. Darüber hinaus sagte sie aber nur die Zahlung von Reichssteuern zu und verweigerte weiterhin Landsteuern. Was die Gemeinde aber anbot, war eine Verdoppelung des sogenannten Schutzhafers. Nach langen Überlegungen ging die Herrschaft auf das Angebot ein, wohl auch aus Prestigegründen, um sich keinem RHR-Urteil unterwerfen zu müssen. 1744 kam ein Vertrag zustande, und die Gemeinde zog ihre RHR-Klage zurück.[612]

4.1.5.2. Freienseen

Im solms-laubachischen Ort Freienseen hatten sich in einer seit 1554 andauernden Prozessserie an RKG und RHR um Pfändungen, vor allem aber um kaiserliche Wappen- und Siegelbriefe, massive Reichsunmittelbarkeitsvorstellungen entwickelt, die erfolglos vor dem RKG eingeklagt wurden. Der 1639 geschlossene sogenannte Marburger Vergleich bestätigte aber die meisten anderen gerichtlich erworbenen Rechtstitel; Erschöpfung der Herrschaft verhinderte weiter gehende Forderungen von deren Seite und ermöglichte damit ein relativ günstiges Ergebnis für die Untertanen. Diese mussten aber ihrerseits huldigen und konnten keine Reichsunmittelbarkeit mehr beanspruchen.[613]

---

612 Vgl. Hofmann 1960, 238–245.

613 Vgl. Diestelkamp 2012, bes. 192 f., 338 ff.

4.1.5.3. *Wenings*

Nach der Wiedervereinigung der isenburgischen Territorien kam es in der Stadt Wenings zu einer Huldigungsverweigerung, mit der die Untertanen Garantien älterer Rechte durchzusetzen versuchten. Nach RKG-Mandatsprozessen um Jurisdiktion und Konfession wurde im Jahr 1603 ein Vergleich geschlossen. Wenings wurde vollständig in die Herrschaft eingegliedert, dafür aber die Leibeigenschaft abgeschafft und statt der zuvor geltenden ungemessenen eine gemessene Dienstpflicht festgelegt. Vor dem Abschluss des Vergleichs war schon eine große Anzahl Untertanen vom Prozess abgestanden.[614]

4.1.5.4. *Grafschaft Wittgenstein*

Für den 1737 in der Grafschaft Wittgenstein geschlossenen Erndtebrücker Vertrag lässt sich eine Erschöpfung der Ressourcen aufseiten der Herrschaft ausmachen. Sehr starker Widerstand führte zum Zusammenbruch des umstrittenen Fronsystems. Als Ergebnis konnten die Untertanen einen Dienstgeldvertrag durchsetzen. (Siehe oben, Abschnitt 3.1.19.)

4.1.5.5. *Wolferborn*

Im isenburgischen Ort Wolferborn bildete die Neumessung von Bauerngütern den Anlass für eine Klage der Untertanen am RKG. Die Beschwerden der Bauern waren allerdings rechtlich nicht gut fundiert, sie verfolgten den Prozess nach 1614 zunächst auch nicht weiter. Allerdings wurden im Laufe des Konflikts Reichsunmittelbarkeitsvorstellungen akut. In den Jahren 1634 und 1663 ergingen für die Untertanen sehr günstige Urteile, sie blieben aber weiterhin zu Holzfuhren verpflichtet. 1685 beauftragte das RKG schließlich beide Parteien mit der Bildung einer Kommission. Nach dem Ausfall des RKG im Jahr 1689 entsandten die Wolferborner eine Delegation zum RHR, der alle von ihnen dort eingereichten Privilegien bestätigte, einschließlich der Reichsunmittelbarkeit. Allerdings konnten die Wolferborner diese Forderung vor dem wiedereröffneten RKG nicht durchhalten. Ein 1695 geschlossener Vergleich fiel trotzdem positiv für sie aus. Die Herrschaft hatte gesehen, dass sie auf rechtlichem Wege nicht viel erreichen konnte.[615]

---

614 Vgl. Schmidt 1984a, 101–106; Mayenschein 1952, 50–72, 101–172.

615 Vgl. Troßbach 1985a, 276–292.

4.1.6. Nachhaltige Vergleiche ohne die zuvor genannten Einflüsse

Bei der immerhin größten Gruppe, nämlich in 14 Fällen, kamen Vergleiche zustande, ohne dass die Autoren sie explizit auf die zuvor genannten Einflüsse zurückführen. Da, anders als in Abschnitt 4.1.1 bis 4.1.5, nicht eigens auf externe oder kontingente Faktoren hingewiesen werden kann, sollen die schon in Kapitel 3 behandelten Fälle hier nur kurz aufgezählt werden. Dies sind Spielberg 1695 (3.1.3), die Reichsabtei Kornelimünster (3.1.12), die Herrschaft Gimborn-Neustadt (3.2.3), Gondelsheim 1614 (3.2.4), das Amt Hohensolms (3.2.5), das Gericht Hümmling (3.2.8), Leuppach (3.2.11), das Gut Groß-Collmar (3.5.4), Thulba, Frankenbrunn und Reith (3.5.7). Die anderen, nun folgenden Fälle wurden noch nicht thematisiert.

4.1.6.1. Kirchspiel Hamm

Die Lasten des Ersten Koalitionskriegs führten zu einer in den Jahren 1792–1794 am RKG extrajudizial anhängigen Mandatsklage des Kirchspiels Hamm gegen die Grafen von Sayn-Hachenburg. Der Prozess stand auch im Zusammenhang mit den Vorgängen im Grund Seel- und Burbach (siehe 3.2.16). Das RKG erteilte das Mandat letztlich nicht, wies allerdings die Herrschaft an, Verhandlungen aufzunehmen. Tatsächlich waren ernsthafte Verhandlungen im Territorium beabsichtigt, die sich aber aufgrund des Krieges verzögerten.[616]

4.1.6.2. Ittlingen

Die Gemeinde Ittlingen stritt mit ihrem Ortsherren Hans-Adam von Gemmingen in den Jahren 1699 bis 1722 vor Reichsritterschaft und RKG[617] um Gemeinderechte, Dienste und Weiderechte. Die in 12 Punkten artikulierte Klage gegen Einschnitte in Gemeinderechte wurde vom RKG zwar abgewiesen und vor der Reichsritterschaft verhandelt. Doch bestimmte es zur Lösung des Konflikts um die Waldweide und in diesem Zusammenhang gepfändete Schweine – ein Vorgang, der vom Ritterschaftsdirektorium als strafbar bezeichnet wurde – zusätzlich Mitglieder der Reichsritterschaft zu einer Kommission. Diese handelte schließlich, gestützt durch Mahnungen des Gerichts an die Herrschaft, einen Vergleich zugunsten der Gemeinde aus.[618]

---

616 Vgl. Müller 2005, 371–375.

617 Einmal schreibt der Autor, dass der Fall auch bis zum RHR gelangt sei, an anderer Stelle aber explizit, dass er nicht vor dem RHR verhandelt wurde (vgl. Neuwirth 1981, 95–96).

618 Vgl. Neuwirth 1981, 89–107.

4.1.6.3. Oberwaldstetten

Zwischen Conrad von Rechberg und der Gemeinde Oberwaldstetten drehte sich ein Konflikt um die Art der Dienstpflicht der Untertanen – konkret um die Formulierung, dass diese „dienstbar“ seien. Noch 1566 war das für die Gemeinde akzeptabel, im Jahr 1578 aber wollte sie das Wort gestrichen haben. In Verbindung damit stand die Frage, ob diese Dienste durch Geldzahlungen abgelöst werden könnten. Rechberg erbat Vermittlung beim Kaiser, der eine Kommission unter der Leitung Alexanders von Pappenheim und Hans von Rechbergs bestellte. Sie vermittelte in den Jahren 1590–1592 einen neuen Vertrag zwischen Herrschaft und Untertanen.[619]

4.1.6.4. Odenheim 1740

Im Jahr 1739, lange nach den für Odenheim unter 4.1.3.4 behandelten Ereignissen, entschied das RKG unter anderem in der Frage aufgelaufener Gerichtskosten zuungunsten der Untertanen[620] und beauftragte den Syndikus der Kraichgauer Ritterschaft mit der Liquidation. In diesem Rahmen sollte er allerdings, entgegen der Form und trotz des eigentlich eindeutigen Urteils, eine gütliche Einigung herbeiführen. Tatsächlich kamen die Gemeinde Odenheim und das Ritterstift im Jahr 1740 darin überein, den Vertrag von 1616 wieder in Kraft zu setzen. Die Einigung enthielt aber entscheidende Schmälerungen aufseiten der Gemeinde. Vor allem wurde der Herrschaft das Recht zur Umlage der Kreis- und Reichssteuern eingeräumt, ebenso die Anerkennung einer Vogteigerichtsordnung aus dem Jahr 1602 durch die Gemeinde. Dies führte zu einer Eindämmung des Konflikts, da die Untertanen nun nicht mehr sinnvoll prozessieren konnten. Zwar blieb Konfliktpotential erhalten, das aber seither nur noch passiv ausgetragen wurde, vor allem mit dem Mittel der Verweigerung.[621]

4.1.6.5. Seestermühe

Von 1550 bis 1618 zog sich ein Konflikt zwischen den schleswig-holsteinischen Gutsherren von Ahlefeld und ihrem Gut Seestermühe um die Deichbaupflicht hin. Zu Beginn verweigerten die Untertanen die vom dänischen König angewiesenen Bauarbeiten. Aufgrund einer Kommissionalentscheidung der dänischen Krone übte der Gutsherr Zwang gegen die Untertanen aus, die ihn daraufhin persönlich angriffen und von seinem Gut verjagten. Es folgten mehrere erfolglose Verhandlungen und Vergleiche zwischen den Parteien und auch vor der Krone.

---

619 Vgl. SCHULZE 1982a, 125.

620 Vgl. FETZER 2002, 151, 229–236, 281.

621 Vgl. FETZER 2002, 236–239, 282, 297.

Erst als sich die Untertanen 1618 an das RKG wandten, wurde der Rechtsstreit mit einem Vergleich beendet.[622]

4.2. Urteile und Mandate

Weitaus seltener als der Vergleichsweg erwies sich eine Konfliktlösung mit einem Definitivurteil als nachhaltig, nämlich nur 19 mal.[623] Das Bild ändert sich auch nicht sehr, wenn man die drei von den Autoren als nachhaltig bewerteten Mandate hinzuzählt. Aufgeteilt ist dieser Abschnitt analog zur schon unter 4.1 verwendeten Gliederung, erweitert um die Mandate im letzten Teilabschnitt. Bei der Lektüre zeigt sich aber andererseits, dass der Zusammenhang zwischen externen Faktoren und dem Ende des Konflikts – vor allem bei gewaltsamen Vorgängen und Herrschaftswechseln – bei Urteilen nicht so eng ist wie bei Vergleichen. Dafür spricht auch, dass (die Mandate eingerechnet) 12 mal – also in der Mehrzahl der Fälle und ganz anders als bei den nachhaltig wirksamen Vergleichen – kein solcher Zusammenhang explizit von den Autoren angeführt wird.[624]

4.2.1. Urteile im Zusammenhang mit Gewalt

4.2.1.1. Karber Mark

Das im Herrschaftskonflikt der Karber Mark mit der Burg Friedberg im Jahr 1719 gesprochene Urteil des RHR blieb aufgrund der militärischen Übermacht der Burg unangefochten und erwies sich letztlich als nachhaltig. (Vgl. oben, Abschnitt 3.1.9.)

4.2.1.2. Ockstadt

1651 führte Philipp Ludwig von Franckenstein in seinem Territorium Fronpflichten ein. Die Untertanen klagten mehrfach erfolglos[625] vor dem Lehnshof Mainz und verweigerten die geforderten Dienste. Beides bildete die Basis für Klagen der

---

622 Leider formuliert der Autor nur sehr ungenau entlang des oben wiedergegebenen Duktus; vgl. Lorenzen-Schmidt 1995, 273 f.

623 Zu den hier aufgezählten Urteilen ist noch anzumerken, dass auch solche aus kurzen und in ihren Begriffen nicht sehr exakten Beiträgen aufgenommen sind, ein genauerer Blick anhand der Quellen könnte daher ergeben, dass es sich bei den entsprechenden Entscheidungen um Mandate handelt.

624 Siehe 4.2.4 sowie sämtliche unter 4.2.5 aufgeführten Mandate.

625 Die Herrschaft konnte sowohl die Fronpflicht nachweisen, was ihr auf possessorischem Wege nicht schwerfiel, ebenso behauptete sie, mit valider rechtlicher Begründung (vgl. Troßbach 1985a, 109–110), die Leibeigenschaft der Untertanen.

Herrschaft vor dem RHR, für Einquartierungen von Militär und für Exekutionen im Jahr 1676, die sehr gewaltsam verliefen. Reitertrupps unter Philipp Friedrich von Franckenstein töteten mehrere Gemeindemitglieder.[626] Darauf reagierten die Untertanen mit Totalverweigerung und klagten ihrerseits beim RHR, der 1677 eine Kommission entsandte. Die Kommission behandelte die Tötungen aber nicht oder nicht effektiv. Thematisiert wurden nur Quartiergelder. Nach weiteren Kommissionsverhandlungen in den Jahren Jahr 1686 bis 1689 wurde Franckenstein ermahnt, die Fronbelastung der Untertanen zu begrenzen und ein Dienstgeld einzuführen. Es wurde aber keine Einigkeit erzielt, zumal die Kommission die gut abgesicherte Rechtsposition der Herrschaft in der Fronfrage explizit anerkannte. Der Konflikt verschärfte sich, nachdem der Graf – so stellten es die Untertanen dar – bei einer zufälligen nächtlichen Begegnung versuchte, einen Jungen aus dem Dorf zu erschießen, aber von Dorfbewohnern gestellt wurde. Die Kommission sah in dem Vorfall aber vor allem einen Angriff der Untertanen auf ihren Herren und ermittelte in dieser Richtung. Nach weiteren Exekutionen flohen die Untertanen, entsandten aber auch eine Deputation von nicht weniger als 11 Personen zum RHR, woraufhin ein neues Kommissionsreskript ausgestellt wurde. Der RHR ordnete an, die Soldaten abzuziehen; die Kommission brachte aber nichts neues zu Tage. Am Ende wurden fast alle Positionen Franckensteins durch ein RHR-Conclusum bestätigt, 1689 auch die Leibeigenschaft der Untertanen.[627]

4.2.1.3. Fürstbistum Passau

In den zum Fürstbistum Passau gehörenden Gemeinden Obernzell, Leoprechting, Wolfstein, Viechtenstein und Oberhaus gab es in den Jahren 1679 bis 1683 eine Widerstandsbewegung gegen Dienste, Laudemien, Wildschäden und eine Holzordnung. Nach einem für die Untertanen negativ beschiedenen RHR-Mandatsprozess wurde die Bewegung durch eine gewaltsame Exekution niedergeschlagen.

Nach Verweigerungen und erfolglosen Supplikationen an den Landesherren wandten sich die Untertanen an das Domkapitel und wurden von dort schriftlich an den RHR verwiesen. Deputierte der Gemeinde konnten direkt beim Kaiser vorsprechen und erhielten „einen Bescheid an den Fürsten", alle Neuerungen abzuschaffen. Nachdem der Bischof darauf nicht reagiert hatte, entsandten sie erneut

---

626 Da dabei auch Mainzer Territorium verletzt worden war, rückte Mainz in Ockstadt ein und nahm Philipp Friedrich von Franckenstein gefangen. Ihm wurde der Prozess gemacht, ebenso Philipp Ludwig wegen Felonie; er distanzierte sich aber von Philipp Friedrich.

627 Vgl. Troßbach 1985a, 107–120.

eine Deputation nach Wien und erwirkten eine kaiserliche Kommission. Diese allerdings verhaftete die Anführer des Aufstands und wies die Untertanen an, sich einen Advokaten zu nehmen und die Angelegenheit beim RHR einzureichen.[628]

Nachdem dies geschehen war, entsandten beide Seiten mehrere Deputationen nach Wien. 1682 erging ein Mandat an die Untertanen, die geschuldeten Abgaben binnen zwei Monaten zu zahlen, anderenfalls würde eine Exekution angeordnet. Die Untertanen verweigerten aber die Zahlung trotz wiederholter kaiserlicher Mandate. Bei der Verlesung in Wien war es auch zu tumultuarischen Szenen gekommen. Als niemand innerhalb der Frist zahlte, rückte auf Bitten des Bischofs eine bayerische Exekutionsmannschaft ein und schlug den Aufstand gewaltsam nieder.[629]

4.2.1.4. Grafschaft Schaumburg

In der Grafschaft Schaumburg führten die nach der treuhänderischen Übernahme der Herrschaft durch Gräfin Juliane begonnenen Vergleichsverhandlungen nur teilweise zum Erfolg. Vor allem die wohlhabenden Bauern lehnten, laut Regierung, einen Vergleich ab, sodass er nur in einigen Ämtern eine Mehrheit erhielt. In Kraft gesetzt wurde er durch ein RKG-Urteil. Es kam zum sogenannten Kuckshäger Krieg mit mehreren Toten. Anschließend wurde der Aufstand der Untertanen auf Antrag der Herrschaft, die zuvor ein juristisches Gutachten eingeholt hatte, von einer subdelegierten Kommission des RKG mit militärischer Übermacht niedergeschlagen. (Siehe Abschnitt 3.1.17.)

4.2.1.5. Grafschaft Wittgenstein

In der Grafschaft Wittgenstein wurde der Widerstand der Untertanen der Gemeinden Laasphe, Niederlaasphe, Puderbach, Herbertshausen und Banfe schon 1722/23, 15 Jahre vor der unter 4.1.5.4 beschriebenen Erneuerung des Dienstgeldvertrages, gebrochen. Das RKG erließ ein Interimsdekret, mit dem es die Bauern anwies, bezüglich ihrer Dienstpflichten zum bisherigen Herkommen zurückzukehren. Troßbach geht an dieser Stelle von einer Beeinflussung des Gerichts durch Graf August aus,[630] der kurz zuvor die Herrschaft von Graf Henrich Albrecht übernommen hatte. August erhielt, wenn auch unter Schwierigkeiten, militärische Unterstützung, sodass der Aufstand in den genannten Gemeinden

628 Vgl. GRÜLL 1963, 213–214, von dort auch das Zitat.
629 Vgl. GRÜLL 1963, 214 f.
630 Vgl. TROẞBACH 1985b, 72.

niedergeschlagen wurde und mehrere Bauern den Tod fanden.[631] (Vgl. auch oben, 3.1.19.)

4.2.2. Urteile in Verbindung mit Herrschaftswechseln

4.2.2.1. Nassau-Siegen (rechtsrheinischer Teil)

Im rechtsrheinischen Teil des Fürstentums Nassau-Siegen gelang es den Untertanen nicht, ihre Ansprüche detailliert darzustellen und zu begründen. Stattdessen blieben sie unspezifisch bei einem weit überdehnten Argument der gerechten Nahrung stehen. Dementsprechend erging 1733 ein RKG-Urteil zugunsten der Herrschaft, das allerdings erst im Jahr 1746 nach einem Herrschaftswechsel durchgesetzt wurde. (Siehe dazu oben, Abschnitt 3.4.2.)

4.2.3. Urteile in Verbindung mit Erschöpfung der Parteien

4.2.3.1. Eichelberg

In einem zwischen 1548 und 1554 geführten Streit um die Forstaufsicht und später auch um die Beweidung von Gemeindeland durch Schafe des Ritterstifts Odenheim bat die Gemeinde Eichelberg zunächst den Speyerer Fürstbischof als Lehnsherren des Ritterstifts um Vermittlung. Der Vermittlungsvorschlag wurde von der Gemeinde aber nicht akzeptiert, da er zugunsten der Herrschaft angelegt war. Diese hatte die Nutzungsrechte der Gemeinde stark eingeschränkt. In den Jahren 1549 bis 1559 ergingen daraufhin drei von der Gemeinde erwirkte Mandate gegen das Ritterstift, das aber nicht reagierte. Nachdem ein Streit um die Beweidung der Eichelberger Gemein mit Schafen der Herrschaft sogar zum Austritt der Gemeinde geführt hatte, dann aber ein RKG-Urteil zugunsten der Herrschaft ergangen war, gaben die Untertanen ihren Widerstand für über 30 Jahre auf.[632]

4.2.3.2. Grafschaft Friedberg-Scheer

In der Grafschaft Friedberg-Scheer führten wahrscheinlich nicht die von der Kommission gefällten Urteile, sondern das Ende der Kommission selbst und damit das Ende des Rechtsschutzes für die Untertanen zu einem Abebben der Widerstandsbewegung – die aber schon zuvor in einer Krise steckte. (Siehe dazu oben, 3.1.2.)

---

631 Vgl. Troßbach 1985b, 72–78.
632 Vgl. Fetzer 2002, 134–137, 146, 260.

4.2.3.3. Amt Iggenhausen

Im lippischen Amt Iggenhausen befanden sich die sogenannten Vitifreien über mehr als 130 Jahre seit dem Ende des 16. Jh. im Konflikt mit ihren Gutsherren[633]*, den Rittern von der Brinck. In den zunächst vor lippischen Gerichten, später vor dem RKG, geführten Verfahren prozessierten sie gemeinsam mit den Äbten von Corvey, jene in deren Funktion als Lehnsherren, zunächst um die persönliche Freiheit der Bewohner des Amts, später dann um Weinkäufe und Pachten.*

Anfangs erreichten die Untertanen 1603 ein für sie positives Zwischenurteil in einem Verfahren vor dem lippischen Hofgericht. Dies blieb aber folgenlos, weil die Gutsherren durchsetzen konnten, dass die bestehenden Verhältnisse bis zum Abschluss des Prozesses unangetastet bleiben sollten. Erst 1654 erging ein Endurteil, gegen das die Gutsherren umgehend am RKG appellierten. Die Appellation wurde zehn Jahre später zurückgewiesen, 1671 ebenso die von ihnen beantragte restitutio ad integrum. Die Ausführung des RKG-Urteils wurde an das lippische Hofgericht zurückübertragen.[634]

Dort drehte sich der Konflikt um die konkreten Ausführungsbestimmungen des Urteils, vor allem die Frage der Rückzahlung von Weinkäufen, Sterbfällen, Pachten und Diensten von den Gutsherren an die Untertanen. Statt vor Gericht wurde nun aber auf der Ebene des Reichskreises weiterverhandelt, wo sich um die Frage der Vitifreien ein Streit zwischen dem Münsterer Bischof auf der Seite des Stiftes Corvey und der Untertanen einerseits und andererseits den lippischen Grafen entwickelt hatte, die die Interessen der Gutsherren vertraten. Eine Konferenz aller Konfliktparteien beschloss 1672 den sogenannten Steinheimer Vergleich, der den Vertretern der Vitifreien aber lediglich zur Bestätigung vorgelegt wurde. Inhaltlich war der Vergleich für sie ungünstiger als das Urteil von 1654: Sie erhielten ihre Freiheit, mussten aber Pachten und Weinkäufe abführen. Dagegen legten sie 1681 ein kaiserliches Mandat[635] vor, dass die Umsetzung des 1654er Urteils befahl.[636] Es schloss sich ein Prozess an,[637] in dem es um die Verbindlichkeit des Steinheimer Vergleichs ging. Als Beweis ihrer Forderung diente den Gutsherren die faktische Zahlung von Weinkäufen und Pachten, die allerdings laut den Untertanen unter Zwang geschehen sei. Sie konnten aber dafür keine Beweise vorlegen, sodass 1687 ein Urteil zugunsten

---

633 Es handelt sich laut Hüllinghorst um eine der ostdeutschen vergleichbaren Gutsherrschaft, d.h. die Grundherren sind auch Gerichtsherren.

634 Vgl. Hüllinghorst 1992, 61–65, 75–78.

635 Hüllinghorst macht hier keine genaueren Angaben.

636 Vgl. Hüllinghorst 1992, 65–67, 79 f.

637 Auch hier geht nichts genaueres aus dem Text hervor.

der Herrschaft erging.[638] Nach mehreren erfolglosen Mandatsprozessen und einer ebenso erfolglosen Appellation brach der Widerstand der Vitifreien zusammen.[639]

4.2.3.4. Ganerbschaft Staden

Obwohl das RKG 1779 den Stadener Ganerben das Eigentum und den Untertanen nur Nutzungsrechte an einem umstrittenen Wald zugesprochen hatte, nahmen sie dies nicht als Ausgangspunkt für neuen Widerstand. Wahrscheinlich waren dafür hohe Schadenersatzsummen entscheidend. (Vgl. oben 3.1.18.)

4.2.4. Urteile ohne expliziten Zusammenhang mit den zuvor genannten Einflüssen

4.2.4.1. Baierfeld

In einem Appellationsprozess des schwäbischen Klosters Kaisheim gegen die zu seiner Grundherrschaft gehörende Gemeinde Baierfeld entschied das RKG 1525 zugunsten der Gemeinde. Der Streit hatte schon seit Mitte des 15. Jh. angedauert. Das Kloster behauptete Weiderechte auf der Allmende der Gemeinde aufgrund seines Obereigentums. Die Gemeinde dagegen zeigte das dominium utile als maßgeblich an und setzte sich damit vor Gericht durch.[640]

4.2.4.2. Delbrück

Delbrück führte von 1767 bis 1775 einen RKG-Prozess gegen seinen Territorialherren, den Paderborner Fürstbischof Wilhelm Anton von der Asseburg. Die wichtigsten der insgesamt 49 Punkte der erstinstanzlichen Klage betrafen die Einrichtung einer Regierung und einer wenigstens halbjährlichen Residenzpflicht des Bischofs im Territorium, der sich – so ein weiterer Klagepunkt – auch der im kanonischen Recht für Bischöfe vorgeschriebenen Priesterweihe unterziehen sollte. Das RKG urteilte zugunsten Delbrücks.[641]

---

638 Vgl. Hüllinghorst 1992, 66 f.

639 Vgl. Hüllinghorst 1992, 89 f.

640 Vgl. Zückert 2003, 66–69. Die Unterscheidung von dominium directum und dominium utile wurde von den Glossatoren ab dem Anfang des 13. Jh. auf der Grundlage zweier unterschiedlicher Arten von Eigentumsklagen im römischen Recht entwickelt. Das dominium utile vereinigt ältere Rechtsinstitute wie das Beneficium des Vasallen oder die Precaria nach kanonischem Recht. Die Entwicklung wird detailliert nachgezeichnet bei Below/Breit 1998, 4.

641 Vgl. Henning 1964, 230 f.

4.2.4.3. Esthal

Im Prozess der Gemeinde Esthal gegen ihre Ortsherrschaft, die Freiherren von Dalberg, urteilte das RKG 1796 erst, nachdem die Herrschaft ihre ernsthafte Bereitschaft zu einer wirklichen Lösung des Konflikts signalisiert und Zugeständnisse gemacht hatte.[642] (Siehe auch oben, Abschnitt 3.2.2).

4.2.4.4. Mühlhausen am Neckar

Die Gemeinde Mühlhausen am Neckar führte von 1600 bis 1619 Prozesse vor dem RKG und vor einer kaiserlichen Kommission gegen ihre Vogteiherren Hans Christoph von Nippenburg und Georg Wilhelm von Eyb um Dienstpflichten und den Einzug von bäuerlichen Lehen. Der Konflikt wurde mit einem Urteil der Kommission in Form eines rechtlichen Bedenkens zugunsten der Untertanen entschieden.

Die Gemeinde war durch gesteigerte Fronforderungen sowie durch das sukzessive Einziehen von frei gewordenen bäuerlichen Lehen belastet worden, sodass sie den Dienst verweigerte, einen Bach demonstrativ leer fischte und eine Protestation an die Tür der Herrschaft nagelte. Im Hintergrund erhielt sie dabei Unterstützung durch Christoph von Kaltental, ein Schwager der Herrschaft, dessen Untertanen ebenfalls von den gesteigerten Forderungen betroffen waren. Kaltental war auch Schwager des württembergischen Herzogs Friedrich I. und verschaffte den Untertanen Rückhalt an dessen Hof.[643]

Nachdem die Herrschaft einige Untertanen gefangen genommen hatte, klagte die Gemeinde erfolgreich beim RKG: Innerhalb eines Monats erging ein mandatum sine clausula zur Freilassung, das von der Herrschaft auch befolgt wurde. Sie erwirkte im Gegenzug eine Entscheidung (die Form wird nicht genannt) des RKG, die den Untertanen die Verrichtung schuldiger Dienste vorschrieb. Die Gemeinde legte Exceptiones in einer detailliert artikulierten Form vor. Bevor es zum Prozess kam, stellte die Herrschaft allerdings Vergleichsverhandlungen in Aussicht – und erhöhte gleichzeitig den Druck durch in Dienst gestellte Soldaten und eine Nadelstichpolitik. Die Untertanen beklagten sich daraufhin beim Herzog von Württemberg und verhinderten mit Gewalt weitere Verhaftungen.[644] Beim RKG konnten sie zur Entlassung der von der Herrschaft in Dienst gestellten Soldaten ein weiteres mandatum sine clausula erwirken, um nicht an der Vorbereitung des Prozesses gehindert zu werden.[645] Die Herrschaft supplizierte

642 Vgl. Bähr 2012b, 262–272.
643 Vgl. Schmidt 1990, 42 f.
644 Vgl. Schmidt 1990, 44–46.
645 Vgl. Schmidt 1990, 47 f.

daraufhin direkt beim Kaiser – explizit nicht beim RHR – um die Einsetzung einer Vergleichskommission, mit der Begründung, dass ein Aufstand verhindert werden müsse. In dieser Konstellation wurde die Kommission, die wohlgemerkt nicht in der Hauptsache entscheiden sollte, bewilligt. Der Auftrag erging an die Reichsstadt Esslingen. Die Subdelegierten versuchten im Sinne ihres Auftrags, möglichst schnell Ruhe zu schaffen. Da die Herrschaft aber auf Maximalforderungen beharrte und die Untertanen nicht entgegenkamen, scheiterten die Verhandlungen. Für die Hauptsache war damit aber noch kein Präjudiz geschaffen, stattdessen erging eine Interimsentscheidung, die die Untertanen auf die zu einem bestimmten Stichtag in der Vergangenheit geleisteten Dienste verpflichtete. Sie wandten sich erfolglos an die Kommission, als die Herrschaft wieder begann, Fronen zu fordern und Untertanen gefangen zu setzen.[646]

Ebenso erfolglos war dort aber auch die Herrschaft mit ihrer Forderung nach einer Bestrafung der Untertanen.[647] Mehr Erfolg hatte sie damit allerdings beim Kaiser.[648] Eine weitere Kommission wurde entsandt, deren Subdelegierte sich am 11. Mai in Esslingen einfinden sollten. Sie begannen ihre Arbeit aber in Mühlhausen und blieben dort mehrere Jahre, in denen sich im Konflikt nicht viel bewegte. Die Kosten wuchsen immens, und es kam zu mehr und mehr anscheinend willkürlichen Festsetzungen. Die Kostenfrage spaltete schließlich die Gemeinde. Deren Vertreter rückten trotzdem nicht von ihren Forderungen ab, sodass letztlich kein Vergleich erzielt wurde. Im Jahr 1613 beantragte die Herrschaft ein Definitivurteil, das in der Form eines rechtlichen Bedenkens von der Tübinger Juristenfakultät verfasst wurde und für sie vernichtend ausfiel. Denn nachdem die Vogteiherren geklagt hatten, waren sie in der Bringschuld, ihre Forderungen in der Fronsache auch zu beweisen. Dies konnten sie aber nicht. Das rechtliche Bedenken wurde aufgrund des Todes des Kaisers erst 1619 publiziert. Das RKG-Verfahren war zu diesem Zeitpunkt der Form nach noch anhängig, war aber für alle Beteiligten offensichtlich uninteressant geworden und schlief im Verlauf des Dreißigjährigen Krieges ein.[649] Die Untertanen klagten allerdings 1619 noch einmal bei der Kommission, nachdem die Herrschaft 550 fl. Prozesskostenanteil verlangt und einige Gemeindemitglieder zur Durchsetzung ihrer Forderungen

646 Vgl. Schmidt 1990, 48–51.

647 Vgl. Schmidt 1990, 51.

648 Gleichzeitig eskalierte der Konflikt mit dem Herzog von Württemberg, der, wohl auf Betreiben Christophs von Kaltental, Hans Christoph von Nippenburg arrestieren ließ, nachdem dieser im herzoglichen Wildbann gejagt hatte. Er wehrte sich dagegen erfolgreich beim RKG mit einem Mandatsprozess (vgl. Schmidt 1990, 51).

649 Vgl. Schmidt 1990, 37 f., 51–57.

arrestiert hatte. Die Kommission beließ es aber dabei, dass jede Partei den von ihr verursachten Kostenanteil zu tragen habe.[650]

4.2.4.5. Oberehrenbach

Die fränkische Gemeinde Oberehrenbach befand sich in den Jahren 1745 bis 1748 in einem Rechtsstreit mit dem Forchheimer Centrichter des Bistums Bamberg vor dem RHR. Im Hintergrund stand ein ebenfalls dort anhängiger Prozess der Freiherren von Egloffstein mit dem Bistum um die Jurisdiktion im Ort. Die Gemeinde wollte ihre Rechte wahren und setzte sich gegen den Forchheimer Centrichter zur Wehr, der die Abhör der Rechnung mit Gewalt erzwingen wollte. Zusätzlich strengte sie, wahrscheinlich unterstützt von den Freiherren von Egloffstein, einen RHR-Prozess gegen ihn an, dessen Conclusum die Oberehrenbacher Rechte in vollem Umfang bestätigte.[651]

4.2.4.6. Osthausen

Im Streit um Pfändungen und den Charakter (gemessen oder ungemessen) ihrer Dienstpflicht führte die Gemeinde Osthausen von 1767–1776 einen RKG-Prozess gegen ihren Vogteiherren Carl Freiherr Zobel von Giebelstadt.[652]

Die Untertanen beklagten zunächst, dass der Freiherr Naturalfronen über das bisher geleistete und in eine Geldabgabe umgewandelte Maß verlangte und Strafgelder auf dem Weg der Pfändung eintrieb. Zobel erklärte dagegen, die Bauern seien schon immer ungemessen fronpflichtig gewesen, er habe ihnen entsprechende Dokumente vorgelegt und sie hätten diese Aussagen bestätigt – was laut der Klage der Bauern unter Zwang geschehen sei. Das RKG entschied zunächst auf dem Weg des Mandats zugunsten der klagenden Bauern und verwies den Freiherrn, dem es die Pfändungen untersagte, auf den Rechtsweg. Jener machte daraufhin geltend, dass er zu eigenmächtigen Pfändungen berechtigt sei, denn seine Herrschaft falle in dieser Sache nicht, wie in den umliegenden Ritterorten, unter die Jurisdiktion des Ritterkantons Odenwald. Am Ende entschied das RKG zugunsten des Freiherrn Zobel, die Kosten mussten die Kläger tragen.[653]

---

650 Vgl. Schmidt 1990, 51.

651 Vgl. Hofmann 1960, 263 f. Der Beitrag stellt die rechtlichen Grundlagen des Prozesses detailliert dar, nicht aber den Verlauf.

652 Damit im Zusammenhang stand auch eine Klage würzburgischer Amtsträger über die übermäßige Belastung Darstädter Bauern durch Zobel, vgl. 290 ff.

653 Vgl. Hörner/Schimke 1995, 288–290.

4.2.4.7. *Reckheim*

In der niederrheinischen Reichsgrafschaft Reckheim beschränkte Graf Johann Nepomuk Gobert von Aspremont-Lynden den Holzeinschlag im schon stark gelichteten Gemeindewald. Die Untertanen hielten sich aufgrund akuten Holzmangels im Winter nicht an das Verbot. Der Graf erwirkte vor dem RHR ein Mandat gegen sie und setzte im folgenden Sommer einen Prozess in Gang. Durch ein klares Votum des RHR zugunsten der Herrschaft und durch milde Urteile wurde der Konflikt entschärft, und die Untertanen gaben eine förmliche Unterwerfungserklärung ab.[654]

4.2.4.8. *Gut Schmoel*

Auch in der schon behandelten Appellation der Einwohner des Gutes Schmoel im Prozess gegen ihren Gutsherren Friedrich Wilhelm Graf Hessenstein war die Bestätigung eines Landgerichtsurteils durch das RKG entscheidend. Die Entscheidung des RKG betraf – trotz großer politischer Implikationen – nicht die umstrittene rechtliche Materie, die Gültigkeit eines Freibriefs nach dem Verkauf des Guts, sondern erging formal auf der Grundlage verpasster Appellationsfristen. (Siehe dazu oben, Abschnitt 3.4.5.)

4.2.4.9. *Schwarzburg-Rudolstadt*

Im ebenfalls schon angerissenen Konflikt im Fürstentum Schwarzburg-Rudolstadt erging die letztliche Entscheidung im Jahr 1731 durch den RHR zugunsten der Herrschaft. Die Vertreter der Untertanen hatten 1723/24 erneut Unterschriften gesammelt und anschließend geklagt. Nach komplizierten Verwicklungen und Intrigen stand, laut der Autorin aufgrund von Zufall und persönlicher Befindlichkeit, ein vollständiger salvus conductus für alle Untertanen,[655] sowie die Einberufung einer Kommission unter der Verantwortung des hessischen Landgrafen. Diese versuchte vergeblich, auf einen Vergleich hinzuwirken. Der abschließende Bericht empfahl allerdings die Fortführung der Verhandlungen. Stattdessen erging aber das erwähnte Urteil des RHR,[656] das letztlich auch deshalb bestehen blieb, weil der Fürst inzwischen die meisten Beschwerdepunkte beseitigt hatte.

654 Vgl. Gabel 1995b, 105–107.
655 Vgl. Bäcker von Ranke 1915, 99–106.
656 Vgl. Bäcker von Ranke 1915, 117–124.

Den Vertretern der Untertanen schwand damit der Rückhalt, gleichzeitig auch das Geld. Daneben gab es unnachgiebige Exekutionen und Inquisitionen.[657]

4.2.5. Mandate

Nur insgesamt drei der in der Literatur behandelten Konflikte wurden auf dem Weg des Mandatsprozesses gelöst oder zumindest so lange Zeit eingedämmt, dass die Autoren der Lösung eine gewisse Nachhaltigkeit zubilligen. Somit bestätigt sich offenbar die in der Literatur oft vorgebrachte These, dass Mandate vor allem Funktionen der Steuerung und Eindämmung von Konflikten erfüllten. Mit den für dieses Kapitel untersuchten äußeren Faktoren lässt sich keine der Lösungen in Verbindung bringen.

4.2.5.1. Neuss

In einem von 1604 bis 1640 am RKG gegen das Herzogtum Berg geführten Mandatsprozess um die Neusser Allmende in den Rheinanlandungen setzte sich die Stadt Neuss letztlich durch.[658]

4.2.5.2. Odenheim und Rohrbach

Für den schon angerissenen Konflikt der Gemeinden Odenheim und Rohrbach mit dem Ritterstift Odenheim ist eine lange Reihe von Mandatsprozessen charakteristisch.[659] Einigen von ihnen billigt Ralf Fetzer eine Rechtssicherheit stiftende Funktion zu. Mit ihnen sei es gelungen, Teilkonflikte partiell für Jahrzehnte einzudämmen. Es handelt sich erstens um das schon erwähnte 13. Odenheimer Mandat, das der Gemeinde erlaubte, den Viehtrieb selbst zu regeln und damit verbundene obrigkeitliche Funktionen selbst auszuüben.

Im sechsten, 1581 der Gemeinde Odenheim und sechs Gemeindeleuten erteilten, Mandat ging es um Frondienste beim Bau des Rohrbacher Schlosses. Jene bewertete das RKG als unrechtmäßig. Die Gerichtskosten beider Seiten wurden gegeneinander aufgerechnet und kompensiert. Hier wurde sogar Rechtssicherheit bis in die 1590er Jahre erreicht, auch wenn der Untertanenkonflikt damit nicht gelöst war.[660]

---

657 Vgl. Bäcker von Ranke 1915, 128–132.

658 Vgl. Zückert 2003, 127.

659 Vgl. oben, Abschnitt 3.1.15. Eine Übersicht der Mandate bei Fetzer 2002, 146–151.

660 Vgl. Fetzer 2002, 146, 370.

Fragen von Bürgereid und Bürgerverschreibung betraf das siebte Odenheimer Mandat, das auf 1570 datiert. Die Herrschaft hatte seit ca. 1550 versucht, Zugezogene auf einen neuen, schriftlich niedergelegten Huldigungseid zu verpflichten, dessen Inhalt ihnen allerdings nicht im Wortlaut bekannt gegeben wurde. Als sich vier Dorfbewohner tatsächlich einfanden, wurden sie festgenommen. Durch das Mandat wurde die Position der Gemeinde entscheidend abgesichert, der Herrschaft hingegen verboten, neue Verschreibungen gewaltsam durchzusetzen.[661]

4.2.5.3. St. Johann

Im Zusammenhang mit dem Saarbrücker Landkassenstreit stand auch ein 1786–1788 vor dem RKG ausgetragener Mandatsprozess, mit dem St. Johann forderte, einen gegen den Willen des Schöffenkollegiums ernannten Gerichtsmann zu entlassen. Das Gericht entschied per mandatum sine clausula zugunsten der Untertanen. Beide Seiten mussten Berichte vorlegen, letztlich ging es um die Qualität der städtischen Rechte, die der Landesherr allein als aus seiner fürstlichen Autorität abgeleitet sah, womit er sich aber nicht durchsetzen konnte.[662]

4.3. Aufgabe

4.3.1. Aufgabe im Zusammenhang mit Gewalt

4.3.1.1. Stift Corvey

Rund 80 Jahre nach der oben unter 3.5.3 beschriebenen Abfassung des sogenannten Landbriefs formierte sich im Stift Corvey eine Widerstandsbewegung gegen eine Sondersteuer, die von Herrschaft und Ständen ohne Mitwirkung der Untertanen beschlossen worden war. Nach Supplikationen, Verweigerungen und entsprechenden Pfändungen kam es in Fürstenau zu Tumulten. Nun klagten die Stadt Höxter und die Stände beim RKG, das zwar zunächst auf die Austräge verwies, dann aber bei der Herrschaft Bericht anforderte. Das Ende des Prozesses wird im Beitrag aber nicht erwähnt. Nachdem ein Sturm von rund 600 Bauern auf die Residenz gescheitert war, setzte der Abt eine Untersuchungskommission ein. 1660 suchte er um ein Kreiskontingent an, das die Untertanen mit Gewalt zur Submission zwang.[663]

---

661 Vgl. Fetzer 2002, 146, 176 f., 320 f., 370. Das Mandat findet sich auch wiedergegeben bei Baumann 2015, Nr. 2889.

662 Vgl. Ennen 1933, 148–153.

663 Vgl. Behr 1978/79, 4 f.

4.3.1.2. Neuwied 1659–1661

Der sogenannten Wiedische Bauernkrieg der Jahre 1659–1662 führte zu einer massiven Konfrontation zwischen Truppen Kurkölns und der Kurpfalz, sodass der Untertanenkonflikt zwischenzeitlich in den Hintergrund trat.

Ein Streit um Baudienste, vor allem aber um kaum zu bewältigende Altlasten des Dreißigjährigen Krieges, war gewaltsam eskaliert. Der RHR hatte auf Bitten Graf Friedrichs Kurköln die Manutenenz übertragen. Die Untertanen hatten sich ihrerseits an den Lehnshof Kurpfalz gewandt, der für sie Partei ergriff. Im Hintergrund stand hier der Umstand, dass Köln massiv unter dem Einfluss der bayerischen Wittelsbacher stand – Erzbischof war zu diesem Zeitpunkt Maximilian Heinrich von Bayern – die nun, nachdem Graf Friedrich mit Unterstützung des RHR in Köln um militärische Hilfe angesucht hatte, ihren andauernden Konflikt mit dem pfälzischen Familienzweig austrugen. Warum die Bauern im Jahr 1661 submittierten und erneut huldigten, geht aus den Quellen nicht hervor, wahrscheinlich konnten sie aufgrund der Anwesenheit kölnischer Soldaten ihre Felder nicht bestellen.[664]

4.3.1.3. Gericht Reichenbach

Über 100 Jahre dauerte der Konflikt des Gerichts Reichenbach mit seiner isenburgmeerholzischen Herrschaft an.

Nach Protesten und einem Vergleich vor dem Fuldaer Lehnshof, bei dem die Untertanen ihre ungemessene Dienstpflicht einräumten, wurden über einen Zeitraum von fast einem Jahrhundert, von 1654 bis 1743, immer wieder RHR-Kommissionen einberufen, in denen sie meist erfolglos versuchten, diesen Schritt rückgängig zu machen.[665] 1753 bestätigte ein RHR-Conclusum die bisher ergangenen Entscheidungen.[666]

Um 1754 verbreitete sich unter den Untertanen die Ansicht, dass die während dieses Streits gewachsene Vorstellung von persönlicher Freiheit auf dem Prozessweg nicht zu erreichen sein würde. Diese Einsicht wird nun in griffige Formulierungen gebracht, die in den Gemeinden verfingen.[667] Der Autor beschreibt genau die Entwicklung weg vom gerichtlichen hin zum gewaltsamen Austrag. Die Deputierten versuchten zwar noch, dem entgegenzuwirken, aber die Gemeinden planten nun, sich tätlich zu wehren. Befeuert wurde der Aufstand auch von einer

---

664 Vgl. Troßbach 1991, 26–41.

665 Vgl. Troßbach 1985a, 309–341. Troßbach bringt hier einige taktisch-prozessrechtliche Details, vgl. Troßbach 1985a, 321 ff.

666 Vgl. Troßbach 1985a, 342.

667 Vgl. Troßbach 1985a, 354 f.

unsachgemäßen Beratung durch den Wetzlarer Advokaten Leuthner,[668] ebenso von der Herrschaft, die zu Gefangennahmen übergegangen war und ihr gesamtes Kontingent in Birstein zusammenzog. Am 13. Mai 1754 kam es zur sogenannten Wüstwillenrother Bauernschlacht, bei der einerseits sechs Bauern starben, andererseits aber das isenburgische Kontingent vertrieben wurde. Die Untertanen konnten ihren Widerstand allerdings nicht aufrechterhalten. Sie hatten nach der Schlacht fliehen müssen und konnten ihre Güter nicht unbegrenzt verwaist lassen. Somit kamen sie zurück, ihre Deputierten wurden festgenommen, und am Ende stand ein Strafprozess vor dem territorialen Gericht in Birstein. Die Strafen fielen aber milde aus; es fand eine gründliche juristische Aufarbeitung statt.[669]

4.3.1.4. Tigen Rettenberg

Nach einigen Supplikationen und Verweigerungen im Zusammenhang mit einem Ungeld und Einschnitten in die persönliche Freiheit der Bewohner des Tigens Rettenberg durch den Augsburger Bischof kam es dort in den Jahren 1606 bis 1608 zu einem Aufstand.

Nachdem vom Kaiser initiierte Vergleichsverhandlungen unter der Leitung Erzherzog Maximilians und des Kemptener Fürstabts gescheitert waren,[670] eskalierte der Konflikt. Die Tigenleute zogen 600 Mann stark vor die Festung Burgberg und erzwangen die Freilassung einiger Aufständischer.[671] Anschließend übernahmen sie herrschaftliche Funktionen, setzten Haupt- und Gerichtsleute ab, belagerten die Burg Fluhenstein, bemächtigten sich der Geschütze des Bischofs und der Stadt Memmingen. Nachdem aber ein bayerisches Heer dem Augsburger Bischof zur Hilfe geeilt war, endete der Aufstand mit der kampflosen Submission des Tigens; damit endete auch dessen Eigenständigkeit.[672]

4.3.2. Aufgabe nach Herrschaftswechsel

4.3.2.1. Nassau-Siegen (kath. Teil)

Die Regierung des Fürstentums Nassau-Siegen wurde Fürst Wilhelm Hyacinth durch den RHR mehrmals entzogen und, zum Schutz der Untertanen, wechselnden Kommissionen bzw. kaiserlichen Administratoren übertragen. Es kam

668 Vgl. Troßbach 1985a, 344, 349, 351.
669 Vgl. Troßbach 1985a, 348–360.
670 Vgl. Dubach 2003, 385–387; siehe auch Schulze 1982a, 130.
671 Vgl. Dubach 2003, 381–385.
672 Vgl. Baumann/Rottenkolber 1973, 163–165.

zu vielfältigen Klagen von Untertanen und zu Prozessen, sowohl gegen den Landesherren als auch gegen vom Kaiserhof eingesetzte Kommissionen. Eine Lösung durch eine erneute kaiserliche Kommission wurde erst unter veränderten politischen Rahmenbedingungen möglich. Der abgesetzte Landesherr konnte sich durch den Übergang der Regierung an die Nebenlinie Nassau-Diez keine Hoffnung mehr auf die volle Landesherrschaft machen und zeigte sich im (schon seit über 30 Jahren andauernden) Konflikt mit seinen Untertanen kompromissbereit. 1740 wurde er vom Kaiser wieder in die Regierung eingesetzt. Nun aber versuchte Wilhelm Karl von Nassau-Diez, die Administration zu behalten, verbot den Untertanen den Umgang mit den Abgesandten Wilhelm Hyacinths und beantragte, unterstützt von Preußen, die Verlängerung der Administration. Der Konflikt wurde erst mit einem Vergleich zwischen beiden Linien im Jahr 1742 gelöst, in dessen Folge die Landesherrschaft an Wilhelm-Karl überging.[673]

4.3.3. Aufgabe nach Erschöpfung

4.3.3.1. Weilmünster

Graf Albrecht von Nassau-Weilburg gelang es, unterstützt vom Wetterauer Grafenverein, den Widerstand seiner Weilmünsterer Untertanen in den Jahren 1563 bis 1586 völlig aufzureiben – und zwar entgegen den Entscheidungen des RKG und dem erklärten Willen des Kaisers.

Nachdem der Wunsch Albrechts, ihm den Wald am sogenannten Bulnberg zu überlassen, von den Vertretern der Gemeinde 1563 ausgeschlagen wurde, sperrte er kurzerhand das Areal. Dagegen erwirkten die Untertanen am RKG ein mandatum sine clausula. Mit dem Mandat begann ein Konflikt, der sich auf die Fragen der persönlichen Freiheit und Dienstpflicht der Untertanen ausweitete. Er zog sich zunächst über mehrere weitere Mandatsprozesse der Gemeinde gegen den Grafen hin, in deren Verlauf Albrecht bis zu 1000 Reisige und Fußknechte in den Ort einfallen ließ.[674]

Während des Augsburger Reichstags von 1566 supplizierten die Weilmünsterer direkt an den Kaiser. Offenbar gingen sie davon aus, dass auf dem Weg der nur zum Teil erfolgreichen RKG-Mandate nichts zu erreichen sein würde. Der Kaiser erließ umgehend ein Mandat, die Untertanen unbehelligt den Rechtsweg gehen zu lassen, allerdings ebenfalls ohne Erfolg. Später baten die Untertanen noch mehrfach

673 Vgl. Behr 1991, 160–184, bes. 183 f. Der Konflikt ist von komplizierten politischen Verwicklungen gekennzeichnet, die vom Autor detailliert dargestellt werden.

674 Vgl. Schmidt 1984b, 95–99.

darum, in kaiserlichen Schutz und Schirm aufgenommen zu werden. Dies führte aber lediglich zu entsprechenden Warnungen des Adressaten an Graf Albrecht, war aber vom Standpunkt der Reichsverfassung her – und weil der Fall schon am RKG anhängig war – nicht durchzuführen.[675] Letztlich duldete auch der Wetterauer Grafenverein kein direktes Eingreifen Wiens gegen eines seiner Mitglieder und richtete im Jahr 1582 ein entsprechendes Interzessionsschreiben dorthin.[676]

Auf erneute Klagen der Untertanen entsandte der RHR im Jahr 1585 eine Kommission unter dem Mainzer Erzbischof und dem Frankfurter Rat. Es gab zwei Verhandlungsrunden, beide blieben erfolglos. Die Untertanen waren zwar schon von ihrer Forderung nach kaiserlichem Schutz und Loslösung aus der Herrschaft abgerückt und verlangten nur noch eine Generalamnestie und die Aufrechnung der Pfändungen gegen ihre Schulden. Auf beides ging Graf Albrecht aber nicht ein. Vielmehr vertrieb er die Unterstützer des gegen ihn gerichteten Prozesses gleich zweimal aus der Herrschaft.

Schlussendlich stellte er die gesamte Gemeinde vor die Alternative, den Prozess aufzugeben oder wegzuziehen. Am Reichskammergericht hatten sich zwischenzeitlich die Fronten verhärtet, gerade weil die gegenseitigen Rechtspositionen sehr pointiert herausgearbeitet worden waren. Ein Ende des Prozesses war damit außer Sichtweite.[677] Der Kaiserhof intervenierte zwar, und das RKG erließ Mandate. Beides war aber erfolglos, weil weder Kaiser noch RKG ihre Entscheidungen gegen die Interessen der gut organisierten Wetterauer Grafschaften durchsetzen konnten. Am Ende gab es in Weilmünster nur noch zehn bis zwölf Unterstützer des Prozesses.[678]

4.3.4. Aufgabe nach Ausschalten eines wichtigen Akteurs

4.3.4.1. Freigericht Kaichen

Die Untertanen des zur Burg Friedberg gehörenden Freigerichts Kaichen klagten 1659 am RHR gegen die Pfändung von Strafgeldern, mit denen die Burgherren versucht hatten, eine neu eingeführte Steuer einzutreiben. Die Klage wurde aber noch im selben Jahr vom RHR verworfen, weil die Bauern alle Fronen und die Bede verweigerten, ebenso wie eine Klage auf Freilassung eines inhaftierten An-

675 Vgl. Schmidt 1984b, 100–112. Schmidt diskutiert ausführlich die verfassungsrechtlichen Implikationen (vgl. Schmidt 1984b, 102–103).

676 Vgl. Schmidt 1984b, 111 f.

677 Vgl. Schmidt 1984b, 104.

678 Vgl. Schmidt 1984b, 112–117.

führers. Nachdem jener in der Haft gestorben war, verfolgten die Untertanen den Prozess nicht weiter.[679]

4.3.5. Aufgabe im Zusammenhang mit (angedrohter) Reichsacht

In zwei Fällen gaben die Untertanen ihren Widerstand im Zusammenhang mit der ihnen angedrohten oder gegen sie ausgesprochenen Reichsacht[680] auf, wobei im letzteren Fall, Thannhausen bei Krumbach, nicht das juristische Faktum ausschlaggebend war, sondern die Sperrung des Zugangs zum für den Ort wichtigen Augsburger Markt.[681]

4.3.5.1. Passauer Abteiland

Gegen die Eintreibung der Türkensteuer formierte sich 1581 im Territorium der Passauer Abtei eine Gruppe von rund 600 Untertanen und zog bewaffnet vor das Schloss Leoprechting. Sie ließen sich zwar durch gutes Zureden besänftigen, der Bischof ordnete aber im Nachhinein eine Untersuchung an und ließ Verdächtige gefangen nehmen und verhören.[682] Daraufhin supplizierten die Untertanen beim Kaiser, und das RKG erteilte den Untertanen ein mandatum de non offendendo, d.h. dem Bischof wurden Zwangsmittel untersagt. Gleichzeitig dazu erteilte es jenem aber per Mandat die Erlaubnis, dass er Steuerverweigerer zur Strafe mit der doppelten Steuer belegen durfte. Mit den beiden Mandaten war der Aufstand erst einmal gestillt,[683] das Verfahren ging in die Zitation über, die aber verschleppt wurde und über die Jahre einschlief.[684]

679 Vgl. Troßbach 1985a, 124–128.

680 Klagen auf Landfriedensbruch waren vor allem vor 1526 attraktiv, weil sie die erstinstanzliche Zuständigkeit des RKG begründeten und, wenn sie zu einer Achterklärung führten, direktes Vorgehen des Klägers gegen den Beklagten (und nun geächteten) ermöglichten. (Vgl. Hohn 2004, 298.) Von daher ist es bemerkenswert, dass die Drohung oder der Vollzug der Acht nicht in mehr Fällen zu einem Ende des Konflikts führte.

681 Auch in anderen Fällen wurde die Reichsacht sowohl gegen Obrigkeiten wie auch Untertanen ausgesprochen, erwies sich oft aber als weniger wirksam als gedacht. Beispiele finden sich 1624 mit den Herren von Thüngen im Burgsinner Waldprozess (vgl. Bayer 1961, 15–17) Odenheim 1608 (vgl. Fetzer 2002, 207–213) und Pulsnitz 1594 (vgl. Klemm 1958, 57–59).

682 Vgl. Lanzinner 1993, 136 f. Hier widersprechen sich die Angaben in der Literatur. Laut Müller 1924, 21, hat der Bischof zwei als Rädelsführer Angeklagten einen summarischen Prozess gemacht und sie enthaupten lassen, Lanzinner berichtet dies nicht.

683 Vgl. Lanzinner 1993, 137 f.

684 Vgl. Lanzinner 1993, 144.

1586 beantragte die bischöfliche Seite dann aber die Acht gegen Steuerverweigerer. Dies führte offenbar dazu, dass das Gros der Untertanen den Widerstand aufgab. Anscheinend gab es eine außergerichtliche Lösung, bis 1591 hatten jedenfalls die meisten Untertanen die Steuern bezahlt.[685]

4.3.5.2. Thannhausen (bei Krumbach)

Zwischen 1584 und 1586 gab es einen Aufstand im schwäbischen Thannhausen. Die Ortsherrschaft, Philipp von Bick zum Hain, klagte dagegen beim RHR. Die dort beschlossene Exekution durch den Kreisobristen, Herzog Ludwig von Württemberg, ließ sich aber nicht im Kreis durchsetzen. Als dann bekannt wurde, dass die Thannhauser zu ihrem Schutz 50 gartende Landsknechte ins Dorf geholt hatten, wurde die Gemeinde auf Empfehlung der Exekutionskommission in die Acht erklärt. Anschließend brach der Widerstand zusammen, allerdings vor allem aus dem Grund, dass Augsburg den Thannhausern den Zugang zum Markt versperrt hatte.[686]

4.4. Seltener erwähnte Gründe für eine nachhaltige Konfliktbeendigung

4.4.1. Stillschweigendes Einvernehmen

Im Streit um Braurechte prozessierte das unterfränkische Berkach 1676 und dann von 1698 bis 1702 vor dem RKG gegen Würzburger Bischof. 1676 hatte das RKG per Mandat verfügt, dass das dörfliche Brauhaus abzureißen sei. Das Mandat wurde aber zunächst nicht durchgesetzt. 20 Jahre später waren die Berkacher dann der Ansicht, das RKG habe damals zu ihren Gunsten geurteilt.[687] 1698 verriegelten die beiden Ganerben, die sich um die Herrschaft stritten – Würzburg und die Freiherren zum Stein – das Brauhaus. Würzburg entsandte Soldaten, es gab später sogar eine gewaltsame Eskalation mit einem Toten.[688] Die Berkacher schlossen im April desselben Jahres ein Prozesssyndikat, schon im Mai antwortete das RKG mit einem Mandat zum Schutz der Untertanen. Ein Urteil erging allerdings nicht, das Verfahren wurde nach einigen Jahren auch nicht mehr vorangetrieben, obwohl die Gemeinde (bzw. das Syndikat) dazu berechtigt und auch finanziell in der Lage gewesen wäre. Würzburg duldete das Brauen und die dörfliche Selbstverwaltung, im Gegenzug arrangierte sich die Gemeinde mit einer von Würzburg verlangten Akzise. Es gab also

685 Vgl. Lanzinner 1993, 144.

686 Vgl. Weber, Raimund J. 1984, 212–214.

687 Vgl. Bähr 2012b, 87.

688 Vgl. Bähr 2012b, 114–119, 121.

offenbar eine stillschweigende Einigung, da der erreichte Modus Vivendi beiden Parteien attraktiver erschien als das Risiko, in einem Prozess zu unterliegen.[689] Im Hintergrund stand dabei ein Zeugenverhör mit einem Katalog von 68 Fragen, den das Prozesssyndikat ausgearbeitet hatte. Dieses Verhör erweiterte die Thematik auf die Zuständigkeit der Ganerben für das Ortsgericht und sprach ihnen die Weisungsbefugnis ab – bis hin zur Behauptung der eigenen Reichsunmittelbarkeit.[690] Mit der Reichsunmittelbarkeit war ein schon etablierter Diskurs berührt, sodass sich die Gegenseite sich nicht sicher sein konnte, das Verfahren zu gewinnen.[691]

4.4.2. Konfliktverlagerung

4.4.2.1. Ebersberger Gemein

Nach den Prozessen am RKG und am Bayerischen Hofgericht hatte die Ebersberger Gemein ihre juristischen Mittel im Waldkonflikt mit dem Jesuitenkonvent erschöpft und zog 1627 ihre am RKG anhängige Klage zurück. Widerstand blieb aber noch latent vorhanden. Er führte zu einem Gewaltausbruch und dessen militärischer Niederschlagung mit massivsten Mitteln im Bayerischen Bauernaufstand von 1633. (Vgl. oben, Abschnitt 3.1.1.)

4.4.2.2. Munderkingen

Ein Streit der Stadt Munderkingen mit Christoph Truchsess von Waldburg um die erzwungene Erbhuldigung der Stadt wurde 1597 durch ein kaiserliches Reskript beendet, das die Huldigung rückgängig machte. Anschließend musste Waldburg die Donaustädte im Rahmen eines Vergleichs an Österreich abtreten. (Vgl. oben, Abschnitt 3.4.4.)

4.4.3. Gewalt ohne Zusammenhang mit Prozess

4.4.3.1. Bischofswerda

In Bischofswerda und Umgebung ereignete sich 1516 der sogenannte Wendische Bauernaufstand, der zu Klagen des Adels vor dem Kaiser und Gegenklagen der Untertanen führte. Die Bewegung wurde noch im selben Jahr gewaltsam niedergeschlagen.[692]

---

689 Vgl. Bähr 2012b, 87–133.

690 Vgl. Bähr 2012b, 89–113, 124–131.

691 Vgl. Bähr 2012b, 131–134, 140 f. Zu Bährs Ansatz vgl. S. 29.

692 Vgl. Palm 1953–1955, 43 f.

5. Zusammenfassende Betrachtung

Die Sichtung der Literatur ist nun abgeschlossen, und es stellt sich die Frage nach dem Ertrag des hier verwendeten Modells der *Schlüsselmomente* – sowohl für die Lektüre der schon existierenden als auch als Heuristik[693] für mögliche neue Untersuchungen.

Was fällt also auf, wenn man beide Zugänge – die Kriterien nach dem in Kapitel 3 verwendeten Modell und die in Kapitel 4 von den Autoren als nachhaltig gelöst präsentierten Konflikte vergleicht? Werden Schnittmengen deutlich, lassen sich Zusammenhänge zwischen den Lösungswegen und der letztlich gefundenen Konfliktbeilegung konstruieren? Hier kann es, wie erwähnt, nur um eine erste Einschätzung gehen, da die Literatur sehr heterogen ist und sich auch nur in sehr unterschiedlichem Umfang mit dem jeweiligen Geschehen befasst. Daher werden nur solche Fälle aufgeführt, in denen eine Gruppe auffällig häufig oder auffällig selten mit der jeweils anderen korreliert.[694] Es sollte aber ungefähr sichtbar werden, ob die verwendeten Kriterien der Konfliktsubstitution, Delegation und Ausdifferenzierung von Entscheidungssystemen die eigentlich relevanten Faktoren für die Lösung von Konflikten darstellten, oder ob diese Konflikte nicht doch in erster Linie aufgrund anderer Faktoren, die außerhalb der rechtlichen Kommunikation lagen und vor Ort wirksam wurden, beigelegt wurden.

5.1. Ausgangspunkt Lösungsprozess

Dieses Fazit soll zunächst von der in Kapitel 3 eingenommen Perspektive, also den Schlüsselmomenten auf dem Weg der Konfliktlösung, in Angriff genommen werden.

5.1.1. Lösung durch Substitution und Delegation von Konflikten in Zusammenhang mit der Ausdifferenzierung von Entscheidungssystemen

Vergleicht man diejenigen 19 Fälle, in denen in denen alle unter 2.3 ausbuchstabierten Kategorien – Konfliktsubstitution in Zusammenhang mit der Delegation

693 Siehe dazu Abschnitt 2.3.

694 Dies geschieht, um Verhältnisse besser abschätzen zu können, in Prozentangaben. Diese sind bei einer so geringen Basis natürlich nicht unproblematisch. Hier werden sie daher, wie erwähnt, nur verwendet, um Trends abzubilden und nicht als Quantifizierung im eigentlichen Sinn.

von Konflikten und der Ausdifferenzierung von Entscheidungssystemen – prominent geschildert werden[695] zeigt sich ein interessantes und diese Lösungswege zunächst nicht wirklich bestätigendes Bild, auch wenn dies mit aller Vorsicht nur als Indiz gelten kann. Denn immerhin 42 Prozent dieser Fälle finden sich nicht in der Liste jener Prozesse wieder, die von den Autoren als nachhaltig gelöst bezeichnet werden. Konkret handelt es sich um Hanau-Lichtenberg (3.1.4), Hohenzollern-Hechingen 1578–1625 (3.1.6), Hüttersdorf und Buprich (3.1.8), das Fürststift Kempten (3.1.10), Lahr (3.1.13), Nassau-Saarbrücken (3.1.14), Odenheim und Rohrbach (3.1.15) und Reuß-Obergreiz (3.1.16).

In Hanau-Lichtenberg lief der Prozess nach dem Übergang der Herrschaft an Hessen-Darmstadt vor den dortigen Gerichten weiter. In Hohenzollern-Hechingen kam 1596 ein Vergleich zustande, und die Untertanen unterwarfen sich; der Konflikt schwelte aber noch einige Zeit. In Hüttersdorf und Buprich wurde ausgerechnet die nassau-saarbrückische Herrschaft mit der Exekution der vom RKG verfügten Strafen beauftragt, was zu weiterer Eskalation des Konflikts führte. Im Fürststift Kempten fanden, wie auch in Odenheim und Rohrbach, zwar interessante Vorgänge nach den in Kapitel 2.3 entwickelten Kriterien statt, bildeten aber nur relativ folgenlose Teile eines langen Konfliktverlaufs. In Reuß-Obergreiz wurde zwar ein Definitivurteil gesprochen, allerdings im Nachhinein noch einmal eine Kommission entsandt, von deren Wirkung der Autor gleichwohl nichts berichtet. In Nassau-Saarbrücken wurde dagegen ein Vergleich erzielt, allerdings nur unter dem Eindruck der 1792 schon heranrückenden französischen Revolutionsheere.

In den genannten Fällen wird demnach einiges an kontingenten Faktoren deutlich, die eine Lösung begünstigten oder behinderten. Hier findet sich also eher Troßbachs Urteil bestätigt, dass die Entscheidungen der Gerichte immer in größeren Zusammenhängen wie politischen Interessen und ökonomischen Entwicklungen zu betrachten seien.[696]

Wenn es dort aber eine nachhaltige Lösung gibt, dann steht diese nur bei 15 Prozent der Konflikte aus dieser Gruppe in Zusammenhang mit Gewalt, wobei in den drei betreffenden Fällen die Gewalt nur einmal, nämlich in der Grafschaft Schaumburg, trotz vorangegangener Delegation an ein Reichsgericht eskalierte. In der Karber Mark[697] liegt sie dagegen als konstante militärische Übermacht der

695 Abschnitt 3.1.

696 Vgl. Troßbach 1985a, 465 f.

697 Abschnitte 3.1.9 und 4.2.1.1.

Friedberger Burg vor; im Amt Hohentengen wird der Konflikt erst nach einem Gewaltausbruch an das RKG delegiert.[698]

Es bleibt also der Eindruck, dass dort, wo der Konflikt aktiv und produktiv in juristisch lösbare Teilkonflikte zerlegt und an ein Reichsgericht delegiert wurde, und wo sich eine Instanz bzw. ein Verfahren etablierte, das diesen Konflikt einer Lösung zuführte, nur in Ausnahmefällen Gewalt eine den Konflikt entscheidende Rolle spielte. Ähnliches gilt für die zehn Prozent der Fälle,[699] in denen Herrschaftswechsel im Zusammenhang mit der Beendigung des Konflikts standen.

5.1.2. Lösung durch Konfliktsubstitution in Zusammenhang mit der Ausdifferenzierung von Entscheidungssystemen

Ein ganz anderes Bild ergibt sich in den 16 Fällen, in denen nur die Konfliktsubstitution und die Ausdifferenzierung von Entscheidungssystemen im Vordergrund stehen. Auch diese wurden zwar alle vor Reichsgerichten verhandelt, sonst kämen sie nicht in dieser Untersuchung vor. Die Gerichtsprozesse standen dort aber nicht in direktem Zusammenhang mit der Lösung.

88 Prozent dieser Fälle, d.h. alle bis auf einen, werden als nachhaltig gelöst bezeichnet, und diese letztgültige Lösung ging mit nur drei Ausnahmen auf die Parteien zurück, die miteinander einen Vergleich aushandelten. Deren Bereitschaft scheint also der entscheidende Faktor überhaupt zu sein. In dem einen nicht gelösten Konflikt, Pforzheim, endet der Bericht immerhin damit, dass die Parteien einen, wenn auch nicht haltbaren, Vergleich aushandelten.[700] Vor allem aber ist in dieser Gruppe die größte Anzahl derjenigen Konflikte zu verzeichnen, bei denen der Autor die nachhaltige Lösung nicht auf einen externen Einfluss zurückführt. Es handelt sich um insgesamt 6 von 16 Fällen bzw. 38 Prozent.

Gewalt spielt in dieser Gruppe nur in zwei Fällen eine Rolle. Sowohl in der Herrschaft Kirchheim (3.2.10) als auch in den Schönburger Herrschaften (3.2.15) wird nach einer Eskalation relativ plötzlich ein Vergleich geschlossen. Ein wichtiger Einflussfaktor sind dagegen Herrschaftswechsel, und zwar in knapp einem Drittel der Fälle.[701] Zu erwähnen sind auch die zwei Fälle, in denen Einflussnahme Dritter (3.2.9) bzw. deren Wegfall (Abschnitte 3.2.1 und 3.2.4) zu einem Vergleich führten.

---

698 Abschnitte 3.1.5 und 4.1.1.2.

699 Vgl. Abschnitte 3.1.7 und 3.1.11.

700 Siehe 3.2.14.

701 In fünf Fällen (vgl. 3.2.6, 3.2.7, 3.2.12, 3.2.13 und 3.2.16).

5.1.3. Konfliktsubstitution und -delegation in Zusammenhang

Konflikte, in denen besondere Umstände von Konfliktsubstitution und -delegation berichtet werden, ohne dass auch von signifikanten Ausbildungen eines Entscheidungssystems die Rede ist, kommen nur zweimal vor.[702] Dies spricht für die wichtige Rolle von Verhandlungen und Vergleichen in der Lösung von Untertanenkonflikten.

5.1.4. Konfliktsubstitution als vorherrschender Faktor

Zahlenmäßig stärker vertreten sind dagegen wieder solche Fälle, in denen nur Vorgänge der Konfliktsubstitution besonders hervorgehoben werden, nämlich siebenmal. Die meisten davon, nämlich vier, finden sich nicht in der Gruppe derjenigen Konflikte wieder, die die Autoren als nachhaltig gelöst bezeichnen. Was den Rest anbelangt, verlagert sich einmal der Konflikt auf eine andere Ebene,[703] zweimal wird er dadurch beendet, dass ein Prozess vor dem RKG zugunsten der Herrschaft beschieden wird.[704] Gewalt spielt keine Rolle für die Lösung dieser Konflikte.

5.1.5. Ausdifferenzierung von Entscheidungssystemen als vorherrschender Faktor

In neun Fällen steht allein die Ausdifferenzierung von Entscheidungssystemen im Vordergrund der Beschreibung. Sechs davon, also 67 %, werden als nachhaltig gelöst bezeichnet; davon war wiederum bei der Hälfte, insgesamt also 34 % aller solcher Konflikte, vor einer Vergleichslösung Gewalt im Spiel,[705] zweimal ein Herrschaftswechsel,[706] wobei sich diese Lösungen in einem Fall, der Herrschaft Westerburg, überschneiden. Nur zweimal ist dieser Gruppe von einem Vergleich die Rede, für den diese Faktoren keine Rolle spielten.[707]

702 Eichtersheim und Wied-Neuwied (vgl. Abschnitt 3.3).

703 Konkret betrifft dies die fünf Donaustädte, deren Konflikt schließlich zwischen den Truchsessen von Waldburg und Österreich ausgehandelt wird (vgl. 3.4.4).

704 Vgl. 3.4.2, Nassau-Siegen (rechtsrheinischer Teil) und 3.4.5, Gut Schmoel.

705 Siehe 3.5.2 (Busecker Tal) 3.5.6 (Amt Neu-Saarwerden) und 3.5.9 (Herrschaft Westerburg).

706 Siehe 3.5.8 (Markgenossenschaft Urbach) und Herrschaft Westerburg (s. o.).

707 Siehe die Abschnitte 3.5.4, 3.5.7 und 4.1.6.

5.2. Ausgangspunkt nachhaltige Lösung

Bleibt in diesem Zusammenhang noch ein Blick auf diejenigen Fälle, die als nachhaltig gelöst bezeichnet werden, von denen aber nichts Besonderes über Konfliktsubstitution, -delegation oder die Ausdifferenzierung von Entscheidungssystemen berichtet wird. Dies stellt gewissermaßen die Gegenprobe zur Relevanz dieser Kriterien überhaupt dar, auch wenn es hier ebenfalls nur um eine grobe Einschätzung gehen kann. Insgesamt betrifft dies 38 Konflikte gegenüber den zuvor behandelten 56, in denen diese Kriterien im Text eine größere Rolle spielen. Dass nicht über sie berichtet wird, heißt nun nicht, dass sie nicht stattfanden, nur ist ihr Einfluss anhand der Literatur nicht zu erschließen. Hier sind demnach noch viele Fragen offen.

Acht mal (oder in 21 Prozent der Fälle) spielt Gewalt eine Rolle für die Lösung, nur einmal (3 Prozent) ein Herrschaftswechsel. Vor allem aber versammeln sich hier diejenigen acht Fälle (21 Prozent), in denen davon berichtet wird, dass eine Prozesspartei, in der Regel die Untertanen, den Widerstand schlicht aufgibt;[708] und hier liegt der Löwenanteil der Fälle (15 Stück oder 15 Prozent aller Konflikte), in denen ein Streit, der Darstellung nach, durch Urteil oder Mandat beendet wird.

Damit ist schon ein Schritt getan, der jetzt noch ein wenig weiter entfaltet werden soll. Betrachtet man die Sache von der letztlich gefundenen, nachhaltigen Lösung her und blickt auf die Schritte der Konfliktlösung, die in der Literatur geschildert werden, ergibt sich folgendes Bild.

Dort wo bei einer nachhaltigen Lösung Gewalt im Spiel ist, wird meist (in 75 Prozent der Konflikte) nichts Besonderes über die Delegation des Konflikts berichtet.[709] Dies bestätigt – zusammen mit dem oben erwähnten Umstand, dass in nur 15 Prozent der Fälle, in denen Delegation, Substitution und die Ausdifferenzierung von Entscheidungssystemen eine Rolle spielten, Gewalt für die nachhaltige Lösung entscheidend war – recht gut den Befund, dass Konflikte, sobald sie einmal vor ein Reichsgericht delegiert waren, nur selten durch Gewalt beendet wurden.[710] Die Reichsgerichte erreichten offenbar ihr Ziel der Konflikt-

708 Vgl. Abschnitt 4.3, dort auch die weitere Differenzierung.

709 Siehe Abschnitt 4.1.1 mit der Ausnahme von 4.1.1.2 (Amt Hohentengen) sowie 4.2.1 mit 4.2.1.1 (Karber Mark) und 4.2.1.4 (Grafschaft Schaumburg) als Ausnahmen.

710 Wobei diese Aussage explizit nur für das Ende der Konflikte gilt und gewaltsame Eskalationen im Verlauf, die aber nichts mit der Beilegung des Konflikts zu tun haben, nicht umfasst.

eindämmung.[711] Dies bleibt als ein Fazit dieser Untersuchung. Das andere ist die Beobachtung, dass Vergleiche nicht nur die in der Literatur am häufigsten als nachhaltig bezeichnete Form der Konfliktlösung sind, sondern dass sie auch mehr als doppelt so oft mit Schlüsselmomenten der Konfliktlösung gemäß Kapitel 3 in Zusammenhang stehen (nämlich in 67 Prozent der Fälle), als dies bei anderen Schilderungen der nachhaltigen Konfliktlösung der Fall ist (26 Prozent der Fälle).

Dies sind einige Eckdaten, die sich aus dem heterogenen Bestand an Literatur zu Untertanenprozessen vor Reichskammergericht und Reichshofrat gewinnen lassen. Wenn sie als Ausgangspunkt für weitere systematische Untersuchungen der schon bekannten und auch der noch unerschlossenen Quellen dienen können, hat dieser Band seinen ersten Zweck erfüllt. Der andere folgt nun in den Indices und dem Übersichtsteil zu den Monografien und Aufsätzen, die seit dem Zweiten Weltkrieg zum Thema erschienen sind.

711 Vgl. zur primär konfliktdämpfenden Wirkung der Verfahren auch Westphal 2005; Bähr 2012b, 281 f.; Weber 1992a, 375; Ortlieb 2001, 351 f.; Hörner/Schimke 1995, 302 f.; Stenz/Vogt 2012, 175; auch Gabel 1991, 64.

Personen-, Orts- und Sachindex

1) PERSONEN

2) ORTE

I

J

K

L

M

N

O

T

U

3) SACHEN

A

B

Literaturverzeichnis

1. Adam, Thomas, Dorf und Landesherrschaft. Weingarten zwischen Kurpfalz und Baden, in: Badische Heimat 83.2 (2003), S. 227–243.
2. *ders.*, Die Gondelsheimer Rebellion von 1730. Ein Bauernaufstand und seine Folgen, Heidelberg [u. a.] 2005.
3. Adler, Ulrich, Gondelsheim. 750 Jahre Geschichte im Saalbachtal, hrsg. v. Thomas Adam, Ubstadt-Weiher 2006.
4. Allmann, Joachim, Der Wald in der frühen Neuzeit. Eine mentalitäts- und sozialgeschichtliche Untersuchung am Beispiel des Pfälzer Raumes 1500–1800, Berlin 1989.

4*. Amend-Traut, Anja, Judikative Folgen des Bauernkriegs nach Quellen der höchsten Gerichte im Alten Reich, in: Fuchs, Franz/Wagner, Ulrich (Hrsg.), Bauernkrieg in Franken (Publikationen aus dem Kolleg ‚Mittelalter Und Frühe Neuzeit', 2), Würzburg 2016, S. 223–265.

5. Armgart, Martin, Prozesse der Herren von Dahn an Reichskammergericht: Exempel einer neuen Quelle der Niederadelsforschung, in: Mitteilungen des Historischen Vereins der Pfalz 103 (2005), S. 187–227.
6. Asch, Ronald G., Ein Herrschafts- und Sozialkonflikt des späten 16. Jahrhunderts. Graf Heinrich von Fürstenberg und der Geisinger Bürger Sigmund Faller im Kampf um den Besitz des Dorfes Göschweiler, in: Schriften des Vereins für Geschichte und Naturgeschichte der Baar in Donaueschingen 34 (1982), S. 65–72.
7. Aubin, Hermann; Zorn, Wolfgang (Hrsg.), Handbuch der deutschen Wirtschafts- und Sozialgeschichte, Stuttgart 1971.
8. Bäcker von Ranke, Ermentrude, Das Fürstentum Schwarzburg-Rudolstadt zu Beginn des 18. Jahrhunderts. Der Landstreit gegen die fürstliche Willkür vor Reichskammergericht und Reichshofrat. Univ. Diss., Halle a. S. 1915.
9. Bader, Josef, Die ehemalige Herrschaft Triberg, in: Badenia oder das badische Land und Volk 2 (1840), S. 199–214.
10. Bader, Karl Siegfried, Der deutsche Südwesten in seiner territorialstaatlichen Entwicklung, Stuttgart 1950.
11. *ders.*, Dorfgenossenschaft und Dorfgemeinde, Bd. 2, Wien/Köln 1962.
12. *ders.*, Dilcher, Gerhard, Deutsche Rechtsgeschichte. Land und Stadt – Bürger und Bauer im alten Europa, Berlin [u. a.] 1999.

13. *ders.*, Dorf und Dorfgemeinde im Zeitalter von Naturrecht und Aufklärung, in: *ders.*, Ausgewählte Schriften zur Rechts- und Landesgeschichte, Bd. 2, hrsg. v. Claudieter Schott, Sigmaringen 1984, S. 69–104.
14. BÄHR, MATTHIAS, „Aus dem Munde gefallen". Reichskammergerichts-Zeugenverhöre – eine Quellenkritik, in: Amend-Traut, Anja; Baumann, Anette; Wendehorst, Stephan [u. a.] (Hrsg.), Die höchsten Reichsgerichte als mediales Ereignis, München 2012a, S. 133–151.
15. *ders.*, Die Sprache der Zeugen. Argumentationsstrategien bäuerlicher Gemeinden vor dem Reichskammergericht (1693–1806), Konstanz 2012b.
16. *ders.*, Von Vögeln und Fröschen. Raumvorstellungen in frühneuzeitlichen Zeugenaussagen, in: Baumann, Anette; Eichler, Anja; Xenakis, Stefan (Hrsg.), Augenscheine. Karten und Pläne vor Gericht. Katalog zur Ausstellung im Reichskammergerichtsmuseum Wetzlar, Wetzlar 2014, S. 23–35.
17. *ders.*, Widerstand vor dem Reichskammergericht. Als die „freien Hümmlinger" nach Wetzlar zogen, in: Emsländische Geschichte 15 (2008), S. 468–577.
18. *ders.*, Der Zeuge wird politisch: Zeugenverhöre in „Bauernprozessen" vor dem Reichskammergericht, in: Schmidt, Sibylle (Hrsg.), Politik der Zeugenschaft, Bielefeld 2011, S. 287–309.
19. BAIER, HERMANN, Zur Vorgeschichte des Bauernkriegs, in: Zeitschrift für die Geschichte des Oberrheins 49 N. F. (1926), S. 188–217.
20. BARCZYK, MICHAEL, A.E.I.O.U. in Oberschwaben – die vorderösterreichischen Donaustädte, in: Zeitschrift für Hohenzollerische Geschichte N. F. 20 (1984), S. 47 ff.
21. BARNETT-ROBISHEAUX, THOMAS, Peasant Revolts in Germany and Central Europe after the Peasants' War: Comments on the Literature, in: Central European History 17 (1984), S. 384–403.
22. BARTHELEMY, ERIC, Beiträge zur Geschichte der Herrschaft Homburg an der Mark. Mit einem Quellenanhang, Nümbrecht 1993.
23. BAUDACH, HANS-JOCHEN, Die Geschichte Gimborns und seiner Schützen, 2. Aufl. 2010.
24. BAUMANN, ANETTE, Forschungsstand in: Projektantrag „Untertanen vor Gericht" für den LOEWE-Schwerpunkt „Außergerichtliche und gerichtliche Konfliktlösung", Wetzlar 2012.
25. *dies.*, Die Gesellschaft der frühen Neuzeit im Spiegel der Reichskammergerichtsprozesse. Eine sozialgeschichtliche Untersuchung zum 17. und 18. Jahrhundert, Köln [u. a.] 2001.

26. *dies.*, Die Gutachten der Richter. Ungedruckte Quellen zum Entscheidungsprozess am Reichskammergericht (1524–1627), Wetzlar 2015.
27. Baumann, Franz Ludwig; Rottenkolber, Josef, Geschichte des Allgäus. Band 3: Die neuere Zeit (1517–1802). Neudruck, 4 Bände, Kempten 1973.
28. Bayer, Adolf, Der 300jährige Burgsinner Waldprozeß, Lohr am Main 1961.
29. Becker, Friedrich Wilhelm, Otto Heinrich von Bylandt zu Rheydt. 1554–1608: Politik am Vorabend des Dreißigjährigen Krieges, Mönchengladbach 1987.
30. Behr, Hans-Joachim, Landstände und Landtage in Corvey, in: Westfälische Forschungen 24 (1978/79), S. 1–23.
31. *ders.*, „Zu rettung deren hart getruckten Nassaw-Siegischen Unterthanen". Der Niederrheinisch-Westfälische Kreis und Siegen im 18. Jahrhundert, in: Jahrbuch für westfälische Kirchengeschichte 85 (1991), S. 159–184.
32. Below, Stefan von; Breit, Stefan, Wald – von der Gottesgabe zum Privateigentum. Gerichtliche Konflikte zwischen Landesherren und Untertanen um den Wald in der frühen Neuzeit, Stuttgart 1998.
33. Bergemann, Ulrich, Die Geschichte der landesherrlichen Jagdhoheit in der Grafschaft Zollern. Mit einer kritischen Übersicht über die dt. Jagd- u. Forstgeschichte bis zum Anfang des 14. Jh. Ein Beitrag zum dt. Jagdrecht, Freiburg 1963.
34. Bernhardt, Walter, Graf Eitelfriedrich von Hohenzollern-Hechingen 1545–1605, in: Zeitschrift für Hohenzollerische Geschichte 12 (1976), S. 29–97.
35. Beyrau, Dietrich, Agrarstruktur und Bauernprotest. Zu den Bedingungen der russischen Bauernbefreiung von 1861, in: Vierteljahrschrift für Sozial- und Wirtschaftsgeschichte 64 (1977), S. 179 ff.
36. Bicheler, Dominikus, Die ehemalige vorderösterreichische Donaustadt Mengen in Krieg und Frieden. Geschichte einer Kleinstadt im Spiegel der Heimatliteratur, alter Akten und Urkunden zu ihrem 700jährigen Bestehen, 1257–1957, Mengen 1957.
37. Bickel, Otto, Diedelsheim. Vom ritterschaftlichen Dorf zum Brettener Stadtteil, Bretten 1985.
38. Bickel, Otto; Bickel, Willy (Hrsg.), Bauerbach. Vom Reichsdorf zum Brettener Stadtteil, Bretten 1978.
39. Bierbrauer, Peter, Bäuerliche Revolten im alten Reich. Ein Forschungsbericht, in: Blickle, Peter (Hrsg.), Aufruhr und Empörung? Studien zum bäuerlichen Widerstand im Alten Reich, München 1980, S. 1–68.

40. *ders.*, Methodenfragen der gegenwärtigen Bauernkriegsforschung, in: Buszello, Horst; Blickle, Peter; Endres, Rudolf (Hrsg.), Der deutsche Bauernkrieg, Paderborn [u. a.] 1984, S. 23–37.
41. Bilgeri, Benedikt, Die demokratische Bewegung Vorarlbergs im frühen 18. Jahrhundert, in: Montfort. Zeitschrift für Geschichte Vorarlbergs 17 (1965), S. 3–47.
42. Birtsch, Günter (Hrsg.), Grund- und Freiheitsrechte von der ständischen zur spätbürgerlichen Gesellschaft, Göttingen 1987.
43. *ders.*, Soziale Unruhen, ständische Gesellschaft und politische Repräsentation. Trier in der Zeit der Französischen Revolution 1789–1794, in: Mentalitäten und Lebensverhältnisse. Beispiele aus der Sozialgeschichte der Neuzeit; Rudolf Vierhaus zum 60. Geburtstag. Herausgegeben von Mitarbeitern und Schülern, Göttingen 1982, S. 143–159.
44. Blauhut, Ulrich, Die Beschwerdeartikel der Thurmer Bauern von 1524, in: Kulturbund der DDR, Bezirkskommission Natur und Heimat Karl-Marx-Stadt (Hrsg.), Probleme der frühbürgerlichen Revolution im Erzgebirge und seinem Vorland. Wissenschaftliches Sonderheft der Monatsschrift „Der Heimatfreund für das Erzgebirge", Stollberg, Karl-Marx-Stadt 1975, S. 79–88.
45. Bleicher, Walter, Chronik der ehemaligen Residenzstadt Scheer, Donau, 1. Aufl., Horb am Neckar 1989.
46. Blickle, Peter (Hrsg.), Aufruhr und Empörung? Studien zum bäuerlichen Widerstand im Alten Reich, München 1980a.
47. *ders.*, Der Bauernjörg. Feldherr im Bauernkrieg. Georg Truchsess von Waldburg 1488–1531, München 2015.
48. *ders.*, Auf dem Weg zu einem Modell der bäuerlichen Rebellion. Zusammenfassung, in: ders. (Hrsg.), Aufruhr und Empörung? Studien zum bäuerlichen Widerstand im Alten Reich, München 1980b, S. 296–308.
49. *ders.*, Gemeinde und Gemeindeverfassung in Laupheim, in: Diemer, Kurt (Hrsg.), Laupheim. in Rückschau auf 1200 Jahre Laupheimer Geschichte. 778–1978. Unter Mitarbeit von Peter Blickle, Weißenhorn 1979, S. 219–234.
50. *ders.*, Landschaften im Alten Reich. Die staatliche Funktion des gemeinen Mannes in Oberdeutschland, München 1973a.
51. *ders.*, Nochmals zur Entstehung der Zwölf Artikel im Bauernkrieg, in: ders. (Hrsg.), Studien zur geschichtlichen Bedeutung des deutschen Bauernstandes, Stuttgart [u. a.] 1989, S. 133–153.
52. *ders.*, Ortsgeschichte von Egg an der Günz, Jahresheft 1971, Memmingen 1973b.

53. *ders.*, Peasant Revolts in the German Empire in the Late Middle Ages, in: Social History 4.2 (1979), S. 223–239.
54. *ders.*, Personalgenossenschaften und Territorialgenossenschaften im Allgäu, in: Staden en Landen 53 (1970), S. 183–241.
55. *ders.*, Die politische Entmündigung der Bauern. Kritik und Revision einer These, in: ders. (Hrsg.), Revolte und Revolution in Europa, München 1975, S. 298–312.
56. *ders.*, Unruhen in der ständischen Gesellschaft 1300–1800, Bd. 1, 3. Aufl., München 2012.
57. *ders.*, Unruhen in der ständischen Gesellschaft 1300–1800, München 1988.
58. *ders.*, Wem gehörte der Wald? Konflikte zwischen Bauern und Obrigkeiten um Nutzungs- und Eigentumsansprüche, in: ders. (Hrsg.), Studien zur geschichtlichen Bedeutung des deutschen Bauernstandes, Stuttgart [u. a.] 1989, S. 37–50.
59. Blickle, Peter; Bierbrauer, Peter; Embacher, Ulla [u. a.], Huldigungseid und Herrschaftsstruktur im Hattgau (Elsaß). Von einer Saarbrücker Arbeitsgruppe, in: Jahrbuch für westdeutsche Landesgeschichte 6 (1980), S. 117–155.
60. Blickle, Renate, „Spenn und Irrung" im ‚Eigen' Rottenbuch. Die Auseinandersetzungen zwischen Bauernschaft und Herrschaft des Augustiner-Chorherrenstifts, in: Blickle, Peter (Hrsg.), Aufruhr und Empörung? Studien zum bäuerlichen Widerstand im Alten Reich, München 1980c, S. 69–145.
61. *dies.*, Agrarische Konflikte und Eigentumsordnung in Altbayern. 1400–1800, in: Schulze, Winfried (Hrsg.), Aufstände, Revolten, Prozesse. Beiträge zu bäuerlichen Widerstandsbewegungen im frühneuzeitlichen Europa, Stuttgart 1983, S. 166–187.
62. *dies.*, Die Haager Bauernversammlung des Jahres 1596. Bäuerliches Protesthandeln in Bayern, in: Blickle, Peter; Abel, Wilhelm (Hrsg.), Bauer, Reich und Reformation. Festschrift für Günther Franz zum 80. Geb. am 23. Mai 1982, Stuttgart 1982, S. 43–73.
63. *dies.*, Hausnotdurft. Ein Fundamentalrecht in der altständischen Ordnung Bayerns, in: Birtsch, Günter (Hrsg.), Grund- und Freiheitsrechte von der ständischen zur spätbürgerlichen Gesellschaft, Göttingen 1987a, S. 42–64.
64. *dies.*, Leibeigenschaft. Versuch über Zeitgenossenschaft in Wissenschaft und Wirklichkeit, durchgeführt am Beispiel Altbayerns, in: Peters, Jan (Hrsg.), Gutsherrschaft als soziales Modell. Vergleichende Betrachtungen zur Funktionsweise frühneuzeitlicher Agrargesellschaften, München 1995, S. 53–79.

65. *dies.*, Supplikationen und Demonstrationen. Mittel und Wege der Partizipation im bayerischen Territorialstaat, in: Rösener, Werner (Hrsg.), Kommunikation in der ländlichen Gesellschaft vom Mittelalter bis zur Moderne, Göttingen 2000, S. 263–317.
66. *dies.*, Die Tradition des Widerstandes im Ammergau. Anmerkungen zum Verhältnis von Konflikt- und Revolutionsbereitschaft, in: Zeitschrift für Agrargeschichte und Agrarsoziologie 35 (1987b), S. 138–159.
67. Bödecker, Hans-Erich, Menschenrechte im publizistischen Diskurs vor 1789, in: Birtsch, Günter (Hrsg.), Grund- und Freiheitsrechte von der ständischen zur spätbürgerlichen Gesellschaft, Göttingen 1987, S. 392 ff.
68. Böhler, Eduard, Die Leibeigenschaft der Talleute von Schönau und Todtnau, in: Das Markgräflerland 19.1 (1957), S. 1–22.
69. Böning, Holger, Der „Gemeine Mann" und die Französische Revolution, in: Buchhandelsgeschichte.2 (1989), S. 841–864.
70. Brachthäuser, Christian, Le Prince Regent d'Orange. Wilhelm Hyazinth Fürst zu Oranien und Nassau-Siegen (1667–1743), 1. Aufl., Groß-Gerau 2010.
71. Brandt, W., Der Kampf der bremischen Marschbauern um ihre landständischen Rechte, in: Stader Archiv. Jahrbuch des Stader Geschichts- und Heimatvereins 27 (1937), S. 148–160.
72. Brankačk, Jan; Mětšk, Frido (Hrsg.), Geschichte der Sorben. Band 1: Von den Anfängen bis 1789, Bautzen 1977.
73. Bremer, Jakob, Die reichsunmittelbare Herrschaft Millendonk, Mönchengladbach 1939.
74. Brendle, Hermann, Hohentengen. Die Göge, Bad Saulgau 2014.
75. Brosthaus, Ursula, Bürgerleben im 16. Jahrhundert. Die Autobiographie des Stralsunder Bürgermeisters Bartholomäus Sastrow als kulturgeschichtliche Quelle, Köln 1972.
76. Brunner, Otto, Bemerkungen zu den Begriffen „Herrschaft" und „Legitimität", in: ders. (Hrsg.), Neue Wege der Verfassungs- und Sozialgeschichte, 2. Aufl., Göttingen 1968a, S. 64–79.
77. *ders.*, Europäisches Bauerntum, in: ders. (Hrsg.), Neue Wege der Verfassungs- und Sozialgeschichte, 2. Aufl., Göttingen 1968b, S. 199–212.
78. Brunotte, Alexander, Alles was Recht ist. Der Reichskammergerichtsbestand im Generallandesarchiv Karlsruhe. Vortrag in der Arbeitssitzung am 11.2.2000 (Text nach Protokoll), hrsg. v. Arbeitsgemeinschaft für geschichtliche Landeskunde am Oberrhein e. V., http://www.ag-landeskunde-oberrhein.de/index.php?id=p389v (abgerufen am: 30.04.2014).

79. Bub, Gerrit, Waldnutzung und Waldzustand in der mittelrheinischen Grafschaft Wied vom 17. bis 20. Jh.: Landschaftswandel unter gegensätzlichen Ansprüchen. Dissertation, Bonn 2003.
80. Bumiller, Casimir, 900 Jahre Owingen. „Aufwiegler, Aufrührer und Rottierer"?, in: Hohenzollerische Heimat 44.4 (1994), S. 52–55.
81. Burkardt, Johannes, Grafschaft Wittgenstein, in: Speitkamp, Winfried (Hrsg.), Ritter, Grafen und Fürsten. Weltliche Herrschaften im hessischen Raum, ca. 900–1806, Marburg 2014, S. 467–489.
82. Clasen, Klaus-Peter, Die Wiedertäufer im Herzogtum Württemberg und in benachbarten Herrschaften, Stuttgart 1965.
83. Collin, Peter, Richten und Schlichten: Differenzen und Komplementaritäten, hrsg. v. Working Paper Series LOEWE Schwerpunkt „Außergerichtliche und Gerichtliche Konfliktlösung", Frankfurt am Main 2012, http://publikationen.ub.uni-frankfurt.de/files/26974/121214_Collin_Richten_und_Schlichten.pdf (abgerufen am: 23.04.2014).
84. Connolly, Bryanna, Non-State Justice Systems and the State. Proposal for a Recognition Typology, in: Connecticut Law Review 38 (2005/2006), S. 239–294.
85. Coveney, Peter J. (Hrsg.), France in crisis. 1620–1675, London 1977.
86. Cramer, Claus, Territoriale Entwicklung, in: Martin, Bernhard; Wetekam, Robert (Hrsg.), Waldeckische Landeskunde, [Neubearb.], Korbach 1971, S. 171–261.
87. Cramer, Johann Ulrich von, Wetzlarische Nebenstunden, worinnen auserlesene beym höchstrichterlichen Cammergericht entschiedene Rechtshändel zur Erweiter- und Erläuterung der Teutschen in Gerichten üblichen Rechtsgelehrsamkeit angewendet werden. Teil 99, Ulm 1770.
88. *ders.*, Wetzlarische Nebenstunden, worinnen auserlesene beym höchstrichterlichen Cammergericht entschiedene Rechtshändel zur Erweiter- und Erläuterung der Teutschen in Gerichten üblichen Rechtsgelehrsamkeit angewendet werden. Teil 84, Ulm 1769.
89. Cramer, Julius, Die Grafschaft Hohenzollern. Eine Bild süddeutscher Volkszustände. 1400–1850, Stuttgart 1873.
90. Decker, Peter, Grafschaft Isenburg-Büdingen, in: Speitkamp, Winfried (Hrsg.), Ritter, Grafen und Fürsten. Weltliche Herrschaften im hessischen Raum, ca. 900–1806, Marburg 2014, S. 233–272.
91. Denzler, Alexander; Franke, Ellen; Schneider, Britta, Einleitung, in: dies. (Hrsg.), Prozessakten, Parteien und Partikularinteressen. Höchst-

gerichtsbarkeit in der Mitte Europas vom 15. bis zum 19. Jahrhundert, Berlin 2015, S. 1–29.
92. Dick, Bettina, Die Entwicklung des Kameralprozesses nach den Ordnungen von 1495 bis 1555, Köln 1981.
93. Diemer, Kurt (Hrsg.), Laupheim. in Rückschau auf 1200 Jahre Laupheimer Geschichte, 778–1978. Unter Mitarbeit von Peter Blickle, Weißenhorn 1979.
94. Diestelkamp, Bernhard, Zur ausschließlichen Zuständigkeit des Reichshofrates für die Kassation kaiserlicher Privilegien, in: Auer, Leopold; Ogris, Werner; Ortlieb, Eva (Hrsg.), Höchstgerichte in Europa. Bausteine frühneuzeitlicher Rechtsordnungen, Köln, Weimar, Wien 2007a, S. 163–176.
95. *ders.*, Ein Kampf um Freiheit und Recht. Die prozessualen Auseinandersetzungen der Gemeinde Freienseen mit den Grafen zu Solms-Laubach, Köln, Weimar, Wien 2012.
96. *ders.*, Die Privilegien Kaiser Karls V. für Freienseen vom 9. Januar 1555, in: Buchholz, Stephan; Adler, Sebastian (Hrsg.), Worte des Rechts – Wörter zur Rechtsgeschichte. Festschrift für Dieter Werkmüller zum 70. Geburtstag, Berlin 2007b, S. 95–104.
97. *ders.*, Prozesskosten in Verfahren am Reichskammergericht, in: Kohl, Gerhard; Neschwara, Christian; Simon, Thomas (Hrsg.), Festschrift für Wilhelm Brauneder zum 65. Geburtstag. Rechtsgeschichte mit internationaler Perspektive, Wien 2008, S. 81–87.
98. *ders.*, Rechtsfälle aus dem Alten Reich. Denkwürdige Prozesse vor dem Reichskammergericht, München 1995.
99. *ders.*, Das Reichskammergericht im Rechtsleben des 16. Jahrhunderts, in: Becker, Hans-Jürgen; Fink, Adolf (Hrsg.), Rechtsgeschichte als Kulturgeschichte. Festschrift für Adalbert Erler zum 70. Geburtstag, Aalen 1976, S. 435–480.
100. Dieteren, Remigius; Philips, J.F.R, Stein. Een achterland werd bruggehoofd. Historisch overzicht van gemeente en bevolking, Stein 1962.
101. Dinges, Martin, Justiznutzungen als soziale Kontrolle in der Frühen Neuzeit, in: Blauert, Andreas (Hrsg.), Kriminalitätsgeschichte, Konstanz 2000, S. 503–544.
102. *ders.*, The Uses of Justice as a Form of Control in Early Modern Europe, in: Roodenburg, Herman (Hrsg.), Social Control in Europe. 1500–1800, Columbus Ohio 2004, S. 159–175.
103. Dobbener, Heinrich, Geschichte der Freigrafschaft der Gemeinde und Pfarrei Züschen, Kr. Brilon. Zum 100jährigen Jubiläum der Pfarrkirche im Jahre 1957 der Gemeinde gewidmet, Balve 1957.

104. DRÖS, HARALD, Menzingen im 16. Jahrhundert, in: Glaser, Karl-Heinz (Hrsg.), David und Nathan Chytraeus. Humanismus im konfessionellen Zeitalter, Ubstadt-Weiher 1993, S. 11–22.
105. DUBACH, PHILIPP, Gesetz und Verfassung, Tübingen 2001.
106. *ders.*, Policey im Konflikt. Gesetzgebung und Widerstand im hochstiftisch-augsburgischen Pflegamt Rettenberg, in: Blickle, Peter (Hrsg.), Gute Policey als Politik im 16. Jahrhundert. Die Entstehung des öffentlichen Raumes in Oberdeutschland. Unter Mitarbeit von Andrea Schüpbach, Frankfurt am Main 2003, S. 343–391.
107. DUCHHARDT, HEINZ, Ingelheim genannt Echter von Mespelbrunn, Franz Adolf Dietrich Graf von, in: Neue Deutsche Biographie 10 (1974), S. 170–171.
108. EBELING, HANS-HEINRICH, „Appellieren, Supplizieren und Brotbetteln steht jedermann frei". Reichskammergerichtsprozesse aus dem westlichen Niedersachsen, Untersuchungen zu Streitgegenstand, Prozeßverlauf und Urteilsdurchsetzung, in: Niedersächsisches Jahrbuch für Landesgeschichte 64 (1992), S. 89–129.
109. EBERHARDT, WOLFGANG E., Untersuchungen zum Großgrundbesitz im Kraichgau. Die drei landwirtschaftlichen Großbetriebe der Grafen Douglas in Gondelsheim, Kreis Karlsruhe, Heidelberg 1990.
110. EBERT, JOCHEN; ROGMANN, INGRID; WIEDERSICH, PETER [U. A.], Schwebda. Ein Adelsdorf im 17. und 18. Jahrhundert, Kassel 2006.
111. EISELE, FRIEDRICH; REIN, JOSEF, Die Ostracher Rebellion, in: Hohenzollerische Heimat 3 (1953), S. 13.
112. ELBS, EBERHARD, Owingen 1584. Der erste Aufstand in der Grafschaft Zollern, in: Zeitschrift für Hohenzollerische Geschichte 17 (1981), S. 9–127.
113. ENNEN, EDITH, Die Organisation der Selbstverwaltung in den Saarstädten vom ausgehenden Mittelalter bis zur Französischen Revolution, Bonn 1933.
114. ENTHOFER, FERDINAND, Ein Bauernaufstand im Bayrischen Walde (1680–1683), in: Die Ostbairischen Grenzmarken 15.11 (1926), S. 263 ff.
115. ERHARD, O., Der Aufstand der Rotenfelser Bauern 1595–1598, in: Allgäuer Geschichtsfreund. Blätter für Heimatforschung und Heimatpflege NF 17 (1921), S. 13–33.
116. ESCHE, FRANK, Friedrich Anton, in: Henkel, Jens; Unbehaun, Lutz (Hrsg.), Die Fürsten von Schwarzburg-Rudolstadt, 1710–1918, 2. erw. Aufl., Rudolstadt 1998, S. 32–47.
117. EVERTZ, GERHARD, Die Revolte der Bauern der Herrschaft Tüschenbroich gegen ihre Obrigkeit in den Jahren 1650–1658, in: ders. (Hrsg.), 50 Jahre St.

Lambertus-Schützenbruderschaft, Tüschenbroich, in Verbindung mit dem Kreisschützenfest, Wegberg 1958, S. 26–107.

118. *ders.*, Der Streit der Gemeinde Niederkrüchten mit Otto von Bylandt, dem Herrn von Rheydt und Brempt, im Jahre 1564, in: Heimatkalender der Erkelenzer Lande (1962), S. 79–85.

119. Felder, Pierre, Ansätze zu einer Typologie der politischen Unruhen im schweizerischen Ancien Régime 1712–1789, in: Schweizerische Zeitschrift für Geschichte 26 (1976), S. 324–389.

120. Fetzer, Ralf, Untertanenkonflikte im Ritterstift Odenheim vom ausgehenden Mittelalter bis zum Ende des Alten Reiches, Stuttgart 2002.

121. Fimpel, Martin, Reichsjustiz und Territorialstaat. Württemberg als Kommissar von Kaiser und Reich im Schwäbischen Kreis (1648–1806), Tübingen 1999.

122. Fink, Bertram, Die Böhmenkircher Bauernrevolte 1580–1582/83. Herrschaft und Gemeinde im ‚langen 16. Jahrhundert', Leinfelden-Echterdingen 2004.

123. Franz, Günther, Der Deutsche Bauernkrieg, 12. Aufl., Darmstadt [u. a.] 1984.

124. *ders.*, Die Führer im Bauernkrieg, in: *ders.* (Hrsg.), Bauernschaft und Bauernstand. 1500–1970, Limburg/Lahn 1975.

125. *ders.*, Der deutsche Bauernkrieg. Aktenband, Nachdruck der 1. Auflage, 3. unv. Aufl., Darmstadt 1972.

126. *ders.*, Geschichte des deutschen Bauernstandes. Vom frühen Mittelalter bis zum 19. Jahrhundert, Bd. 4, 2. Aufl., Stuttgart 1976.

127. Fried, Torsten, Inventar der Prozeßakten des Reichskammergerichts in den thüringischen Staatsarchiven, Weimar 1997.

128. Friedeburg, Robert von, Lebenswelt und Kultur der unterständischen Schichten in der frühen Neuzeit, München 2002.

129. Friedrich, Christopher, German Town Revolts and the Seventeenth-Century Crisis, in: Renaissance and Modern Studies 26 (1982), S. 27–51.

130. Fuchs, Ralf-Peter, „Soziales Wissen" in der ländlichen Lebenswelt des 16. Jahrhunderts. Ein kaiserlich-kommissarisches Zeugenverhör, in: Westfälische Forschungen 48 (1998), S. 419–447.

131. Fuhrmann, Rosi, Amtsbeschwerden, Landtagsgravamina und Supplikationen in Württemberg zwischen 1550 und 1629, in: Blickle, Peter (Hrsg.), Gemeinde und Staat im alten Europa, München 1998, S. 69–147.

132. Fuhrmann, Rosi; Kümin, Beat; Würgler, Andreas, Supplizierende Gemeinden. Aspekte einer vergleichenden Quellenbetrachtung, in: Blick-

le, Peter (Hrsg.), Gemeinde und Staat im alten Europa, München 1998, S. 267–323.

133. Funcke, F. Ph., Geschichte des Fürstenthums und der Stadt Essen. Ein Beitrag zur Geschichte Rheinland-Westphalens. Unter Mitarbeit von Bertram Pfeiffer, 2. Aufl., Elberfeld 1851.

134. Gabel, Helmut, Bäuerlicher Widerstand im Raum zwischen Maas und Niederrhein im Zeitalter der französischen Revolution, in: Rödel, Volker (Hrsg.), Die Französische Revolution und die Oberrheinlande. (1789–1798), Sigmaringen 1991, S. 45–66.

135. *ders.*, Beobachtungen zur territorialen Inanspruchnahme des Reichskammergerichts im Bereich des Niederrheinisch-Westfälischen Kreises, in: Diestelkamp, Bernhard (Hrsg.), Das Reichskammergericht in der deutschen Geschichte. Stand der Forschung – Forschungsperspektiven, Köln [u. a.] 1990, S. 143–172.

136. *ders.*, Deutsche Untertanen und das Reichskammergericht, in: Scheurmann, Ingrid (Hrsg.), Frieden durch Recht, Mainz 1994, S. 273–280.

137. *ders.*, Ein Kaufmann aus Waldniel als Zeuge der Rebellion im Reichsstift Kornelimünster bei Aachen (1699), in: Heimatbuch des Kreises Viersen 36 (1985), S. 71–76.

138. *ders.*, Kehrseiten des Wachstums. Ursachen und Verlauf des Steuerstreits in der Reichsgrafschaft Kerpen-Lommersum 1787–1794, in: Kerpener Heimatblätter 23 (1985), S. 298–311.

139. *ders.*, Ländliche Gesellschaft und lokale Verfassungsentwicklungen zwischen Maas und Niederrhein im 17. und 18. Jahrhundert, in: Peters, Jan (Hrsg.), Gutsherrschaft als soziales Modell. Vergleichende Betrachtungen zur Funktionsweise frühneuzeitlicher Agrargesellschaften, München 1995a, S. 241–260.

140. *ders.*, Politische und soziale Konflikte in rheinischen und westfälischen Kleinterritorien vor dem Reichskammergericht, in: Beiträge zur Geschichte von Stadt und Stift Essen 103 (1989/90), S. 69–86.

141. *ders.*, Widerstand und Kooperation. Studien zur politischen Kultur rheinischer und maasländischer Kleinterritorien (1648–1794), Tübingen 1995b.

142. Gabel, Helmut; Schulze, Winfried, Folgen und Wirkungen, in: Buszello, Horst; Blickle, Peter; Endres, Rudolf (Hrsg.), Der deutsche Bauernkrieg, Paderborn [u. a.] 1984, S. 322–349.

143. Gail, Anton, Johann von Vlatten und der Einfluß des Erasmus von Rotterdam auf die Kirchenpolitik der vereinigten Herzogtümer, in: Düsseldorfer Jahrbuch. Beiträge zur Geschichte des Niederrheins 45 (1951).

144. Galéra, Karl Siegmar Baron von, Die Riedesel zu Eisenbach. Fünfter Band: Vom Reich zum Rheinbund 1713–1806, Neustadt a. d. Aisch 1961.
145. Gaul, Friedrich, Die persönlichen und wirtschaftlichen Verhältnisse des Bauernstandes im Fürstentum Solms-Braunfels in tausendjähriger Entwicklung vom 9.–19. Jahrhundert, Jena 1904.
146. Gentsch, Bernhard, Der Klassenkampf der ländlichen Untertanen im Erzgebirge und Vogtland im 17. Jahrhundert, Dresden 1979.
147. Gerteis, Klaus, Regionale Bauernrevolten zwischen Bauernkrieg und Französischer Revolution; eine Bestandsaufnahme, in: Zeitschrift für Historische Forschung 6 (1979), S. 37–62.
148. *ders.*, Vorrevolutionäres Konfliktpotential und Reaktionen auf die Französische Revolution in west- und südwestdeutschen Städten, in: Berding, Helmut (Hrsg.), Soziale Unruhen in Deutschland während der Französischen Revolution, Göttingen 1988, S. 67–76.
149. Gladewitz, Joachim, Riedlingen. Ein Portrait von Stadtbild und Landschaft, Geschichte und Kultur, Riedlingen 1976.
150. Gothein, Eberhard, Die oberrheinischen Lande vor und nach dem Dreißigjährigen Kriege, in: Zeitschrift für die Geschichte des Oberrheins 40 (1886), S. 1–45.
151. Göttsch, Silke, Widerständigkeiten leibeigener Untertanen auf schleswig-holsteinischen Gütern im 18. Jahrhundert, in: Peters, Jan (Hrsg.), Gutsherrschaft als soziales Modell. Vergleichende Betrachtungen zur Funktionsweise frühneuzeitlicher Agrargesellschaften, München 1995, S. 367–384.
152. Göttsch-Elten, Silke, „Alle für einen Mann …". Leibeigene und Widerständigkeit in Schleswig-Holstein im 18. Jahrhundert, Neumünster 1991.
153. Grochowina, Nicole, Freiheit und Bürgerrechte im Alten Reich, in: Schmidt-von Rhein, Georg; Cordes, Albrecht (Hrsg.), Altes Reich und neues Recht. Von den Anfängen der bürgerlichen Freiheit 2006, S. 43–55.
154. Groh, Dieter, Einführung, in: Thompson, Edward P.; Groh, Dieter (Hrsg.), Plebeische Kultur und moralische Ökonomie. Aufsätze zur englischen Sozialgeschichte des 18. und 19. Jahrhunderts, dt. Erstausg., Frankfurt am Main [u. a.] 1980.
155. Gross, H. J., Geschichte des Ländchens zur Heiden (Teil 1), in: Aus Aachens Vorzeit 15 (1902), S. 84–90.
156. Grüll, Georg, Bauer, Herr und Landesfürst, Graz [u. a.] 1963.
157. Gschliesser, Oswald von, Der Reichshofrat. Bedeutung und Verfassung. Schicksal und Besetzung einer obersten Reichsbehörde von 1559–1806, Wien 1942.

158. Haasis, Hellmut G., Gebt der Freiheit Flügel. Die Zeit der deutschen Jakobiner 1789–1805, Reinbek bei Hamburg 1988.
159. Habets, Joseph; Flament, A. J. A. (Hrsg.), De Archieven van het Kapittel der Hoogadellijke Rijksabdij Thorn, Bd. 2, 's-Gravenhage 1899.
160. Haggenmueller, Johann Baptist, Geschichte der Stadt und der gefürsteten Grafschaft Kempten von den ältesten Zeiten bis zu ihrer Vereinigung mit dem baierischen Staat Bd. 2, Kempten 1847.
161. Hämmerle, Georg, Aus der Geschichte der Stadt Saulgau, Bd. 4, Saulgau 1986.
162. *ders.*, Aus der Geschichte der Stadt Saulgau, Bd. 7, Saulgau 1985.
163. Harnisch, Hartmut, Zur Herausbildung und Funktionsweise von Gutswirtschaft und Gutsherrschaft. Eine Klageschrift der Bauern der Herrschaft Neugattersleben aus dem Jahre 1610, in: Jahrbuch für Regionalgeschichte 4 (1972), S. 179–199.
164. *ders.*, Klassenkämpfe der Bauern in der Mark Brandenburg zwischen frühbürgerlicher Revolution und Dreißigjährigem Krieg, in: Jahrbuch für Regionalgeschichte 5 (1975), S. 142–172.
165. *ders.*, Rechtsqualität des Bauernlandes und Gutsherrschaft. Probleme und Materialien einer vergleichenden und retrospektiven Auswertung von statistischen Massendaten aus dem 18. Jahrhundert und der Zeit der kapitalistischen Agrarreformen für die Agrar- und Siedlungsgeschichte, in: Jahrbuch für Geschichte des Feudalismus 3 (1979), S. 311–365.
166. Harnisch, Hartmut; Heitz, Gerhard, Die Erforschung der Agrargeschichte der Epoche des Übergangs vom Feudalismus zum Kapitalismus, in: dies. (Hrsg.), Deutsche Agrargeschichte des Spätfeudalismus, Berlin 1986, S. 9–36.
167. Härter, Karl, Soziale Unruhen und Revolutionsabwehr. Auswirkungen der Französischen Revolution auf die Rechtsprechung des Reichskammergerichts, in: Diestelkamp, Bernhard (Hrsg.), Das Reichskammergericht am Ende des Alten Reiches und sein Fortwirken im 19. Jahrhundert, Köln u. a. 2002, S. 43–104.
168. Härter, Karl, Neue Literatur zur höchsten Gerichtsbarkeit im Alten Reich, in: Ius commune 21 (1994), S. 215–240.
169. Haselier, Günther, Drei geschichtliche Dorfskizzen aus Mittelbaden, in: Badische Heimat 52 (1972), S. 208–218.
170. *ders.*, Geschichte des Hotzenwalds. Mit einer Landkarte der Grafschaft Hauenstein, Reproduktion eines Originals aus dem 18. Jahrhundert, Lahr (Schwarzwald) 1973.

171. *ders.*, Die Streitigkeiten der Hauensteiner mit ihren Obrigkeiten, Bd. 2, Karlsruhe 1940.
172. Hauptmeyer, Carl-Hans, Aufklärung und bäuerliche Opposition im zentralen Niedersachsen des ausgehenden 18. Jahrhunderts, in: Vierhaus, Rudolf (Hrsg.), Das Volk als Objekt obrigkeitlichen Handelns, Tübingen 1992, S. 197–217.
173. *ders.*, Bäuerlicher Widerstand in der Grafschaft Schaumburg-Lippe, im Fürstentum Calenberg und im Hochstift Hildesheim. Zur Frage der qualitativen Veränderung bäuerlicher Opposition am Ende des 18. Jahrhunderts, in: Schulze, Winfried (Hrsg.), Aufstände, Revolten, Prozesse. Beiträge zu bäuerlichen Widerstandsbewegungen im frühneuzeitlichen Europa, Stuttgart 1983, S. 217–237.
174. *ders.*, Die Bauernunruhen in Schaumburg-Lippe 1784–1793. Landesherr und Bauern am Ende des 18. Jahrhunderts, in: Niedersächsisches Jahrbuch für Landesgeschichte 49 (1977), S. 149–208.
175. *ders.*, Der Hildesheimer Bauernprozess 1789–1800. Territorialverfassungen und bäuerliche Oppositionen im niedersächsischen Raum am Ende des 18. Jahrhunderts, in: Colberg, Katharina (Hrsg.), Staat und Gesellschaft in Mittelalter und früher Neuzeit. Gedenkschrift für Joachim Leuschner, Göttingen 1983, S. 260–284.
176. *ders.*, Zum Problem der bürgerlich-bäuerlichen Oppositionen und der Reformen im Territorialstaat des 18. Jahrhunderts, in: Vierhaus, Rudolf (Hrsg.), Kultur und Gesellschaft in Nordwestdeutschland im Zeitalter der Aufklärung, Wolfenbüttel 1980, S. 118–122.
177. *ders.*, Souveränität, Partizipation und absolutistischer Kleinstaat. Die Grafschaft Schaumburg (Lippe) als Beispiel, Hildesheim 1980.
178. Heckmann, Karl, Geschichte der ehemaligen Reichsherrschaft Homburg an der Mark, Bonn 1939.
179. Heitz, Gerhard, Agrarstruktur, bäuerlicher Widerstand, Klassenkampf im 17. und 18. Jahrhundert, in: Schulze, Winfried (Hrsg.), Aufstände, Revolten, Prozesse. Beiträge zu bäuerlichen Widerstandsbewegungen im frühneuzeitlichen Europa, Stuttgart 1983, S. 149–165.
180. *ders.*, Der Alltag des deutschen Volkes im 17. Jahrhundert, in: Zeitschrift für Geschichtswissenschaft 29 (1981), S. 495–506.
181. *ders.*, Probleme des bäuerlichen Klassenkampfs im Spätfeudalismus, in: ders. (Hrsg.), Der Bauer im Klassenkampf. Studien zur Geschichte des deutschen Bauernkrieges und der bürgerlichen Klassenkämpfe im Spätfeudalismus, Berlin 1975a, S. 513–525.

182. *ders.*, Zu den bäuerlichen Klassenkämpfen im Spätfeudalismus, in: Zeitschrift für Geschichtswissenschaft 33 (1975b), S. 769–782.
183. *ders.*, Der Zusammenhang zwischen Bauernbewegungen und der Entwicklung des Absolutismus in Mitteleuropa, in: International Congress of Historical Sciences (Hrsg.), Evolution und Revolution in der Weltgeschichte. Zum XII. Internationalen Historikerkongreß in Wien 1965, Berlin 1965, S. 71–83.
184. *ders.*, Der Zusammenhang zwischen den Bauernbewegungen und der Entwicklung des Absolutismus in Mitteleuropa (1965), in: Heitz, Gerhard; Harnisch, Hartmut (Hrsg.), Deutsche Agrargeschichte des Spätfeudalismus, Berlin 1986, S. 110–124.
185. Henning, Friedrich-Wilhelm, Herrschaft und Bauernuntertänigkeit. Beiträge zur Geschichte der Herrschaftsverhältnisse in den ländlichen Bereichen Ostpreußens und des Fürstentums Paderborn vor 1800, Würzburg 1964.
186. Herkenrath, Dorothea, Schloss Rheydt, Mönchengladbach 1961.
187. Hertz, Friedrich, Die Rechtsprechung der höchsten Reichsgerichte im römisch-deutschen Reich und ihre politische Bedeutung, in: Mitteilungen des Instituts für Österreichische Geschichtsforschung 69 (1961), S. 331–358.
188. Heusinger, Bruno, Vom Reichskammergericht, seinen Nachwirkungen und seinem Verhältnis zu den heutigen Zentralgerichten. Vortrag vom 3. Juli 1972, Karlsruhe 1972.
189. Hildermeier, M., Agrarian Social Protest, Populism and Economic Development. Some Problems and Results from Recent Studies, in: Social History 4.2 (1979), S. 19 ff.
190. Hitzfeld, Karl Leopold, Geschichte der Abtei und der Stadt Gengenbach bis 1803, in: Schaaf, Paul (Hrsg.), Gengenbach. Geschichte und Gegenwart, Konstanz 1960, S. 12–106.
191. Hobsbawm, Eric, Peasants and Politics, in: Journal of Peasant Studies 1.1 (1973/74), S. 3–22.
192. Hodapp, Kurt, Beiträge zur Geschichte der Landgrafschaft Klettgau, Grafen von Sulz, Gemeinde Jestetten, Waldshut-Tiengen 2005.
193. Hodecker, Friedrich, Odenheim. Eine Wanderung durch 2000 Jahre Odenheimer Geschichte, Östringen 1962.
194. Höffe, Otfried, Politische Gerechtigkeit. Grundlegung einer kritischen Philosophie von Recht und Staat, 1. Aufl., Frankfurt am Main 1989.
195. Hofmann, Hanns Hubert, Freibauern, Freidörfer, Schutz und Schirm im Fürstentum Ansbach. Studien zur Genesis der Staatlichkeit in Franken vom

15. bis 18. Jahrhundert, in: Zeitschrift für Bayerische Landesgeschichte 23 (1960), S. 195–327.
196. Hohn, Malte, Die rechtlichen Folgen des Bauernkrieges von 1525. Zugl.: Heidelberg, Univ., Diss., 2002, Berlin 2004.
197. Holenstein, André, Bauern zwischen Bauernkrieg und Dreißigjährigem Krieg, München 1996.
198. *ders.*, Die Huldigung der Untertanen, Stuttgart [u. a.] 1991.
199. *ders.*, Ordnung und Unordnung im Dorf. Ordnungsdiskurse, Ordnungspraktiken und Konfliktregelungen vor den badischen Frevelgerichten des 18. Jahrhunderts, in: Häberlein, Mark (Hrsg.), Devianz, Widerstand und Herrschaftspraxis in der Vormoderne. Studien zu Konflikten im südwestdeutschen Raum (15.–18. Jahrhundert), Konstanz 1999, S. 165–198.
200. Hörner, Manfred; Schimke, Maria, Prozesse zwischen Untertanen und ihren Herrschaften vor dem Reichskammergericht in der zweiten Hälfte des 18. Jahrhunderts. Auseinandersetzungen um Fronen und Besitzwechselabgaben im Hochstift Würzburg, in: Albrecht, Dieter (Hrsg.), Europa im Umbruch 1750–1850, München 1995, S. 279–303.
201. Horst, Thomas, Die älteren Manuskriptkarten Altbayerns. Eine kartographiehistorische Studie zum Augenscheinplan unter besonderer Berücksichtigung der Kultur- und Klimageschichte, 2 Bände, München 2009.
202. Hoscher, Johann Melchior, Beyträge zur neuesten Geschichte der Empörung deutscher Unterthanen wider ihre Landesherrschaft. Aus gerichtlichen Akten, Gießen 1790.
203. Hoyer, Siegfried, Die Ideen der Französischen Revolution und der kursächsische Bauernaufstand 1790, in: Neues Archiv für sächsische Geschichte 65 (1994), S. 61–76.
204. Hub, Friedrich, Ehrstädt und Schloß Neuhaus. Geschichte eines Kraichgaudorfes und seiner Ortsherrschaft nach alten Urkunden und Akten, Ehrstädt 1967.
205. Huber, Thomas, Systemtheorie des Rechts, Baden-Baden 2007.
206. Hüllinghorst, Bernd, Rebellion im Amt Iggenhausen. Bäuerlicher Widerstand gegen feudale Herrschaft in Lippe, dargestellt am Streit um die Leibeigenschaft der Vitifreien (1589–1721), in: Lippische Mitteilungen aus Geschichte und Landeskunde 61 (1992), S. 41–98.
207. Hunziker, Sibylle, Die ländliche Gemeinde in der juristischen Literatur 1300–1800, in: Blickle, Peter (Hrsg.), Gemeinde und Staat im alten Europa, München 1998, S. 397–468.

208. HUSMANN, JOSEPH; TRIPPEL, THEODOR, Geschichte der ehemaligen Herrlichkeit bezw. Reichsgrafschaft und der Pfarre Wickrath, 2 Bände, Giesenkirchen 1911.
209. IMSEN, STEINAR; VOGLER, GÜNTER, Communal Autonomy and Peasant Resistance in Northern and Central Europe, in: Blickle, Peter (Hrsg.), Resistance, Representation and Community, Oxford [u. a.] 1997, S. 5–43.
210. IRSIGLER, FRANZ, Der Junker und die Bauern. Zur Krise adeliger Herrschaft und bäuerlicher Wirtschaft um 1500 am Beispiel des Kraichgaudorfes Menzingen, in: Stadtarchiv Heilbronn (Hrsg.), Region und Reich. Zur Einbeziehung des Neckar-Raumes in das Karolinger-Reich und zu ihren Parallelen und Folgen. Vorträge des gleichnamigen Symposiums vom 15. bis 18. März in Heilbronn, Heilbronn 1992, S. 255–270.
211. JAHN, ROBERT, Essener Geschichte. Die geschichtliche Entwicklung im Raum der Großstadt Essen, Essen 1952.
212. JENNE, JOHANN, Michelfeld. Das Dorf und seine Geschichte, in: Schleckmann, Gustav; Jenne, Johann (Hrsg.), Angelbachtal – zwei Dörfer, eine Gemeinde. Eichtersheim, Michelfeld, 2. Aufl., Angelbachtal 1994.
213. JESSEN, J., Die Entstehung und Geschichte der Gutswirtschaft in Schleswig-Holstein bis zu dem Beginn der Agrarreformen, in: Zeitschrift der Gesellschaft für Schleswig-Holsteinische Geschichte 51 (1922), S. 1–206.
214. JOLIAT, H., Les prévacations d'un bailli d'Erguel au XVIIIe siècle, in: Actes 21 (1916), S. 76–95.
215. JÜNGLING, HANS JÜRGEN, Reichsstädtische Herrschaft und bäuerlicher Protest. Der Konflikt zwischen der Reichsstadt Schwäbisch Gmünd und ihrem Landgebiet (1775–1792), Schwäbisch Gmünd 1989.
216. KALLENBERG, FRITZ, Hohenzollern im Alten Reich, in: ders. (Hrsg.), Hohenzollern, Stuttgart, Berlin, Köln 1996, S. 48–128.
217. KAPPELHOFF, BERND, Absolutistisches Regiment oder Ständeherrschaft? Landesherr und Landstände in Ostfriesland im ersten Drittel des 18. Jahrhunderts, Hildesheim 1982.
218. *ders.*, Die „Emder Revolution" und die Ausbildung der landständischen Verfassung in Ostfriesland bis 1611, in: van Lengen, Hajo (Hrsg.), Die „Emder Revolution" von 1595. Kolloquium der Ostfriesland-Stiftung am 17. März 1995 zu Emden, Aurich 1995, S. 95–111.
219. KEINEMANN, FRIEDRICH, Unruhen und Krisen im Fürstbistum Paderborn am Ende des 18. Jahrhunderts, in: Westfälische Zeitschrift 118 (1968), S. 339–362.

220. Kell, Eva, „Excesse und Freveltaten“ – Vom Widerstand der Saarwellinger Bürger gegen ihre Obrigkeit im 18. Jahrhundert, in: Jahrbuch für westdeutsche Landesgeschichte 21 (1995), S. 439–453.
221. Kempf, Franz Bartholomä, Bruchsaler Streitigkeiten zwischen Stadt und Bischof unter der Regierung des Fürstbischofes Karl Philipp August, Grafen von Limburg-Styrum vom Jahre 1773–1797. [Diss. Heidelberg.], Bruchsal 1907.
222. Kiefer, Ludwig Albert, Pfarrbuch der Grafschaft Hanau-Lichtenberg. Nach Urkunden, Straßburg 1890.
223. Kleemann, Gotthilf, Schloß Solitude bei Stuttgart. Aufbau – Glanzzeit – Niedergang, Stuttgart 1966.
224. Kleinehagenbrock, Frank, Herrschaft und Untertanen in der Grafschaft Hohenlohe vor dem Dreißigjährigen Krieg. Die Einführung von Dienstgeldern und die Festlegung von Landsteuern durch die Dienstgeld-Assekuration von 1609, in: Pröve, Ralf; Meumann, Markus (Hrsg.), Herrschaft in der Frühen Neuzeit. Umrisse eines dynamisch-kommunikativen Prozesses, Münster 2004, S. 51–78.
225. Klemm, Volker, Bauernbewegungen des 16. Jahrhunderts im Markgraftum Oberlausitz, in: Lětopis B. 3 (1958), S. 26–62.
226. Klock, Kaspar, Consilia Casparis Klockii studio et opera collecta, Bd. 1, Nürnberg 1673.
227. Klopp, Onno, Geschichte Ostfrieslands von 1570–1751. Unveränderter Nachdruck der Ausgabe von 1856, Niederwalluf bei Wiesbaden 1971.
228. Koch, Matthew, Rezension zu Hugues Neveux, Les révoltes paysannes en Europe, in: The Sixteenth Century Journal 29.4 (1998), S. 1162–1165.
229. Kohler, O., Bauerbachs unruhige Jahre. Die Auseinandersetzung eines Kraichgaudorfes mit seiner Herrschaft im 18. Jahrhundert. Eine kulturgeschichtliche Studie, in: So weit der Turmberg grüßt. Beiträge zur Kulturgeschichte, Heimatgeschichte und Volkskunde 13 (1961), S. 153–168.
230. Koser, Otto, Repertorium der Akten des Reichskammergerichts. Untrennbarer Bestand, Bd. 2, Heppenheim 1936.
231. Koser, R., Brandenburg-Preußen in dem Kampf zwischen Imperialismus und reichsständischer Libertät, in: Historische Zeitschrift 96 (1906), S. 193–242.
232. Kramer, Karl-Sigismund, Grundriss einer rechtlichen Volkskunde, Göttingen 1974.

233. Krämer, Fritz, Der Elsoffer Bauernkrieg. Ein Beitrag zur Geschichte der Dörfer Alertshausen, Beddelhausen und Elsoff, in: Wittgenstein 32 (1968), S. 45–56, 58–80, 145–163.
234. *ders.*, Von Wilddieberei, Falschmünzerei und gottlosen Anschlägen wider den Landesherren, in: Wittgenstein 33 (1969), S. 67–74, 137–148.
235. Kraus, Johann Adam, Freibirsch und zollerischer Forst, in: Hohenzollerische Jahreshefte 7 (1940), S. 1–56.
236. *ders.*, Die Frohnstetter Rebellion, in: Hohenzollerische Heimat 2 (1952), S. 58–59.
237. Krischer, André, Das Problem des Entscheidens in systematischer und historischer Perspektive, in: Stollberg-Rilinger, Barbara; Krischer, André (Hrsg.), Herstellung und Darstellung von Entscheidungen. Verfahren, Verwalten und Verhandeln in der Vormoderne, Berlin 2010, S. 35–64.
238. Kroll, Stefan, Aushandeln von Herrschaft am Beispiel der Landrekrutenstellung in Kursachsen im 18. Jahrhundert, in: Pröve, Ralf; Meumann, Markus (Hrsg.), Herrschaft in der Frühen Neuzeit. Umrisse eines dynamisch-kommunikativen Prozesses, Münster 2004, S. 161–194.
239. Kuczynski, Jürgen, Geschichte des Alltags des deutschen Volkes. Studien, 1: 1600–1650, Berlin 1980.
240. Lammer, Heinrich, Das Lehen Burgsinn. Darstellung der Rechte der Freiherren von Thüngen zu Burgsinn und des Streites um dieselben gegen die Gemeinde Burgsinn, München 1886.
241. Landes, Dietrich, Achtverfahren vor dem Reichshofrat. Johann Wolfgang Goethe Universität, Frankfurt am Main 1965.
242. Lanzinner, Maximilian, Bauern, Bischof und Reich – Überlegungen zu einer frühneuzeitlichen Bauernrevolte, in: Zeitschrift für Agrargeschichte und Agrarsoziologie 41 (1993), S. 136–151.
243. Lau, Thomas, Bürgerunruhen und Bürgerprozesse in den Reichsstädten Mühlhausen und Schwäbisch Hall in der frühen Neuzeit, Bern 1999.
244. Laub, Joseph, Geschichte der vormaligen fünf Donaustädte in Schwaben. Mit übersichtlicher Beschreibung der politischen Verhältnisse Vorder-Oesterreichs insbesondere Schwäbisch-Oesterreichs. Neuauflage von 1894, Mengen 1972.
245. Laufs, Adolf, Die Reichskammergerichtsordnung von 1555, Köln [u. a.] 1976.
246. Laurentzsch, Ursula, Der Anfang vom Ende. Politische Strukturen der Reichsstadt im 18. Jahrhundert, in: Stadtarchiv Schwäbisch Gmünd (Hrsg.), Geschichte der Stadt Schwäbisch Gmünd, Stuttgart 1984, S. 293–306.

247. Lehmann, Rudolf, Die Verhältnisse der niederlausitzischen Herrschafts- und Gutsbauern in der Zeit vom Dreißigjährigen Kriege bis zu den preußischen Reformen, Köln 1956.
248. Lenman, Bruce; Parker, Geoffrey, The State, the Community and the Criminal Law in Early Modern Europe, in: Gatrell, V. A. C.; Lenman, Bruce; Parker, Geoffrey (Hrsg.), Crime and the law. The Social History of Crime in Western Europe since 1500, London 1980, S. 11–48.
249. Leszczyński, Józef, Die Ergebnisse der polnischen Historiographie über den Klassenkampf der schlesischen Bauern im Spätfeudalismus, in: Heckenast, Gusztáv (Hrsg.), Aus der Geschichte der ostmitteleuropäischen Bauernbewegungen im 16.–17. Jahrhundert, Budapest 1977, S. 495–507.
250. Loewenich, Maria von, Herstellung und Darstellung von Entscheidungen im Verfahren des Reichskammergerichts, in: Stollberg-Rilinger, Barbara; Krischer, André (Hrsg.), Herstellung und Darstellung von Entscheidungen. Verfahren, Verwalten und Verhandeln in der Vormoderne, Berlin 2010, S. 157–187.
251. Lohmann, Friedrich Wilhelm, Geschichte der Stadt Viersen von den ältesten Zeiten bis zur Gegenwart. Zugleich ein Beitrag zur Geschichte des alten freiedlen Sankt Gereonsstiftes in Köln; zur Feier der 200jährigen Zugehörigkeit der Stadt Viersen zum Königreich Preussen, Viersen 1913.
252. Löning, Gebhard, Ostfriesische Geschichte. Teil II, Leer/Ostfriesland 1951.
253. Lorenzen-Schmidt, Klaus-J., Gutsherrschaft über reiche Bauern. Übersicht über die bäuerliche Widerständigkeit in den Marschgütern an der Westküste Schleswig-Holsteins und Jütlands, in: Peters, Jan (Hrsg.), Gutsherrschaft als soziales Modell. Vergleichende Betrachtungen zur Funktionsweise frühneuzeitlicher Agrargesellschaften, München 1995, S. 261–278.
254. Lotterer, Jürgen, Gegenreformation als Kampf um die Landesherrschaft. Studien zur territorialstaatlichen Entwicklung des Hochstifts Paderborn im Zeitalter Dietrichs von Fürstenberg (1585–1618), Paderborn 2003.
255. Lublinskaya, A. D., Popular Masses and the Social Relations of the Epoch of Absolutism. Methodology of Research, in: Economy and Society 2 (1973), S. 343–375.
256. Ludwig, Theodor, Der badische Bauer im achtzehnten Jahrhundert, Straßburg 1896.
257. Luebke, David Martin, His majesties' rebels. Communities factions and rural revolt in the Black Forest 1725–1745, Ithaca 1997.

258. Luhmann, Niklas, Legitimation durch Verfahren, 1. Aufl., Frankfurt am Main 1983.
259. Lyna, J., Onlusten te Reckheim. 17e en 18e eeuwen, in: Limburg 5 (1923/24), S. 25–30, 82–87.
260. Mader, Johann, Sammlung reichsgerichtlicher Erkenntnisse in Reichsritterschaftlichen Angelegenheiten. Band 16, Frankfurt am Main, Leipzig 1786.
261. Mandrou, Robert, Vingt et après, ou une direction de recherche fécondes. Les révoltes populaires en France au XVIIe siècle, in: Revue Historique 242 (1969), S. 29–40.
262. Martin, Franz, Beiträge zur Geschichte Erzbischofs Wolfs Dietrich von Raitenau, in: Mitteilungen der Gesellschaft für Salzburger Landeskunde 51 (1911), S. 209–336.
263. Maruhn, Armand, Prozesse niederadeliger Grundherren gegen Dorfgemeinden vor dem hessischen Hofgericht 1500–1620, in: Conze, Eckart; Jendorff, Alexander; Wunder, Heide (Hrsg.), Adel in Hessen. Herrschaft, Selbstverständnis und Lebensführung vom 15. bis ins 20. Jahrhundert, Marburg 2010, S. 269–291.
264. Matthiesen, P. F. G., Die holsteinischen adlichen Marschgüter Seestermühe, Groß- und Klein-Collmar, Itzehoe 1836.
265. Maurer, Julia, Der „Lahrer Prozess" 1773–1806. Ein Untertanenprozeß vor dem Reichskammergericht, Köln [u. a.] 1996.
266. Mayenschein, Hermann, Die Rebellion der Stadt Wenings gegen ihre Landesherrschaft 1596–1603. Dissertation, Frankfurt am Main 1952.
267. Menk, Gerhard, Grafschaft und Fürstentum Waldeck bis 1814/1816, in: Speitkamp, Winfried (Hrsg.), Ritter, Grafen und Fürsten. Weltliche Herrschaften im hessischen Raum, ca. 900–1806, Marburg 2014, S. 425–465.
268. Mentz, Georg, Weimarische Staats- und Regentengeschichte vom Westfälischen Frieden bis zum Regierungsantritt Carl Augusts, Bd. 1, Jena 1936.
269. Metz, Friedrich, Vorderösterreich. Eine geschichtliche Landeskunde, Freiburg 1967.
270. Meumann, Markus, Einspruch und Widerstand bei militärischer Besetzung im 17. Jahrhundert. Komparatistische Überlegungen zur Kategorisierung einer Interessenbehauptung zwischen Recht und Gewalt, in: Nubola, Cecilia; Würgler, Andreas (Hrsg.), Operare la resistenza/Praktiken des Widerstands. Suppliche, gravamina e rivolte in Europa (secoli XV–XIX)/Suppliken, Gravamina und Revolten in Europa (15.–19. Jahrhundert), Bologna 2007, S. 131–175.

271. Michel, Johann Jakob, Die Jülichsche Unterherrschaft Heiden, in: Zeitschrift des Aachener Geschichtsvereins 5 (1883), S. 241–257.
272. Mommertz, Monika, Von Besen und Bündelchen, Brandmalen und Befehdungsschreiben. Semantiken der Gewalt und die historiographische Entzifferung von „Fehde"-Praktiken in einer ländlichen Gesellschaft, in: Eriksson, Magnus (Hrsg.), Streitkulturen, Köln [u. a.] 2003, S. 197–248.
273. Moser, Johann Jacob, Abhandlung von Receß-widrigen oder doch unbewilligten Land-Steuern, derselben gewaltsamen Beytreibung und schuldigen Wiederersetzung. Nebst denen in den gleichen Fällen ergangenen Reichs-Hof-Räthl. Erkenntnissen, S.l. 1765.
274. *ders.*, Einleitung in das Marggräflich-Badische Staatsrecht, Frankfurt am Main u. Leipzig 1772.
275. *ders.*, Merckwürdige Reichs-Hof-Raths-Conclusa. Denen fürnemlich, so den bei diesem höchsten Reichs-Gericht tam in agendo quam in judicando üblichen Modum & Stylum erlernen wollen, zu Nutzen mitgetheilet; nebst angehängtem Reichshofraths-Teutsch- und Lateinischen Anschlags-Protocoll pro anno 1726, Bd. 1, Frankfurt am Main 1726.
276. *ders.*, Neues teutsches Staatsrecht, 16/9, Frankfurt am Main [u. a.] 1773.
277. *ders.*, Reichs-Staatshandbuch auf die Jahre 1769, 1770, 1771, 1772, 1773, 1774, und 1775. Teil 3, Frankfurt am Main, Leipzig 1777.
278. Mousnier, Roland, Recherches sur les soulèvements populaires en France avant la Fronde, in: Revue d'Histoire Moderne et Contemporaine 5 (1958), S. 81–113.
279. Müller, Friedrich von, Das Land der Abtei im alten Fürstentum Passau. Eine wirtschaftliche und kulturgeschichtliche Studie, in: Verhandlungen des Historischen Vereins für Niederbayern 57 (1924), S. 1–152.
280. Müller, Markus, Gemeinden und Staat in der Reichsgrafschaft Sayn-Hachenburg 1652–1799. Zugl.: Siegen, Univ., Diss., 2004, Wiesbaden 2005.
281. Müller, Theodor; Zechel, Artur, Von der Mitte des 17. Jahrhunderts bis zum Ende des Hochstifts Hildesheim, Bd. 2, Hannover 1975.
282. Münch, Rudolf, Die Reichsgrafschaft Haag, Haag in Oberbayern 1980.
283. Munsters, A. J., Het knuppelen der honden te Stein, in: De Maasgouw 71 und 72 (1952 und 53), S. Sp. 74–77 und Sp. 9–20.
284. *ders.*, Kasteelgids Stein, Geleen 1946.
285. Nebinger, Gerhart, Die Unruhen in Babenhausen, in: Das obere Schwaben vom Illertal zum Mindeltal 2 (1956), S. 101–122.

286. Nehls, Alfred, Kampf um die Freiheit. Gimborn-Neustädter ließen sich ihre Rechte nicht mehr nehmen, in: Oberberg. Heimatjahrbuch für den Oberbergischen Kreis (1985), S. 23–39.
287. Neuwirth, Gustav, Geschichte der Gemeinde Ittlingen, Ittlingen 1981.
288. Nève, Paul L., Die Lütticher Revolution 1789 vor dem Reichskammergericht. Vortrag gehalten am 13. Oktober 1989 im Stadthaus am Dom zu Wetzlar, Wetzlar 1990.
289. Nève, Paul Lucien, Het Rijkskamergerecht en de Nederlanden. Competentie Territoir Archieven, Assen 1972.
290. Neveux, Hugues, Les révoltes paysannes en Europe. (XIVe–XVIIe siècle), Paris 1997.
291. Nicolas, Jean; Valdeón Baruque, Julio; Vilfan, Sergij, The Monarchic State and Resistance in Spain, France, and the Old Provinces of the Habsburgs, 1400–1800, in: Blickle, Peter (Hrsg.), Resistance, Representation and Community, Oxford [u. a.] 1997, S. 65–114.
292. Nissen, Nis R., Bäuerliche Führungsschichten Dithmarschens zwischen Bauernkrieg und Bauernbefreiung, in: Franz, Günther (Hrsg.), Bauernschaft und Bauernstand. 1500–1970, Limburg/Lahn 1975, S. 165–182.
293. North, M., Die frühneuzeitliche Gutswirtschaft in Schleswig-Holstein. Forschungsüberblick und Entwicklungsfaktoren, in: Blätter für deutsche Landesgeschichte 126 (1990), S. 223–242.
294. Oberschelp, Reinhard, Politische Geschichte Niedersachsens 1714–1803, Hildesheim 1983.
295. Oestmann, Peter, Menschenrechte und ihre gerichtliche Durchsetzung im Alten Reich, in: Schmidt-von Rhein, Georg; Cordes, Albrecht (Hrsg.), Altes Reich und neues Recht. Von den Anfängen der bürgerlichen Freiheit 2006, S. 57–74.
296. Oestreich, Gerhard, Das Reich – Habsburgische Monarchie – Brandenburg-Preußen von 1648–1803, in: Wagner, Fritz (Hrsg.), Handbuch der Europäischen Geschichte Band 4. Europa im Zeitalter des Absolutismus und der Aufklärung, Stuttgart 1968, S. 379 ff.
297. Offergeld-Thelen, Beate, Die Entwicklung der Ortsgemeinde Stolberg unter besonderer Berücksichtigung des Verhältnisses zur Unterherrschaft Stolberg. Inaugural-Dissertation zur Erlangung des Grades eines Doktors der Rechte durch die Rechts- und Staatswissenschaftliche Fakultät der Rheinischen Friedrich-Wilhelms-Universität Bonn, Bonn 1983.
298. Oka, Hiroto, Der Bauernkrieg in der Landgrafschaft Stühlingen und seine Vorgeschichte seit der Mitte des 15. Jahrhunderts, Konstanz 1998.

299. Ortlieb, Eva, Im Auftrag des Kaisers. Die kaiserlichen Kommissionen des Reichshofrats und die Regelung von Konflikten im Alten Reich (1637–1657), Köln [u. a.] 2001.
300. Ottenjann, Helmut, Bauerrichterbücher der Osnabrücker Kirchspielbauerschaften des 18. und 19. Jahrhunderts als Dokumente gemeindlicher Selbstverwaltung, in: Osnabrücker Mitteilungen 111 (2006), S. 131–170.
301. Palm, E., Beiträge zur Geschichte des Klassenkampfes der Oberlausitzer Landsvolks zur Zeit des Spätfeudalismus, in: Lĕtopis. Jahresschrift des Instituts für Sorbische Volksforschung 1 (1953–1955), S. 3–120.
302. Pelizaeus, Ludolf, Dynamik der Macht. Städtischer Widerstand und Konfliktbewältigung im Reich Karls V., Münster 2007.
303. Perels, Kurt, Die allgemeinen Appellationsprivilegien für Brandenburg-Preußen, Weimar 1908.
304. Peschel, Johann Christoph, Geschichte von Kemnitz, Zittau 1861.
305. Peters, Jan, Gutsherrschaftsgeschichte in historisch-anthropologischer Perspektive, in: ders. (Hrsg.), Gutsherrschaft als soziales Modell. Vergleichende Betrachtungen zur Funktionsweise frühneuzeitlicher Agrargesellschaften, München 1995, S. 3–21.
306. Peters, Leo, Geschichte des Geschlechtes von Schaesberg bis zur Mediatisierung. Ein Beitrag zur Erforschung der interterritorialen Verflechtungen des rhein-maasländischen Adels, Kempen 1972.
307. *ders.*, Zur Gesetzgebung in der Grafschaft Kerpen/Lommersum, in: Kerpener Heimatblätter 16 (1978), S. 169–178, 180–193.
308. Petran, Josef, Typologie der Bauernbewegungen in Mitteleuropa unter dem Aspekt des Übergangs vom Feudalismus zum Kapitalismus, in: Heitz, Gerhard (Hrsg.), Der Bauer im Klassenkampf. Studien zur Geschichte des deutschen Bauernkrieges und der bürgerlichen Klassenkämpfe im Spätfeudalismus, Berlin 1975, S. 449–467.
309. Petz, Wolfgang, Zweimal Kempten. Geschichte einer Doppelstadt (1694–1836), München 1998.
310. Plantikow, Julia, Der „Lahrer Prozeß" 1773–1803. Kampf der Bürger um ihre Privilegien, in: Stadt Lahr (Hrsg.), Geschichte der Stadt Lahr. Band 2: Vom Dreißigjährigen Krieg bis zum Ersten Weltkrieg. Unter Mitarbeit von Gabriele Bohnert, Christoph Bühler, Horst Buszello, Reinhard Heßlöhl, Ursula Huggle, Heinz Kneile et al., 1. Aufl., Lahr 1991, S. 109–131.
311. Poršnew, Boris F., Die Volksaufstände in Frankreich vor der Fronde. 1623–1648, Leipzig 1954.

312. *ders.*, Formen und Wege des bäuerlichen Kampfes gegen die feudale Ausbeutung, in: Sowjetwissenschaft. Zeitschrift der Gesellschaft für Deutsch-Sowjetische Freundschaft-Beihefte (1952), S. 440–459.
313. Postel, R., Adel und Bauern in Schleswig-Holstein zur Zeit des deutschen Bauernkrieges, in: Wohlfeil, Rainer (Hrsg.), Der Bauernkrieg 1524–26, München 1975, S. 116–142.
314. Prange, Wolfgang, Christoph Rantzau auf Schmoel und die Schmoeler Leibeigenschaftsprozesse, in: Quellen und Forschungen zur Geschichte Schleswig-Holsteins 49 (1965).
315. *ders.*, Vom Reichskammergericht in der ersten Hälfte des 16. Jahrhunderts. Die Urteile in Christian Barths Edition. Kammerboten und Zustellung der Gerichtsbriefe, Köln [u. a.] 2002.
316. Press, Volker, Der Bauernkrieg als Problem der deutschen Geschichte, in: Nassauische Annalen 86 (1975a), S. 158–177.
317. *ders.*, Von den Bauernrevolten des 16. zur konstitutionellen Verfassung des 19. Jahrhunderts. Die Untertanenkonflikte in Hohenzollern-Hechingen und ihre Lösungen, in: Weber, Hermann (Hrsg.), Politische Ordnungen und soziale Kräfte im Alten Reich, Wiesbaden 1980, S. 85–112.
318. *ders.*, Französische Volkserhebungen und deutsche Agrarkonflikte zwischen dem 16. und dem 18. Jahrhundert, in: Beiträge zur historischen Sozialkunde 7 (1977), S. 76–81.
319. *ders.*, Herrschaft, Landschaft und „Gemeiner Mann" in Oberdeutschland vom 15. bis zum frühen 19. Jahrhundert, in: Zeitschrift für die Geschichte des Oberrheins 123 (1975b), S. 169–214.
320. *ders.*, Der hohenzollern-hechingische Landesvergleich von 1798, in: Zeitschrift für Hohenzollerische Geschichte 101 (1978), S. 77–108.
321. *ders.*, Stadt und Dorfgemeinde im territorialstaatlichen Gefüge des Spätmittelalters und der frühen Neuzeit, in: Blickle, Peter (Hrsg.), Landgemeinde und Stadtgemeinde in Mitteleuropa. Ein struktureller Vergleich, München 1991, S. 426–454.
322. Prothmann, Ottmar, Chronik von Altendorf und Ersdorf, Meckenheim 2005.
323. Pütter, Johann Stephan, Auserlesene Rechts Fälle aus allen Theilen der in Teutschland üblichen Rechtgelehrsamkeit, 3 Bände, Göttingen 1760–1785.
324. Quiquerez, A., Histoire des troubles dans l'évêché de Bâle, Délémont 1875.
325. Räuber, Herbert, Der Pforzheimer Privilegienstreit (1716–1730). Rechtsgeschichtliche Untersuchungen zu einer Auseinandersetzung der Stadt Pforzheim mit ihrem Landesherrn, in: Becht, Hans-Peter (Hrsg.), Pforz-

heim in der frühen Neuzeit. Beitr. zur Stadtgeschichte d. 16. bis 18. Jh., Sigmaringen 1989, S. 117–159.
326. Reich, Thomas, Herrschaftsbildung und Herrschaftskräfte auf dem Gebiet des Altlandkreises Illertissen, Univ. Diss. Augsburg 2000 (urn:nbn:de:bvb:384-opus-1304).
327. Reichardt, Rolf, Deutsche Volksbewegungen im Zeichen des Pariser Bastillesturms, in: Berding, Helmut (Hrsg.), Soziale Unruhen in Deutschland während der Französischen Revolution, Göttingen 1988, S. 10–27.
328. Reinle, Christine, Bauernfehden. Studien zur Fehdeführung Nichtadeliger im spätmittelalterlichen römisch deutschen Reich, besonders in den bayerischen Herzogtümern, Stuttgart 2003.
329. Remling, Franz Xaver, Geschichte der Bischöfe zu Speyer, Unveränd. Nachdr. d. 1. Aufl., Mainz 1852, Pirmasens 1975.
330. Riegger, J., Ein Ausschnitt aus dem Streit um die freie Pürsch, in: Hohenzollerische Heimat 1 (1951), S. 59 f.
331. Ries, Klaus, Obrigkeit und Untertanen. Stadt- und Landproteste in Nassau-Saarbrücken im Zeitalter des Reformabsolutismus, Saarbrücken 1997.
332. Riezler, Sigmund von; Heeren, Arnold H. L.; Lamprecht, Karl, Geschichte Baierns. Band 4: 1508 bis 1597, Aalen 1964.
333. Rippmann, Dorothee, Herrschaftskonflikte und innerdörfliche Spannungen in der Basler Region im Spätmittelalter und an der Wende zur Frühen Neuzeit, in: Häberlein, Mark (Hrsg.), Devianz, Widerstand und Herrschaftspraxis in der Vormoderne. Studien zu Konflikten im südwestdeutschen Raum (15.–18. Jahrhundert), Konstanz 1999, S. 199–226.
334. Roberts, Simon, The Study of Dispute. Anthropological Perspectives, in: Bossy, John (Hrsg.), Disputes and settlements. Law and human relations in the West, Cambridge [u. a.] 1983, S. 1–24.
335. Röcker, Bernd, Das Dorf Menzingen im Bauernkrieg. Ein Beitrag zur Vorgeschichte und zum Verlauf des Bauernkrieges im Kraichgau, in: Kraichgau. Beiträge zur Landschafts- und Heimatforschung 6 (1979), S. 136–145.
336. Rost, Rüdiger; Kahle, Karl-Roland, Geschichte der Stadt Pulsnitz, Spitzkunnersdorf 2008.
337. Roth, Andreas, Revolte, Aufruhr und Tumulte – strafbare Verbrechen oder legitimer Widerstand, in: De Benedictis, Angela (Hrsg.), Revolten und politische Verbrechen zwischen dem 12. und 19. Jahrhundert. Rechtliche Reaktionen und juristisch-politische Diskurse, Frankfurt am Main 2013, S. 41–60.

338. Rothmund, Paul, Die fünf Donaustädte in Schwäbisch-Österreich und ihr Übergang an Württemberg. Unter besonderer Berücksichtigung der Verwaltungs- und Verfassungsreformen seit Maria-Theresia. Dissertation. Eberhard-Karls-Universität, Tübingen 1955.
339. Rott, Jean, Neue Quellen und Darstellungen über den Bauernkrieg im Unterelsaß, in: Universität Leipzig (Hrsg.), Reform, Reformation, Revolution. [ausgewählte Beiträge einer wissenschaftlichen Konferenz in Leipzig am 10. und 11. Oktober 1977], Leipzig 1980, S. 212–221.
340. Rottleuthner, Hubert, Einführung in die Rechtssoziologie, Darmstadt 1987.
341. Rudloff, Karl, Camberg klagt unerschrocken vor dem Reichskammergericht, in: Heil, Helmut (Hrsg.), Camberg. 700 Jahre Stadtrechte, Bad Camberg 1981, S. 64–69.
342. Rüfner, Wolfgang, Verwaltungsrechtsschutz in Preußen von 1749 bis 1842, Bonn 1962.
343. Ruthmann, Bernhard, Die Religionsprozesse am Reichskammergericht (1555–1648). Eine Analyse anhand ausgewählter Prozesse, Köln [u. a.] 1996.
344. Sabean, David, Das zweischneidige Schwert. Herrschaft und Widerspruch im Württemberg der frühen Neuzeit, Berlin 1986.
345. *ders.*, Die Dorfgemeinde als Basis der Bauernaufstände in Westeuropa bis zu Beginn des 19. Jahrhunderts, in: Schulze, Winfried (Hrsg.), Europäische Bauernrevolten der frühen Neuzeit, 1. Aufl., Frankfurt am Main 1982, S. 191 ff.
346. Sailer, Rita, Untertanenprozesse vor dem Reichskammergericht. Rechtsschutz gegen die Obrigkeit in der zweiten Hälfte des 18. Jahrhunderts, Köln, Weimar, Wien 1999.
347. Schaller, Ernst, Der große schönburgische Fronaufstand, in: Sachsen-Post 200/201 (1910), S. 1–4.
348. Schattkowsky, Martina, „… daß die Unterthanen außerhalben Rechtens in nichts willigen und eingehen wollen". Gerichtsprozesse in einem sächsischen Rittergut im 16. und 17. Jahrhundert, in: Peters, Jan (Hrsg.), Gutsherrschaft als soziales Modell. Vergleichende Betrachtungen zur Funktionsweise frühneuzeitlicher Agrargesellschaften, München 1995, S. 385–400.
349. *dies.*, Mit den Mitteln des Rechts. Studien zum Konfliktaustrag in einem sächsischen Rittergut, in: Tel Aviver Jahrbuch für deutsche Geschichte XXII (1993), S. 293–311.

350. Scheer, U., Auseinandersetzungen zwischen der Gemeinde Hobbach und den Freiherren von Mairhofen 1736–1754. Zum Problem des rechtlichen Austrags sozialer Konflikte im Alten Reich. Magisterarbeit, Würzburg 1985.
351. Schennach, Martin P., „Plus valuerunt verbera quam verba?". Rechtliche Reaktionen auf Revolten in den österreichischen Ländern zwischen den Bauernkriegen von 1525 und 1626, in: De Benedictis, Angela (Hrsg.), Revolten und politische Verbrechen zwischen dem 12. und 19. Jahrhundert. Rechtliche Reaktionen und juristisch-politische Diskurse, Frankfurt am Main 2013, S. 235–279.
352. Schiff, Otto, Die deutschen Bauernaufstände von 1525 bis 1789, in: Historische Zeitschrift 130 (1924), S. 189–209.
353. Schilfert, Gerhard, Deutschland von 1648 bis 1789. Vom Westfälischen Frieden bis zum Ausbruch der Französischen Revolution, Bd. 4, 3. Aufl., Berlin 1975.
354. Schilling, Heinz, Konfessionskonflikt und Staatsbildung. Eine Fallstudie über das Verhältnis von religiösem und sozialem Wandel in der Frühneuzeit am Beispiel der Grafschaft Lippe, Gütersloh 1981.
355. Schindler, Norbert, Widerspenstige Leute, Frankfurt am Main 1992.
356. Schleckmann, Gustav; Jenne, Johann (Hrsg.), Angelbachtal – zwei Dörfer, eine Gemeinde. Eichtersheim, Michelfeld, 2. Aufl., Angelbachtal 1994.
357. Schlesinger, Walter, Die Landesherrschaft der Herren von Schönburg. Eine Studie zur Geschichte des Staates in Deutschland, Münster [u. a.] 1954.
358. Rüscheid – auf den Spuren der Ortsgeschichte. Unter Mitarbeit von Arno Schmidt, Rüscheid 2000.
359. Schmidt, Georg, Agrarkonflikte im Gebiet des Wetterauer Grafenvereins (ca. 1550–1650), in: Wetterauer Geschichtsblätter 33 (1984a), S. 79–112.
360. *ders.*, Agrarkonflikte im Riedeselischen Gericht Moos im 17. Jahrhundert, in: Archiv für hessische Geschichte und Altertumskunde N. F. 37 (1979), S. 215–328.
361. *ders.*, Bauernunruhen in Weilmünster (1563–1588). Eine bäuerliche Oppositionsbewegung gegen Graf Albrecht von Nassau-Saarbrücken, der Wetterauische Grafenverein und die Reichsverfassung, in: Nassauische Annalen 95 (1984b), S. 91–117.
362. *ders.*, Agrarkonflikte und Territorialisierung. Beobachtungen zum bäuerlichen Widerstand in einer „hessischen" Region, in: Jahrbuch für Regionalgeschichte 16/1 (1989), S. 39–56.
363. *ders.*, Rebellion oder legitime Gegenwehr? Ein Agrarkonflikt in Mühlhausen am Neckar, die kaiserliche Kommission der Reichsstadt Esslingen und das

Urteil der Tübinger Juristenfakultät (1600–1620), in: Esslinger Studien 29 (1990), S. 37–59.

364. Schmitt, Johannes, „Französische Freiheiten"? Herrschaftskonflikte in Dagstuhl, Hüttersdorf-Buprich, Illingen und Saarwellingen im frühen 18. Jahrhundert, in: *ders.*, Die Republicaner an der Prims. Untersuchungen zur Reichsherrschaft Hüttersdorf-Buprich im 18. Jahrhundert, Saarbrücken 2012, S. 311–326.

365. *ders.*, „Sie tun zur Zeit so, als wären sie eine Republik …". Zur „Rebellion" in Hüttersdorf-Buprich im Jahr 1722, in: Schmelzer Heimathefte 4 (1992), S. 7 ff.

366. *ders.*, …wegen des Kartoffelzehnten. Ein Prozeß der Einwohner der Reichsherrschaft Hüttersdorf/Buprich gegen den Freiherrn von Hagen am Reichskammergericht 1744–1759, in: Schmelzer Heimathefte 5 (1993), S. 5–26.

367. *ders.*, Die Republicaner an der Prims. Untersuchungen zur Reichsherrschaft Hüttersdorf-Buprich im 18. Jahrhundert, Saarbrücken 2012.

368. Schmitz-Kallenberg, Ludwig, Geschichte der Herrschaft Rheydt, Bd. 1, Rheydt 1897.

369. Schneider, Eugen, Die Lostrennung des Klosters Ochsenhausen von St. Blasien, in: Zeitschrift für die Geschichte des Oberrheins 13 (1898), S. 79–124.

370. Schneider, Philipp, Aus Kerpens wechselvoller Vergangenheit, in: Gemeinde St. Martinus, Kerpen (Hrsg.), Beiträge zur Geschichte des ehemaligen Kollegiatsstiftes und der heutigen Pfarrkirche Sankt Martinus in Kerpen, Kerpen 1953, S. 49–58.

371. Schöntag, Wilfried, „… daß die Rheinbunds-Acte das Fürstenhaus größer, mächtiger und reicher – das Land aber unfreier und ärmer gemacht hat…". Die Fürstentümer Hohenzollern-Hechingen und Hohenzollern-Sigmaringen im Zeitalter Napoleons, in: Württembergisches Landesmuseum; Baden-Württemberg (Hrsg.), Baden und Württemberg im Zeitalter Napoleons. Ausstellung des Landes Baden-Württemberg aus Anlaß des 125jährigen Bestehens des Württembergischen Landesmuseums Stuttgart. Stuttgart Kunstgebäude 16. Mai – 15. August 1987, Stuttgart 1987, S. 81–102.

372. Schramm, Rudolf, Ein Bauernaufstand im Greizer Land 1714/5, in: Jahrbuch des Kreismuseums Hohenleuben-Reichenfels 4 (1954/55), S. 5–58.

373. *ders.*, Der große Obergreizer Bauernprozeß 1715–1730, in: Jahrbuch des Kreismuseums Hohenleuben-Reichenfels 7/8 (1958/59), S. 45–126.

374. Schröter, Hermann, Die Äbtissinnen von Thorn und Essen, in: Das Münster am Hellweg. Mitteilungsblatt d. Vereins für die Erhaltung des Essener Münsters 15 (1962), S. 1–8.
375. Schultz, Helga, Bäuerliche Klassenkämpfe zwischen frühbürgerlicher Revolution und Dreißigjährigem Krieg, in: Heitz, Gerhard; Harnisch, Hartmut (Hrsg.), Deutsche Agrargeschichte des Spätfeudalismus, Berlin 1986, S. 260–277.
376. *dies.*, Bäuerliche Klassenkämpfe zwischen frühbürgerlicher Revolution und Dreißigjährigem Krieg, in: Zeitschrift für Geschichtswissenschaft 20 (1972), S. 156–173.
377. *dies.*, Bäuerlicher Klassenkampf und „zweite Leibeigenschaft". Einige Probleme des Kampfes in der Zeit zwischen frühbürgerlicher Revolution und Dreißigjährigem Krieg, in: Heitz, Gerhard (Hrsg.), Der Bauer im Klassenkampf. Studien zur Geschichte des deutschen Bauernkrieges und der bürgerlichen Klassenkämpfe im Spätfeudalismus, Berlin 1975, S. 391–404.
378. *dies.*, Soziale und politische Auseinandersetzungen in Rostock im 18. Jahrhundert. Zugl.: Rostock, Univ., Diss., 1969 u.d.T.: Schultz, H.: Die Krise der feudalen Ratsverfassung, Weimar 1974.
379. Schulze, Winfried, „Geben Aufruhr und Aufstand Anlaß zu neuen heilsamen Gesetzen". Beobachtungen über die Wirkungen bäuerlichen Widerstands in der frühen Neuzeit, in: ders. (Hrsg.), Aufstände, Revolten, Prozesse. Beiträge zu bäuerlichen Widerstandsbewegungen im frühneuzeitlichen Europa, Stuttgart 1983a, S. 261–285.
380. *ders.*, Der bäuerliche Widerstand und die „Rechte der Menschheit", in: Birtsch, Günter (Hrsg.), Grund- und Freiheitsrechte im Wandel von Gesellschaft und Geschichte, Göttingen 1981, S. 41–56.
381. *ders.*, Bäuerlicher Widerstand und feudale Herrschaft in der frühen Neuzeit, Stuttgart 1980.
382. *ders.*, Deutsche Bauernrevolten der Frühen Neuzeit im europäischen Vergleich, in: Biskup, Marian (Hrsg.), Schichtung und Entwicklung der Gesellschaft in Polen und Deutschland im 16. und 17. Jahrhundert, Wiesbaden 1983b, S. 273–303.
383. *ders.*, Klettgau 1603. Von der Bauernrevolte zur Landes- und Policeyordnung, in: Schmidt, Heinrich Richard (Hrsg.), Gemeinde, Reformation und Widerstand. Festschrift für Peter Blickle zum 60. Geburtstag, Tübingen 1998, S. 415–431.
384. *ders.*, Oberdeutsche Untertanenrevolten zwischen 1580 und 1620. Reichssteuern und bäuerlicher Widerstand, in: Blickle, Peter; Abel, Wilhelm

(Hrsg.), Bauer, Reich und Reformation. Festschrift für Günther Franz zum 80. Geb. am 23. Mai 1982, Stuttgart 1982a, S. 120–147.
385. *ders.*, Reich und Türkengefahr im späten 16. Jahrhundert. Studien zu den politischen und gesellschaftlichen Auswirkungen einer äußeren Bedrohung, München 1978.
386. *ders.*, Ständische Gesellschaft und Individualrechte, in: Birtsch, Günter (Hrsg.), Grund- und Freiheitsrechte von der ständischen zur spätbürgerlichen Gesellschaft, Göttingen 1987a, S. 161–179.
387. *ders.*, Die veränderte Bedeutung sozialer Konflikte im 16. und 17. Jahrhundert, in: ders. (Hrsg.), Europäische Bauernrevolten der frühen Neuzeit, 1. Aufl., Frankfurt am Main 1982b, S. 276–308.
388. *ders.*, Der Windische Bauernaufstand von 1573. Bauernaufstand und feudale Herrschaft im späten 16. Jahrhundert, in: Südost-Forschungen 33 (1974), S. 15–61.
389. *ders.*, Gerhard Oestreichs Begriff „Sozialdisziplinierung der Frühen Neuzeit", in: Zeitschrift für Historische Forschung 14 (1987b), S. 265–302.
390. *ders.*, Die Entwicklung des „teutschen Bauernrechts" in der Frühen Neuzeit, in: Zeitschrift für neuere Rechtsgeschichte (1990), S. 127–163.
391. Schunka, Alexander, Schertlin und sein Volk. Bemerkungen zur Wahrnehmung und Erinnerung von Herrschaftsfunktionen bei nordschwäbischen Landbewohnern um die Wende zum 17. Jahrhundert, in: Fuchs, Ralf-Peter (Hrsg.), Wahrheit, Wissen, Erinnerung. Zeugenverhörprotokolle als Quellen für soziale Wissensbestände in der Frühen Neuzeit, Münster 2002, S. 225–255.
392. *ders.*, Verbrechen, Strafe, Obrigkeit. Zeugenaussagen aus dem Nürnberger Landgebiet, in: Zeitschrift für Historische Forschung 26 (1999), S. 323–348.
393. Schwennicke, Andreas, „Ohne Steuer kein Staat". Zur Entwicklung und politischen Funktion des Steuerrechts in den Territorien des Heiligen Römischen Reichs (1500–1800), Frankfurt am Main 1996.
394. Sellert, Wolfgang, Über die Zuständigkeit von Reichshofrat und Reichskammergericht, Aalen 1965.
395. Sieger, Jörg, Kardinal im Schatten der Revolution. Der letzte Fürstbischof von Straßburg in den Wirren der Französischen Revolution am Oberrhein, Kehl 1986.
396. Smend, Rudolf, Brandenburg-Preußen und das Reichskammergericht, in: Forschungen zur brandenburgischen und preußischen Geschichte 20 (1907), S. 465–501.

397. Spengel, Wilhelm, Gondelsheim in Geschichte und Bild, Gondelsheim 1966.
398. *ders.*, Eine Huldigung in Gondelsheim im Jahre 1790, in: Badische Heimat 41 (1961), S. 381 f.
399. Stähli, Robert, Die Auseinandersetzung des Fürstbischofs von Basel mit Bern um das Münstertal 1706–1711. Dissertation, Bern 1973.
400. Steinert, Raimund, Das Territorium der Reichsstadt Mühlhausen i. Th. Zugl.: Leipzig, Univ. Diss., Leipzig 1910.
401. Stenz, Carolin; Vogt, Dennis, Initial Workshop: Schlichten und Richten. Differenzierung und Hybridisierung, in: Journal on European History of Law 2 (2012), S. 175–176.
402. Stieve, Felix, Ein Bauernaufstand in der Herrschaft Rettenberg, in: Zeitschrift des Historischen Vereins für Schwaben und Neuburg 11 (1884), S. 35–53.
403. Stollberg-Rilinger, Barbara, Einleitung, in: Stollberg-Rilinger, Barbara; Krischer, André (Hrsg.), Herstellung und Darstellung von Entscheidungen. Verfahren, Verwalten und Verhandeln in der Vormoderne, Berlin 2010a, S. 9–31.
404. *dies.*, Einleitung, in: dies. (Hrsg.), Vormoderne politische Verfahren, Berlin 2001, S. 9–24.
405. *dies.* (Hrsg.), Spektakel der Macht, Darmstadt 2008.
406. *dies.*, Verfassungsgeschichte als Kulturgeschichte, in: Zeitschrift der Savigny-Stiftung für Rechtsgeschichte, Germanistische Abteilung 127 (2010b), S. 1–32.
407. Stölzel, Adolf, Die Entwicklung des gelehrten Richterthums in deutschen Territorien. Eine rechtsgeschichtliche Untersuchung mit vorzugsweiser Berücksichtigung der Verhältnisse im Gebiete des ehemaligen Kurfürstenthums Hessen, Bd. 2, Stuttgart 1872.
408. Störkel, Rüdiger, Landesherr und Untertanen in Nassau-Dillenburg im 16. bis 18. Jahrhundert, in: Duso, Giuseppe (Hrsg.), Konsens und Konsoziation in der politischen Theorie des frühen Föderalismus, Berlin 1997, S. 185–205.
409. Stramberg, Christian v., Denkwürdiger und nützlicher Rheinischer Antiquarius, III. Abt., Bd. 13, Koblenz 1867.
410. Strauß, Emil, Bauernelend und Bauernaufstände in den Sudetenländern. Prag 1929.
411. Stulz, Percy; Opitz, Alfred, Volksbewegungen in Kursachsen zur Zeit der Französischen Revolution, 1. Aufl., Berlin 1956.

412. Suter, Andreas, „Troublen" im Fürstbistum Basel (1726–1740). Eine Fallstudie zum bäuerlichen Widerstand im 17. Jahrhundert, Göttingen 1985.
413. *ders.*, Regionale politische Kulturen von Protest und Widerstand im Spätmittelalter und in der Frühen Neuzeit. Die schweizerische Eidgenossenschaft als Beispiel, in: Geschichte und Gesellschaft 21 (1995), S. 161–194.
414. *ders.*, Der schweizerische Bauernkrieg von 1653. Politische Sozialgeschichte eines politischen Ereignisses, Tübingen 1997.
415. *ders.*, Theorien und Methoden für eine Sozialgeschichte historischer Ereignisse, in: Zeitschrift für Historische Forschung 25 (1998), S. 209–244.
416. *ders.*, Die Träger bäuerlicher Widerstandsaktionen im Fürstbistum Basel 1726–1740. Dorfgemeinde – Dorffrauen – Knabenschaften, in: Schulze, Winfried (Hrsg.), Aufstände, Revolten, Prozesse. Beiträge zu bäuerlichen Widerstandsbewegungen im frühneuzeitlichen Europa, Stuttgart 1983, S. 89–111.
417. Sybel, Friedrich von, Beiträge zur Chronik von Gimborn-Neustadt (Kreis Gummersbach), Gummersbach 1891.
418. *ders.*, Chronik und Urkundenbuch der Herrschaft Gimborn-Neustadt, Gummersbach 1891.
419. Tholen, Gerhard, Von Rechtsverhältnissen, Rechtsstreitigkeiten und Aufruhr in der unmittelbaren Reichsherrlichkeit Stein an der Maas, in: Heimatkalender des Selfkantkreises Geilenkirchen-Heinsberg 12 (1962), S. 34–37.
420. Tieben, Reemda; Stollberg-Rilinger, Barbara, Politik von unten. Landstände, Bauern und unterbäuerliche Schicht im Ostfriesland der frühen Neuzeit (1594–1744), Münster 2012.
421. Tilleur, Jean Louis; Helfenbein, Karl-August, Chronica. 1762–1787, 1799–1805; Stadtnachrichten einer weltbürgerlichen Enzyklopädie, Lauterbach 1996.
422. Tilp, Hermann, „Wahr, daß das Holtz so sothanen 2 Böcken auf Sanderts und Heroltz ohnentgeltlich gefolget worden". Oder: Wer soll die Böcke bezahlen?, hrsg. v. Kreisausschuss des Main-Kinzig-Kreises, Schlüchtern 2013.
423. Troßbach, Werner, „Erlösung aus der Dienstbarkeit"? Emanzipationsversuche der Untertanen in der Herrschaft Westerburg 1706–1728, in: Nassauische Annalen 94 (1983a), S. 47–85.
424. *ders.*, „Mercks Baur". Annäherung an die Struktur von Erinnerung und Überlieferung in ländlichen Gesellschaften (vorwiegend zweite Hälfte des 16. Jahrhunderts), in: Rösener, Werner (Hrsg.), Kommunikation in der

ländlichen Gesellschaft vom Mittelalter bis zur Moderne, Göttingen 2000, S. 209–240.
425. *ders.*, „Widerständige Leute?" ‚Protest' und ‚Abwehrverhalten' in Territorien zwischen Elbe und Oder 1550–1789, in: Cerman, Markus (Hrsg.), Untertanen, Herrschaft und Staat in Böhmen und im „Alten Reich". Sozialgeschichtliche Studien zur Frühen Neuzeit, München 2005, S. 202–233.
426. *ders.*, Annäherungen an ein Wespennest. Argumente für eine integrierte Sicht der mecklenburgischen Agrargeschichte (vornehmlich 18. Jahrhundert), in: Peters, Jan; Lubinski, Axel (Hrsg.), Gutsherrschaftsgesellschaften im europäischen Vergleich, Berlin 1997, S. 69–87.
427. *ders.*, Bauern 1648–1806, München 1993.
428. *ders.*, Bauernbewegungen im Wetterau-Vogelsberg-Gebiet 1648–1806. Fallstudien zum bäuerlichen Widerstand im Alten Reich, Darmstadt 1985a.
429. *ders.*, Bauernbewegungen in deutschen Kleinterritorien zwischen 1648–1789, in: Schulze, Winfried (Hrsg.), Aufstände, Revolten, Prozesse. Beiträge zu bäuerlichen Widerstandsbewegungen im frühneuzeitlichen Europa, Stuttgart 1983b, S. 233–260.
430. *ders.*, Fürstenabsetzungen im 18. Jh., in: Zeitschrift für Historische Forschung 13 (1986), S. 425–454.
431. *ders.*, Gar herrlichen [...] zu lesen bei dem Zasio. Die Einbeziehung von Prozessen bäuerlicher Untertanen gegen ihre Obrigkeit in die Kameraljudikatur, in: Battenberg, Friedrich (Hrsg.), Das Reichskammergericht im Spiegel seiner Prozessakten. Bilanz und Perspektiven der Forschung, Köln [u. a.] 2010, S. 63–91.
432. *ders.*, Illuminaten am Reichskammergericht, in: Diestelkamp, Bernhard (Hrsg.), Die politische Funktion des Reichskammergerichts, Köln [u. a.] 1993, S. 135–156.
433. *ders.*, Raum, Zeit und Schrift. Dimensionen politisch-sozialen Handelns von Bauern in einigen Kleinterritorien. (17. und 18. Jahrhundert), in: Peters, Jan (Hrsg.), Gutsherrschaft als soziales Modell. Vergleichende Betrachtungen zur Funktionsweise frühneuzeitlicher Agrargesellschaften, München 1995, S. 405–418.
434. *ders.*, Die Reichsgerichte in der Sicht bäuerlicher Untertanen, in: Diestelkamp, Bernhard (Hrsg.), Das Reichskammergericht in der deutschen Geschichte. Stand der Forschung – Forschungsperspektiven, Köln [u. a.] 1990, S. 129–142.
435. *ders.*, Der Schatten der Aufklärung. Bauern, Bürger und Illuminaten in der Grafschaft Wied-Neuwied, Fulda 1991.

436. *ders.*, Soziale Bewegung und politische Erfahrung. Bäuerlicher Protest in hessischen Territorien 1648–1806, Weingarten 1987a.
437. *ders.*, Widerstand als Normalfall. Bauernunruhen in der Grafschaft Sayn-Wittgenstein 1696–1806, in: Westfälische Zeitschrift 135 (1985b), S. 25 111.
438. *ders.*, Bäuerlicher Widerstand in deutschen Kleinterritorien zwischen Bauernkrieg und französischer Revolution: Einige Bemerkungen zu Formen und Gegenständen, in: Zeitschrift für Agrargeschichte und Agrarsoziologie 35 (1987b), S. 1–16.
439. *ders.*; Zimmermann, Clemens (Hrsg.), Die Geschichte des Dorfes. Von den Anfängen im Frankenreich zur bundesdeutschen Gegenwart, Stuttgart 2006.
440. Trunkó, László (Hrsg.), Wöschbach. Vom Speyerer Grenzdorf zur idyllischen Wohngemeinde; 700 Jahre Gemeinde Wöschbach 1289–1989. Wöschbach (Pfinztal) 1989.
441. Ulbrich, Claudia, Agrarverfassung und bäuerlicher Widerstand im Oberrheingebiet, in: Zeitschrift für Agrargeschichte und Agrarsoziologie 30 (1982), S. 149–167.
442. *dies.*, Bäuerlicher Widerstand in Triberg, in: Blickle, Peter (Hrsg.), Aufruhr und Empörung? Studien zum bäuerlichen Widerstand im Alten Reich, München 1980, S. 146–216.
443. *dies.*, Rheingrenze, Revolten und Französische Revolution, in: Rödel, Volker (Hrsg.), Die Französische Revolution und die Oberrheinlande. (1789–1798), Sigmaringen 1991, S. 223–244.
444. *dies.*, Shulamit und Margarete. Macht, Geschlecht und Religion in einer ländlichen Gesellschaft des 18. Jahrhunderts, Wien [u. a.] 1999.
445. *dies.*, Traditionale Bindung, revolutionäre Erfahrung und soziokultureller Wandel. Denting 1790–1796, in: Aretin, Karl Otmar von (Hrsg.), Revolution und konservatives Beharren, Mainz 1990, S. 111–130.
446. Ullmann, Ingo, Die rechtliche Behandlung holsteinischer Leibeigener um die Mitte des 18. Jahrhunderts. Dargestellt unter besonderer Berücksichtigung der Schmoeler Leibeigenschaftsprozesse von 1738 bis 1743 sowie von 1767 bis 1777, Frankfurt am Main 2007.
447. Ullmann, Sabine, Geschichte auf der langen Bank. Die Kommissionen des Reichshofrats unter Kaiser Maximilian II. (1564–1576), Mainz 2006.
448. *dies.*, Landesherr und Kaiser im Spiegel eines Zeugenverhörs des Reichshofrats aus den Jahren 1575–1579, in: Fuchs, Ralf-Peter (Hrsg.), Wahrheit, Wissen, Erinnerung. Zeugenverhörprotokolle als Quellen für soziale Wissensbestände in der Frühen Neuzeit, Münster 2002, S. 257–290.

449. *dies.*, Schiedlichkeit und gute Nachbarschaft. Die Verfahrenspraxis der Kommissionen des Reichshofrats in den territorialen Hoheitskonflikten des 16. Jahrhunderts, in: Stollberg-Rilinger, Barbara; Krischer, André (Hrsg.), Herstellung und Darstellung von Entscheidungen. Verfahren, Verwalten und Verhandeln in der Vormoderne, Berlin 2010, S. 129–155.
450. Valentinitsch, Helfried, Advokaten, Winkelschreiber und Bauernprokuratoren in Innerösterreich in der frühen Neuzeit, in: Schulze, Winfried (Hrsg.), Aufstände, Revolten, Prozesse. Beiträge zu bäuerlichen Widerstandsbewegungen im frühneuzeitlichen Europa, Stuttgart 1983, S. 188–201.
451. van den Heuvel, Christine; van den Heuvel, Gerd, Begrenzte Politisierung während der Französischen Revolution. Der „Gesmolder Bauerntumult" von 1794 im Hochstift Osnabrück, in: Berding, Helmut (Hrsg.), Soziale Unruhen in Deutschland während der Französischen Revolution, Göttingen 1988, S. 111–129.
452. Verbois, Raphael, Geschiedenis van Rekem en zijn keizerlijk graafschap, Rekem 1972.
453. Vivanti, Corrado, Le rivolte popolari in Francia prima della Fronda e la crisi del secolo XVII, in: Rivista Storica Italiana 76 (1964), S. 957–981.
454. Vochezer, Josef, Geschichte des fürstlichen Hauses Waldburg in Schwaben, Bd. 3, Kempten 1907.
455. Vogler, Günter, Bäuerlicher Klassenkampf als Konzept der Forschung, in: Schulze, Winfried (Hrsg.), Aufstände, Revolten, Prozesse. Beiträge zu bäuerlichen Widerstandsbewegungen im frühneuzeitlichen Europa, Stuttgart 1983, S. 23–40.
456. *ders.*, Probleme der feudalen Arbeitsrente und des bäuerlichen Widerstands im 18. Jahrhundert – dargestellt am Beispiel des kurmärkischen Amts Badingen, in: Jahrbuch für Wirtschaftsgeschichte 1966.1, S. 142–174.
457. Voigt, J., Geschichte des Bauernaufruhrs in Preußen im Jahre 1525, in: Neue preußische Provinzial-Blätter 3 (1847), S. 1–50.
458. Vollmer, Franz-Xaver, Was wollten die Ortenauer 1789, in: Schaab, Meinrad (Hrsg.), Oberrheinische Aspekte des Zeitalters der Französischen Revolution, Stuttgart 1990, S. 87–290.
459. Voss, Jürgen, Soziale Unruhen im rechtsrheinischen Teil des Hochstifts Speyer im Zeitalter der Französischen Revolution, in: Berding, Helmut (Hrsg.), Soziale Unruhen in Deutschland während der Französischen Revolution, Göttingen 1988, S. 77–91.
460. Waibel, Aloys Adalbert, Die Reichsgrafschaft Königsegg-Rothenfels und die Herrschaft Staufen. Der Bezirk des königlich baierischen Landsgerichts

Immenstadt im Regierungskreise von Schwaben und Neuburg, Kempten 1851.

461. Walz, Rainer, Bau des Amtshauses Neunkirchen 1754. Aus der Geschichte des Freien Grundes. Protest und Widerstand gegen die Obrigkeit, in: Unser Heimatland 56 (1988a), S. 33–36.

462. *ders.*, Konflikt um den Bau des Amtshauses. Höhepunkt in d. Geschichte d. Freien Grundes – Protest u. Widerstand, in: Unser Heimatland 58 (1990), S. 145–148.

463. *ders.*, Der Streit um den Bau des Amtshauses in Neunkirchen und sein verfassungsgeschichtlicher Hintergrund, in: Gemeinde Neunkirchen (Hrsg.), 700 Jahre Neunkirchen 1288–1988, Neunkirchen 1988b, S. 59–84.

464. Walz, Rainer; Teppe, Karl, Agonale Kommunikation im Dorf der frühen Neuzeit, in: Westfälische Forschungen 42 (1992), S. 215–251.

465. Weber, Edwin E., Städtische Herrschaft und bäuerliche Untertanen in Alltag und Konflikt. Die Reichsstadt Rottweil und ihre Landschaft vom 30jährigen Krieg bis zur Mediatisierung, 2 Teilbände, Rottweil 1992a.

466. Weber, Matthias, Bauernkrieg und sozialer Widerstand in den östlichen Reichsterritorien bis zum Beginn des 30jährigen Krieges. Teil 2: Die historischen Ereignisse, in: Berichte und Forschungen. Jahrbuch des Bundesinstituts für Ostdeutsche Kultur und Geschichte 2 (1994), S. 7–57.

467. *ders.*, Das Verhältnis Schlesiens zum Alten Reich in der frühen Neuzeit, Köln 1992b.

468. Weber, Peter K., Lichtenberg. Eine elsässische Herrschaft auf dem Weg zum Territorialstaat. Soziale Kosten politischer Innovation, Heidelberg 1993.

469. Weber, Raimund J., Die kaiserlichen Kommissionen des Hauses Württemberg in der Neuzeit, in: Zeitschrift für Württembergische Landesgeschichte 43 (1984), S. 205–236.

470. Weigel, Helmut, Der Streit um die Reichsfreiheit des Hofes Huckarde. Bäuerlicher Widerstand in Westfalen zur Zeit der Bauerkriege, in: Westfälische Forschungen 7 (1953/54), S. 105–113.

471. Weisgerber, G., Prozess der Saarwellinger am Reichskammergericht, in: Quellen und Beiträge zur Geschichte Saarwellingens, Beilage der Saarwellinger Nachrichten, S. 27–29.

472. *ders.*, Die Saarwellinger versuchen 1754, die Holzordnung zu verbessern, in: Quellen und Beiträge zur Geschichte Saarwellingens, Beilagenfolge 36 der Saarwellinger Nachrichten 15.18 (1976).

473. WEITZEL, JÜRGEN, Der Kampf um die Appellation ans Reichskammergericht. Zugl.: Frankfurt a. M., Univ., Diss., 1974, Köln [u. a.] 1976.
474. *ders.*, Das Reichskammergericht und der Schutz von Freiheitsrechten seit der Mitte des 18. Jahrhunderts, in: Diestelkamp, Bernhard (Hrsg.), Die politische Funktion des Reichskammergerichts, Köln [u. a.] 1993, S. 157–180.
475. WERNICKE, KURT, Untersuchungen zu den niederen Formen des bäuerlichen Klassenkampfes im Gebiet der Gutsherrschaft 1648–1789, Berlin 1962.
476. WESTPHAL, SIEGRID, Stabilisierung durch Recht. Reichsgerichte als Schiedsstelle territorialer Konflikte, in: Asch, Ronald G. (Hrsg.), Staatsbildung als kultureller Prozess. Strukturwandel und Legitimation von Herrschaft in der Frühen Neuzeit, Köln [u. a.] 2005, S. 235–254.
477. WESTPHAL, SIEGRID; EHRENPREIS, STEFAN, Einleitung: Stand und Tendenzen der Reichsgerichtsforschung, in: Baumann, Anette (Hrsg.), Prozessakten als Quelle. Neue Ansätze zur Erforschung der Höchsten Gerichtsbarkeit im Alten Reich, Köln [u. a.] 2001, S. 1–13.
478. WETTERER, ANTON, Aus der Geschichte des Ritterstifts Odenheim in Bruchsal, Bruchsal 1922.
479. WIEBER, FRITZ, Greifensteiner Rebellion 1676–1692, in: Heimatkalender des Kreises Wetzlar (1973), S. 27–53.
480. *ders.*, Die Greifensteiner Rebellion in der Zeit Graf Wilhelms I. geb. 1570, gest. 1635, in: Heimatkalender des Kreises Wetzlar 25 (1975), S. 101–134.
481. *ders.*, Die Greifensteiner Rebellion 1676–1692, Teil 2. Einiges aus der Sprache der Akten, in: Heimatkalender des Kreises Wetzlar 24 (1974), S. 51–58.
482. WIGAND, PAUL, Denkwürdigkeiten für deutsche Staats- und Rechtswissenschaft, für Rechtsalterthümer, Sitten und Gewohnheiten des Mittelalters. Gesammelt aus dem Archiv des Reichskammergerichts zu Wetzlar. Nebst einer Denkschrift über Geschichte, Schicksale, Inhalt und Bedeutung jenes Archives, Leipzig 1854.
483. WILHELM, ANDREAS, Nassau-Weilburg 1648–1806. Territorialverfassung und Reichsrechtsordnung, Wiesbaden 2007.
484. WILLE, JAKOB, August Graf von Limburg-Stirum, Fürstbischof von Speier. Miniaturbilder aus einem geistlichen Staate im 18. Jahrhundert, Heidelberg 1913.
485. WILLOWEIT, DIETMAR, Rechtsgrundlagen der Territorialgewalt. Landesobrigkeit, Herrschaftsrechte und Territorium in der Rechtswissenschaft der Neuzeit. Zugl.: Heidelberg, Univ., Habil.-Schr., Köln 1975.

486. *ders.*, Struktur und Funktion intermediärer Gewalten im Ancien Regime, in: Quaritsch, Helmut (Hrsg.), Gesellschaftliche Strukturen als Verfassungsproblem, Berlin 1978, S. 9–27.
487. Wolf, Jürgen Rainer, Grafschaft Erbach, in: Speitkamp, Winfried (Hrsg.), Ritter, Grafen und Fürsten. Weltliche Herrschaften im hessischen Raum; ca. 900–1806, Marburg 2014, S. 173–194.
488. *ders.*, Grafschaft Solms, in: Speitkamp, Winfried (Hrsg.), Ritter, Grafen und Fürsten. Weltliche Herrschaften im hessischen Raum; ca. 900–1806, Marburg 2014, S. 377–402.
489. *ders.*, Michelstadt vom Dreißigjährigen Krieg bis zur Mediatisierung der Grafschaft Erbach, in: Stadt Michelstadt (Hrsg.), Michelstadt – vom Mittelalter zur Neuzeit. Unter Mitarbeit von Klaus Friedrich, Michelstadt 1986, S. 99–118.
490. Wolters, Mathias J., Notice historique sur l'ancien comté imperial de Reckheim dans la province actuelle de Limbourg, Gand 1848.
491. Wulffen, Bernd, Richterliches Prüfungsrecht im Heiligen Römischen Reich Deutscher Nation des 18. Jahrhunderts, Frankfurt am Main 1968.
492. Wüller, Heike, Systemkrise als Handlungschance. Christian Wilhelm von Dohm und die Lütticher Revolution von 1789, Berlin 2004.
493. Wunder, Heide, Abhängigkeit ohne Leibeigenschaft: Das hessische Adelsdorf Schwebda im 18. Jahrhundert, in: Freedman, Paul H. (Hrsg.), Forms of Servitude in Northern and Central Europe, Brepols, 2005, S. 257–286.
494. Würgler, Andreas, Unruhen und Öffentlichkeit. Städtische und ländliche Protestbewegungen im 18. Jahrhundert, Tübingen 1995.
495. Xenakis, Stefan, „… daß man täglich die Bauern, schaarenweise in Wetzlar auf die Sollicitatur ziehen sieht". Legitimation von Rechtsansprüchen in Untertanenprozessen, in: Denzler, Alexander; Franke, Ellen; Schneider, Britta (Hrsg.), Prozessakten, Parteien und Partikularinteressen. Höchstgerichtsbarkeit in der Mitte Europas vom 15. bis zum 19. Jahrhundert, Berlin 2015, S. 195–214.
496. *ders.*, Legitimation von Ansprüchen und Konfliktlösung bei Untertanenprozessen im Alten Reich. LOEWE-Schwerpunkt „Außergerichtliche und gerichtliche Konfliktlösung", Frankfurt am Main 2014, http://publikationen.ub.uni-frankfurt.de/files/32902/140402_xenakis.pdf (abgerufen am: 23.04.2014).
497. Zekorn, Andreas, Zwischen Habsburg und Hohenzollern. Verfassungs- und Sozialgeschichte der Stadt Sigmaringen im 17. und 18. Jahrhundert, Sigmaringen 1996.

498. Zschaeck, Fritz, Die Riedesel zu Eisenbach. Vom Tode Konrads II. bis zum Vertrag mit Hessen-Darmstadt 1593–1713, Gießen 1957.
499. Zückert, Hartmut, Allmende und Allmendaufhebung. Vergleichende Studien zum Spätmittelalter bis zu den Agrarreformen des 18./19. Jahrhunderts, Stuttgart 2003.
500. *ders.*, Die sozialen Grundlagen der Barockkultur in Süddeutschland, Stuttgart [u. a.] 1988.
501. Zürn, Martin, „Ir aigen libertet". Waldburg, Habsburg und der bäuerliche Widerstand an der oberen Donau 1590–1790, Tübingen 1998.
502. *ders.*, Untertanenwiderstand in Vorderösterreich, in: Quarthal, Franz (Hrsg.), Die Habsburger im deutschen Südwesten. Neue Forschungen zur Geschichte Vorderösterreichs, Stuttgart 2000, S. 301–320.

6. Tabellen

In den vorangegangenen Kapiteln ging es um eine Einschätzung der Art und Weise, in der sich die Literatur dem Phänomen Untertanenprozess gewidmet hat. Nun folgt der zweite Schwerpunkt dieses Projekts: das Verzeichnen und zugänglich Machen der in der Literatur seit 1945 behandelten Untertanenprozesse. Die Tabellen folgen dem Grundsatz, dass alle Vorgänge, denen dort im weitesten Sinn rechtliche Qualität zugesprochen wird, erfasst und bis hinunter zur Seitenangabe verzeichnet werden. Darunter fallen z. B. Verweigerungen einzelner Leistungen oder die Publikation von Streitschriften – aber auch die „klassischen" juristischen Praktiken wie Prozesse und Kommissionen. Einzelne Vorgänge können dabei mehrfach vorkommen und unter verschiedenen Schlagwörtern verzeichnet sein. Die Tabellen decken dabei aber nicht alle möglichen, sondern nur die häufigen Kombinationen von Prozessform und Träger ab. Auch sind sie komplementär zu den vorangegangenen Kapiteln zu lesen; denn gelegentlich wurden bei offiziell ergebnislosen Prozessen doch wichtige Lösungen vorbereitet; solche Vorgänge lassen sich aber nicht in dem formalen Raster abbilden, das den Tabellen zugrunde liegt. Ein Beispiel wäre die offiziell ergebnislose RKG-Kommission in Hohenzollern-Hechingen, die den später geschlossenen Landesvergleich vorbereitete.

6.1. Übersicht der Literatur zu Konflikten

6.1.1. Alle Konflikte mit Prozessen vor einem Reichsgericht in der Literatur

Die Angaben umfassen, in dieser Reihenfolge, Ort, Herrschaft, Zeitangaben und Literatur; betrifft die Angabe eine gesamte Herrschaft, fällt die Ortsangabe weg.

6.1.1.1. Konflikte mit Prozessen ausschließlich vor dem Reichskammergericht

Abetville; Mömpelgard (Herrschaft); 1578: [26: BAUMANN, 2515]

Ahrbergen; 1622: [11: BADER, 423]; [87: CRAMER, 161]

Altdorff; Riedesel (Herrschaft); 1606: [26: BAUMANN, 1769]

Altenkirchen; Nassau-Weilburg (Grafschaft); 1566 bis 1571: [361: SCHMIDT, 101]

Altenschlirf; Riedesel (Herrschaft); 1769 bis ca. 1806: [144: GALÉRA, 256–257]; [421: TILLEUR/HELFENBEIN, 80]

Altstadt (mit Birnbach, Flammersfeld, Kroppach, Schöneburg (Kirchspiele) und Mündersbach); Sayn-Hachenburg; 1793 bis 1794: [280: Müller, 370–373]

Ammerschweier (Amt); Rappoltstein (Herrschaft); 1501: [99: Diestelkamp, 448]; [230: Koser]

Anten (Bauernschaft); Börstel (Frauenstift); ca. 1698: [499: Zückert, 242, 282–283]

Babenhausen (I); Rechberg zu Babenhausen; 1524 bis 1535: [326: Reich, 465–466]

Baierfeld; Kaisheim (Kloster); 1521 bis 1525: [499: Zückert, 66–69]

Baiersdorf; Bamberg (Bistum); 1535: [26: Baumann, 2936]

Balduinstein: siehe Hausen und Balduinstein

Bauerbach; Speyer (Domkapitel); ca. 1713 bis 1726: [125: Franz, 16–17]; [229: Kohler, 153–168]; [38: Bickel, 245–264]; [120: Fetzer, 343–344]; [439: Troßbach/Zimmermann, 167]; [82: Clasen, 170 ff.]

Bengel b. Wittlich; 1768: [11: Bader, 422]

Bentheim-Steinfurth (Grafschaft); 1789 (abgewiesen); [167: Härter, 75]

Bergen; Steinkallenfels (Stammherren); 1571: [26: Baumann, 2894]

Berghaupten; Gengenbach (Abtei und Reichsstadt); 1747: [11: Bader, 423]; [190: Hitzfeld, 99]; [87: Cramer, 23 ff.]

Bergrheinfeld; Würzburg (Fürstbistum); 1750 bis ca. 1759: [200: Hörner/Schimke, 284–285]

Berkach (I); Würzburg (Fürstbistum); 1698 bis 1702: [16: Bähr, 27–30]; [15: Bähr, 85–144]

Berkach (II); Würzburg (Fürstbistum); ca. 1769: [15: Bähr, 134–135]

Bermbach; Nassau-Weilburg (Grafschaft); 1566 bis 1571: [361: Schmidt, 101]

Bimbach und Brünnau; Würzburg (Fürstbistum); 1773 bis ca. 1777: [200: Hörner/Schimke, 295–296]

Birlenbach (Diez); Pfalz-Zweibrücken; ca. 1749: [499: Zückert, 289]

Birnbach: siehe Altstadt (mit Birnbach, Flammersfeld, Kroppach, Schöneburg (Kirchspiele) und Mündersbach)

Bodendorf; St. Thomas (Kloster); 1689: [11: Bader, 423]; [87: Cramer, 133 ff.]

Borch (Herrschaft); Paderborn (Fürstbistum); ca. 1600 bis 1804: [254: Lotterer, 327–343]; [185: Henning, 238]; [387: Schulze, 285]

Breisig; Jülich-Berg (Hzm.); 1576: [385: Schulze, 283]

Breitenburg; Breitenburg (Herrschaft); ca. 1600: [213: Jessen, 94–95]; [293: North, 240]

Brempt und Krüchten (Herrschaften); Geldern (Hzm.); 1564 bis 1584: [186: Herkenrath, 27–32, 57–60]; [29: Becker, 24–35]; [141: Gabel, 45–46]; [118: Evertz, 80–84]; [134: Gabel, 60]; [368: Schmitz-Kallenberg, 35, 91, 96 ff., 104]

Brünnau: siehe Bimbach und Brünnau

Büdingen; Isenburg-Büdingen; ca. 1746: [499: Zückert, 250–251, 271–272]

Büdingen (Gem. Nistertal) u. 7 andere Gemeinden; Wied-Runkel; 1755: [11: Bader, 423]; [87: Cramer, 39 ff., 129 ff.]

Buprich: siehe Hüttersdorf und Buprich

Burgis; Lützel (Abt und Konvent); 1602: [26: Baumann, 2400]

Burgkunstadt; Seckendorff; 1669 bis 1754: [499: Zückert, 243, 271]

Burgsinn; Thüngen (Herrschaft); 1558 bis 1806: [26: Baumann, 1623]; [28: Bayer]; [240: Lammer]

Callenberg (Rittergut); Schönburg (Herrschaft); 1647 bis 1681: [146: Gentsch, 256–285]; [44: Blauhut, 87–88, 170]; [357: Schlesinger, 146–147]; [179: Heitz, 154–156]; [347: Schaller]; [353: Schilfert, 29]; [411: Stulz/Opitz, 33]; [381: Schulze, 55, 249]

Camberg; Kurtrier und Oranien-Nassau-Dillenburg; 1790 bis 1795: [341: Rudloff]

Candeln (Gemeinde); Botzheim (Herrschaft); 1584: [26: Baumann, 234]

Corvey (Stift); Corvey (Reichsabtei); 1558 bis ca. 1573: [30: Behr, 1–3]; [429: Troßbach, 255]

Corvey (Stift); Corvey (Reichsabtei); 1656 bis 1660: [30: Behr, 4–5]

Daugeren (Gemeinde); Heinrich von Borck; 1584: [26: Baumann, 209]

Delbrück; Paderborn (Fürstbistum); 1767 bis 1775: [185: Henning, 230–231]; [499: Zückert, 266–267]

Diedelsheim; Köchler von Schwandorf (Ortsherrschaft); ca. 1720 bis ca. 1730: [260: Mader, 18–29]; [120: Fetzer, 343–344]; [2: Adam, 84]; [37: Bickel]

Diedenhausen; Nassau-Weilburg (Grafschaft); 1566 bis 1571: [361: Schmidt, 101]

Dithmarschen (Land); Hamburg (Domkapitel); 1527 bis 1544: [290: Neveux, 195, 258]; [315: Prange, 21]; [431: Troßbach, 78]

Döringstadt; Wolfgang Albrecht von Würtzburg; 1603: [26: Baumann, 1428]

Dreieich; Philipp und Heinrich von Dieburg; 1578: [26: Baumann, 646]

Dreis bei Wittlich; Echternach (Abtei); 1676: [11: Bader, 421–422]

Drove; Jülich (Herzogtum); ca. 1685 bis ca. 1720: [143: Gail, 5–6]; [141: Gabel, 54–57]

Dudenhofen; Speyer (Reichsstadt); 1612: [26: Baumann, 2031]

Ebersberger Gemein; Bayern; 1600 bis 1633: [32: Below/Breit, 74–236]

Eckertsmühl b. Eichstätt; ca. 1743 bis ca. 1749: [11: Bader, 423]; [87: Cramer, 78]

Edesheim, Burrweiler, Flemlingen; Dahn; 1540 bis ca. 1541: [5: Armgart, 198]

Egg an der Günz; Ottobeuren (Reichskloster); 1518 bis 1521: [52: Blickle, 89–92]; [58: Blickle, 41]

Eichtersheim; Venningen (Herrschaft); 1759 bis 1777: [346: Sailer, 28–61]; [499: Zückert, 245, 250]

Elkerhausen; Nassau-Weilburg (Grafschaft); 1566 bis 1571: [361: Schmidt, 101]

Ernsthausen; Nassau-Weilburg (Grafschaft); 1566 bis 1571: [361: Schmidt, 101]

Ersdorf, Altendorf; Franz von Grefrath (Erben); 1600: [26: Baumann, 1612]; [322: Prothmann, 72]

Essen; Essen (Stift); 1568 bis ca. 1670: [211: Jahn, 198–199, 266–274]; [133: Funcke, 114, 136, 142–150, 345–347]; [140: Gabel, 70, 82]; [87: Cramer, 360 ff.]; [11: Bader, 423]

Essingen; Dalberg (Herrschaft); 1779 bis 1780: [15: Bähr, 231–233]

Esthal; Dalberg (Herrschaft); 1786 bis 1796: [15: Bähr, 231–280]; [18: Bähr, 296–309]; [16: Bähr, 23–26]

Fegenheim; Jakob von Ratsamhausen; 1597: [26: Baumann, 1405]

Fladungen; Würzburg (Fürstbistum); ca. 1526: [196: Hohn, 298–299]

Flammersfeld: siehe Altstadt (mit Birnbach, Flammersfeld, Kroppach, Schöneburg (Kirchspiele) und Mündersbach)

Frankenbrunn: siehe Thulba, Frankenbrunn und Reith

Freis; Schutzbar zu Milchling, Hans Ebert und Philipp; 1611: [26: Baumann, 2018]

Freudenburg (Burggrafschaft); St. Maximin (Kloster); 1764 bis 1801: [482: Wigand, 179–202]

Fürfeld; Waldeck; 1618 bis 1633: [14: Bähr, 137–143]; [15: Bähr, 60]

Fürstenberg; Westfalen (Grafschaft); 1785 bis 1796: [499: Zückert, 285]

Gadenstedt; ca. 1747: [87: Cramer, 75–76]; [11: Bader, 423]; [499: Zückert, 239]

Geldern und Zütphen; Geldern (Hzm.); 1495: [99: Diestelkamp, 448]

Gerßheim; Johann von Mundolzheim; 1614: [26: Baumann, 2113]

Gesmold (Gut); Osnabrück (Hochstift); 1763 bis ca. 1785: [451: Van den Heuvel, 118–121]

Gräfendorf; Thüngen (Herrschaft); ca. 1738: [499: Zückert, 260–261]

Gronsveld (Reichsgrafschaft); 1599 bis ca. 1751: [438: Troßbach, 7, 23–26, 119 ff., 137, 167, 183–187, 208, 229–231, 237–238, 261, 277]; [434: Troßbach, 409, 415–417]; [362: Schmidt, 48–49]

Groß- und Kleinfischlingen; Dahn; 1534: [5: Armgart, 194–195]

Groß-Collmar (Gut); Ahlefeld; 1572 bis ca. 1587: [264: Matthiesen, 24–25]

Hamm (Kirchspiel); Sayn-Hachenburg; 1792 bis 1794: [280: Müller, 371–375]

Haselau; Ahlefeld (I); ca. 1570 bis 1587: [253: Lorenzen-Schmidt, 272–273]

Haselau; Ahlefeld (II); 1616 bis 1619: [253: Lorenzen-Schmidt, 273]

Haseldorf (ehem. Vogtei); ca. 1495 bis ca. 1700: [213: Jessen, 81–82]; [253: Lorenzen-Schmidt, 271–272]; [293: North, 240]; [313: Postel]

Hatten: siehe Hattgau

Hattgau, dort die vier Dörfer Hatten, Rittershofen, Ober- und Niederbetschdorf; Hanau-Lichtenberg-Ochsenstein (Grafschaft); ca. 1518 bis 1656: [58: Blickle, 44–45]; [315: Prange, 48–49]; [380: Schulze, 48–49]; [59: Blickle et al., 117–155]; [222: Kiefer, 201–233]; [26: Baumann, 1018]; [142: Gabel/Schulze, 342]; [198: Holenstein, 393]; [230: Koser, 83]; [339: Rott, 217]; [385: Schulze, 289]; [431: Troßbach, 70, 81, 83]; [468: Weber, 259]; [381: Schulze, 54]

Hausen und Balduinstein; Hilgen von Staffel; 1579: [26: Baumann, 2606]

Haxthausen (Gut); 1792: [499: Zückert, 285]

Herbitzheim: siehe Neu-Saarwerden, Amt

Hersfeld (Reichsabtei); 1509: [99: Diestelkamp, 448]; [230: Koser]; [407: Stölzel, 69]

Hildesheim; Hildesheim (Bistum); 1789 bis 1800: [175: Hauptmeyer]

Hobbach; Mairhofen (Herrschaft); 1736 bis ca. 1754: [350: Scheer]; [390: Schulze, 140]

Hohensolms (Amt); Solms-Hohensolms; ca. 1740 bis 1761: [98: Diestelkamp, 117–125]; [499: Zückert, 271, 289–290]

Holzheim; Neumarkt (Reichsstadt); 1601: [26: Baumann, 1969]

Homburg (Reichsherrschaft); 1692 bis 1736: [178: Heckmann, 74 ff.]; [22: Barthelemy, 57–65]

Hörstein (Hornstein) (Gemeinde); Hans-Caspar von Buches; 1573: [26: Baumann, 34]

Höxter; Corvey (Reichsabtei); 1771: [187: Hertz, 341]; [188: Heusinger, 11]; [323: Pütter]; [342: Rüfner, 36]

Huckarde (Hof); Essen (Abtei); 1549 bis ca. 1560: [470: Weigel, 105–113]

Hümmling (Gericht); Münster (Niederstift); 1736 bis 1774: [17: Bähr, 468, 489–495, 505–506, 534–535]

Hündlingen: siehe Rolingen und Hündlingen

Hütten- und Stoppelberg (Amt); Nassau-Weilburg; 1744: [483: Wilhelm, 169–181]; 1793 bis 1804: [483: Wilhelm, 233–238]

Hüttersdorf und Buprich; Hagen und Hunolstein; ca. 1717 bis ca. 1750: [367: Schmitt]; [366: Schmitt, 5–26]; [365: Schmitt, 5–42]; [11: Bader, 422]; [499: Zückert, 289]

Iggenhausen (Amt); 1589 bis ca. 1721: [206: Hüllinghorst, 41–98]

Ilmenau; Sachsen-Weimar; 1766 bis 1780: [127: Fried, 108–109]; [187: Hertz, 347]; [268: Mentz, 201]

Kaltenwestheim; Albrecht von Liebenstein und Brüder; 1600: [26: Baumann, 1622]

Kerpen-Lommersum; 1717 bis 1789: [306: Peters, 214–237], [141: Gabel, 70–74, 112–114]; [409: Stramberg, 144–145]; [135: Gabel, 165–166]; [307: Peters, 186–187]; [138: Gabel, 302–308]; [136: Gabel, 279]; [370: Schneider, 108]; [381: Schulze, 57]; [88: Cramer, 117]

Keskastel: siehe Neu-Saarwerden, Amt

Kirchheim (I), Herrschaft; Nassau-Weilburg; 1753: [483: Wilhelm, 169]

Kirchheim (II), Amt; Nassau-Weilburg; 1790 bis 1793: [483: Wilhelm, 221–233]

Kleinfischlingen: siehe Groß- und Kleinfischlingen

Kochendorf; Wolf Conrad Greck von Kochendorff; 1602: [26: Baumann, 2395]

Kochertürn am Neckar; Gemmingen; ca. 1736: [499: Zückert, 242–243]

Königsheim (Gemeinde); Stolberg (Grafschaft); 1578: [26: Baumann, 145]

Korbach; Waldeck; ca. ca. 1615: [393: Schwennicke, 106]

Kriechingen, Weirich, Pullingen; Nassau-Saarbrücken (Grafschaft); 1574: [26: Baumann, 949]

Kriftel; St. Johannesberg (Abt und Konvent); 1579: [26: Baumann, 2615]

Kronach; Bamberg (Hochstift); ca. 1579: [201: Horst, 39]

Kroppach: siehe Altstadt (mit Birnbach, Flammersfeld, Kroppach, Schöneburg (Kirchspiele) und Mündersbach)

Kröverich; Sponheim; ca. 1584 bis ca. 1597: [385: Schulze, 282–283]

Krüchten: siehe Brempt und Krüchten

Kueheim; Worms (Stift); 1598: [26: Baumann, 1559]

Külenberg; Manderscheid (Grafschaft); 1583: [26: Baumann, 2587]

Künzelsau; Hohenlohe (Grafschaft); 1594: [26: Baumann, 2442]

Lahr; Nassau; 1772 bis 1806: [265: MAURER, 1–384]; [310: PLANTIKOW, 109–131]; [148: GERTEIS, 71]; [167: HÄRTER, 94]

Laimbach; Nassau-Weilburg (Grafschaft); 1566 bis 1571: [361: SCHMIDT, 101]

Langenhorst und Schuterwaldt; Offenburg (Reichsstadt); 1536 bis ca. 1572: [26: BAUMANN, 2901, 2984]

Lendershausen; (Ganerbschaft); 1756: [87: CRAMER, 14 ff.]; [11: BADER, 423]

Leuppach; Frhr. von der Thann; 1617 bis 1794: [499: ZÜCKERT, 240–241]

Löwenstein (Grafschaft); 1594: [26: BAUMANN, 484]

Lüttich; Lüttich (Fürstbistum); 1789: [492: WÜLLER, 113–329]; [202: HOSCHER, 7–113]; [167: HÄRTER, 54–64]; [288: NÈVE]

Malzhausen; Bayern; ca. 1548 bis ca. 1604: [32: BELOW/BREIT, 61]

Marktheidenfeld; Würzburg (Fürstbistum); 1742 bis 1768: [200: HÖRNER/SCHIMKE, 286–288]

Maxsain (I); Sayn-Hachenburg; 1654 bis 1703: [280: MÜLLER, 104–116]

Maxsain (II); Sayn-Hachenburg; 1767 bis 1773: [280: MÜLLER, 322–331]

Mayenberg; Nassau-Weilburg (Grafschaft); 1566 bis 1571: [361: SCHMIDT, 101]

Megesheim, Kleinerdlingen; Oettingen-Wallerstein (Grafschaft); 1587: [26: BAUMANN, 297]

Menzingen; Mentzingen (Herrschaft); 1617 bis 1628: [346: SAILER, 139–188]; [125: FRANZ, 134–143]; [57: BLICKLE, 24]; [104: DRÖS]; [210: IRSIGLER]

Moers; Brandenburg-Preußen; ca. 1729 bis 1730: [303: PERELS, 72]

Moos (Gericht); Riedesel (Herrschaft); ca. 1570 bis 1670: [362: SCHMIDT, 46–47, 56]; [359: SCHMIDT, 107–108]; [498: ZSCHAECK, 362–364]; [360: SCHMIDT]; [428: TROßBACH, 368]

Morville; Kriechingen (Grafschaft); 1579: [26: BAUMANN, 729]

Moselkern; 1718: [11: BADER, 422]

Möttau; Nassau-Weilburg (Grafschaft); 1566 bis 1571: [361: SCHMIDT, 101]

Mudt (Gemeinde); Isenburg (Grafschaft), Wiedt (Grafschaft); 1582: [26: BAUMANN, 795]

Mühlhausen am Neckar; Hans Christoph von Nippenburg und Georg Wilhelm von Eyb; 1600 bis 1619: [363: SCHMIDT, 37–57]; [431: TROßBACH, 84]

Mühlheim; Pfalz-Velden; 1620: [26: BAUMANN, 1898]

Mündersbach: siehe Altstadt (mit Birnbach, Flammersfeld, Kroppach, Schöneburg (Kirchspiele) und Mündersbach)

Münnerstadt; Würzburg (Fürstbistum); ca. 1587: [343: RUTHMANN, 287–289]

Münzesheim (Kraichgau); ca. 1615: [431: TROßBACH, 83]

Nassau-Siegen; ca. 1701 bis 1740: [430: Troßbach, 430–443]; [31: Behr, 160–183]; [70: Brachthäuser, 61–89]; [16: Bähr, 31]; [187: Hertz, 341–343]; [362: Schmidt, 47]; [381: Schulze, 58]

Nassau-Weilburg (rechtsrheinische Ämter); 1749 bis 1754: [483: Wilhelm, 169–208]

Neuburg (sechs Gemeinden d. Herrschaft); Neuburg; ca. 1593 bis ca. 1760: [87: Cramer, 102 ff.]; [11: Bader, 423]

Neuenmünster; Deutscher Orden; 1613: [26: Baumann, 1864]

Neugattersleben; Neugattersleben/Alvensleben; ca. 1610: [163: Harnisch, 179–199]; [165: Harnisch, 325–327]

Neunkirchen; Sayn-Hachenburg; 1755: [463: Walz, 59–68]; [461: Walz]; [462: Walz]; [280: Müller, 339]

Neunkirchen; Kurtrier; ca. 1750 bis ca. 1773: [499: Zückert, 249]

Neu-Saarwerden, Amt (Gemeinden Keskastel, Herbitzheim und Sülzen); Nassau-Weilburg; 1747 bis 1748: [483: Wilhelm, 195–202]

Neuss; Berg (Hzm.); 1604 bis 1640: [499: Zückert, 127]

Neuwied; Wied-Neuwied; 1713 bis 1792: [435: Troßbach, 45–140]; [432: Troßbach, 140–156]; [430: Troßbach, 443–453]; [79: Bub, 241–245]; [439: Troßbach/Zimmermann, 160, 168]; [438: Troßbach, 10–11]; [358: Rüscheid – auf den Spuren der Ortsgeschichte 2000]; [167: Härter, 88–93]

Nieder-Ausheim; ca. 1581 bis ca. 1760: [87: Cramer, 35–36]; [11: Bader, 423]

Niederbetschdorf: siehe Hatten

Niederingelheim: siehe Ober- und Niederingelheim

Niederrode; St. Bartholomäus (Stift, Frankfurt am Main); ca. 1760 bis 1770: [499: Zückert, 292]

Niedersaulheim; Kreuz vor Mainz (Stiftkloster); 1752: [87: Cramer, 29–30]; [11: Bader, 423]; [384: Schulze, 126]

Oberbetschdorf: siehe Hatten

Ober- und Niederingelheim; Pfalz; o. A.: [485: Willoweit, 86]

Obermendig; Warsberg; ca. 1591: [389: Schulze, 283–284]

Ostenhofen; Grafeneck (Herrschaft); 1601: [26: Baumann, 1168]

Osthausen; Würzburg (Fürstbistum); 1766 bis 1776: [200: Hörner/Schimke, 288–290]

Paderborn; Paderborn (Fürstbistum); 1788 bis 1790: [219: Keinemann, 343–344]; [185: Henning, 231–232]

Passau (Abteiland); Passau (Hochstift); 1580 bis 1600: [242: Lanzinner, 136–151]; [279: Müller, 19–23]; [114: Enthofer, 272]

Peine (I); Hildesheim (Fürstbistum); 1700: [281: Müller/Zechel, 314–322]

Peine (II); Hildesheim (Fürstbistum); 1768 bis 1770: [474: Weitzel, 168–169]

Philippstein; Nassau-Weilburg (Grafschaft); 1566 bis 1571: [361: Schmidt, 101]

Prebberede; David von Bassewitz; 1612: [26: Baumann, 1848]

Pyrmont; Waldeck (Ftm.); ca. 1722: [86: Cramer, 235–237]; [267: Menk, 459]

Recklinghausen (Vest); Kurköln; 1794 bis 1806: [140: Gabel, 82–83]

Reelkirchen; Lippe-Detmold; ca. 1710: [499: Zückert, 261]

Reichlos; Riedesel (Herrschaft); 1793 bis ca. 1798: [144: Galéra, 308]

Reith: siehe Thulba, Frankenbrunn und Reith

Ringsheim; Straßburg (Stift); ca. 1750 bis ca. 1773: [499: Zückert, 283]

Rittershofen: siehe Hattgau

Rixingen; Lothringen (Herzogtum); 1580: [26: Baumann, 739]

Rolingen und Hündlingen; Kerpen (Herrschaft); ca. 1750 bis ca. 1773: [499: Zückert, 290–291]

Rostock; Brandenburg (Mark); 1529; [396: Smend, 173]

Rotenfels und Staufen (Herrschaften); 1596 bis 1612: [115: Erhard, 13–33]; [431: Troßbach, 79–82]; [384: Schulze, 127–129]; [27: Baumann/Rottenkolber, 158–160]; [54: Blickle, 202–203]; [39: Bierbrauer, 66]; [375: Schultz, 165]; [402: Stieve]; [460: Waibel, 61 ff.]; [381: Schulze, 52]

Rüppur; Speyer (Fürstbistum); 1583: [26: Baumann, 1044]

Saarwellingen; Wied-Runkel; ca. 1714 bis ca. 1763: [220: Kell, 439–453]; [499: Zückert, 267–269, 291–292]; [471: Weisgerber]; [472: Weisgerber]; [364: Schmitt, 315–317]

Sayn-Hachenburg; 1787: [187: Hertz, 338–339]; [431: Troßbach, 88]; [381: Schulze, 58]

Schaumburg (Grafschaft); 1748 bis 1795: [172: Hauptmeyer, 197–217]; [177: Hauptmeyer, 178–187]; [173: Hauptmeyer, 217–232]; [176: Hauptmeyer, 118]; [174: Hauptmeyer, 149 ff.]; [381: Schulze, 57]

Schmoel (Gut); Holstein (Herzogtum); 1738 bis 1777: [446: Ullmann, 233–411]; [314: Prange, 125–147]; [152: Göttsch-Elten, 225–233, 367–368]

Schöneburg: siehe Altstadt

Schuterwaldt: siehe Langenhorst und Schuterwaldt

Schwarzach (Kloster); 1721 bis ca. 1729: [500: Zückert, 1–63, 188–198, 201–206, 212–239, 250–258, 311–319, 323–335]; [431: Troßbach, 88]; [494: Würgler, 93]; [499: Zückert, 261]

Schwebda; Hessen; ca. ca. 1746: [493: Wunder, 257–286]; [110: Ebert et al., 49–52]; [431: Troßbach, 87]

Schweinau, Gumpelstadt, Steinbach, Waldfisch; Hund von Wenckheim (Herrschaft); 1603: [26: Baumann, 1208–1211, 1633]; [381: Schulze, 54]

Schwicheldt (Dorfschaft); St. Godehard (Abt und Kloster); ca. 1733 bis 1760: [499: Zückert, 243–244]; [87: Cramer, 134 ff.]; [11: Bader, 423]

Seel- und Burbach (Grund); Sayn-Hachenburg; 1733 bis 1806: [280: Müller, 331–354]; [408: Störkel, 198]; [432: Troßbach, 140]

Seestermühe (Gut); 1550 bis ca. 1618: [253: Lorenzen-Schmidt, 273–274]; [213: Jessen, 95]

Siegburg; Berg (Herzogtum); 1573: [343: Ruthmann, 57–74]

Simmern; Abtei St. Maximin; ca. 1750 bis ca. 1773: [499: Zückert, 239]

Słupsk (ehem. Stolp); Pommern (Hzm.); ca. 1550: [75: Brosthaus, 21–22]

Sögel; siehe: Hümmling (Gericht)

Solms-Greifenstein (Grafschaft); 1610 bis 1692: [480: Wieber, 101–134]; [479: Wieber, 27–53]; [359: Schmidt, 51–58, 88–94]; [481: Wieber, 51–58]; [98: Diestelkamp, 126–143]; [145: Gaul, 51, 66]; [362: Schmidt, 46]; [429: Troßbach, 255]; [431: Troßbach, 83]; [381: Schulze, 54]; [488: Wolf, 387–388]

St. Ingbert; Blieskastel (Herrschaft); 1772: [202: Hoscher, 194–211]; [15: Bähr, 239–242]; [167: Härter, 65–66]

St. Johann; Nassau-Saarbrücken-Usingen; 1786 bis 1788: [113: Ennen, 148–153]

Staufen: siehe Rotenfels und Staufen

Stein (Herrschaft); 1777 bis 1779: [100: Dieteren/Philips]; [284: Munsters]; [283: Munsters]; [419: Tholen]

Stolberg (Unterherrschaft); Jülich (Herzogtum); 1702 bis ca. 1703: [297: Offergeld-Thelen, 78–79, 106]

Stollhofen, Hügelheim, Sellingen; Schwarzach (Kloster); 1741: [87: Cramer, 44 ff.]; [11: Bader, 423]

Stolp: siehe Słupsk

Strahlungen; Würzburg (Fürstbistum); 1734 bis ca. 1775: [200: Hörner/Schimke, 293]

Stralsund; Pommern-Wolgast; 1569: [26: Baumann, 671]; [75: Brosthaus, 28]

Stühlingen; Lupfen (Grafschaft); 1524 bis 1525: [298: Oka, 3–34, 234–260]; [47: Blickle, 77–92, 119]; [196: Hohn, 282–286]; [290: Neveux, 86–87, 94]; [51: Blickle, 146]; [136: Gabel, 275]

Sülzen: siehe Neu-Saarwerden, Amt

Sulzfeld (Kraichgau); Göler von Ravensburg (Ortsherren); ca. 1600: [78: Brunotte]

Surberg; Hagenau (Rat); 1577: [26: Baumann, 623]

Teuschnitz; Bamberg (Hochstift); 1599 bis 1600: [343: Ruthmann, 289–290, 573]

Thorn (Reichsstift); ca. 1600 bis 1630: [141: Gabel, 49–50]; [135: Gabel, 165–166]; [159: Habets/Flament, 301–302]

Thulba, Frankenbrunn und Reith; Würzburg (Fürstbistum); 1753 bis 1772: [200: Hörner/Schimke, 282–283]

Trier (I); Kurtrier; 1560 bis 1564: [343: Ruthmann, 18–57]

Trier (II); Kurtrier; ca. 1789: [43: Birtsch]; [42: Birtsch, 72–74]; [202: Hoscher, 319]; [148: Gerteis, 73–74]; [158: Haasis, 214]

Trübenbrunn: siehe Zeitlofs und Trübenbrunn

Unteralterheim; Würzburg (Fürstbistum); 1737 bis 1762: [200: Hörner/Schimke, 282–283]

Wachenbuchen; Hanau-Münzenberg; 1608: [26: Baumann, 1788]

Wallbronn; Schwarzenberg; 1598: [26: Baumann, 1572]

Wallhausen, bei Bad Kreuznach (I); Dalberg (Herrschaft); ca. 1614 bis ca. 1686: [11: Bader, 448]; [499: Zückert, 235]

Wallhausen, bei Bad Kreuznach (II); Dalberg (Herrschaft); ca. 1750 bis ca. 1773: [499: Zückert, 235–237]

Weilburg; Nassau-Weilburg; 1744 bis 1748: [483: Wilhelm, 169]

Weilmünster; Nassau-Weilburg (Grafschaft); 1563 bis 1586: [361: Schmidt, 91–117]; [362: Schmidt, 45–46]; [359: Schmidt, 86–88]; [26: Baumann, 193, 208, 227, 237, 242–244, 260, 264–267, 270–272, 275–276, 279–280, 290, 293, 299, 311, 625, 697, 749, 966, 2757]; [153: Grochowina, 49]; [431: Troßbach, 79, 84]

Weinähr: siehe Winden und Weinähr

Weisbach; Solms-Wildenfels; 1771: [11: Bader, 423]; [87: Cramer, 343]

Weisweiler; Jülich (Herzogtum); 1683 bis 1685: [141: Gabel, 54–55]; [139: Gabel, 258]

Wenings; Isenburg-Büdingen; 1593 bis 1603: [266: Mayenschein, 46–172]; [359: Schmidt, 101–106]; [385: Schulze, 294]; [381: Schulze, 54]

Werlte; siehe: Hümmling (Gericht)

Westheim; Bamberg; ca. 1750 bis ca. 1773: [499: ZÜCKERT, 261]

Winden und Weinähr; Arnstein (Kloster); 1752: [87: CRAMER, 71 ff.]; [11: BADER, 423]

Winsingen; 1586: [26: BAUMANN, 296]

Winzigerode; Wintzigerode; 1574: [26: BAUMANN, 53]

Wölffersheim; Pappenheim (Grafschaft); 1757: [87: CRAMER, 97–98]; [11: BADER, 423]

Wormeln (Kloster); Paderborn (Fürstbistum); ca. 1797: [174: HAUPTMEYER, 206]; [219: KEINEMANN, 351–354]; [158: HAASIS, 678]

Wöschbach; Speyer (Fürstbistum); 1790 bis 1829: [440: TRUNKÓ, 54–58]

Zeitlofs und Trübenbrunn; Würzburg (Fürstbistum); 1777: [200: HÖRNER/SCHIMKE, 291]

Züschen; Kurköln; 1706 bis ca. 1722: [103: DOBBENER, 22–26]; [437: TROßBACH, 59]

Zütphen: siehe Geldern und Zütphen

6.1.1.2. Konflikte mit Prozessen vor sowohl Reichskammergericht als auch Reichshofrat

Böhmenkirch; Rechberg; 1580 bis 1582: [384: SCHULZE, 123–125]; [122: FINK, 1–322]; [433: TROßBACH, 405–406]; [381: SCHULZE, 52]

Braunschweig (Gemeinde); Braunschweig (Herzogtum); 1595 bis ca. 1617: [241: LANDES, 66, 77–78, 90, 98–99, 101–104, 109–110, 112, 132–138, 143]; [26: BAUMANN, 1090, 1159]

Bremen (Marschbauernschaften); 1598 bis 1741: [226: KLOCK, 424–471]; [71: BRANDT, 148 ff.]; [381: SCHULZE, 58]

Bruchsal: siehe Odenheim/Bruchsal

Denting; Kriechingen (Grafschaft); ca. 1768 bis ca. 1796: [445: ULBRICH, 119]

Freienseen; Solms-Laubach (Grafschaft); ca. 1549 bis ca. 1780: [95: DIESTELKAMP]; [362: SCHMIDT, 44–45]; [97: DIESTELKAMP, 83–84]; [359: SCHMIDT, 94–101]; [26: BAUMANN, 231, 940, 941, 1102]

Basel (Fürstbistum); ca. 1693 bis 1740: [494: WÜRGLER, 70–78]; [416: SUTER, 89–111]; [119: FELDER, 363–369]; [412: SUTER, 1–399]; [214: JOLIAT]; [324: QUIQUEREZ]; [399: STÄHLI]; [438: TROßBACH, 5]

Gondelsheim; Mentzingen (Herrschaft); 1612 bis 1730: [2: ADAM, 17–140]; [3: ADLER, 39–40]; [120: FETZER, 230–231]; [109: EBERHARDT, 270–276, 393–406, 486–489]; [397: SPENGEL, 296–299]; [169: HASELIER]; [398: SPENGEL]

Hohentengen (Amt); Waldburg (Herrschaft); ca. 1590 bis 1624: [501: ZÜRN, 293–312]; [454: VOCHEZER, 109–130, 204–208]; [384: SCHULZE, 126–127]; [385: SCHULZE, 296–297]; [381: SCHULZE, 52]; [74: BRENDLE, 60]

Hohenzollern-Haigerloch (Grafschaft); 1596 bis 1603: [482: WIGAND, 153–162]; [385: SCHULZE, 281]; [381: SCHULZE, 53]

Hohenzollern-Hechingen (Ftm.); 1700 bis 1798: [320: PRESS, 77–108]; [33: BERGEMANN, 123–147]; [89: CRAMER, 307–412]; [216: KALLENBERG, 81–88]; [330: RIEGGER, 59–60]; [371: SCHÖNTAG, 81–82]; [499: ZÜCKERT, 272–273, 283–284]; [497: ZEKORN, 482–483]; [80: BUMILLER, 54]; [187: HERTZ, 335]; [353: SCHILFERT, 75]; [491: WULFFEN, 94 ff.]; [381: SCHULZE, 52–53]

Ittlingen; Öttingen u. Gemmingen; 1699 bis ca. 1722: [287: NEUWIRTH, 89–108]; [120: FETZER, 343–344]

Klettgau (Grafschaft); 1596 bis 1608: [383: SCHULZE, 415–431]; [384: SCHULZE, 131–133]; [192: HODAPP, 115–118]; [433: TROßBACH, 405]; [381: SCHULZE, 52]

Kornelimünster (Reichsabtei); ca. 1540 bis 1745: [141: GABEL, 41, 63–66, 101–103, 116–436]; [140: GABEL, 79–82]; [136: GABEL, 277, 279–280]; [137: GABEL]; [139: GABEL, 249, 256]; [431: TROßBACH, 79]

Lemgo; Lippe (Reichsgrafschaft); ca. 1590 bis 1617: [354: SCHILLING, 42–43]; [129: FRIEDRICH, 43]

Michelstadt; Erbach-Erbach (Grafschaft): 1779 bis 1806: [489: WOLF, 111–114]; [487: WOLF, 193–194]; [167: HÄRTER, 95–96]

Millendonk (Herrschaft); 1712 bis 1719: [141: GABEL, 74–86]; [135: GABEL, 165–166]; [73: BREMER]

Nassau-Saarbrücken; Nassau-Usingen (z. T. Vormundschaft); 1728 bis ca. 1792: [202: HOSCHER, 246–256]; [167: HÄRTER, 71–72]; [331: RIES]

Nendingen; Enzberg (Freiherrschaft); ca. 1720 bis: [11: BADER, 423]; [87: CRAMER, 24 ff.]

Niederbessingen; Solms-Braunfels (Grafschaft/Ftm.); ca. 1681 bis ca. 1760: [87: CRAMER, 18–19, 51 ff.]; [11: BADER, 423]; [499: ZÜCKERT, 249]

Oberkirch (Amt); Straßburg (Bistum); ca. 1700 bis ca. 1800: [458: VOLLMER, 200–228]; [202: HOSCHER, 257–308]; [265: MAURER, 360]; [167: HÄRTER, 69–70]; [395: SIEGER, 60–68]; [202: HOSCHER, 257 ff.]

Passau (Hochstift); 1580 bis 1600: [242: LANZINNER, 136–151]; [279: MÜLLER, 19–23]; [114: ENTHOFER, 272]

Reckheim (Reichsgrafschaft); 1738 bis 1765: [141: GABEL, 57–63, 68–69, 105–107]; [452: VERBOIS, 91–105, 280–289]; [135: GABEL, 165–166]; [139: GABEL, 250]; [259: LYNA, 85]; [490: WOLTERS]

Reichenbach (Gericht); Isenburg-Meerholz (Grafschaft); ca. 1653 bis 1754: [438: Troßbach, 7, 23–26, 119 ff., 137, 167, 183–187, 208, 229–237, 237–238, 267, 277]; [362: Schmidt, 48–49]; [434: Troßbach, 409, 415–417]; [90: Decker, 263]

Odenheim/Bruchsal (Ritterstift); 1487 bis 1789: [120: Fetzer, 127–426]; [241: Landes, 67, 89–90, 99–100, 102, 139–140]; [26: Baumann, 1965, 2434, 2889]; [431: Troßbach, 84]; [478: Wetterer]; [193: Hodecker, 141–151]; [381: Schulze, 52]

Scheer (Stadt); Waldburg (Herrschaft); 1670 bis 1675: [501: Zürn, 332–337]; [45: Bleicher, 38–39]

Schwarzburg (Ftm.); 1716 bis 1736: [8: Bäcker von Ranke, 45–132]; [187: Hertz, 343–344]; [116: Esche, 35–36]; [126: Franz, 197]; [381: Schulze, 54, 57]

Staden (Ganerbschaft); ca. 1648 bis 1830: [438: Troßbach, 35–36, 156, 193]; [428: Troßbach, 189–227]

Steinbiedersdorf; Kriechingen (Grafschaft); 1748 bis ca. 1806: [444: Ulbrich, 47–51, 98, 127–148]; [445: Ulbrich, 117 ff.]; [499: Zückert, 252–254]; [390: Schulze, 140]; [431: Troßbach, 88]; [381: Schulze, 58]

Weilmünster; Nassau-Weilburg (Grafschaft); 1563 bis 1586: [362: Schmidt, 45–46]; [359: Schmidt, 86–88]; [361: Schmidt, 91–117]; [26: Baumann, 193, 208, 227, 237, 242–244, 260, 264–267, 270–272, 275–276, 279–280, 290, 293, 299, 311, 625, 697, 749, 966, 2757]; [153: Grochowina, 49]; [431: Troßbach, 79, 84]

Wittgenstein (Grafschaft); 1694 bis 1803: [437: Troßbach, 25–111]; [438: Troßbach, 3, 10]; [233: Krämer, 45–56, 58–80, 145–168]; [234: Krämer, 67–74, 134–148]; [182: Heitz, 774–775]; [362: Schmidt, 47]; [390: Schulze, 140]; [81: Burkardt, 487]; [158: Haasis, 677]

Wolferborn; Isenburg (Grafschaft); 1602 bis 1695: [438: Troßbach, 26–27, 81, 156, 185–187]; [90: Decker, 263]

6.1.1.3. Konflikte mit Prozessen ausschließlich vor dem Reichshofrat

Aach; Reutlingen (heut. Landkreis); ca. 1564 bis ca. 1576: [447: Ullmann, 325]

Ammerschweier; Landsberg (Herrschaft); ca. 1564 bis ca. 1576: [447: Ullmann, 299]

Babenhausen (II); Fugger-Babenhausen (Grafschaft); 1646 bis ca. 1671: [285: Nebinger, 106–111]; [79: Bub, 484–488]; [429: Troßbach, 255]

Bamberg; ca. 1631: [187: Hertz, 342]; [157: Gschliesser]

Brandenburg-Preußen; ca. 1720 bis ca. 1740: [187: HERTZ, 352–354]; [231: KOSER]; [303: PERELS]; [396: SMEND]

Bruchsal; Speyer (Fürstbistum); 1770 bis ca. 1789: [484: WILLE, 92–93]; [221: KEMPF, 9–160]; [329: REMLING, 746–747]; [1: ADAM, 242]; [50: BLICKLE, 125]; [159: VOSS, 80]; [158: HAASIS, 122–132]

Busecker Tal; Hessen-Darmstadt; ca. 1703 bis ca. 1727: [428: TROßBACH, 389–437]; [362: SCHMIDT, 50]; [381: SCHULZE, 58]

Dauchingen; Rottweil; 1753 bis 1769: [465: WEBER, 518–543, 624]

Detern; Ostfriesland; 1737 bis 1739: [420: TIEBEN/STOLLBERG-RILINGER, 404–409]

Donaustädte (Mengen, Munderkingen, Riedlingen, Saulgau, Waldsee); Waldburg (Herrschaft); ca. 1590 bis 1681: [149: GLADEWITZ, 14–15]; [36: BICHELER, 16–19]; [20: BARCZYK, 63]; [244: LAUB, 76]; [338: ROTHMUND, 6]; [502: ZÜRN, 310]; [161: HÄMMERLE, 31, 61–64]

Ehrstädt; Degenfeld (Herrschaft); ca. 1767 bis 1774: [204: HUB, 295–317]; [120: FETZER, 343–344]

Emden; Ostfriesland; 1682 bis 1727: [217: KAPPELHOFF, 151–343]; [294: OBERSCHELP, 36–37]; [439: TROßBACH/ZIMMERMANN, 166–167]; [257: LUEBKE, 223–224];[227: KLOPP, 509–510]; [187: HERTZ, 344]; [252: LÖNING, 344]; [353: SCHILFERT, 91]

Ergersheim; Brandenburg-Ansbach; 1725 bis 1744: [195: HOFMANN, 238–245]

Friedberg-Scheer (Grafschaft); Waldburg (Herrschaft); 1673 bis 1707: [502: ZÜRN, 310–311, 313–314]; [501: ZÜRN, 338–357]

Geilhausen; Isenberg (Grafschaft); ca. 1564 bis ca. 1576: [447: ULLMANN, 346]

Greetsiel (Amt); Ostfriesland; ca. 1729 bis ca. 1734: [420: TIEBEN/STOLLBERG-RILINGER, 375–377, 393, 405]

Gründau (Gericht) und Spielberg; Isenburg-Meerholz (Grafschaft); ca. 1652 bis ca. 1790: [428: TROßBACH, 263–273]; [362: SCHMIDT, 48–49]; [381: SCHULZE, 58]; [90: DECKER, 263]

Haigerloch; Hohenzollern-Sigmaringen; ca. 1715: [465: WEBER, 48]

Hanau-Lichtenberg; 1725 bis ca. 1755: [494: WÜRGLER, 92–99]; [50: BLICKLE, 563]

Hinte; Ostfriesland; ca. 1710 bis ca. 1740: [420: TIEBEN/STOLLBERG-RILINGER, 544]

Hohenzollern-Hechingen; 1579 bis 1625: [112: ELBS, 9–127]; [216: KALLENBERG, 70–76]; [89: CRAMER, 276–306]; [235: KRAUS, 4–5]; [34: BERNHARDT, 50–55]; [80: BUMILLER, 52–55]; [236: KRAUS, 58–59]; [379: SCHULZE, 279–280]; [33: BERGEMANN, 109]; [39: BIERBRAUER, 66]; [187: HERTZ, 335]; [317: PRESS, 90]; [375: SCHULTZ, 162]; [499: ZÜCKERT, 284]

Hungen (Herrschaft); 1705 bis 1729: [438: Troßbach, 3, 28–31, 123, 142 ff., 148–151, 167, 185–188, 246 ff., 277]; [428: Troßbach, 48–104, 196–197, 232–233]; [439: Troßbach/Zimmermann, 160]; [362: Schmidt, 47]; [390: Schulze, 135];[381: Schulze, 56]

Illereichen (Herrschaft); 1653 bis 1661: [326: Reich, 243–252]; [381: Schulze, 55]

Kaichen (Freigericht); Friedberg (Burg); 1659 bis 1659: [428: Troßbach, 121–129]

Karber Mark; Friedberg (Burg); 1703 bis 1721: [428: Troßbach, 121–188], [438: Troßbach, 12, 34–35, 61–63, 127, 131 ff., 148–149, 185–188, 193, 196–197, 237–238, 277]

Kempten (Stadt) (I); Kempten (Fürststift); ca. 1645: [469: Weber, 224]; [381: Schulze, 55, 57]

Kempten (Stadt) (II); Kempten (Fürststift); ca. 1723: [469: Weber, 222]

Kempten (Stift); Kempten (Fürststift); ca. 1720 bis ca. 1791: [494: Würgler, 85–92]; [319: Press, 197–201]; [160: Haggenmueller, 216–221, 264 ff.]; [54: Blickle, 222–232]; [500: Zückert, 236–239]; [50: Blickle, 344–350]; [381: Schulze, 55, 57]

Kirchheim (Herrschaft); 1770 bis 1786: [121: Fimpel, 247–271]

Knielingen; Baden-Durlach; 1726: [11: Bader, 425]; [274: Moser, 371]

Kriechingen (Grafschaft); ca. 1763: [499: Zückert, 273]; [381: Schulze, 58]

Lausheim: siehe Ostrach

Leer (Amt); Ostfriesland; 1729 bis 1742: [420: Tieben/Stollberg-Rilinger, 377–378, 414, 547–553]

Leoprechting: siehe Obernzell

Levertsweiler: siehe Ostrach

Löffingen; Fürstenberg; ca. 1765: [465: Weber, 48]

Ludwigsburg; Württemberg; 1764 bis 1770: [223: Kleemann, 8–11, 22, 113–120]; [500: Zückert, 3, 293–296]

Magenbuch: siehe Ostrach

Mengen: siehe Donaustädte

Mühlheim an der Donau (Herrschaft); 1733 bis ca. 1800: [500: Zückert, 90–96, 223–225, 311, 316]

Munderkingen: siehe Donaustädte

Neustadt; Hildesheim (Fürstbistum); 1773 bis 1793: [172: Hauptmeyer, 197–217]; [186: Herkenrath, 118–119]; [294: Oberschelp, 111]

Oberehrenbach; Bamberg (Bistum), von Egloffstein (Freiherrschaft); 1745 bis 1748: [195: Hofmann, 262–264]

Urbach (Markgenossenschaft), Wied-Runkel (Obergrafschaft), 1715 bis 1793: [79: Bub, 197–226]

Velburg; Wispeck (Herrschaft); ca. 1564 bis ca. 1576: [447: Ullmann, 390]

Viechtenstein: siehe Obernzell

Waldburg (Herrschaft); 1669: [501: Zürn, 332–333]

Waldsee: siehe Donaustädte

Wehner und Jemgum; Ostfriesland; ca. 1713 bis ca. 1720: [420: Tieben/Stollberg-Rilinger, 547, 555–565]

Westerburg (Herrschaft); ca. 1705 bis ca. 1728: [362: Schmidt, 47]; [423: Troßbach]; [438: Troßbach, 199]

Wickrath (Reichsherrschaft); 1749 bis 1760: [141: Gabel, 86–101]; [208: Husmann/Trippel]

Wolfstein: siehe Obernzell

6.1.1.4. *Konflikte mit Hinweis oder widersprüchlichem/ungenauem Verweis auf ein Reichsgericht*

Bauerbach; Speyer (Domkapitel); ca. 1532 bis ca. 1536: [82: Clasen, 170–171]

Büsbach (Honschaft); Kornelimünster (Reichsabtei); ca. 1735: [139: Gabel, 256–257]

Corvey (Reichsabtei); 1709 bis 1711: [30: Behr, 5]

Frauenstein (Herrschaft); 1612: [411: Stulz/Opitz, 32]

Freiensteinau (Gericht); Riedesel; 1720 bis ca. 1744: [144: Galéra, 72–83]; [498: Zschaeck, 295 ff.]; [428: Troßbach, 368]

Gimborn-Neustadt (Reichsherrschaft); 1614 bis 1658: [418: Sybel, 27–38, 112–117]; [23: Baudach, 18–23, 57]; [286: Nehls, 28–37]; [135: Gabel, 166]

Haag (Grafschaft); ca. 1495 bis ca. 1566: [352: Schiff, 198–199]; [332: Riezler et al., 675–676]; [39: Bierbrauer, 66]; [62: Blickle, 51]; [375: Schultz, 165]; [381: Schulze, 54]; [282: Münch, 173–177]

Heiden (Unterherrschaft); Jülich (Hzm.); 1575 bis ca. 1596: [141: Gabel, 44]; [155: Gross]; [271: Michel]

Heubach, Isenburg u. a.; Isenburg (Grafschaft); ca. 1566: [385: Schulze, 280]

Hildesheimer Neustadt; Hildesheim (Fürstbistum); 1730 bis 1737: [294: Oberschelp, 42]

Kemnitz; Hirschberg (Herrschaft); 1592 bis 1603: [304: Peschel, 99 ff.]

Kollmar und Neuendorf; Ahlefeld (Gut); 1694 bis 1738: [253: Lorenzen-Schmidt, 276]

Laupheim (Gemeinde); Welden (Herrschaft); 1654 bis 1774: [49: Blickle, 221–226]; [93: Diemer, 221]

Lauterbach; Riedesel; 1771 bis 1779: [144: Galéra, 259–260]

Mecklenburg-Schwerin; ca. 1688: [187: Hertz, 343]

Michelfeld (I); Gemmingen (Herrschaft); ca. 1575: [212: Jenne, 38]

Michelfeld (II); Gemmingen (Herrschaft); 1706 bis 1723: [212: Jenne, 55–58]; [356: Schleckmann/Jenne]; [256: Ludwig]; [275: Moser, 263]

Oberwaldstetten (Gemeinde); Rechberg; 1590 bis 1592: [384: Schulze, 125]

Oettingen; ca. 1678: [187: Hertz, 343]

Pforzheim; Baden (Mgf.); 1716 bis 1730: [325: Räuber, 117–159]; [494: Würgler, 290]

Pinzgau; Salzburg (Bistum); 1606: [262: Martin]

Rhodt und Weyher; Speyer (Fürstbistum); 1753 bis 1758: [4: Allmann, 285–286]

Rostock; Mecklenburg (Hzm.); 1748 bis 1788: [378: Schultz]

Schlitz; Schlitz-Görtz; ca. 1669 bis 1741: [198: Holenstein, 268–276, 320, 375]; [187: Hertz, 343]; [273: Moser]

Solms-Laubach; ca. 1750: [428: Troßbach, 46]; [488: Wolf, 400]

Solms-Rödelheim; ca. 1760: [428: Troßbach, 46]

St. Peter (Abtei); 1583 bis 1628: [441: Ulbrich, 151–161]; [68: Böhler]; [150: Gothein, 3]

Stablo-Malmedy (Reichsabtei); ca. 1789: [202: Hoscher, 233 ff.]; [167: Härter, 64–65]

Stolberg (Grafschaft); ca. 1644: [393: Schwennicke, 107]

Tirschenreuth (Herrschaft): [353: Schilfert, 28–29]

Tüschenbroich; Spiering (Herrschaft); ca. 1750: [141: Gabel, 52–54, 101]; [117: Evertz, 26]

Viersen (Herrschaft); Krieckenbeck (Amt); 1554 bis ca. 1555: [251: Lohmann, 115–126]; [141: Gabel, 41–44]

Weesenstein (Amt Pirna); Bünau (Herrschaft); 1609: [411: Stulz/Opitz, 32]

Wittem (Reichsgrafschaft); ca. 1696: [289: Nève, 515]

6.1.2. Konflikte nach Region

6.1.2.1. Baden-Württemberg

Aach; Babenhausen; Bauerbach; Berghaupten; Böhmenkirch; Bruchsal; Dauchingen; Diedelsheim; Donaustädte; Ehrstädt; Eichtersheim; Friedberg-Scheer (Grafschaft); Gondelsheim; Haigerloch; Hohentengen (Amt); Hohenzollern-Haigerloch (Grafschaft); Hohenzollern-Hechingen; Ittlingen; Kirchheim (Herrschaft); Klettgau (Grafschaft); Knielingen; Kochendorf; Kochertürn am Neckar; Künzelsau; Lahr; Langenhorst und Schuterwaldt; Löffingen; Ludwigsburg; Menzingen; Mittelrheingemeinde; Mühlhausen am Neckar; Mühlheim an der Donau (Herrschaft); Münzesheim (Kraichgau); Nendingen; Niedereschach; Oberkirch (Amt); Obersulmetingen; Oberwaldstetten (Gemeinde); Odenheim/Bruchsal (Ritterstift); Ostenhofen; Ostrach, Levertsweiler, Magenbuch, Lausheim; Pforzheim; Ringsheim; Rotenfels, Staufen (Herrschaften); Rottweil (Herrschaft); Rüppur; Scheer (Stadt); Schluchsee; Schwäbisch Gmünd (Herrschaft); Schwäbisch-Gmünd (Landgebiet); Schwarzach (Kloster); Stollhofen, Hügelheim, Sellingen; Stühlingen; Sulzfeld (Kraichgau); Waldburg (Herrschaft)

6.1.2.2. Bayern

Altdorff; Babenhausen; Baierfeld; Baiersdorf; Bamberg; Bergrheinfeld; Berkach; Bimbach und Brünnau; Burgkunstadt; Burgsinn; Döringstadt; Ebersberger Gemein; Eckertsmühl b. Eichstätt; Egg an der Günz; Ergersheim; Fladungen; Gochsheim (Schultheiß u. Gemeinde); Gochsheim und Sennfeld; Hobbach; Holzheim; Hörstein (Hornstein) (Gemeinde); Illereichen (Herrschaft); Kempten (Stadt); Kempten (Stift); Kronach; Lendershausen; Leuppach; Malzhausen; Marktheidenfeld; Megesheim, Kleinerdlingen; Münnerstadt; Oberehrenbach; Obernzell mit Leoprechting, Wolfstein, Viechtenstein, Oberhaus; Oettingen; Osthausen; Passau (Abteiland); Rettenberg (Tigen); Rottenbuch; Schwarzenbach, Saale; Strahlungen; Teuschnitz; Thainhausen; Thannhausen (bei Krumbach); Thulba, Frankenbrunn, Reith; Unteralterheim; Velburg; Zeitlofs mit Trübenbrunn

6.1.2.3. Hessen

Altenkirchen; Altenschlirf; Bermbach; Büdingen; Büdingen u. 7 andere Gemeinden; Busecker Tal; Camberg; Diedenhausen; Dreieich; Elkerhausen; Ernsthausen; Freienseen; Freis; Gründau; Gründau (Gericht) und Spielberg; Hersfeld; Heubach, Isenburg u. a.; Hohensolms (Amt); Hungen; Hüttenberg (Amt); Kaichen (Freigericht); Karber Mark; Korbach; Kriftel; Laimbach; Lauterbach; Mayenberg; Michelstadt; Moos (Gericht); Möttau; Nassau-Hadamar; Nassau-Weilburg (rechtsrheinische Ämter); Niederbessingen; Ockstadt; Philippstein; Reichenbach (Gericht); Reichlos; Schlitz; Schwebda; Solms Greifenstein; Solms-Laubach; Staden (Ganerbschaft); Wachenbuchen; Weilburg; Weilmünster; Wenings; Wolferborn; Wölffersheim

6.1.2.4. *Mecklenburg-Vorpommern*

Rostock; Stralsund; Mecklenburg-Schwerin

6.1.2.5. *Niedersachsen*

Ahrbergen; Amt Greetsiel; Anten (Bauernschaft); Braunschweig (Gemeinde); Detern; Gesmold (Gut); Hildesheim; Hinte; Leer (Amt); Neustadt, (Hochstift Hildesheim); Ostfriesland, Emden; Peine; Pyrmont; Schaumburg (Grafschaft); Schwicheldt (Dorfschaft); Wehner und Jemgum

6.1.2.6. *Nordrhein-Westfalen*

Borch (Herrschaft); Breisig; Corvey (Stift); Delbrück; Drove; Ersdorf, Altendorf; Essen; Fürstenberg (Westfalen); Geilhausen; Geldern und Zütphen; Gimborn-Neustadt; Haxthausen (Gut); Homburg; Höxter; Huckarde (Hof); Hümmling (Gericht mit den Orten Sögel und Werlte); Iggenhausen; Kerpen-Lommersum; Kornelimünster; Lemgo; Millendonk; Moers; Nassau-Siegen; Neuss; Paderborn; Recklinghausen (Vest); Reelkirchen; Siegburg; Stolberg (Unterherrschaft); Tüschenbroich; Viersen (Herrschaft); Weisweiler; Wickrath; Wittgenstein (Grafschaft); Wormeln (Kloster); Züschen

6.1.2.7. *Rheinland-Pfalz*

Altstadt u. a.; Bengel b. Wittlich; Bergen; Birlenbach (Diez); Bodendorf; Brempt und Krüchten (Herrschaften); Dreis bei Wittlich; Dudenhofen; Edesheim, Burrweiler, Flemlingen; Essingen; Esthal; Freudenburg (Burggrafschaft); Fürfeld; Großfischlingen mit Kleinfischlingen; Hamm (Kirchspiel); Hausen und Balduinstein; Kirchheim, Amt; Kirchheim, Herrschaft (Heute Kirchheimbolanden); Kröverich; Kueheim; Külenberg; Maxsain (Bann); Moselkern; Mudt (Gemeinde); Mühlheim; Nassau-Weilburg (rechtsrheinische Ämter); Neuburg; Neuwied; Niedersaulheim; Ober- und Niederingelheim; Obermendig; Puderbach; Sayn-Hachenburg; Seel- und Burbach (Grund); Simmern; Speyer (Land); Stein (Herrschaft); Trier; Urbach (Kirchspiel); Wallhausen (Bei Bad Kreuznach); Weilburg; Westerburg (Herrschaft); Winden u. Weinähr; Winsingen; Wöschbach

6.1.2.8. *Saarland*

Dagstuhl; Gerßheim; Hüttersdorf und Buprich; Nassau-Saarbrücken; Neu-Saarwerden (Amt); Saarwellingen; St. Ingbert

6.1.2.9. *Sachsen*

Callenberg (Rittergut); Pulsnitz; Weesenstein (Amt Pirna); Weisbach

6.1.2.10. *Sachsen-Anhalt*

Königsheim, Neugattersleben

6.1.2.11. *Schleswig-Holstein*

Breitenburg; Dithmarschen (Land); Groß-Collmar (Gut); Haselau; Haseldorf (ehem. Vogtei); Schmoel (Gut); Seestermühe

6.1.2.12. *Thüringen*

Ilmenau; Kaltenwestheim; Mühlhausen (Reichsstadt); Reuß-Obergreiz (Herrschaft); Reuß-Obergreiz (Herrschaft), Reuß-Döllau (Herrschaft); Sachsen-Meiningen; Schwarzburg; Schweinau; Winzigerode

6.1.2.13. *Benachbartes Ausland*

Belgien: Lüttich, Reckheim; **Frankreich:** Abetville, Denting, Kriechingen (Grafschaft), Pullingen, Morville, Rixingen, Rolingen und Hündlingen, Steinbiedersdorf, Weirich; **Niederlande:** Gronsveld, Reckheim, Thorn; **Polen:** Hirschberg, Kemnitz, Löwenberg, Słupsk; **Schweiz:** Basel, Burgis, Wilchingen; **Tschechien:** Künische Freibauern

6.2. Rechtlich relevante Vorgänge

6.2.1. Verweigerungen

6.2.1.1. *Alle Verweigerungen*

Altenschlirf: [144: Galéra, 256];

Babenhausen: [285: Nebinger, 106]

Bad Salzuflen: [354: Schilling, 223 f.]

Basel (Fürstbistum): [494: Würgler, 71 f.]

Bauerbach: [38: Bickel, 247, 255–258, 260–261]

Berkach: [15: Bähr, 134]

Bingen bei Sigmaringen: [381: Schulze, 53]

Birlenbach (Diez): [499: Zückert, 289]

Borch (Herrschaft): [387: Schulze, 285]

Bothkamp (Gut): [151: Göttsch, 370 f.]

Bremen (Marschbauernschaften): [385: Schulze, 285–286]

Brempt und Krüchten (Herrschaften): [141: Gabel, 45 f.]

Busecker Tal: [428: Troßbach, 408]

Corvey (Stift): [30: Behr, 2]

Corvey (Stift): [30: Behr, 4]

Dagstuhl: [281: Müller/Zechel, 12]

Diedelsheim: [2: Adam, 84]

Engelrod: [428: Troßbach, 373–378]

Friedberg-Scheer (Grafschaft): [501: Zürn, 338, 348]

Gondelsheim: [2: Adam, 51–56, 80]

Gründau: [428: Troßbach, 267–269]

Schaumburg (Grafschaft): [174: HAUPTMEYER, 167]

Schmoel (Gut): [446: ULLMANN, 248]

Schönburg: [57: BLICKLE, 35 f.]

Schwarzach (Kloster): [500: ZÜCKERT, 15–20, 31]

Schwarzenberg-Kastelberg (Amt): [384: SCHULZE, 135]

Seel- und Burbach (Grund): [280: MÜLLER, 332–334]

Seestermühe: [253: LORENZEN-SCHMIDT, 273]

Hümmling (Gericht mit den Orten Sögel und Werlte): [17: BÄHR, 468, 487–488, 490]

Solms Greifenstein, bestehend aus Dörfern an Dill und Lemp (Aßlar, Werdorf, Berghausen, Ehringshausen, Dillheim, Daubhausen, Katzenfurt, Edingen, Dreisgach, Niederlemp, Kölschhausen, Breitenbach, Bechlingen): [98: DIESTELKAMP, 127]

Staden (Ganerbschaft): [428: TROßBACH, 139, 198 f.]

Steinbiedersdorf: [444: ULBRICH, 130]

Strahlungen: [200: HÖRNER/SCHIMKE, 293]

Stühlingen: [196: HOHN, 282]

Triberg (Herrschaft): [19: BAIER, 189–197]

Unteralterheim: [200: HÖRNER/SCHIMKE, 283 f.]

Völklingen: [331: RIES, 249–252]

Weilmünster: [361: SCHMIDT, 95–98]

Westerburg (Herrschaft): [423: TROßBACH, 50 f., 57, 64–65]

Wittgenstein (Grafschaft): [437: TROßBACH, 38–41, 61, 99, 105, 108 f.]

6.2.1.2. Verweigerungen nach Ursachen sortiert

Akteneinsicht oder Rechnungslegung

Callenberg (Rittergut): [146: GENTSCH, 282, 284]

Hamm (Kirchspiel): [280: MÜLLER, 371]

Hanau-Lichtenberg: [494: WÜRGLER, 97]

Reichenbach (Gericht): [428: TROßBACH, 344–346]

Stühlingen: [196: HOHN, 282]

Besitzwechselabgaben

Engelrod: [428: TROßBACH, 373–378]

Hirschberg (Lehnsleute): [381: SCHULZE, 54]

Huckarde (Hof): [470: WEIGEL, 106]

Iggenhausen: [206: HÜLLINGHORST, 88–89]

Mühlhausen am Neckar: [363: SCHMIDT, 42–43]

Ochsenhausen: [53: BLICKLE, 228]

Obernzell, Leoprechting, Wolfstein, Viechtenstein, Oberhaus: [156: GRÜLL, 213]

Strahlungen: [200: HÖRNER/SCHIMKE, 293]

Triberg (Herrschaft): [19: BAIER, 189–197]

Dienstgelder

Hungen: [428: TROßBACH, 57]

Dienste (allgemein)

Westerburg (Herrschaft): [423: TROßBACH, 64–65]

Steuern (genaueres unklar)

Kaichen (Freigericht): [428: TROßBACH, 127 f.]

Kempten (Stift): [50: BLICKLE, 344]

Maxsain (Bann): [280: MÜLLER, 329]

Nassau-Siegen: [31: BEHR, 160]

Reuß-Obergreiz (Herrschaft), Reuß-Döllau (Herrschaft): [373: SCHRAMM, 50]

Westerburg (Herrschaft): [423: TROßBACH, 65]

Territoriale Steuern und Akzisen

Busecker Tal: [428: TROßBACH, 408]

Hanau-Lichtenberg: [494: WÜRGLER, 97]

Homburg: [22: BARTHELEMY, 58]

Illereichen (Herrschaft): [326: REICH, 245]

Karber Mark: [428: TROßBACH, 148]

Moos (Gericht): [360: SCHMIDT, 250]

Nassau-Siegen: [16: BÄHR, 31]

Neu-Saarwerden (Amt mit Gemeinden Keskastel, Herbitzheim und Sülzen): [483: WILHELM, 195]

Neuzelle (Kloster) und 14 Dörfer um Sonnenwalde: [111: EISELE/REIN, 13]

Obernzell, Leoprechting, Wolfstein, Viechtenstein, Oberhaus: [156: GRÜLL, 213]

Ockstadt: [428: TROßBACH, 116 f.]

Rettenberg (Tigen): [384: SCHULZE, 129]

Reuß-Obergreiz (Herrschaft): [373: SCHRAMM, 53 f.]

Schaumburg (Grafschaft): [174: HAUPTMEYER, 167]

Völklingen: [331: RIES, 251 f.]

Waldnutzung o. -besitz

Diedelsheim: [2: ADAM, 84]

Maxsain (Bann): [280: MÜLLER, 329]

Obernzell, Leoprechting, Wolfstein, Viechtenstein, Oberhaus: [156: GRÜLL, 213]

Schwarzenberg-Kastelberg (Amt): [384: SCHULZE, 135]

Steinbiedersdorf: [444: ULBRICH, 130]

6.2.2. Huldigungsverweigerungen

Basel (Fürstbistum): [412: SUTER, 15 f., 168]

Dauchingen: [465: WEBER, 523–532]

Freiburg im Breisgau: [494: WÜRGLER, 108]

Friedberg-Scheer (Grafschaft): [501: ZÜRN, 369–370]

Gimborn-Neustadt: [286: NEHLS, 28–29]

Hanau-Lichtenberg: [494: WÜRGLER, 97 f.]

Hattgau (dort 4 Dörfer Hatten, Rittershofen, Ober- und Niederbetschdorf): [59: BLICKLE ET AL., 126, 153]

Hauenstein: [257: LUEBKE, 61, 66–69, 209 f.]

Kirchheim (Herrschaft): [121: FIMPEL, 271–272]

Klettgau (Grafschaft): [383: SCHULZE, 422, 426 f.]
Laufen: [333: RIPPMANN, 207]
Moos (Gericht): [360: SCHMIDT, 247]
Nassau-Saarbrücken: [331: RIES, 51 f.]
Ochsenhausen: [53: BLICKLE, 228]
Pforzheim: [325: RÄUBER, 124]
Odenheim/Bruchsal (Ritterstift): [120: FETZER, 180]
Rottweil (Herrschaft): [465: WEBER, 367 f.]
Scheer (Stadt): [501: ZÜRN, 332]
Taufers (Gericht): [24: BAUMANN, 165]
Wenings: [359: SCHMIDT, 101]

6.2.3. Praktizieren von Rügebräuchen

Basel (Fürstbistum), 1731–1741, [412: SUTER, 116, 124, 125, 144 f., 200, 208, 209 f., 211, 213–221, 231, 366]
Böhmenkirch, 1581, [122: FINK, 192 f.]
Busecker Tal, 1710, [428: TROßBACH, 422 f.]
Freienseen, 1560, [95: DIESTELKAMP, 58]
Friedberg-Scheer (Grafschaft), 1707, [501: ZÜRN, 385 f.]
Hauenstein, 1727, [147: GERTEIS, 56]
Hüttersdorf und Buprich, 1722, [365: SCHMITT, 18, 21]
Klettgau (Grafschaft), 1597, [383: SCHULZE, 421]
Kornelimünster, 1697, [141: GABEL, 159–163]
Lemgo, 1609, [354: SCHILLING, 254]
Moos (Gericht), 1614, [360: SCHMIDT, 264]
Neuwied, 1719, [435: TROßBACH, 111–113]
Odenheim/Bruchsal (Ritterstift), 1601, [120: FETZER, 202–204]
Rettenberg (Tigen), 1605, [27: BAUMANN/ROTTENKOLBER, 162]
Sonneborn, 1606, [354: SCHILLING, 211–219]
Staden (Ganerbschaft), 1730, [428: TROßBACH, 198]

6.2.4. Gehorsamsaufkündigung

Böhmenkirch, 1580, [122: FINK, 140–142]
Hohentengen (Amt), 1591, [501: ZÜRN, 293–294, 297]
Hohenzollern-Hechingen, 1584, [112: ELBS, 61–64]
Hungen, 1708, [428: TROßBACH, 69 f.]
Illereichen (Herrschaft), 1689 u. 1692, [326: REICH, 243, 245]
Karber Mark, 1710, [428: TROßBACH, 150]
Moos (Gericht), 1669, [360: SCHMIDT, 248]
Odenheim/Bruchsal (Ritterstift), 1551, [120: FETZER, 136 f.]
Steinbiedersdorf, 1758, [444: ULBRICH, 139–140]
Völklingen, 1569, [331: RIES, 250 f.]

6.2.5. Selbsthilfe

Ahrensburg: [151: GÖTTSCH, 376]
Anten (Bauernschaft): [499: ZÜCKERT, 242]
Baierfeld: [499: ZÜCKERT, 66–67]

6.2.6. Demonstrationen und Aufmärsche

Hauenstein: [257: Luebke, 77]

Hildesheim: [175: Hauptmeyer]

Hildesheim: [494: Würgler, 290]

Hohenlohe (Neuensteiner Teil): [224: Kleinehagenbrock, 74 f.]

Hohenzollern-Hechingen: [112: Elbs, 101–102]

Horn: [354: Schilling, 222]

Hüttersdorf und Buprich: [365: Schmitt, 20]

Illereichen (Herrschaft): [381: Schulze, 55]

Karber Mark: [428: Troßbach, 129 f.]

Kirchheim (Herrschaft): [121: Fimpel, 248–249, 261–268]

Nassau-Saarbrücken: [331: Ries, 119–127]

119–127, 138, 154–157, 195–202, 439–448}

Nassau-Siegen: [31: Behr, 160, 168–169]

Neustadt, zu Hildesheim (Hochstift): [294: Oberschelp, 111]

Neuwied: [435: Troßbach, 27–29, 99 f.]

Odenheim/Bruchsal (Ritterstift): [120: Fetzer, 180 f., 240–244]

Passau (Abteiland): [242: Lanzinner, 136–137]

Pforzheim: [325: Räuber, 123 f., 150–152]

Reckheim: [141: Gabel, 58]

Reichenbach (Gericht): [428: Troßbach, 298]

Rettenberg (Tigen): [27: Baumann/Rottenkolber, 162 f.]

Rheydt (Unterherrschaft): [139: Gabel, 256]

Rostock: [378: Schultz]

Schönburgische Rezessherrschaft: [238: Kroll, 184–187]

Schwarzburg: [8: Bäcker von Ranke, 47–50]

Seel- und Burbach (Grund): [280: Müller, 347, 351 f.]

Staden (Ganerbschaft): [428: Troßbach, 198 f.]

Stühlingen: [47: Blickle, 77]

Vorarlberg: [41: Bilgeri]

Wittgenstein (Grafschaft): [437: Troßbach]

Wittgenstein (Grafschaft): [437: Troßbach, 65 f., 82, 87]

Zillertal: [381: Schulze, 54]

6.2.7. Öffentliche Drohung

Basel (Fürstbistum): [412: Suter, 200 f.]

Gondelsheim: [2: Adam, 58–59, 83, 90–93]

Moos (Gericht): [360: Schmidt, 250]

Paderborn: [254: Lotterer, 339–340]

Passau (Abteiland): [242: Lanzinner, 137]

Schmoel (Gut): [314: Prange, 130–131]

6.2.8. Gewaltsamer Widerstand

Anten (Bauernschaft): [499: Zückert, 242]

Basel (Fürstbistum): [494: Würgler, 72]

Bauerbach: [38: Bickel, 250–253]

Burgkunstadt: [499: Zückert, 243]

Busecker Tal: [428: Troßbach, 408–415, 418–420, 431–435]

6.2.9. Gewaltsame Aufstände

Hauenstein (Grafschaft): [257: LUEBKE, 84 f.]; [352: SCHIFF, 196]

Hoyerswerda (Herrschaft): [381: SCHULZE, 50]

Hüttenstein bei St. Gilgen (Gericht): [381: SCHULZE, 50]

Künische Freibauern: [381: SCHULZE, 54]

Luckau: [381: SCHULZE, 50]

Oberberthelsdorf und Petershain (bei Loebau): [381: SCHULZE, 50]

Padberg und Brilon: [381: SCHULZE, 57]

Pulsnitz: [336: ROST/KAHLE, 20]

Rettenberg (Tigen): [27: BAUMANN/ROTTENKOLBER, 161–165]

Reuß-Obergreiz (Herrschaft): [373: SCHRAMM, 52 f., 54]

Rotenfels, Staufen (Herrschaften): [381: SCHULZE, 52]; [460: WAIBEL, 62]

Salzburg (Stift): [57: BLICKLE, 14]; [381: SCHULZE, 50]

Schwarzburg, Bauern des Amtes: [381: SCHULZE, 54]

Thannhausen (bei Krumbach): [469: WEBER, 212–214]

Thorn (Reichsstift): [141: GABEL, 49 f.]

Triberg (Herrschaft): [269: METZ, 485]

n. n.: [381: SCHULZE, 50 f., 54]

6.2.10. Supplikationen und Petitionen

6.2.10.1. An Herrschaftsträger oder ohne Angabe

Basel (Fürstbistum) 1730: [412: SUTER, 69]

Callenberg (Rittergut) 1647 u. 1651: [146: GENTSCH, 259 f.]

Corvey (Stift) 1562, 1656: [30: BEHR, 2, 4]

Dagstuhl, 1716: [281: MÜLLER/ZECHEL, 16–19]

Dauchingen, 1769: [465: WEBER, 533–535, 542 f.]

Delbrück, 1767: [185: HENNING, 230–231]

Döringstadt, 1603: [26: BAUMANN, 1428]

Ebersberger Gemein, 1610: [32: BELOW/BREIT, 216–217]

Esthal: [15: BÄHR, 235]

Freudenburg (Burggrafschaft) 1765: [482: WIGAND, 179 f.]

Gimborn-Neustadt, 1641, 1653: [286: NEHLS, 30–31, 34–35]

Gondelsheim, 1722, 1730: [2: ADAM, 20–23, 59–62]

Harthausen und Veringen: [381: SCHULZE, 52]

Hohenlohe (Neuensteiner Teil) 1630: [224: KLEINEHAGENBROCK, 71 f.]

Hohenzollern-Hechingen, 1579, 1619, 1584: [112: ELBS, 48–51, 60 f., 64–66, 102]

Homburg, 1692: [178: HECKMANN, 75]

Hümmling (Gericht mit den Orten Sögel und Werlte) 1736: [17: BÄHR, 489]

Hüttenberg (Amt) 1793: [483: WILHELM, 235]

Kempten (Stift) 1721: [50: BLICKLE, 346–347]

Kirchheim, Amt, 1790: [483: WILHELM, 221–224]

Iggenhausen (Amt) 1589: [206: HÜLLINGHORST, 61]

6.2.10.2. Kaiser

6.2.10.3. Lehnsherr/Pfandherr

6.2.10.4. Nachbarterritorium

6.2.10.5. RKG oder RHR

(Effektiv handelt es sich hier um Klagen, diese werden in der Form der Supplikation vorgetragen; vgl. auch Abschnitt 1.5.1.2.)

Weilmünster, 1579: [26: BAUMANN, 966]

Wittgenstein (Grafschaft) 1776: [437: TROßBACH, 103 f.]

6.2.11. Mandatsprozesse

Siehe auch Abschnitt 6.2.10.5. Einige Autoren schreiben, juristisch korrekt, eine Gemeinde habe an ein Gericht „suppliziert", dann wird jedoch nicht klar, worauf. Solche Fälle sind dort unter Supplikationen aufgeführt.

6.2.11.1. Vor RKG oder ohne Angabe

Abetville: [26: BAUMANN, 2515]

Altdorff: [26: BAUMANN, 1769]

Altstadt (mit Birnbach, Flammersfeld, Kroppach, Schöneburg (Kirchspiele), Mündersbach): [280: MÜLLER, 370–373 (zurückgewiesen)]

Bauerbach: [38: BICKEL, 258–259]

Berkach: [15: BÄHR, 87]

Breisig: [385: SCHULZE, 283]

Burgsinn: [28: BAYER, 15–17]

Callenberg (Rittergut): [146: GENTSCH, 260–261]

Dagstuhl: [281: MÜLLER/ZECHEL, 19–20]

Dreieich: [26: BAUMANN, 646]

Essingen: [15: BÄHR, 232]

Esthal: [15: BÄHR, 235]

Freienseen: [98: DIESTELKAMP, 63, 114, 116]; [95: DIESTELKAMP, 63]; [26: BAUMANN, 940, 941, 1102]

Freudenburg (Burggrafschaft): [482: WIGAND, 180–181]

Gerßheim: [26: BAUMANN, 2113]

Gochsheim (Schultheiß u. Gemeinde): [26: BAUMANN, 492, 497, 498]

Gochsheim und Sennfeld: [26: BAUMANN, 488, 493, 494, 495, 496]

Hamm (Kirchspiel): [280: MÜLLER, 371–375 (zurückgewiesen]

Hattgau, dort 4 Dörfer Hatten, Rittershofen, Ober- und Niederbetschdorf: [26: BAUMANN, 1018]; [59: BLICKLE ET AL., 153]; [315: PRANGE, 48 f. (m. poenalis)]

Heubach, Isenburg u. a.: [385: SCHULZE, 280]

Hohenzollern-Haigerloch (Grafschaft): [482: WIGAND, 153–155]; [385: SCHULZE, 281]

Hohenzollern-Hechingen (Grafschaft): [33: BERGEMANN, 132, 134, 138]; [80: BUMILLER, 54]

Hümmling (Gericht mit den Orten Sögel und Werlte): [17: BÄHR, 492 (zurückgewiesen)]

Hütten- und Stoppelberg (Amt): [483: WILHELM, 181, 236 (zurückgewiesen)]

Hüttersdorf und Buprich: [365: SCHMITT, 10–14 (m. de relaxandis captivis, dann Citatio), 23]; [366: SCHMITT, 6–7]

Ilmenau: [127: FRIED, 108 f.]

Kaltenwestheim: [26: BAUMANN, 1622]

Kirchheim, Amt: [483: WILHELM, 223–224]

Klettgau (Grafschaft): [383: SCHULZE, 421]

Kröverich: [385: SCHULZE, 282–283]

Künzelsau: [26: BAUMANN, 2442]

Surberg: [26: Baumann, 623]

Teuschnitz: [343: Ruthmann, 289 f., 573]

Thulba, Frankenbrunn, Reith: [200: Hörner/Schimke, 282 f. (Mandatum articus)]

Trier: [148: Gerteis, 73–74]

Unteralterheim: [200: Hörner/Schimke, 283 f. (zurückgewiesen)]

Weilmünster: [361: Schmidt, 95 f., 99 f., 113]; [26: Baumann, 208, 227, 237, 242, 243, 244, 260, 264, 265, 266, 267, 270–272, 275, 276, 279, 280, 290, 293, 299, 311, 625, 697, 2757]

Weisbach: [11: Bader, 423]

Wenings: [359: Schmidt, 102–105]

Winzigerode: [26: Baumann, 53]

Wittgenstein (Grafschaft): [437: Troßbach, 44–48]

Wolferborn: [428: Troßbach, 284–287]

Zeitlofs und Trübenbrunn: [200: Hörner/Schimke, 291]

6.2.11.2. *RHR/Kaiser*

Busecker Tal: [428: Troßbach, 413]

Friedberg-Scheer (Grafschaft): [501: Zürn, 338 f.]

Gondelsheim: [2: Adam, 124]

Hohentengen (Amt): [501: Zürn, 299 f. (m. de relaxandis captivis)]

Hohenzollern-Hechingen (Grafschaft): [33: Bergemann, 135]

Iggenhausen: [206: Hüllinghorst, 66–67]

N.n.: [187: Hertz, 342]

Obernzell, Leoprechting, Wolfstein, Viechtenstein, Oberhaus: [156: Grüll, 214]

Paderborn: [254: Lotterer, 331]

Peine: [281: Müller/Zechel, 314–322]

Reckheim: [141: Gabel, 105–107]

Reuß-Obergreiz (Herrschaft): [373: Schramm, 54, 104]

Rixingen: [26: Baumann, 739]

Scheer (Stadt): [501: Zürn, 337]

Schwarzburg: [8: Bäcker von Ranke, 58]

Thainhausen: [241: Landes, 67]

Urbach (Kirchspiel): [79: Bub, 207 f.]

Weilmünster: [361: Schmidt, 108–112]

Westerburg (Herrschaft): [423: Troßbach, 58–59 (m. de abducendo milite) 65 ff.]

6.2.11.3. *Abgeschlossen mit mandatum sine clausula*

Diese Verfahren wurden explizit mit einem mandatum sine clausula abgeschlossen und sind hier daher eigens noch einmal aufgeführt. Für die vorgenannten Verfahren macht die Literatur diesbezüglich keine Angabe. Als Urheber wird in den Texten immer das RKG genannt, mit der Ausnahme des Prozesses der Gemeinden Obernzell, Leoprechting, Wolfstein, Viechtenstein und Oberhaus, bei dem ein „kaiserliches" Mandat erwähnt wird.

Böhmenkirch: [122: Fink, 205–207]

Ebersberger Gemein: [32: Below/Breit, 196–201] (Mandatum Poenalis)

Essingen: [15: Bähr, 232]

Freienseen: [95: DIESTELKAMP, 166–169]

Gimborn-Neustadt: [417: SYBEL, 5, 8] (Mandatum de praestando obedientiam a subditis domino territoriali debitam, dann Appellation)

Hohenzollern-Haigerloch (Grafschaft): [482: WIGAND, 153–155]

Kornelimünster: [141: GABEL, 149–153, 247–272]

Moos (Gericht): [360: SCHMIDT, 236] (Mandatum de relaxandis captivis)

Mühlhausen am Neckar: [363: SCHMIDT, 44 (Mandatum de relaxandis captivis) 47–48, 51]

Münnerstadt: [343: RUTHMANN, 287–289]

Nassau-Saarbrücken: [113: ENNEN, 148–153]; [331: RIES, 37 f., 421–423]

Obernzell, Leoprechting, Wolfstein, Viechtenstein, Oberhaus: [156: GRÜLL, 213] (Prozess vor Kaiser)

Odenheim/Bruchsal (Ritterstift): [120: FETZER, 146–147, 149–151, 157–159, 167–169, 219–224, 280, 294 f., 347–349]

Schwarzach (Kloster): [500: ZÜCKERT, 42–48] (Mandatum executoriale)

Seel- und Burbach (Grund): [280: MÜLLER, 345]

Teuschnitz: [343: RUTHMANN, 289 f., 573]

Weilmünster: [361: SCHMIDT, 95]

6.2.11.4. Mit Herrschaft als Kläger

Vor RKG

Altdorff: [26: BAUMANN, 1769]

Breisig: [385: SCHULZE, 283]

Gerßheim: [26: BAUMANN, 2113]

Hattgau: [59: BLICKLE ET AL., 153]

Hohenzollern-Haigerloch: [385: SCHULZE, 281]

Hüttersdorf und Buprich: [365: SCHMITT, 13–14, 23]

Klettgau (Grafschaft): [383: SCHULZE, 421]

Kröverich: [385: SCHULZE, 282–283]

Lahr: [265: MAURER, 186 f.]; [167: HÄRTER, 94]

Langenhorst und Schuterwaldt: [26: BAUMANN, 2984]

Megesheim, Kleinerdlingen: [26: BAUMANN, 297]

Menzingen: [346: SAILER, 84]

Mudt (Gemeinde): [26: BAUMANN, 795]

Mühlhausen am Neckar: [363: SCHMIDT, 44–45, 51]

Neunkirchen: [463: WALZ, 65–66]

Neu-Saarwerden (Amt): [483: WILHELM, 199–201]

Obermendig: [389: SCHULZE, 283–284]

Odenheim/Bruchsal (Ritterstift): [120: FETZER, 148–150, 207, 257, 275, 313–318, 328–331, 362–364, 370]

Passau (Abteiland): [242: LANZINNER, 138]

Rotenfels, Staufen (Herrschaften): [384: SCHULZE, 128 f.]

Schaumburg (Grafschaft): [174: HAUPTMEYER, 199–201]

Schwarzach (Kloster): [500: ZÜCKERT, 20, 22–23, 31–34, 35–37, 42–48]

Solms Greifenstein: [98: DIESTELKAMP, 127]

Trier: [148: GERTEIS, 73–74]

Winzigerode: [26: Baumann, 53]

Wittgenstein (Grafschaft): [437: Troßbach, 44 f.]

Zeitlofs und Trübenbrunn: [200: Hörner/Schimke, 291]

Vor RHR/Kaiser

Paderborn: [254: Lotterer, 331]

Peine: [281: Müller/Zechel, 314–322]

Reckheim: [141: Gabel, 105–107]

Schwarzburg: [8: Bäcker von Ranke, 58]

Thainhausen: [241: Landes, 67]

Westerburg (Herrschaft): [423: Troßbach, 65 ff]

6.2.12. Verfahren im Judizialgang

Siehe auch Abschnitt 6.2.10.5. Einige Autoren schreiben, juristisch korrekt, eine Gemeinde habe an ein Gericht „suppliziert", dann wird jedoch nicht klar, worauf. Solche Fälle sind dort unter Supplikationen aufgeführt.

6.2.12.1. Appellation (vor RKG, wenn nicht anders vermerkt)

Abgeschlossen mit Definitivurteil

Baierfeld: [499: Zückert, 66–69]

Birlenbach (Diez): [499: Zückert, 289]

Borch (Herrschaft): [387: Schulze, 285]

Gadenstedt: [499: Zückert, 239]

Hohensolms (Amt): [98: Diestelkamp, 120]

Leuppach: [499: Zückert, 240–241]

Marktheidenfeld: [200: Hörner/Schimke, 287 f.]

Nassau-Saarbrücken: [331: Ries, 341 ff.]

Niederrode: [499: Zückert, 292]

Odenheim/Bruchsal (Ritterstift): [120: Fetzer, 148, 178 f., 328–331]; appellatio extraiudicialis: [120: Fetzer, 149, 175, 391]

Simmern: [499: Zückert, 239]

Eingeschlafene Verfahren

Malzhausen: [32: Below/Breit, 142]

Thulba, Frankenbrunn, Reith: [200: Hörner/Schimke, 282 f.]

Zurückgewiesen oder zurückgezogen

Babenhausen: [326: Reich, 465–466]

Ebersberger Gemein: [32: Below/Breit, 144, 161–162, 166–167, 178, 201–204, 226–231]

Haselau: [253: Lorenzen-Schmidt, 273]

Iggenhausen: [206: Hüllinghorst, 63–65, 75–78]

Kaichen (Freigericht): [428: Troßbach, 128] (RHR)

Mühlheim an der Donau (Herrschaft): [500: Zückert, 95–96] (RHR)

Peine: [474: Weitzel, 168–169]

Ohne Angabe der Lösung

Ahrbergen: [11: Bader, 423]

Baiersdorf: [26: Baumann, 2936]

Bergrheinfeld: [200: Hörner/Schimke, 284 f.]

Burgis: [26: Baumann, 2400]

Explizit ohne Lösung

Mit Herrschaft als Kläger

Die hier genannten Verfahren sind auch unter den vorigen Rubriken von 6.2.12.1 aufgeführt.

6.2.12.2. *„Revision"*

(Der Ausdruck „Revision" wird in der Literatur z. T. fehlerhaft synonym mit „Appellation" verwendet; er wurde hier trotzdem in dieser Diktion übernommen.)

Friedberg-Scheer (Grafschaft): [501: Zürn, 353–355] (Kaiser)

Gondelsheim: [2: Adam, 139–140] (RHR)

Hohentengen (Amt): [501: Zürn, 299 f., 303]

Lahr: [265: Maurer, 182–184] (Abgewiesen)

Lauterbach: [144: Galéra, 260] (abgewiesen, Kaiser)

Schwarzach (Kloster): [500: Zückert, 23]

Schwarzburg: [8: Bäcker von Ranke, 128–132] (Kaiser)

Seel- und Burbach (Grund): [280: Müller, 341]

Wormeln (Kloster): [219: Keinemann, 352]

Mit Herrschaft als Kläger

Hohentengen (Amt): [501: Zürn, 299 f., 303]

Lahr: [265: Maurer, 182–184]

Schwarzburg: [8: Bäcker von Ranke, 128–132]

6.2.12.3. *Restitutio ad integrum*

Dauchingen: [465: Weber, 521–523, 537–539, 624] (RHR, Gewaltsam beendet)

Hohensolms: [98: Diestelkamp, 120–123, 125]

Hohenzollern-Hechingen: [33: Bergemann, 136–140]

Lahr: [265: Maurer, 179–184]

Marktheidenfeld: [200: Hörner/Schimke, 287 f.] (eingeschlafen)

Iggenhausen: [206: Hüllinghorst, 65] (zurückgewiesen)

Schaumburg (Grafschaft): [174: Hauptmeyer, 188, 197] (zurückgewiesen)

Wittgenstein (Grafschaft): [437: Troßbach, 97] (zurückgewiesen)

Mit Herrschaft als Kläger

Hohenzollern-Hechingen: [33: Bergemann, 136–138]

Iggenhausen: [206: Hüllinghorst, 65]

Lahr: [265: Maurer, 179–182]

6.2.12.4. *Ohne Angabe der Verfahrensart/Zitation*

Das normale Verfahren war die Zitation, die aber insgesamt nur 22 mal explizit als solche bezeichnet wird. Daher werden die entsprechenden Fälle hier subsumiert; wenn in der Literatur der Terminus „Zitation" explizit verwendet wird, ist dies hier vermerkt.

Abgeschlossen mit Definitivurteil

Vor RHR

Basel (Fürstbistum): [412: SUTER, 53–55, 59 f., 66 f.]

Busecker Tal: [428: TROßBACH, 393 f., 399–407, 423]

Gründau (Gericht) und Spielberg: [428: TROßBACH, 260 f., 269–271]

Illereichen (Herrschaft): [326: REICH, 244]

Karber Mark: [428: TROßBACH, 162–173]

Kornelimünster: [141: GABEL, 326–332]

Kriechingen (Grafschaft): [381: SCHULZE, 58]

Lemgo: [354: SCHILLING, 295–314, 316 f., 347 f.]

Ludwigsburg: [500: ZÜCKERT, 293–296]

Oberehrenbach: [195: HOFMANN, 263–264]

Odenheim/Bruchsal (Ritterstift): [120: FETZER, 208–213, 321 ff., 342]

Puderbach: [79: BUB, 239–240]

Pulsnitz: [225: KLEMM, 57–59]

Reichenbach (Gericht): [428: TROßBACH, 342]

Reuß-Obergreiz (Herrschaft): [373: SCHRAMM, 102 f.]

Vor RKG

Anten (Bauernschaft): [499: ZÜCKERT, 242]

Bremen (Marschbauernschaften): [381: SCHULZE, 58]

Büdingen: [499: ZÜCKERT, 250]

Burgkunstadt: [499: ZÜCKERT, 243]

Callenberg (Rittergut): [146: GENTSCH, 261, 263 f., 266]

Eichtersheim: [346: SAILER, 34–60]

Freienseen: [95: DIESTELKAMP, 16 f., 59–63, 64–71]

Freudenburg (Burggrafschaft): [482: WIGAND, 181–183, 189–192]

Gesmold (Gut): [451: VAN DEN HEUVEL, 118–119]

Gräfendorf: [499: ZÜCKERT, 260]

Hattgau, [59: BLICKLE ET AL., 118, 124–131, 145, 150 f.], [315: PRANGE, 48 f.]

Hohensolms (Amt): [98: DIESTELKAMP, 122]; [499: ZÜCKERT, 251]

Hohenzollern-Hechingen (außer den Dörfern Boll und Wilfingen): [33: BERGEMANN, 136–139]

Höxter: [188: HEUSINGER, 11]

Hümmling (Gericht mit den Orten Sögel und Werlte): [17: BÄHR, 492–494] (vorläufig, explizit als Zitation bezeichnet)

Hüttersdorf und Buprich: [365: SCHMITT, 12–20 (expl. als Zitation bez.), 27–29]; [366: SCHMITT, 7–14]

Iggenhausen: [206: HÜLLINGHORST, 61–63, 66–67]

Kerpen-Lommersum: [141: GABEL, 72 f., 113 f.]

Kochertürn am Neckar: [499: ZÜCKERT, 242–243]

Kornelimünster: [141: GABEL, 131–139, 226–247]

Lahr: [265: MAURER, 210–212]; z. T. im Extrajudizialgang entschieden, vgl. [265: MAURER, 194 f.]

Nassau-Siegen: [15: Bähr, 224–225]; in [15: Bähr, 152–226] expl. als Zitation bez.

Nassau-Weilburg (rechtsrheinische Ämter): [483: Wilhelm, 183]

Neunkirchen: [499: Zückert, 249]; [463: Walz, 66–68]

Neuwied: [435: Troßbach, 77, 80–93, 123–130]

Ober- und Niederingelheim: [485: Willoweit, 86]

Odenheim/Bruchsal (Ritterstift): [120: Fetzer, 151, 137, 146, 207, 229–236, 260, 281]; explizit als Zitation bezeichnet in: [120: Fetzer, 149, 170, 181 f., 205–207, 295 f., 391]; zurückgewiesen in [120: Fetzer, 147, 301 f., 370] (explizit als Zitation bezeichnet)

Osthausen: [200: Hörner/Schimke, 289–290]

Ringsheim: [499: Zückert, 283]

Rolingen und Hündlingen: [499: Zückert, 290–291]

Schmoel (Gut): [446: Ullmann, 360–400] (expl. als Zitation bez.)

Schwicheldt (Dorfschaft): [499: Zückert, 244]

Seel- und Burbach (Grund): [280: Müller, 337, 340, 342–345]

Staden (Ganerbschaft): [428: Troßbach, 210–214]

Strahlungen: [200: Hörner/Schimke, 293]

Wallhausen (Bei Bad Kreuznach): [499: Zückert, 235–236]

Wittgenstein (Grafschaft): [437: Troßbach, 37 f., 81, 104]

Züschen: [103: Dobbener, 22–25]

Aufgehobene Verfahren oder Ausfall des Gerichts

Burgsinn: [28: Bayer, 20] (RKG)

Freiensee: [95: Diestelkamp, 55 f., 62] (RKG)

Kornelimünster: [141: Gabel, 220 f., 277 f., 311–324] (RKG)

Lemgo: [354: Schilling, 296, 317] (RHR)

Odenheim/Bruchsal (Ritterstift): [120: Fetzer, 150, 198–200, 325] (RKG, explizit als Zitation bezeichnet)

Eingeschlafene Verfahren

Berkach: [15: Bähr, 87–133] (RKG)

Gimborn-Neustadt: [418: Sybel, 53–54] (RKG)

Hümmling (Gericht): [17: Bähr, 494 f.] (RKG, expl. als Zitation bez.)

Hüttersdorf und Buprich: [365: Schmitt, 30–35] (RKG)

Moos (Gericht): [360: Schmidt, 248–250]; ebd. 243 expl. als Zitation bez. (RKG)

Mühlhausen am Neckar: [363: Schmidt, 57] (RKG)

Passau (Abteiland): [242: Lanzinner, 144] (RKG, Achtverfahren)

Thulba, Frankenbrunn, Reith: [200: Hörner/Schimke, 282 f.] (RKG)

Einstellung oder eingeschlafen nach Vergleich

Burgsinn: [28: Bayer, 12–17] (RKG)

Gondelsheim: [2: Adam, 26, 74, 137–139] (RHR)

Homburg: [178: Heckmann, 76] (RKG)

Niedersaulheim: [11: Bader, 423]

Ockstadt: [428: Troßbach, 105–120]

Paderborn (Fürstentum/Bistum): [185: Henning, 231–232]

Pörnbach: [63: Blickle, 47]

Reelkirchen: [499: Zückert, 261]

Reuß-Döllau (Herrschaft): [373: Schramm, 50]

Reuß-Obergreiz (Herrschaft): [373: Schramm, 50, 93–95, 97–99, 102, 112–122]

Rotenfels, Staufen (Herrschaften): [384: Schulze, 128]

Schaumburg (Grafschaft): [174: Hauptmeyer, 173]

Schwarzach (Kloster): [500: Zückert, 23]

Schwicheldt (Dorfschaft): [11: Bader, 423]

Seel- und Burbach (Grund): [280: Müller, 341]

St. Ingbert: [15: Bähr, 239–242]

St. Peter (Abtei): [150: Gothein, 3]

Steinbiedersdorf: [444: Ulbrich, 51, 98]

Stollhofen, Hügelheim, Sellingen: [11: Bader, 423]

Weilmünster: [26: Baumann, 193, 749] (Expl. als Zitation bez.)

Winden u. Weinähr: [11: Bader, 423]

Wittgenstein (Grafschaft): [437: Troßbach]

Wölffersheim: [11: Bader, 423]

Vor RHR

Bremen (Marschbauernschaften): [385: Schulze, 285–286]

Freienseen: [95: Diestelkamp, 21, 61, 246 f., 276]

Hanau-Lichtenberg: [494: Würgler, 92–95]

Hohenzollern-Hechingen: [33: Bergemann, 138] (Resolution)

Knielingen: [11: Bader, 425]

Kornelimünster: [141: Gabel, 154]

Nendingen: [11: Bader, 423]

Schluchsee: [11: Bader, 425]

Wehner und Jemgum: [420: Tieben/Stollberg-Rilinger, 547, 555–565]

Explizit ohne Lösung

Basel (Fürstbistum): [412: Suter, 144 f.] (RHR)

Freienseen: [94: Diestelkamp, 170] (RKG)

Gesmold (Gut): [451: van den Heuvel, 119–120] (RKG)

Hohenzollern-Hechingen (Alles, außer den Dörfern Boll und Wilfingen): [33: Bergemann, 135] (RHR)

Odenheim/Bruchsal (Ritterstift): [120: Fetzer, 205] (RHR, explizit als Zitation bez.)

Solms Greifenstein [98: Diestelkamp, 130–142] (RKG)

Während Hauptverfahren ergangene Mandate

Böhmenkirch: [122: Fink, 148–150 (RHR), 205–207 (RKG)]

Burgsinn: [28: Bayer, 17–19] (RKG)

Freienseen: [95: Diestelkamp, 61, 72 f., 166–169] (RKG)

Kornelimünster: [141: Gabel, 129–132, 149–153, 247–272] (RKG)

Menzingen: [346: Sailer, 83 f.] (RKG, Verfahren expl. als Zitation bez.)

Seel- und Burbach (Grund): [280: Müller, 345] (RKG)

Verfahren mit Herrschaft als Kläger

Bergen: [26: Baumann, 2894]

Candeln: [26: Baumann, 234]

Daugeren: [26: Baumann, 209]

Detern: [420: Tieben/Stollberg-Rilinger, 404–406, 409]

Ersdorf, Altendorf: [26: Baumann, 1612]

Hörstein (Hornstein): [26: Baumann, 193]

Odenheim/Bruchsal (Ritterstift): [120: Fetzer, 147, 207, 301 f., 370]

Reuß-Obergreiz (Herrschaft): [373: Schramm, 57]

6.2.13. Exekutorialverfahren

Kirchheim (Herrschaft): [121: Fimpel, 271–278] (RHR)

Mühlheim an der Donau (Herrschaft): [500: Zückert, 96] (RHR)

Nassau-Siegen: [15: Bähr, 224–225] (RKG)

Neunkirchen: [463: Walz, 68] (RKG)

Obernzell u.a.: [156: Grüll, 214–215] (RHR)

Odenheim/Bruchsal (Ritterstift): [120: Fetzer, 207] (RHR)

Schwarzach (Kloster): [500: Zückert, 48–59] (RKG)

Seel- und Burbach (Grund): [280: Müller, 341–342, 346–347, 352] (RKG)

6.2.13.1. Mit Herrschaft als Kläger

Kirchheim (Herrschaft): [121: Fimpel, 271–278]

Nassau-Siegen: [15: Bähr, 224–225]

Obernzell (mit Leoprechting, Wolfstein, Viechtenstein, Oberhaus): [156: Grüll, 214–215]

Schwarzach (Kloster): [500: Zückert, 48–59]

6.2.14. Kommissionen

6.2.14.1. Veranlasst von RKG

Mit Vergleich abgeschlossen

Homburg: [178: Heckmann, 83–84]

Rotenfels, Staufen (Herrschaften): [381: Schulze, 52 f.]

Schaumburg (Grafschaft): [174: Hauptmeyer, 182–187, 203]

Seestermühe: [253: Lorenzen-Schmidt, 274]

Staden (Ganerbschaft): [428: Troßbach, 202–204]

Wolferborn: [428: Troßbach, 287–292]

Mit Urteil oder Zurückweisung abgeschlossen

Esthal: [15: Bähr, 262–272] (zurückgewiesen)

Freienseen: [95: Diestelkamp, 228–243]

Kornelimünster: [141: Gabel, 140 f.]

Ohne Ergebnis/Ergebnis nicht genannt

Oft urteilten die Reichsgerichte später auf der Grundlage des Kommissionsberichts. Siehe daher auch 6.2.12.

6.2.14.2. *Veranlasst von RHR/Kaiser*

Mit Vergleich abgeschlossen

Mit Urteil oder Zurückweisung abgeschlossen

Gründau (Gericht) und Spielberg: [428: Troßbach, 238–253, 256–260, 264 f.]

Hohentengen (Amt): [501: Zürn, 308–311]

Hohenzollern-Haigerloch (Grafschaft): [384: Schulze, 126]

Hohenzollern-Hechingen: [236: Kraus, 58 f.]

Hungen: [428: Troßbach, 55–58]

Karber Mark: [428: Troßbach, 156–158]

Kirchheim (Herrschaft): [121: Fimpel, 253–257, 269]

Mühlhausen am Neckar: [363: Schmidt, 37–38, 51–57]

Mühlheim an der Donau (Herrschaft): [500: Zückert, 92, 94]

Nassau-Siegen: [31: Behr, 170]

Neuzelle (Kloster) und 14 Dörfer um Sonnenwalde: [111: Eisele/Rein, 13] (anschl. Exekution)

Ockstadt: [428: Troßbach, 116–120]

Odenheim/Bruchsal (Ritterstift): [120: Fetzer, 183, 200–202, 258 f., 292, 322, 381 f.]

Reichenbach (Gericht): [428: Troßbach, 319–341]

Rettenberg (Tigen): [27: Baumann/Rottenkolber, 162] (Mandatum Poenalis)

Rotenfels, Staufen (Herrschaften): [460: Waibel, 65 f.]

Rottenbuch: [57: Blickle, 36 f.] (anschl. Exekution)

Scheer (Stadt): [501: Zürn, 332 f.]

Viersen (Herrschaft): [141: Gabel, 42 f.] (anschl. Exekution)

Ohne Ergebnis/Ergebnis nicht genannt

Aach: [447: Ullmann, 325]

Ammerschweier: [447: Ullmann, 299]

Basel (Fürstbistum): [412: Suter, 50–53, 71 f.]

Böhmenkirch: [381: Schulze, 52]

Corvey (Stift): [30: Behr, 3]

Friedberg-Scheer (Grafschaft): [501: Zürn, 370–371]

Geilhausen: [447: Ullmann, 346]

Gondelsheim: [2: Adam, 86–90, 129–131, 133–136]

Hohentengen (Amt): [501: Zürn, 301–308]

Hohenzollern-Hechingen: [112: Elbs, 66–68, 85–96]

Illereichen (Herrschaft): [326: Reich, 244]

Kempten (Stift): [494: Würgler, 87–89]; [50: Blickle, 347–348]

Kerpen: [381: Schulze, 57]

Klettgau (Grafschaft): [383: Schulze, 420 f.]

Kornelimünster: [141: Gabel, 174–176]

Lemgo: [354: Schilling, 295–298]

Michelfeld (Gem. Angelbachtal): [381: Schulze, 58]

Michelstadt: [489: Wolf, 112–113]

N.n.: [447: Ullmann, 342]

N.n.: [447: Ullmann, 306 f.]

N.n.: [381: Schulze, 54]

Nassau-Siegen: [31: BEHR, 163–170, 180, 183]

Niederbessingen: [11: BADER, 423]; [499: ZÜCKERT, 249–250]

Obersulmetingen: [447: ULLMANN, 299]

Ockstadt: [428: TROßBACH, 115 f.]

Odenheim/Bruchsal (Ritterstift): [120: FETZER, 171–174, 324–328, 342]

Puderbach (dort vier Kirchspiele und Markgenossenschaften): [79: BUB, 231–232]

Reichenbach (Gericht): [428: TROßBACH, 326]

Reuß-Obergreiz (Herrschaft): [373: SCHRAMM, 57 ff.]; [373: SCHRAMM, 105–112]

Rottweil (Herrschaft): [465: WEBER, 376–385]

Schwarzburg: [8: BÄCKER VON RANKE, 117–124]

Schwarzenbach, Saale: [447: ULLMANN, 340]

Schwarzenberg-Kastelberg (Amt): [384: SCHULZE, 134 f.]

Steinbiedersdorf: [444: ULBRICH, 138–139]

Triberg (Herrschaft): [269: METZ, 485 f.]

Velburg: [447: ULLMANN, 390]

Weilmünster: [361: SCHMIDT, 112–117]

Westerburg (Herrschaft): [423: TROßBACH, 63]

Ende mit Aufgabe einer Konfliktpartei

Nassau-Siegen: [31: BEHR, 183]

Neuwied: [435: TROßBACH, 30–41] (vermutlich)

Urbach (Kirchspiel): [79: BUB, 213, 207–208]

6.2.14.3. Kommissionen nach Klage von Herrschaft

Aach: [447: ULLMANN, 325]

Basel (Fürstbistum): [412: SUTER, 53–55]

Böhmenkirch: [122: FINK, 150–220, 225–228]

Geilhausen: [447: ULLMANN, 346]

Gimborn-Neustadt: [286: NEHLS, 35–37]

Kirchheim (Herrschaft): [121: FIMPEL, 253–257, 269]

Kornelimünster: [141: GABEL, 174–176]

Lemgo: [354: SCHILLING, 295–298]

Mühlhausen am Neckar: [363: SCHMIDT, 37–38, 48–51, 51–57]

Mühlheim an der Donau (Herrschaft): [500: ZÜCKERT, 94]

N.n.: [447: ULLMANN, 342]

Neuzelle (Kloster) und 14 Dörfer um Sonnenwalde: [111: EISELE/REIN, 13]

Ockstadt: [428: TROßBACH, 116–120]

Rettenberg (Tigen): [27: BAUMANN/ROTTENKOLBER, 162]

Rottweil (Herrschaft): [465: WEBER, 413–427, 466–491]

Schaumburg (Grafschaft): [174: HAUPTMEYER, 182–187, 202 f.]

Staden (Ganerbschaft): [428: TROßBACH, 202–204]

Viersen (Herrschaft): [141: GABEL, 42 f.]

Wittgenstein (Grafschaft): [437: TROßBACH, 108 f.]

6.3. Schlüsselmomente nach Auswirkung

Die relevante Literatur wurde gesichtet und die dortigen Vorgänge nach ihren Auswirkungen auf die Konfliktlösung bewertet. Dies geschah nach den in Abschnitt 2.3 in Anlehnung an Niklas Luhmann entwickelten Kriterien der Anerkennung eines abgegrenzten, verhandelbaren Konflikts, der Substitution und Delegation von Konflikten sowie der Ausdifferenzierung von Entscheidungssystemen und der letztlichen Entscheidung von Konflikten. (Siehe dazu die Aufzählung ab S. 43.) Das jeweilige Scheitern dieser Ansätze und die daraus folgende gegenteilige Entwicklung kann man als Ignorieren des Konflikts, als Ausweitung der Konfliktthematik, als Selbsthilfe, als Generalisierung des Konflikts und als mehr oder weniger bewusstes Offenlassen des Konflikts charakterisieren. Auf Schlüsselmomente, die in die eine oder andere Richtung entscheidend waren, wird im Folgenden verwiesen. Unterschieden wird dabei auch der Grad der Signifikanz: zwischen Handlungen, die eindeutig in eine bestimmte Richtung führten; und solchen, bei denen dies wahrscheinlich der Fall war bzw. bei denen dies aus der Lektüre der entsprechenden Literatur geschlossen wurde. Erstere bildeten schon die Grundlage für Abschnitt 3, werden aber hier der Übersichtlichkeit halber noch einmal aufgeführt.

6.3.1. Anerkennen oder ignorieren eines verhandelbaren Konflikts

(Der Unterabschnitt über solche Momente, die der Systematik gemäß wahrscheinlich die Anerkennung eines verhandelbaren Konflikts beinhalten, entfällt aufgrund der offensichtlichen Tautologie: Alle Handlungen innerhalb eines Konflikts, in denen nichts Gegenteiliges zu vermerken ist, beinhalten wahrscheinlich die Anerkennung dieses Konflikts.)

6.3.1.1. *Anerkennen (signifikant)*

Bitte um Schutz

Eichtersheim, 1759: [346: Sailer, 32 f.]

Kameralprozesse (allg.)

Gründau (Gericht) und Spielberg, 1750: [428: Troßbach, 260 f.]

Hanau-Lichtenberg, 1726: [494: Würgler, 92–95]

Karber Mark, 1718: [428: Troßbach, 162–173]

Kornelimünster, 1735: [141: Gabel, 277 f.]

Nassau-Saarbrücken 1779: [331: Ries, 36 f., 318–321, 430]

Reuß-Obergreiz (Herrschaft), zus. mit Reuß-Döllau, ca. 1600: [373: Schramm, 50]

Mandatsprozesse

Nassau-Saarbrücken, 1766: [331: Ries, 36, 258–282]; 1786: [113: Ennen, 148–153]

Klageanträge

Nassau-Saarbrücken 1777: [331: Ries, 36 f., 290–318]

Staden (Ganerbschaft), 1753: [428: Troßbach, 206–210]

Kommissionen

Hohenzollern-Hechingen, 1584: [112: Elbs, 66–68, 85–86]

Hungen, ca. 1705: [428: Troßbach, 55–58]

Karber Mark, 1712: [428: Troßbach, 156–158]

Kempten (Stift), 1667: [494: Würgler, 85–87]; 1680: [494: Würgler, 85–87]

Reuß-Obergreiz (Herrschaft), 1716: [373: Schramm, 58 ff.]; 1727: [373: Schramm, 105–112]

Hohenzollern-Hechingen, 1619: [112: Elbs, 102–103]

Hüttersdorf und Buprich, 1722: [365: Schmitt, 17–19]

Kornelimünster, ca. 1697: [141: Gabel, 158 f.]

Lemgo, 1609: [354: Schilling, 239, 255 ff.]

Leuppach, 1634: [499: Zückert, 240]

Reichenbach (Gericht), 1754: [428: Troßbach, 348–360]

Rettenberg (Tigen), 1605: [27: Baumann/Rottenkolber, 161–165]; 1607: [27: Baumann/Rottenkolber, 163–165]

Seestermühe, ca. 1551: [253: Lorenzen-Schmidt, 273]

Wittgenstein (Grafschaft), 1698: [437: Troßbach, 38 f.]

Vergleichsverhandlungen

Hohentengen (Amt), 1591: [501: Zürn, 294–297]

Hungen 1724: [428: Troßbach, 96 f.]

Wittgenstein (Grafschaft), 1791: [437: Troßbach, 106]

Verweigerungen

Hohensolms (Amt), ca. 1740: [98: Diestelkamp, 117 f.]

Bitte um Schutz

Wormeln (Kloster), 1797: [219: Keinemann, 354–355]

Bitte um Vermittlung

Basel (Fürstbistum) 1734: [412: Suter, 56–58]

6.3.1.2. Ignorieren (signifikant)

Aufstände

Basel (Fürstbistum), 1733: [412: Suter, 55 f., 60–62, 72]

Gesmold (Gut), 1794: [158: Haasis, 677]

Gewaltsamer Widerstand

Friedberg-Scheer (Grafschaft), 1673: [501: Zürn, 338]

Hungen, 1706: [428: Troßbach, 61–79]

Leuppach 1661, Gewaltsamer Widerstand: [499: Zückert, 240]

Odenheim/Bruchsal (Ritterstift), 1729: [120: Fetzer, 224–228, 349 f.]

Wittgenstein (Grafschaft) 1722: [437: TROßBACH, 66 ff.]; 1723: [437: TROßBACH, 75–78]

Kameralprozesse (allg.)

Burgsinn, 1595: [28: BAYER, 15–17]

Busecker Tal, 1702: [428: TROßBACH, 393 f., 399–407]

Ebersberger Gemein, 1609: [32: BELOW/BREIT, 212–214]

Hattgau, ca. 1548: [59: BLICKLE ET AL., 126 f.]

Odenheim/Bruchsal (Ritterstift), 1608: [120: FETZER, 208–213, 321 ff., 342]

Klageantrag

Hohenzollern-Hechingen, 1584: [112: ELBS, 67–69]

Mandatsprozess

Busecker Tal, 1707: [428: TROßBACH, 413]

Öffentlicher Protest

Odenheim/Bruchsal (Ritterstift), 1789: [120: FETZER, 240–244]

Rügebräuche

Basel (Fürstbistum) 1734: [412: SUTER, 144 f.]

Freienseen, 1560: [95: DIESTELKAMP, 58]

Lemgo, 1609: [354: SCHILLING, 254]

Odenheim/Bruchsal (Ritterstift), 1601: [120: FETZER, 202–204]

Selbsthilfe

Basel (Fürstbistum) 1734: [412: SUTER, 144 f.]; 1736, [412: SUTER, 385]

Solms Greifenstein, ca. 1614: [98: DIESTELKAMP, 130 f.]

6.3.1.3. Ignorieren (wahrscheinlich)

Aufstände

Friedberg-Scheer (Grafschaft), 1696: [501: ZÜRN, 369]

Hohenzollern-Hechingen 1701: [33: BERGEMANN, 135]

Neu-Saarwerden (Amt), 1747: [483: WILHELM, 195–197]

Paderborn, 1603: [254: LOTTERER, 330 f., 340 f.]

Passau (Abteiland), 1581: [242: LANZINNER, 137]

Thorn (Reichsstift), ca. 1606: [141: GABEL, 49 f.]

Weisweiler, ca. 1680: [141: GABEL, 55]

Wittgenstein (Grafschaft), 1722: [437: TROßBACH, 64 f.]

Bitte um Schutz

Wittgenstein (Grafschaft), 1800: [437: TROßBACH, 109 f.]

Gewaltsamer Widerstand

Hüttersdorf und Buprich, 1737: [365: SCHMITT, 30–35]

Peine, 1700: [281: MÜLLER/ZECHEL, 314–322]

Reuß-Obergreiz (Herrschaft), 1714: [373: SCHRAMM, 54]

Wittgenstein (Grafschaft), 1722: [437: TROßBACH, 56 f., 63]

Huldigungsverweigerung

Nassau-Saarbrücken, 1728: [331: RIES, 51 f.]

Kameralprozesse (allg.)

Freienseen, 1555: [95: DIESTELKAMP, 21, 61]

Hohenzollern-Hechingen 1701: [33: BERGEMANN, 135]

Kommission

Corvey (Stift), 1659: [30: BEHR, 5]

Öffentliche Drohungen

Gondelsheim, 1730: [2: ADAM, 90–93]

Passau (Abteiland), 1581: [242: LANZINNER, 137]

Pfändungen

Seel- und Burbach (Grund), ca. 1754,: [280: MÜLLER, 334–335]

Rügebräuche

Basel (Fürstbistum), 1731: [412: SUTER, 209]; 1731: [412: SUTER, 216 f.]; 1734: [412: SUTER, 124]; 1734: [412: SUTER, 216 f.]

Klettgau (Grafschaft), ca. 1597: [383: SCHULZE, 421]

Rettenberg (Tigen), ca. 1605: [27: BAUMANN/ROTTENKOLBER, 162]

Selbsthilfe

Basel (Fürstbistum) 1731: [412: SUTER, 228]; ca. 1733: [412: SUTER, 123, 228]; ca. 1735: [412: SUTER, 124]; ca. 1736: [412: SUTER, 123 f.]; 1737: [412: SUTER, 228 f.]

Schaumburg (Grafschaft), 1784: [174: HAUPTMEYER, 170]

Schwarzach (Kloster), 1722: [500: ZÜCKERT, 17–20]

Urbach (Kirchspiel), 1716: [79: BUB, 204]

Wittgenstein (Grafschaft), 1702: [437: TROßBACH, 46 f.]

Vergleichsverhandlungen

Hohenzollern-Hechingen, 1585: [112: ELBS, 86–96]

Verweigerungen

Bauerbach, ca. 1715: [38: BICKEL, 261]

Westerburg (Herrschaft), 1721: [423: TROßBACH, 64–65]

6.3.2. Konfliktsubstitution oder -ausweitung

6.3.2.1. Konfliktsubstitution (signifikant)

Austritt

Hohenzollern-Hechingen, 1584: [112: ELBS, 61–64]

Bitte um Vermittlung

Nassau-Weilburg (rechtsrheinische Ämter), 1752: [483: WILHELM, 202–205]

Öffentlicher Protest

Supplikationen

Vergleichsverhandlungen

Zeugenverhöre

Friedberg-Scheer (Grafschaft), 1682: [501: Zürn, 347 f.]

Hattgau, 1548: [59: Blickle et al., 151]

Hümmling (Gericht), ca. 1748: [17: Bähr, 494]

Hüttersdorf und Buprich, 1727: [365: Schmitt, 23–27]

Schwarzach (Kloster), 1724: [500: Zückert, 25–31]

6.3.2.2. *Konfliktsubstitution (wahrscheinlich)*

Achtverfahren

Passau (Abteiland), 1586: [242: Lanzinner, 144]

Appellationen

Ahrbergen, 1622: [11: Bader, 423]

Baierfeld, 1521: [499: Zückert, 66–69]

Birlenbach (Diez): [499: Zückert, 289]

Borch (Herrschaft), ca. 1747: [387: Schulze, 285]

Drove, 1699: [141: Gabel, 56 f.]

Ebersberger Gemein, 1607: [32: Below/Breit, 144, 161–162, 166–167, 178, 201–204, 226–231]

Haselau, ca. 1587: [253: Lorenzen-Schmidt, 273]

Hinte, ca. 1710: [420: Tieben/Stollberg-Rilinger, 544]

Hohensolms (Amt), 1751: [98: Diestelkamp, 120]

Huckarde (Hof), 1552: [470: Weigel, 110–111]

Iggenhausen, 1654: [206: Hüllinghorst, 63–65, 75–78]; 1715: [206: Hüllinghorst, 89–90]

Leer (Amt), ca. 1715: [420: Tieben/Stollberg-Rilinger, 547, 551–553]

Leuppach, 1617: [499: Zückert, 240–241]

Malzhausen, 1604: [32: Below/Breit, 142]

Marktheidenfeld, 1745: [200: Hörner/Schimke, 287]; 1758: [200: Hörner/Schimke, 287 f.]

Nassau-Saarbrücken, 1781: [331: Ries, 341 ff.]; 1784: [331: Ries, 411]

Neugattersleben, 1613: [163: Harnisch, 186–187]

Niederrode, 1770: [499: Zückert, 292]

Odenheim/Bruchsal (Ritterstift), 1567: [120: Fetzer, 148, 178 f., 328–331]

Peine, 1770: [474: Weitzel, 168–169]

Reuß-Obergreiz (Herrschaft), 1723: [373: Schramm, 86–88]

Thulba, Frankenbrunn, Reith, 1770: [200: Hörner/Schimke, 282 f.]

Bitte um Schutz

Eichtersheim, 1759: [346: Sailer, 32]

Gondelsheim, 1730: [2: Adam, 56–57, 63]

Hohensolms (Amt), 1759: [98: Diestelkamp, 123 f.]

Illereichen (Herrschaft), 1728: [326: Reich, 251]

Neuwied, 1659: [435: Troßbach, 27]

Kommissionen

Supplikationen

Vergleichsverhandlungen

Widerspruch

Zeugenverhör

Zitation

6.3.2.3. Ausweitung von Konflikten (signifikant)

Aufstände

Austritt/Gehorsamsaufkündigung

Bitte um Schutz

Bitte um Vermittlung

Kameralprozesse allg.

(Hierunter fallen nur die nicht genauer spezifizierten Verfahren, siehe daher auch unter Restitutio ad integrum.*)*

Klageanträge

Kommissionen

Mandatsprozesse

Öffentliche Drohung

Öffentlicher Protest

Pfändungen

Restitutio ad integrum

Rügebräuche

Selbsthilfe

Supplikationen

Verweigerungen

Westerburg (Herrschaft), 1706: [423: TROßBACH, 57]

Zeugenverhör

Berkach, 1698: [15: BÄHR, 89–113, 124–131]

6.3.2.4. Ausweitung von Konflikten (wahrscheinlich)

Appellationen

Brempt und Krüchten (Herrschaften), ca. 1584: [118: EVERTZ, 80 f.]

Drove, ca. 1686, 1690: [141: GABEL, 56 f.]

Gadenstedt, ca. 1747: [499: ZÜCKERT, 239]

Nassau-Weilburg (rechtsrheinische Ämter), 1750: [483: WILHELM, 181–183]

Stolberg (Unterherrschaft), ca. 1703: [297: OFFERGELD-THELEN, 79, 106]

Aufstände

Paderborn, 1603: [254: LOTTERER, 330 f., 340 f.]

Thorn (Reichsstift), ca. 1606: [141: GABEL, 49 f.]

Weisweiler, ca. 1680: [141: GABEL, 55]

Bitte um Vermittlung

Odenheim/Bruchsal (Ritterstift), ca. 1548: [120: FETZER, 144 f.]

Exekutorialverfahren

Obernzell, mit Leoprechting, Wolfstein, Viechtenstein, Oberhaus, 1682: [156: GRÜLL, 214–215]

Kommissionen

Corvey (Stift), 1659: [30: BEHR, 5]

Kornelimünster, 1735: [141: GABEL, 273–276]

Nassau-Siegen, 1711: [31: BEHR, 170]

Reichenbach (Gericht), 1681: [428: TROßBACH, 319–326]

Gewaltsamer Widerstand

Ehrstädt, 1786: [204: HUB, 302–303]

Hüttersdorf und Buprich, 1737: [365: SCHMITT, 30–35]

Puderbach (dort vier Kirchspiele und Markgenossenschaften), 1741: [79: BUB, 230–231]

Reuß-Obergreiz (Herrschaft), 1714: [373: SCHRAMM, 54]

Solms Greifenstein, 1615: [98: DIESTELKAMP, 127]

Huldigungsverweigerung

Moos (Gericht), 1669: [360: SCHMIDT, 247]

Kameralprozesse

Klageanträge

Kommissionen

Mandatsprozesse

Öffentliche Drohungen

Öffentlicher Protest

Pfändungen

Restitutio ad Integrum

Rügebrauch

6.3.3. Delegation oder Selbsthilfe

6.3.3.1. *Delegation (signifikant)*

Nassau-Saarbrücken, 1779: [331: Ries, 36 f., 318–321, 430]

Reuß-Obergreiz (Herrschaft), Reuß-Döllau (Herrschaft), ca. 1600: [373: Schramm, 50]

Klageanträge

Hohentengen (Amt), ca. 1591: [501: Zürn, 298–299]

Nassau-Saarbrücken, 1777: [331: Ries, 36 f., 290–318]

Staden (Ganerbschaft), 1753: [428: Troßbach, 206–210]

Kommissionen

Hohenzollern-Hechingen, 1584: [112: Elbs, 66–68, 85–86]; 1586: [112: Elbs, 80, 89–90]

Hungen, ca. 1705: [428: Troßbach, 55–58]

Karber Mark, 1712: [428: Troßbach, 156–158]

Kempten (Stift), 1680: [494: Würgler, 85–87]; 1721: [50: Blickle, 347–348]

Reuß-Obergreiz (Herrschaft), 1716: [373: Schramm, 58 ff.]

Mandatsprozess

Nassau-Saarbrücken, 1786: [113: Ennen, 148–153]

Supplikation

Ebersberger Gemein, 1610: [32: Below/Breit, 216–217]

Vergleichsverhandlungen

Hungen, 1724: [428: Troßbach, 96 f.]

Lahr, 1788: [265: Maurer, 201 ff., 218]

Wittgenstein (Grafschaft), 1791: [437: Troßbach, 106]

6.3.3.2. Delegation (wahrscheinlich)

Achtverfahren

Passau (Abteiland), 1586: [242: Lanzinner, 144]

Appellationen

Ahrbergen, 1622: [11: Bader, 423]

Baierfeld, 1521: [499: Zückert, 66–69]

Birlenbach (Diez): [499: Zückert, 289]

Borch (Herrschaft), ca. 1747: [387: Schulze, 285]

Brempt und Krüchten (Herrschaften), ca. 1584: [118: Evertz, 80 f.]

Drove, 1699: [141: Gabel, 56 f.]

Ebersberger Gemein, 1607: [32: Below/Breit, 144, 161–162, 166–167, 178, 201–204, 226–231]

Gadenstedt, ca. 1747: [499: Zückert, 239]

Haselau, ca. 1587: [253: Lorenzen-Schmidt, 273]

Hinte, ca. 1710: [420: Tieben/Stollberg-Rilinger, 544]

Hohensolms (Amt), 1751: [98: Diestelkamp, 120]

Huckarde (Hof), 1552: [470: Weigel, 110–111]

Iggenhausen, 1654: [206: Hüllinghorst, 63–65, 75–78]; [206: Hüllinghorst, 89–90]

Bitte um Schutz

Bitte um Vermittlung

Exekutorialverfahren

Extrajudizialverfahren

Huldigungsverweigerung

Kameralprozesse (allg.)

(Hierunter fallen nur die nicht genauer spezifizierten Verfahren, siehe daher auch unter Achtverfahren, Appellationen, Remonstration, Restitutiones ad integrum, „Revision" *und* Zitationen.*)*

Klageanträge

Kommissionen

Öffentlicher Protest

Remonstration

Restitutiones ad integrum

„Revision"

Schwurgemeinschaft

Supplikationen

Vergleichsverhandlungen

Zeugenverhör

Zitationen

6.3.3.3. *Selbsthilfe (signifikant)*

Aufstände

Eichtersheim, 1758: [346: Sailer, 32]

Hohentengen (Amt), 1594: [501: Zürn, 302 f.]

Neuwied, 1715: [435: Troßbach, 79]

Odenheim/Bruchsal (Ritterstift): [120: Fetzer, 191 f., 277 ff., 287, 365 vgl. 361 f., 377–381]

Schwarzach (Kloster), 1722: [500: Zückert, 17–20]

Solms-Greifenstein, ca. 1614: [98: Diestelkamp, 130 f.]

Urbach (Kirchspiel), 1734: [79: Bub, 209]

Wittgenstein (Grafschaft), 1702: [437: Troßbach, 46 f.]

Strafprozess

Paderborn, 1604: [254: Lotterer, 339]

Supplikation

Callenberg (Rittergut), 1661: [146: Gentsch, 271–272]

Vergleichsverhandlungen

Hohentengen (Amt), 1595: [501: Zürn, 303–308]

Verweigerung

Westerburg (Herrschaft), 1721: [423: Troßbach, 64–65]

6.3.3.4. Selbsthilfe (wahrscheinlich)

Aufstände

Hohenzollern-Hechingen, 1701: [33: Bergemann, 135] Thorn (Reichsstift), ca. 1606: [141: Gabel, 49 f.]

Weisweiler, ca. 1680: [141: Gabel, 55]

Wittgenstein (Grafschaft), 1722: [437: Troßbach, 64 f.]

Geschlossener Aufmarsch

Passau (Abteiland), 1581: [242: Lanzinner, 136–137]

Pforzheim, 1720: [325: Räuber, 124]

Stühlingen, 1524: [47: Blickle, 77]

Gewaltsamer Widerstand

Busecker Tal, 1707: [428: Troßbach, 408–415]; 1708: [428: Troßbach, 418–420]

Corvey (Stift), 1656: [30: Behr, 4]

Ehrstädt, 1786: [204: Hub, 302–303]

Ergersheim, ca. 1725: [195: Hofmann, 244]

Hümmling (Gericht), 1737: [17: Bähr, 505–506]

Hüttersdorf und Buprich, 1737: [365: Schmitt, 30–35]

Mühlhausen am Neckar, 1601: [363: Schmidt, 46]

Oberehrenbach, 1745: [195: Hofmann, 263]

Pforzheim, 1719: [325: Räuber, 122]

Puderbach, 1803: [79: Bub, 239–240]

Reuß-Obergreiz (Herrschaft), 1714: [373: Schramm, 54]

Wenings, 1597: [359: Schmidt, 105]

Westerburg (Herrschaft), 1721: [423: Troßbach, 64–65]

Widerspruch

Zeugenverhör

6.3.4. Ausdifferenzierung/ Generalisierung

6.3.4.1. Ausdifferenzierung (signifikant)

Gewaltsamer Widerstand

Staden (Ganerbschaft), 1732: [428: TROßBACH, 201–202]

Huldigungsverweigerung

Hanau-Lichtenberg, 1736: [494: WÜRGLER, 97 f.]

Kameralprozesse (allg.)

Nassau-Saarbrücken, 1779: [331: RIES, 36 f., 318–321, 430]

Seel- und Burbach (Grund), 1787: [280: MÜLLER, 340]

Staden (Ganerbschaft), 1753: [428: TROßBACH, 210–214]

Klageantrag

Nassau-Saarbrücken, 1777: [331: RIES, 36 f., 290–318]

Kommissionen

Böhmenkirch, 1580: [122: FINK, 150–220, 225–228]

Gimborn-Neustadt, 1653: [286: NEHLS, 35–37]

Gondelsheim, 1730: [2: ADAM, 86–90]

Gründau (Gericht) und Spielberg, ca. 1680: [428: TROßBACH, 256–260]

Hohenzollern-Hechingen, 1584: [112: ELBS, 66–68, 85–86]; 1586: [112: ELBS, 80, 89 f.]; ca. 1792: [33: BERGEMANN, 143 f.]

Hungen, ca. 1705: [428: TROßBACH, 55–58]

Karber Mark, 1704: [428: TROßBACH, 129–147]

Kempten (Stift), 1680: [494: WÜRGLER, 85–87]; 1721: [50: BLICKLE, 347–348]

Klettgau (Grafschaft), 1598: [383: SCHULZE, 418, 422 f., 428]

Michelstadt, 1784: [489: WOLF, 112–113]

Neu-Saarwerden (Amt), 1748: [483: WILHELM, 201–202]

Pforzheim, 1723: [325: RÄUBER, 127–129, 124–125, 132–135]

Reuß-Obergreiz (Herrschaft), 1716: [373: SCHRAMM, 58 ff.]

Schaumburg (Grafschaft), 1787: [174: HAUPTMEYER, 182–187, 203]

Urbach (Kirchspiel), 1754: [79: BUB, 213, 207–208]

Westerburg (Herrschaft), 1716: [423: TROßBACH, 64–68]

Mandatsprozess

Nassau-Saarbrücken, 1766: [331: RIES, 36, 258–282]

Öffentlicher Protest

Nassau-Saarbrücken, 1730: [331: RIES, 119–127]; 1784: [331: RIES, 439–448]

Supplikationen

Ebersberger Gemein, 1610: [32: BELOW/BREIT, 216–217]

Nassau-Saarbrücken, 1729: [331: RIES, 110 f., 124–126, 138, 157–159]

Vergleichsverhandlungen

Bauerbach, 1726: [38: Bickel, 263–264]

Callenberg (Rittergut), 1681: [146: Gentsch, 285]

Corvey (Stift), 1566: [30: Behr, 3]

Friedberg-Scheer (Grafschaft), 1685: [501: Zürn, 349–353]; 1695: [501: Zürn, 370–371]

Gondelsheim, 1756: [2: Adam, 137]; 1765: [2: Adam, 137–139]

Groß-Collmar (Gut), 1587: [264: Matthiesen, 25, 234–237]

Gründau (Gericht) und Spielberg, 1779: [428: Troßbach, 261 f.]

Hohensolms (Amt), 1761: [98: Diestelkamp, 124]

Hohentengen (Amt), 1591: [501: Zürn, 294–297]; 1595: [501: Zürn, 303–308]

Hohenzollern-Hechingen, 1586: [112: Elbs, 90–96]

Homburg: [178: Heckmann, 83–84]

Hümmling (Gericht mit den Orten Sögel und Werlte), 1771: [17: Bähr, 534–535]

Hungen, 1724: [428: Troßbach, 96 f.]

Kempten (Stift), 1683: [494: Würgler, 87]

Kerpen-Lommersum, 1742: [141: Gabel, 73]

Kirchheim (Herrschaft): [121: Fimpel, 278–279]

Kornelimünster, 1749: [141: Gabel, 279–307]

Lahr, 1788: [265: Maurer, 201 ff., 218]; 1795: [265: Maurer, 212–214, 218]; 1804: [265: Maurer, 217 f.]

Leuppach: [499: Zückert, 241]

Maxsain (Bann), 1771: [280: Müller, 325–330]

Nassau-Weilburg (rechtsrheinische Ämter), 1750: [483: Wilhelm, 182–183]

Neuwied, 1791: [435: Troßbach, 314–320]

Odenheim/Bruchsal (Ritterstift), 1616: [120: Fetzer, 216–218, 279, 296]; 1740: [120: Fetzer, 236–239, 282, 297]

Pforzheim, 1730: [325: Räuber, 124–125, 155–157]

Schaumburg (Grafschaft), 1787: [174: Hauptmeyer, 178–180]

Seel- und Burbach (Grund), 1801: [280: Müller, 352]

Thulba, Frankenbrunn, Reith, 1772: [200: Hörner/Schimke, 282 f.]

Urbach (Kirchspiel), 1767: [79: Bub, 222–226]

Wenings, 1603: [359: Schmidt, 105–106]

Wittgenstein (Grafschaft), 1737: [437: Troßbach, 99 f.]; 1791: [437: Troßbach, 106]

Zeugenverhöre

Hümmling (Gericht), ca. 1748: [17: Bähr, 494]

Hüttersdorf und Buprich, 1727: [365: Schmitt, 23–27]

6.3.4.2. *Ausdifferenzierung (wahrscheinlich)*

Kameralprozesse (allg.)

Bauerbach, 1714: [38: Bickel, 247–248]

Klageanträge

Kommissionen

6.3.4.3. *Generalisierung (signifikant)*

Aufstände

Austritt

(Siehe auch Gehorsamsaufkündigung, *die Formen sind verwandt.)*

Bitte um Schutz

Bitte um Vermittlung

Exekutorialverfahren

Gehorsamsaufkündigung

Geschlossene Aufmärsche

Gewaltsamer Widerstand

Huldigungsverweigerungen

Symbolische Hinrichtungen

Basel (Fürstbistum), ca. 1740: [412: SUTER, 201–205]

Verweigerungen

Karber Mark, 1710: [428: TROßBACH, 148]

Maxsain (Bann), 1768: [280: MÜLLER, 329]

Moos (Gericht), 1614: [360: SCHMIDT, 250]

Ockstadt, 1677: [428: TROßBACH, 115]

Westerburg (Herrschaft), 1706: [423: TROßBACH, 57]

6.3.4.4. Generalisierung (wahrscheinlich)

Aufstände

Hohenzollern-Hechingen, 1701: [33: BERGEMANN, 135]

Kornelimünster, ca. 1697: [141: GABEL, 158 f.]

Reichenbach (Gericht), 1754: [428: TROßBACH, 348–360]

Staden (Ganerbschaft), 1719: [428: TROßBACH, 193]

Thorn (Reichsstift), ca. 1606: [141: GABEL, 49 f.]

Weisweiler, ca. 1680: [141: GABEL, 55]

Wittgenstein (Grafschaft), 1722: [437: TROßBACH, 64 f.]

Austritt

Hohenzollern-Hechingen, 1584: [112: ELBS, 61–64]

Illereichen (Herrschaft), 1689: [326: REICH, 243]

Geschlossener Aufmarsch

Gimborn-Neustadt, 1774: [417: SYBEL, 4]

Neuwied, 1738: [435: TROßBACH, 99 f.]

Pforzheim, 1721: [325: RÄUBER, 123]

Stühlingen, 1524: [47: BLICKLE, 77]

Gewaltsamer Widerstand

Basel (Fürstbistum), 1733: [494: WÜRGLER, 72]

Busecker Tal, 1707: [428: TROßBACH, 408–415]

Corvey (Stift), 1656: [30: BEHR, 4]

Ehrstädt, 1786: [204: HUB, 302–303]

Ergersheim, ca. 1725: [195: HOFMANN, 244]

Friedberg-Scheer (Grafschaft), ca. 1695: [501: ZÜRN, 373–374]

Hümmling (Gericht), 1737: [17: BÄHR, 505–506]

Moos (Gericht), 1616: [360: SCHMIDT, 230–231]

Reuß-Obergreiz (Herrschaft), 1714: [373: SCHRAMM, 54]

Westerburg (Herrschaft), 1721: [423: TROßBACH, 64–65]

Huldigungsverweigerungen

Basel (Fürstbistum), 1705: [412: SUTER, 15 f.]; 1732: [412: SUTER, 168]

Hattgau (vier Dörfer), 1567: [59: BLICKLE ET AL., 153]

Klettgau (Grafschaft), 1602: [383: SCHULZE, 422, 426 f.]

Vergleichsverhandlungen

6.3.5.2. Entscheiden (wahrscheinlich)

Appellationen

Aufstand

Austritt

Bitte um Schutz

Bitte um Vermittlung

Mandatsprozesse

Exekutorialverfahren

Extrajudizialverfahren

Huldigungsverweigerung

Klageanträge

Kommissionen

Öffentliche Drohung

Öffentlicher Protest

Remonstration

Reskript

Restitutiones ad integrum

„Revision“

Selbsthilfe

Supplikationen

Vergleichsverhandlungen

Verweigerung

Zeugenverhör

Zitationen

Hüttersdorf und Buprich, 1719: [365: SCHMITT, 12–20]

Menzingen, 1620: [346: SAILER, 83 f.]

Nassau-Siegen, 1724: [15: BÄHR, 152–226]

Odenheim/Bruchsal (Ritterstift), 1580: [120: FETZER, 149, 295 f.]; 1590: [120: FETZER, 149, 181 f.]

Schmoel (Gut), 1738: [446: ULLMANN, 247–286, 302–306]; 1772: [446: ULLMANN, 343, 354–356, 360–400]

6.3.5.3. *Offenlassen (signifikant)*

Achtverfahren

Passau (Abteiland), 1586: [242: LANZINNER, 144]

Appellation

Thulba, Frankenbrunn, Reith, 1770: [200: HÖRNER/SCHIMKE, 282 f.]

Kameralprozesse (allg.)

(Hierunter fallen nur die nicht genauer spezifizierten Verfahren, siehe daher auch unter Appellation und Achtverfahren.*)*

Freienseen, 1557: [95: DIESTELKAMP, 55 f., 62]

Mühlhausen am Neckar: [363: SCHMIDT, 57]

Mandatsprozess

Hattgau (vier Dörfer), ca. 1567: [59: BLICKLE ET AL., 153]

6.3.5.4. *Offenlassen (wahrscheinlich)*

Appellation

Brempt und Krüchten (Herrschaften), ca. 1584: [118: EVERTZ, 80 f.]

Kameralprozess (allg.)

(Hierunter fallen nur die nicht genauer spezifizierten Verfahren, siehe daher auch unter Appellation.*)*

Berkach, 1698: [15: BÄHR, 87–133]

Fürstenberg (Westfalen), 1785: [499: ZÜCKERT, 285]

6.4. Zusammenhängende Verfahren und rechtlich relevante Schritte

Häufig geht eine Verfahrensart in eine andere über, oder der Austrag desselben Konflikts wechselt die Form der Auseinandersetzung. Solche Vorgänge ließen sich in der hier verwendeten Ordnung, die sich ja auf einzelne rechtliche Schritte stützt, nicht abbilden. Daher werden die Zusammenhänge im Folgenden in einer Liste mit Verweisen, ggf. auch über verschiedene Werke hinweg, sortiert nach den einzelnen Aufsätzen bzw. Bänden, wiedergegeben. Dies ist auch als Lesehilfe gedacht, denn oft erstreckt sich die Beschreibung eines Verfahrens in einem Text über mehrere Abschnitte, die nicht immer direkt zusammenhängen.

[8: Bäcker von Ranke], 58 (Mandatsprozess); Zusammenhang mit: 81–95 (Klageantrag)

[8: Bäcker von Ranke], 59, 78–81 (Supplikation/Petition); Zusammenhang mit: 67–68 (Supplikation/Petition)

[8: Bäcker von Ranke], 81–95 (Klageantrag); Zusammenhang mit: 98–99 (Klageantrag)

[8: Bäcker von Ranke], 99–106 (Klageantrag); Zusammenhang mit: 117–124 (Gericht entsendet Kommission)

[15: Bähr], 235 (Zitation); Zusammenhang mit: 262–272 (Gericht entsendet Kommission)

[27: Baumann/Rottenkolber], 162 (Gericht entsendet Kommission); Zusammenhang mit [384: Schulze], 130 (Gericht entsendet Kommission)

[32: Below/Breit], 185–187 (Zeugenverhör); Zusammenhang mit 196–201 (Mandatsprozess)

[32: Below/Breit], 196–201 (Mandatsprozess); Zusammenhang mit 210–212 (Mandatsprozess)

[32: Below/Breit], 210–212 (Mandatsprozess); Zusammenhang mit 225–226 (Supplikation/Petition)

[33: Bergemann], 123 f. (Klageantrag); Zusammenhang mit 134 (Mandatsprozess) und 135 (Gericht entsendet Kommission)

[33: Bergemann], 143 f. (Gericht entsendet Kommission); Zusammenhang mit [317: Press], 95 (Selbsthilfe)

[38: Bickel], 247–248 (Kameralprozess); Zusammenhang mit 252–253 (Klageantrag)

[79: Bub], 213 (Klageantrag); Zusammenhang mit 213, 207 f. (Gericht entsendet Kommission)

[79: Bub], 231–232 (Gericht entsendet Kommission); Zusammenhang mit 239–240 (Kameralprozess)

[98: Diestelkamp], 127 f. (Mandatsprozess); Zusammenhang mit 130–142 (Kameralprozess)

[98: Diestelkamp], 130 f. (Selbsthilfe); Zusammenhang mit 133–136 (Widerspruch)

[95: Diestelkamp], 21, 61 (Kameralprozess); Zusammenhang mit [94: Diestelkamp], 168–170 (Litiskontestation)

[112: Elbs], 66–68, 85–86 (Gericht entsendet Kommission); Zusammenhang mit 86–89 (Vergleichsverhandlungen)

[112: Elbs], 80, 89 f. (Gericht entsendet Kommission); Zusammenhang mit 90–96 (Vergleichsverhandlungen)

[120: Fetzer], 150 (Mandatsprozess); Zusammenhang mit 150, 199 f., 325 f. (Zitation)

[120: Fetzer], 207 (Zitation); Zusammenhang mit 208–213, 321 ff., 342 (Kameralprozess)

[121: Fimpel], 253–257, 269 (Gericht entsendet Kommission); Zusammenhang mit 258–261, 267–270 (Exekutorialverfahren)

[141: Gabel], 129–132 (Kameralprozess); Zusammenhang mit 140 f. (Gericht verfügt Einsetzung einer Kommission durch eine Prozesspartei) und 147 f. (Vergleichsverhandlungen)

[174: Hauptmeyer], 173 (Kameralprozess); Zusammenhang mit 176 (Gericht entsendet Kommission)

[174: Hauptmeyer], 176 (Gericht entsendet Kommission); Zusammenhang mit 182–187, 203 (Gericht entsendet Kommission)

[178: Heckmann], 77 (Klageantrag); Zusammenhang mit 83–84 (Vergleichsverhandlungen)

[204: Hub], 298–300 (Gericht entsendet Kommission); Zusammenhang mit 303–316 (Vergleichsverhandlungen)

[206: Hüllinghorst], 63–65, 75–78 (Appellation); Zusammenhang mit 65 (Restitutio ad integrum)

[242: Lanzinner], 138 (Mandatsprozess); Zusammenhang mit 144 (Kameralprozess)

[265: Maurer], 179–182 (Mandatsprozess, Restitutio ad integrum) Zusammenhang mit 210–212 (Kameralprozess)

[280: Müller], 334–335 (Mandatsprozess); Zusammenhang mit 337 (Kameralprozess)

[280: Müller], 337 (Kameralprozess); Zusammenhang mit 340 (Kameralprozess)

[280: Müller], 346–347 (Exekutorialverfahren); Zusammenhang mit 352 (Exekutorialverfahren)
[325: Räuber], 139–143 (Klageantrag); Zusammenhang mit 127–129, 124–125, 132–135 (Gericht entsendet Kommission)
[326: Reich], 250 (Supplikation/Petition); Zusammenhang mit 250–252, 272 (Gericht entsendet Kommission)
[331: Ries], 36 f., 290–318 (Klageantrag); Zusammenhang mit 36 f., 318–321, 430 (Kameralprozess)
[331: Ries], 36 f., 318–321, 430 (Kameralprozess); Zusammenhang mit 341 ff. (Appellation)
[354: Schilling], 235 f., 252 f. (Klageantrag); Zusammenhang mit 295–298 (Gericht entsendet Kommission)
[363: Schmidt], 47–48 (Mandatsprozess); Zusammenhang mit 57 (Kameralprozess)
[365: Schmitt], 13–14 (Mandatsprozess); Zusammenhang mit 23 (Mandatsprozess)
[365: Schmitt], 23–27 (Zeugenverhör); Zusammenhang mit 27–29 (Kameralprozess)
[365: Schmitt], 12 (Mandatsprozess); Zusammenhang mit 12–20 (Zitation)
[366: Schmitt], 6–7 (Mandatsprozess); Zusammenhang mit 7–12 (Kameralprozess)
[373: Schramm], 58 ff. (Gericht entsendet Kommission); Zusammenhang mit 102 f. (Kameralprozess)
[412: Suter], 43 f. (Öffentlicher Protest); Zusammenhang mit 73 f. (Klageantrag)
[412: Suter], 50–53, 71 f. (Vergleichsverhandlungen); Zusammenhang mit 53–55, 59 f., 66 f. (Kameralprozess)
[412: Suter], 208 (Rügebrauch); Zusammenhang mit 211 (Rügebrauch)
[412: Suter], 211 (Rügebrauch); Zusammenhang mit 214 (Rügebrauch)
[428: Troßbach], 129–147 (Gericht entsendet Kommission); Zusammenhang mit 156–158 (Gericht entsendet Kommission)
[428: Troßbach], 129–147 (Gericht entsendet Kommission); Zusammenhang mit 162–173 (Kameralprozess)
[428: Troßbach], 238–253 (Gericht entsendet Kommission); Zusammenhang mit 256–260 (Gericht entsendet Kommission), 260 f. (Kameralprozess), 261 f. (Vergleichsverhandlungen), 264 f. (Gericht entsendet Kommission), 269–271 (Kameralprozess),
[428: Troßbach], 319–326 (Gericht entsendet Kommission); Zusammenhang mit 342 (Kameralprozess)

[428: TROßBACH], 345–346 (Verweigerung); Zusammenhang mit 348–360 (Gewaltsamer Aufstand)
[463: WALZ], 60 (Mandatsprozess); Zusammenhang mit 65 (Mandatsprozess)
[463: WALZ], 64 (Mandatsprozess); Zusammenhang mit 65 (Vergleichsverhandlungen)
[463: WALZ], 65 (Mandatsprozess); Zusammenhang mit 66–68 (Kameralprozess)
[465: WEBER], 341 (Klageantrag); Zusammenhang mit 346–351, 369–372 (Klageantrag)
[465: WEBER], 346–351, 369–372 (Klageantrag); Zusammenhang mit 376–384 (Gericht entsendet Kommission)
[500: ZÜCKERT], 20 (Mandatsprozess); Zusammenhang mit 23 (Kameralprozess)
[500: ZÜCKERT], 35–37 (Mandatsprozess); Zusammenhang mit 41–42 (Mandatsprozess)
[501: ZÜRN], 332 f. (Gericht entsendet Kommission); Zusammenhang mit 337 (Mandatsprozess)
[501: ZÜRN], 347 f. (Zeugenverhör); Zusammenhang mit 373–374 (Verweigerung)

Dank

Dieser Band ist als Teilprojekt des LOEWE-Schwerpunkts „Außergerichtliche und gerichtliche Konfliktlösung“ in Wetzlar und Frankfurt am Main entstanden. Ich möchte mich bei allen Beteiligten herzlich für die gute Zusammenarbeit und für das freundliche Miteinander bedanken. Der LOEWE-Schwerpunkt war ein Ort, an dem man unbefangen dazulernen konnte und der von großem gegenseitigen Interesse der verschiedenen Fachbereiche geprägt war.

Besonders gilt mein Dank Anette Baumann. Sie hat das Teilprojekt initiiert und meine Arbeit mit viel Sympathie begleitet und unterstützt. Herzlich bedanken möchte ich mich auch bei Albrecht Cordes, der die Entstehung dieses Bandes mit großem Interesse verfolgt und sich sehr für die Publikation eingesetzt hat. Zu guter Letzt möchte ich mich bei Thomas Duve sowie der Gesellschaft für Reichskammergerichtsforschung bedanken, die – wie auch die zuvor schon Genannten – die Mittel für den Druck bereitgestellt haben.

Sinntal im November 2017 Stefan Xenakis

RECHTSHISTORISCHE REIHE

Die nachfolgende Liste führt die Titel der "Rechtshistorischen Reihe" ab Band 400 auf. Eine vollständige Übersicht aller bisher in der Reihe erschienenen Bücher finden Sie auf www.peterlang.com

Band 400 Thomas Simon (Hrsg.): Hundert Jahre allgemeines und gleiches Wahlrecht in Österreich. Modernes Wahlrecht unter den Bedingungen eines Vielvölkerstaates. 2010.

Band 401 Dörte Mentz: Die Beweislastumkehr in der Rechtsprechung des Reichsgerichts. 2010.

Band 402 Werner Schubert (Hrsg.): Oberster Gerichtshof für die Britische Zone (1948-1950). Nachschlagewerk Strafsachen – Nachschlagewerk Zivilsachen. Präjudizienbuch der Zivilsenate. Eingeleitet und herausgegeben von Werner Schubert. 2010.

Band 403 Yong Lei: Auf der Suche nach dem modernen Staat. Die Einflüsse der allgemeinen Staatslehre Johann Caspar Bluntschlis auf das Staatsdenken Liang Qichaos. 2010.

Band 404 Andreas Schwenk: Die Formbestimmung des § 313 BGB a. F. (§ 311 b Abs. 1 BGB n. F.) bei Verträgen über Grundstücke in der Rechtsprechung des Reichsgerichts. 2010

Band 405 René Schorsch: Eberhard Georg Otto Freiherr von Künßberg (1881-1941). Vom Wirken eines Rechtshistorikers. 2010.

Band 406 Ulrike Köbler: Werden, Wandel und Wesen des deutschen Privatrechtswortschatzes. 2010.

Band 407 Björn Florian Faulenbach: Rolle und Bedeutung der Lehre in der Rechtsprechung der Internationalen Gerichtshöfe im zwanzigsten Jahrhundert. 2010.

Band 408 Guangyu Fu: Das Causaproblem im deutschen Bereicherungsrecht. Eine rechtshistorische Untersuchung. 2010.

Band 409 Andreas Kimmelmann: Die Folter im Beweisverfahren der Leges Visigothorum. Chindasvinths Gesetzgebung im Spiegel der westgotischen Rechtsentwicklung. 2010.

Band 410 Jacqueline Schmaltz: Die Entwicklung der Industrie- und Handelskammern. Zwischen Pflicht und Kür. 2010.

Band 411 Hermann Nehlsen: Bayerische Rechtsgeschichte vom frühen Mittelalter bis zum 20. Jahrhundert. 2011.

Band 412 Kathrin Spoerr: Recht und Revolution. Deutsche Ökonomen und ihr Einfluss auf das Recht der Weimarer Republik – eine Zeitschriftenschau 1917-1920. 2011.

Band 413 Moritz von Köckritz: Die deutschen Oberlandesgerichtspräsidenten im Nationalsozialismus (1933-1945). 2011.

Band 414 Annika Lillemor Lara Rabaa: Die Ehe als Rechtsinstitut im Badischen Landrecht von 1810. Unter besonderer Berücksichtigung der gesellschaftlichen Entwicklungen im 19. Jahrhundert. 2011.

Band 415 Christian Hattenhauer / Klaus-Peter Schroeder (Hrsg.): 200 Jahre Badisches Landrecht von 1809/1810. Jubiläumssymposium des Instituts für geschichtliche Rechtswissenschaft der Ruprechts-Karls-Universität Heidelberg und der Heidelberger Rechtshistorischen Gesellschaft vom 23. bis 26. September 2009. 2011.

Band 416 Tobias Alexander Krammerbauer: Die Ministerverantwortlichkeit und die Vorformen sonstiger Verfassungsgerichtsbarkeit in Württemberg zwischen 1815 und 1918. 2011.

Band 417 Werner Schubert (Hrsg.): Quellen zur GmbH-Reform von 1958 bis zum GmbH-Änderungsgesetz von 1980. Eingeleitet und herausgegeben von Werner Schubert. 2011.

Band 418 Gisela Emling: Johannes Heckel. Leben und Wirken (1889-1963). 2011.

Band 419 Jochen Kirschbaum: Die Etablierung der Historischen Rechtsschule an der Ludoviciana (1814-1824). 2011.

Band 420 Sören Koch: Unaufgeforderte Hilfeleistung in Notsituationen. Eine rechtshistorische und rechtsvergleichende Studie zu den zivilrechtlichen Aspekten der Nothilfe mit besonderer Berücksichtigung des Rechts der Geschäftsführung ohne Auftrag. 2011.

Band 421 Friedrich Carl von Savigny: Die Prinzipienfragen in Beziehung auf eine neue Strafprozeß-Ordnung. Ausgearbeitet im Justizministerium für die Gesetzrevision. Eingeleitet und herausgeben von Werner Schubert. 2011.

Band 422 Stephan Faulwetter: Von der Zunft zur Handelskammer. Zur Entwicklung des Gewerberechts in thüringischen Staaten. 2011.

Band 423 Moritz Eisenhardt: Sanierung statt Liquidation. Die Geschichte des Vergleichs zur Abwendung des Konkurses unter besonderer Berücksichtigung der Vergleichsordnung von 1927 und 1935. 2011.

Band 424 Gerd Kleinheyer: Beiträge zur Strafrechtsgeschichte. Herausgeben von Franz Dorn, Mathias Schmoeckel und Jan Schröder. 2011.

Band 425 Ralf Maertens: Das Landgericht Altona (1879-1937) und die Anfänge des Landgerichts Itzehoe (1937-1945). Unter besonderer Berücksichtigung ihrer Tätigkeitsberichte und rechtspolitischen Stellungnahmen. 2011.

Band 426 Mark Friedrich: Ferdinand von Martitz (1839-1921). Rechtshistoriker, Staatsrechtler und Völkerrechtler zwischen dem Ende des Deutschen Bundes und dem Beginn der Weimarer Republik. 2012.

Band 427 Sebastian Krusche: Die Bundesrechtsanwaltsordnung vom 1. August 1959. Vorgeschichte und Entstehung. 2012.

Band 428 Marju Luts-Sootak / Sanita Osipova / Frank L. Schäfer (Hrsg./eds.): Einheit und Vielfalt in der Rechtsgeschichte im Ostseeraum. Unity and Plurality in the Legal History of the Baltic Sea Area. Sechster Rechtshistorikertag im Ostseeraum, 3.-5. Juni 2010 in Tartu (Estland) / Riga (Lettland). 6th Conference in Legal History in the Baltic Sea Area, 3rd-5rd June 2010 Tartu (Estonia) / Riga (Latvia). 2012.

Band 429 Margret R. I. Bootz: Die Hamburger Rechtsprechung zum Arbeitsrecht im Nationalsozialismus bis zum Beginn des 2. Weltkriegs. 2012.

Band 430 Heiko Zech: Die soziale Frage im Konkursrecht 1879-1900. 2012.

Band 431 Jan C. Lorenzen: Das Bundesnaturschutzgesetz vom 20. Dezember 1976. Die Entwicklung des Naturschutzrechtes in Deutschland von den Anfängen bis zur Neukodifikation des Bundesnaturschutzgesetzes von 1976. 2012.

Band 432 Ulrike Ingrid Bernhardt: Geschichte des Weinrechts im Deutschen Kaiserreich (1871-1918). Mit einem Überblick zur Vorgeschichte und Weiterentwicklung bis zur Gegenwart. 2012.

Band 433 Elisabeth Otto: Das Verwaltungsrecht in der SBZ / DDR bis zur Verwaltungsneugliederung im Jahr 1952. 2012.

Band 434 Werner Schubert: Zur Geschichte der Justizverfassung in Schleswig-Holstein im 19. und 20. Jahrhundert. Quellen und Studien. 2012.

Band 455 Werner Schubert (Hrsg.): Das Reichsjustizministerium und die höheren Justizbehörden in der NS-Zeit (1935-1944). Protokolle und Mitschriften der Arbeitstagungen der Reichs-justizminister mit den Präsidenten der Oberlandesgerichte, des Volksgerichtshofs, des Reichsgerichts sowie mit den Generalstaatsanwälten. Eingeleitet und herausgeben von Werner Schubert. 2015.

Band 456 Christian Vahl: Die gesetzliche Regelung des Seefrachtvertrags im deutschen Recht. Eine rechtshistorische Betrachtung unter besonderer Berücksichtigung der Beratungen des Seerechtsausschusses der Akademie für Deutsches Recht (1934-1942). 2015.

Band 457 Ruomeng Yang: Die Rezeption der europäischen Privatrechte in China und die konfuzianische Tradition. Das Beispiel des Deliktsrechts im frühen 20. Jahrhundert. 2015.

Band 458 Piotr Wittmann: „Der da sein Practic auß Teutschen Tractaten will lernen". Rechtspraktiker in deutschsprachiger Praktikerliteratur des 16. Jahrhunderts. 2015.

Band 459 Georg Rasche: Richter, Sachverständige, Handelskammern. Preußische Justizverwaltung und kaufmännische Interessen zwischen 1879 und 1907. 2015.

Band 460 Daniel Hupe: Von der Hierarchie zur Egalität in den Zivilrechtskodifikationen des 19. Jahrhunderts vor dem BGB. 2015.

Band 461 Wilhelm Brauneder (Hrsg.): Landrechtsentwurf für Österreich unter der Enns 1573. 2015.

Band 462 Tunay Sürek: Die Verfassungsbestrebungen der Tanzimât-Periode. Das *Kanun-i Esasî* – Die osmanische Verfassung von 1876. 2016.

Band 463 Takashi Izumo: Die Gesetzgebungslehre im Bereich des Privatrechts bei Christian Thomasius. 2016.

Band 464 Werner Schubert (Hrsg.): Quellen zum Bau- und Enteignungsrecht (1940-1958). Entwürfe zu einem Reichsbaugesetz (1940/41) – Vorentwurf zu einem Deutschen Baugesetzbuch von 1942 – Entwürfe zu einem Baugesetzbuch (1949/50) – Baulandbeschaffungsgesetz vom 3.8.1953 – Entwurf zu einem Bundesenteignungsgesetz von 1958. Eingeleitet und herausgegeben von Werner Schubert. 2016.

Band 465 Daniel Bischof: Geschichte der Wald- und Forstgesetzgebung im Bundesland Schleswig-Holstein. Unter Einbeziehung der Entwürfe zu einem Reichsforstgesetz von 1940/42 und der Entstehung des Bundeswaldgesetzes von 1975. 2016.

Band 466 Lena Darabeygi: Die Causa „Blinkfüer" und die Grundrechtsdogmatik zur Pressefreiheit in Weimar und Bonn. 2017.

Band 467 Werner Schubert (Hrsg.): Quellen zum Aktiengesetz vom 18. Juli 1884. 2017.

Band 468 Manfred Josef Thaler: Die Domkapitel der Reichskirche vom Wiener Konkordat bis zur Säkularisation (1448-1803). Grundzüge ihrer Verfassung im Vergleich. 2017.

Band 469 Philipp Eckert: Entstehung und Bedeutung des Landesverwaltungsgesetzes Schleswig-Holstein. 2017.

Band 470 Julia Christine Klix: Privatrechtstheorie und Wirtschaft von 1967 bis 1982. Unter besonderer Berücksichtigung der Kartellrechtsgeschichte. 2017.

Band 471 Thorsten Thielen: Friede und Recht. Studien zur Genese des frühmittelalterlichen Herrscher- und Tugendideals in der lateinischen Literatur der römischen Antike und des frühen Mittelalters. 2017.

Band 472 Werner Schubert (Hrsg.): Das Reichsjustizministerium unter Otto Thierack (1942-1945). Teil 1: Amt für Neuordnung der deutschen Gerichtsverfassung (Berichte von 1943/44 über den Besuch von 13 Oberlandesgerichten). Amt für Nachwuchsfragen (Juni/Juli 1944). 2017.

Band 473 Werner Schubert (Hrsg.): Das Reichsjustizministerium unter Otto Thierack (1942-1945). Teil 2: Die Arbeitstagungen auf der „Reichsburg Kochem" von April bis August 1944 (Protokolle und Berichte). 2017.

Band 474 Ruprecht Freiherr von Maltzahn: Das Versammlungsgesetz vom 24. Juli 1953. Vorgeschichte, Gesetzgebungsverfahren sowie spätere Änderungen. 2017.

Band 475 Johannes Jenß: Die „Volksgemeinschaft" als Rechtsbegriff. Die Staatsrechtslehre Reinhard Höhns (1904-2000) im Nationalsozialismus. 2017.

Band 476 Stefan Xenakis: Untertanenprozesse an Reichsgerichten. Ein systematisch-bibliographischer Überblick. 2018.

www.peterlang.com

www.ingramcontent.com/pod-product-compliance
Ingram Content Group UK Ltd.
Pitfield, Milton Keynes, MK11 3LW, UK
UKHW022104051026
15623UKWH00003B/678

9 783631 744895